国家社科基金
后期资助项目

中国近代体育图书史

A History of Sport Books in Modern China

李凤梅 著

社会科学文献出版社
SOCIAL SCIENCES ACADEMIC PRESS (CHINA)

国家社科基金后期资助项目
出版说明

　　后期资助项目是国家社科基金设立的一类重要项目，旨在鼓励广大社科研究者潜心治学，支持基础研究多出优秀成果。它是经过严格评审，从接近完成的科研成果中遴选立项的。为扩大后期资助项目的影响，更好地推动学术发展，促进成果转化，全国哲学社会科学工作办公室按照"统一设计、统一标识、统一版式、形成系列"的总体要求，组织出版国家社科基金后期资助项目成果。

全国哲学社会科学工作办公室

目 录

前　言 ··· 1

第一章　中国近代体育图书业的发展历程 ·· 3
第一节　清末10年：中国近代体育图书业的孕育期 ······················· 3
第二节　1910年代：中国近代体育图书业的萌生期 ······················· 6
第三节　1920年代：中国近代体育图书业的奠基期 ······················· 8
第四节　1930年代：中国近代体育图书业的衰落期 ······················ 10
第五节　1940年代：中国近代体育图书业的稳定期 ······················ 13

第二章　中国近代体育图书类型与内容 ·· 16
第一节　中国近代体育图书的主要类型 ······································· 16
第二节　中国近代各类体育图书的基本特征 ································ 20
第三节　中国近代体操类和体育规则类图书 ································ 49

第三章　中国近代体育图书作者群体及其特征 ···································· 55
第一节　中国近代体育图书作者群体的类型 ································ 55
第二节　中国近代体育图书作者群体的变更 ································ 59
第三节　中国近代体育图书作者及其贡献 ··································· 67
第四节　其他著作和作者 ··· 96

第四章　中国近代体育图书出版机构及其贡献 ·································· 102
第一节　中国近代体育图书出版机构的种类 ······························ 102
第二节　出版机构在体育图书业界的竞争 ································· 104
第三节　五大出版机构及其他出版机构的主要贡献 ···················· 121

第五章　主要著作体育观的演变 ·· 148
第一节　本质论：对体育内涵的理解 ······································· 148

第二节　方法论：对体育外延的认识 …………………… 154
　　第三节　目的论：对体育目的的认识 …………………… 159
　　第四节　关系论：体育与相关领域的关系 ……………… 167
　　第五节　发展论：对体育发展史的认识 ………………… 179

第六章　同中求异：同名体育著作内容比较 ……………… 184
　　第一节　《体育学》基本内容比较 ……………………… 184
　　第二节　《体育原理》基本内容比较 …………………… 193
　　第三节　《体育概论》基本内容比较 …………………… 208

第七章　异中求同：不同体育著作内容比较 ……………… 223
　　第一节　《体育学》与《体育原理》比较 ……………… 223
　　第二节　《体育学》与《体育概论》比较 ……………… 226
　　第三节　《体育原理》与《体育概论》比较 …………… 229

结　语 ……………………………………………………… 235

参考文献 …………………………………………………… 237

附录　中国近代体育图书目录 …………………………… 247

后　记 ……………………………………………………… 443

前　言

中国近代体育发展过程中积累的丰富遗产，可为中国当代体育改革和发展提供宝贵的思想资源和实践经验。在中国近代史上，体育图书出版业的发展与时代思想文化变革共进退，成为折射当时中国社会起伏的一个侧面。对其进行研究和反思，是中国体育科学健康发展的内在需要。反观当前体育学术界，关于中国近代体育图书的系统性研究尚属一个少有涉猎的领域，研究中国近代体育图书史是一种学术补缺式的努力，对于丰富体育史研究体系以及推动中国当代体育学术发展均具有重要意义。

中国近代体育图书业的发展，担负着传播现代体育知识、观念和思想的重任，不仅反映了社会的体育需求和体育的发展水平，也折射出不同时代的学术诉求和体育学术的发展趋向。清末的社会巨变和西学东渐的持续性影响，迫使一些知识精英和先进分子出于个人生存意志或家国情怀开始译介外国图书。步入20世纪后，新式教育的开展、文化思潮的迭起、政治力量的角逐与社会风气的开化，为中国近代体育图书业的发展提供了物质条件和精神资源，同时也奠定了中国近代体育图书业的基本格局。随着书业市场的形成与发展以及时空环境的变迁，不同年代出版体育图书的内容与数量发生变化，编著群体和体育实践呈现不同特征，中国近代体育图书业经历了清末10年的孕育期、1910年代的萌生期、1920年代的奠基期、1930年代的衰落期与1940年代的稳定期的发展过程。

近代出版的1500余种体育图书不仅满足和反映了当时体育教育及学术发展的需要，也为后来体育事业的发展提供了思想资源和重要经验。近代的体育学人视体育为富国强民之手段，近代的出版家以出版为智民强国之利器，造就了体育图书业的黄金时代，夯实了中国体育学术发展的根基。以当时出版的几部中国体育基本理论著作为例，不同年代出版的《体育学》、《体育原理》和《体育概论》都将体育作为教育的一环，但是又在分析视角和划分方式上存在不同，说明近代体育学人体育观的形成及变迁受到所处社会环境、个人教育背景的影响。迄今，学科性质相似而内容不同的上述三种体育基本理论著作，仅有《体育概论》经过形式与内容上的几次更新仍在使用。从学科史的角度看，这是值得体育学界深思的现象。

近代体育图书业的发展是中国近代社会的缩影。中国近代体育图书作为一种文化载体和启蒙工具，其发展与特定时期的社会需要紧密相关，反映出近代知识精英肩负起挽救民族危亡和建设民族国家的使命与担当。以数量论，中国近代能有1500余种体育图书出版，不能算少；以内容论，从理论到技术、从标准到方法，不能算单一；从发行看，从内部使用到公开流通、从初版到多次再版，不能说有书无市。然而，若论整体质量、学理依据、学科体系、学术价值，中国近代出版的体育图书仍有诸多需要完善之处。经过几代学人的共同努力，中国体育图书业在许多方面取得了很大进步，但是在体育需求更加多元和学术资源日益丰富的背景下，若要真正实现中国体育事业的可持续发展，开创体育图书业及学术发展的良好局面，体育界同人仍需秉持初心，践行使命。一方面基于体育学科的社会认同，明确自己的学术信念，形成自己的体育学术思想并善于表达；另一方面，明确和形成新时代体育学科的功能定位和学术流派，构建具有中国特色、中国气派的体育哲学社会科学体系。

本书获国家社会科学基金后期资助项目立项出版，作为体育学术路上的行路人，我自知学识积淀尚浅，将以此为起点继续努力。从获批立项到付梓，感谢其间给予本项目及本人帮助的前辈和同人，尤为感谢社会科学文献出版社李期耀博士为之付出的辛劳，书中错讹之责由本人承担。

第一章 中国近代体育图书业的发展历程

作为文化传播和学术交流的重要媒介，图书一直备受古今中外学人的喜爱。对推崇"文以载道"的中国传统士人来说，"书中自有黄金屋""书中自有颜如玉"的雅训，曾激起了学子们对读书生活的无穷想象和美好期待，也赋予了图书超越一切的魔力。然而，清末的社会巨变，摧毁了学子们将想象和期待变成现实的可能性，也截断了传统的谋生之道和求学之路，他们被迫走上了不同以往的道路。或为了能生存于乱世，或出于传统士人的家国情怀，在西学东渐的影响下，一些先进知识分子开始了译介外国图书的尝试。到19世纪末，介绍西方科学知识的图书已从教会学校进入各式官学中；20世纪初，清廷的教育改革使得学堂数量和学生人数迅速增加，教学用书的严重缺乏直接催生并推动了中国近代图书业的发展。在此种背景下，体育图书业也随之兴起，经历了从孕育到稳定的发展过程。

第一节 清末10年：中国近代体育图书业的孕育期

清末10年是中国近代社会动荡最为激烈的时期。中日甲午海战和中俄边境冲突的阴霾一直笼罩在宫廷内外，戊戌变法的失利和庚子之变强化了先进知识分子推行改革的决心。加之，西方文化的持续渗透使得清朝统治岌岌可危，清廷的救世无方使得社会各界怨声载道，新旧势力的不断冲突使得清朝上下人心惶惶、政权摇摇欲坠。这些错乱和失序交织在一起，迫使清政府推行了较为彻底甚至完全西化的改革，从政治到军事，从教育到文化，似乎在瞬间都可焕然一新。虽然改革的彻底性中断了自身的持续性，也降低了其可行性，但仍有很多领域因此而获得新的生机。新式教育正统地位的确立、体育的发展，特别是体操正式成为学堂的教学内容，无疑是体育教育界最为明显和重要的成果与变化。而体操教材的匮乏和新式教育对其的需求，为体育图书业的发展提供了直接动力。

严格来讲，我国的文化构成中找不到与体育相对应的元素，即使与其功能相近的养生术、宫廷娱乐活动、百戏等，实质上也与之相差较大。体育是在近代西学东渐的过程中才传入我国的，对于体育活动的研究理应回溯至欧美传教士及留学归国人员，研究我国近代体育图书业也需遵循此基本逻辑和发展脉络。清末，西方教会的出版机构孕育和催生了我国近代出版业，同时也对体育图书业产生了直接或间接的推动作用。从迄今可查的资料看，我国近代第一本体育图书是以教辅用书的形式出现于学校，由上海广学会刊行。① 由清末已出版的体育图书情况可知，图书数量不多，仅 40 种，主要分布在 1903~1908 年，而数量最多者是 1906 年（见图 1-1）；从图书类型看，绝大多数属于体操类教辅用书（也有几本游戏类教辅用书），且多是译作；从作者群体特征看，大多数图书由留日归国人员编译而成；从出版机构看，官办机构和民营机构都有出版，但主体是民营机构，影响较大者是文明书局和商务印书馆。

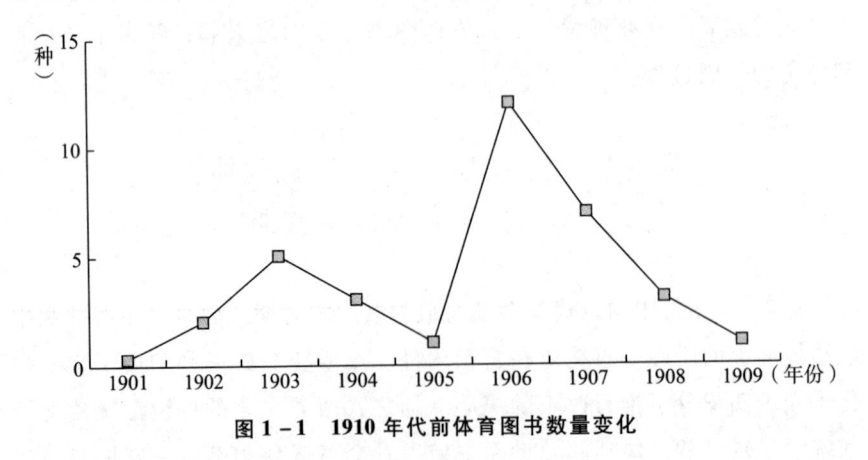

图 1-1 1910 年代前体育图书数量变化

整体上，军国民教育思想对体育图书的影响最深，从体操到游戏，几乎都带有浓厚的军事色彩。同时，1904 年《奏定学堂章程》（即癸卯

---

① 根据《中国体育通史》第 3 卷中的观点，我国近代第一本体育图书出现在 1890 年，是上海广学会出版发行的《幼学操身》。

学制）的颁布和实施，对清末10年体育图书业的影响最为直接和关键。一方面，"体操科"被正式规定为学校教育的内容，且成为各级学堂的必修课，这直接催生了对体操教学用书的需求，进而带动了体育图书的编辑和出版。另一方面，迅猛增长的教学用书需求使得官办出版机构捉襟见肘，在出版数量和出版质量上都难以满足全国学堂的基本需求，进而为民办出版机构提供了发展契机。1902年，文明书局的建立及其对教科书市场的影响，在打破商务印书馆和官办出版机构垄断的同时，也刺激和带动了其他出版机构的建立或出书内容的调整。其间，文明书局从1902年开始出版的成套蒙学教科书和商务印书馆至1904年陆续出齐的《最新教科书》，都为两者在当时出版界赢得了更高的地位，也为商务印书馆后来成为中国最具影响力的出版机构之一奠定了基础。在某种程度上，"1905年前后，出版业的重心完成了从教会和官书局到民营出版业的转变"。[①] 随后，1905年清政府设立学部，1906年中国图书公司成立，开创了我国体育图书业的新局面。尤其是学部另设编译图书局，并"于局中附设研究所，专研究编辑各种课本"，[②] 同时还第一次审定了初等小学教科书暂用书目，[③] 为其后我国国定教科书的实施铺平了道路。至1906年，我国近代体育图书业迎来了第一次出版高峰。

晚清最后10年，可谓内忧频现，外患不断。为挽救危局，清廷颁行了一系列政策和改革举措，我国近代化历程由此快速开启，也为我国近代出版业发展提供了良好环境，最终使得"清末最后10年，翻译出版物数量更是成倍增长"。[④] 同样的变化，也出现在处于孕育阶段的体育教育界。内容上，深受军国民教育思想和进化论的影响；编辑人员上，归国留日学生充当主力；出版机构上，官办书局和民营机构合力。这些特征反映出，从图书数量与内容到作者群体与出版机构，体育的专业性仍不明显，但中国近代体育图书出版业的雏形已基本形成。

[①] 黄宝忠：《近代中国民营出版业研究——以商务印书馆和中华书局为考察对象》，博士学位论文，浙江大学，2007，第51页。
[②] 舒新城编《中国近代教育史资料》上册，人民教育出版社，1981，第280页。
[③] 共计审定教材102种，由民营书局发行的有85种，其中商务印书馆出版发行的有54种，占全部的半数还多。
[④] 吴永贵：《民国出版史》，福建人民出版社，2011，第30页。

第二节 1910年代：中国近代体育
图书业的萌生期

　　1910年代是新旧交织、矛盾重重的年代。辛亥革命并未带来真正的稳定和发展，几次复辟闹剧的上演坚定了先进人士彻底革命的决心，日本的挑衅和社会对政府的极度不满，最终引起了文化界的激烈反抗，引发了五四新文化运动。在文字讨伐和流血牺牲中，一场以"科学"与"民主"、"救国"与"启蒙"为主题的复杂战争，由自发转向自觉。体育作为新文化的代表，被深受进化论影响的先进人士赋予一定的教化功能，成为改造社会的一种工具。而清末盛行的尚武思想，在1910年代虽然居于主导地位，但是美国自然主义教育思想也开始动摇军国民教育思想的根基，由此产生了学校体育教学中的"双轨制"。在某种程度上，1910年代的文化思潮和政治变动，引起了西式体育和传统体育的冲突，而这种冲突却促使两者开始融合，从而丰富了体育图书的内容，也提高了体育的地位。

　　一般来说，体育图书的出版情况直接反映并取决于体育学术水平，而体育的学术水平与体育图书的出版情况都受制于体育的发展水平。由于1910年代我国体育的普及程度和发展水平较低，追求学术发展水平只能是一种不切实际的奢望。更为重要的是，当时我国体育事务的参与者和推动者几乎全是基督教青年会成员和留日学生。就留日学生来说，由于他们早期创办的体育学校主要任务集中于组织、训练和培养革命党人，因而并未对我国体育专门人才的培养产生较大的影响。同时，我国几次组团参加远东运动会，也均由基督教青年会组织和负责；其间的各种校际运动会，多是在教会学校举办。而在本土体育资源中，各地创办的体操学校虽然不少，但多是培养中小学体育师资，且影响范围较小。即使影响较大的中国体操学校，其辐射范围也局限在江浙一带和部分发达城市。

　　虽然后期不少省份设有体育专科学校，专门为本地培养体育师资，但是面对当时中国体育人才严重匮乏而需求旺盛的局面，也只能说是杯水车薪。纵然当时社会对体育有巨大的消费潜力，而发现、挖掘和供给者也多是外国人；这种对外来资源带有的明显的依附性和移植性，同样反映在当时的学术研究和图书出版方面。当时译介图书的内容和种类，进一步验证了上述观点。因此，体育的现实境况和真正地位，并未因其在学校教育系统中合法性的确立而得以改变和提高，多数学校仍不得不沿袭旧制。

1910年代，近代体育凭借着在我国知识精英中获得的认同和基督教青年会的推动，跌跌撞撞地前行。值得一提的是，其间我国体育已走出国门，在远东运动会的舞台上与邻国同场竞技。虽然整体成绩可圈点之处不多，但是这种参与本身已说明了社会对体育的关注和重视，也促进了人们对体育的认识。从该时段体育图书的出版情况看，数量较之前明显增加，达111种（见图1-2）。从研究内容看，由于军国民教育思想的持续影响，辅助学校体育教学的体操类图书仍占大多数。同时，由于1913年、1915年、1917年和1919年相继举行了四届远东运动会，以及其间其他区域性和校际体育赛事的举办，比赛规则类图书的数量明显增加。此外，由于官方将武术纳入学校教学的内容体系，拳术类图书数量也随之增多。从作者群体的特征看，除了留日学生的持续影响外，基督教青年会和我国传统拳术专家的贡献也逐渐凸显。从出版机构看，处于遥遥领先地位的商务印书馆使得其他出版者难以与之抗衡；[①] 相比之下，中国图书公司的贡献和中华书局、基督教青年会的力量也明显高于其他

图1-2　1910年代体育图书数量变化

[①] 文明书局因经营不善于1914年并入商务印书馆，这无疑增强了商务印书馆的影响力和综合实力。

同行。从整体的发展趋势看，此时的体育图书出版业可谓从低点起步，向高处发展。

总之，此时的体育图书业受制于我国体育发展基础薄弱的现实，未能实现较快发展。但是，教育宗旨的确立和新学制的颁行，尤其是由此产生的对新体育教材的广泛需求，为体育图书业的发展提供了直接动力。一方面，留日学生在培养体育专业人才方面的前期努力，已较为突出地反映在体育图书的编辑队伍中，他们成为当时体育图书编辑人员的主力。另一方面，各类国内外体育赛事的宣传、组织、参与和举办，扩大了体育的影响力，而这种影响也多是通过报纸或图书的传播逐步实现。不可忽略的是，民营出版机构数量的增加及其带来的竞争压力，为1910年代出版体育图书的数量和质量平添了一份保障。中国近代体育图书业的上述变化，体现了当时我国体育普及和传播的主要成果，也预示着体育图书业即将进入新阶段，其获得真正发展的帷幕已缓缓拉开。

第三节　1920年代：中国近代体育图书业的奠基期

中国的1920年代，是一个让后人爱恨交织的时代。一方面，随着美国实用主义的重要人物杜威、孟禄和英国逻辑实证主义哲学家罗素访华，加之新文化运动带来的持续而广泛的影响，国内各界掀起了一股学术热潮。新知旧学的转换、中西文化的碰撞、各种主义的交锋，为1920年代的学界平添了追崇自由和科学的氛围。另一方面，社会局势极不稳定，尤其是1920年代初，由于政党理念的分歧，国共两党从共谋发展走向分庭抗礼；为了争夺军权、政权，国民党内部派系斗争不断。这种实难共存的现象和局面，对学界而言也是喜忧参半。虽然派系斗争转移了执政者的注意力，为当时学界的理论研究和实践活动提供了较为宽松的氛围，但是作为学术精英的中国近代知识分子，承袭了传统士人的家国情怀，不少人对政治的关心和热衷最终超过了对学术的追求和迷恋。

整体上，1920年代出版体育图书数量的基本情况可参见图1-3，共计223种，错落分布于10年间；总体趋势是稳中有升，尤其是在1929

年出现了出版高峰。同时，图书种类开始摆脱以往"体操"占据绝大多数的局面，内容也从枯燥、呆板转向丰富、多样。而在1920年代收回教育权运动的影响下，体育界也逐渐掌握了体育自主权，体育开始摆脱由外国人主导和依附于外来资源的局面，取得了形式上的独立发展。从图书作者的特征看，虽然留日人员依然是编著者群体的主力，但是留美归国体育人员和我国培养的体育人才发挥的作用日益明显。从出版机构看，中华书局成为继商务印书馆之后的第二大出版商；同时相较于其他出版机构，大东书局在体育图书出版业的地位和影响力也不容忽视。此时的体育图书业，从出版内容到出版数量的变化，与学制的更替和体育赛事的影响密切相关。一方面，1922年颁行的"壬戌学制"确立了"以儿童教育为本"的教育思想，1928年国民政府确立以"三民主义"为新的教育宗旨，这一学制的变化和教育宗旨的调整，必将直接影响体育教材的内容选择与编制。另一方面，我国举办了一届全国运动会（1924年第三届全国运动会）、两届远东运动会（1921年第五届和1927年第八届均在上海举行），并参加了四届远东运动会，这些重要体育赛事的举行和参与，直接推动和加快了技术规则类、裁判法、训练法及与赛事宣传相关图书的出版和发行。

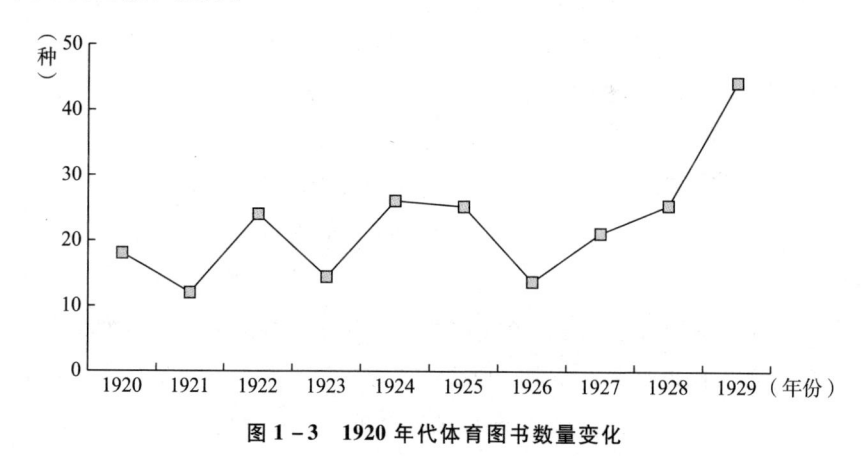

图1-3 1920年代体育图书数量变化

西式体育自近代传入我国以来，因带有鲜明的舶来性及受基督教青年会的持续影响，强化了时人传播体育过程中的依附心理，也激化了新旧体育共存产生的内在矛盾。同时，1920年代的体育发展又具有了一些新特点，虽然国人的依赖心理仍直接或间接地发挥作用，但已趋于弱化，至少从形式上打破了外来人员和外来体育资源长期主导和垄断我国体育事务的局面。当然，影响较大的基督教青年会，尤其是以麦克乐为代表的青年会干事，仍然扮演着重要角色。其影响涵盖了众多领域，从体育教材的编写、体育人才的培养，到体育社会团体和学术组织的建立，都有麦氏倡导的体育思想及其实践的印记。以后见之明看，麦氏践行的自然主义体育思想及其铺就的体育实践之路，不仅对当时及后来我国体育的发展产生了广泛而深远的积极影响，也对当时及后来我国体育学术氛围和观念的形成起到了重要的推动作用，即使这种推动作用后来可能会成为一种发展障碍。[①]

总之，1920年代是我国体育发展的一个过渡期，也是体育图书业和体育学术发展的一个承上启下阶段。一方面，在体育实践和学术研究的专业人才方面，在留日学生继续发挥影响的同时，受其影响成长起来的一代（如中国体操学校的毕业生）也在积蓄能量，探寻实现"体育救国"的机会和途径。另一方面，1920年代前后各级体育学校大量出现，与之前相比，在数量和规模上都有过之而无不及。同时，体育社会团体和学术组织的出现，提高了体育的专业性和科学性。就当时体育图书业的发展而言，这些力量和因素的出现与聚集，不仅明显增加了1920年代体育图书出版的数量，也奠定了1930年代体育图书的出版高峰，以及我国近代体育学术发展的基础。

第四节　1930年代：中国近代体育图书业的衰落期

中国的1930年代是一个多事之秋。南京国民政府的成立虽然预示着近20年的军阀混战基本结束，形式上实现了国家统一，但是日本的挑衅和侵略又使刚刚步入建设轨道的中国社会重新陷入动乱之中。尽管如此，诸多令后世瞩目的成就也诞生于此时，并创造了民国史上的"黄金时期"。对于文化、教育和社会发展而言，如果说1920年代的中国因内部

[①] 最具代表性的事件是，1926年麦氏回国使得中国体育界尤其是江浙一带的多项体育实践工作和学术研究被迫中断。在某种程度上，北伐的开始和成功大大降低了这种影响。

动荡而充满各种可能性,那么1930年代的中国则因外在动乱被迫趋于统一。作为当时体育发展的一个侧面,1930年代的体育图书业带有典型的时代特征,并积累了可让后世借鉴的宝贵经验。

在多种因素的影响下,1930年代中国出版业迎来了发展高峰。以出版和学术重镇上海为例,1936年是其出版图书最多的一年,共出书9438种,1.78亿册。[①] 体育图书的出版高峰也与之相似,出现在该时段。进入1930年代,由于体育知识的普及和体育发展水平的提高,新的体育需求也迅速增长。从体育图书的数量看,不论是年均数量还是总体数量,此时都达到了最高点,基本情况可参见图1-4。虽然1939年仅出版23种,但1935年创下出版153种图书的纪录,由此助推了1930年代出书751种的"奇迹",也成为后人评价近代体育学术发展"黄金十年"的一个重要指标。

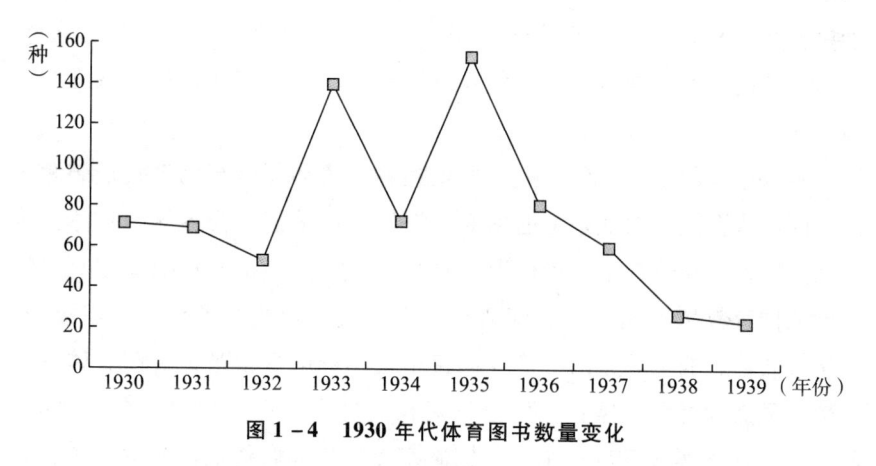

图1-4 1930年代体育图书数量变化

从研究内容和研究深度看,此时段出版的体育图书兼有多样性与综合性、普及性与专业性、系统性与科学性的特点。从作者群体的特征看,体育图书编著和学术研究的主体是我国培养的体育专业人才,几乎全是本土面孔。这种"本土化"湮没"西方化"的结果,说明体育学界已摆脱了对外来体育资源的过度依赖,开始朝着独立化的方向发展。从出版机构看,勤奋书局这匹"黑马"的出现和中国健学社的加盟,既是体育

---

① 邱崇丙、赵良珍:《民国时期北京出版图书概况》,北京出版史志编辑部编《北京出版史志》第5辑,北京出版社,1995。

影响力和实力的明证，也是体育发展水平和社会地位的体现。无疑，这一切都证明1930年代我国体育图书业发展到了新高度。

此种发展"奇迹"和成绩的取得，是多种因素综合作用的结果，也直接得益于国民政府成立后制定并实施的一系列法规政策。这些以"建国"为目的的方案和法规，直接为社会体育和学校体育的发展提供了制度保障，并拓宽了体育的发展空间。为了满足学校体育改革的需要，提高竞赛水平，国民政府主动召集和组织体育专家和学者，快速、高效地编著了大量体育教材；同时，鼓励体育界广泛开展实地调查和深入研究，由此掀起一股体育学术热潮。此外，当时整个社会的学术氛围，尤其是"学术社会"的倡导和实践，对体育图书的出版和体育学术的发展也起到了推动作用。值得一提的是，一场影响深远的"新旧体育"之辩，在沉寂了多年之后，又因参与奥运会的得失再次成为"土洋体育"之争的素材，并逐渐演变成一场关于中国体育发展方向的大讨论。这次讨论，更加有效地拓展和增加了社会各界对体育关注的广度和认识的深度，成为中国近代体育学术史上的一座丰碑。

不容忽视的是，1930年代日本的挑衅行为和侵略行动极大地刺激了国人的民族自尊，尤其是七七事变的爆发，引发了社会各界的集体抗议和强烈谴责。随着日军侵华行为的加剧，许多学校和出版机构被迫南迁，正常的体育教学和既定的竞赛活动不得不改变形式或取消；由于经费、招生、政治、战争等原因，不少体育学校相继解散或被迫关闭；体育学术活动虽然没有彻底停止，但也只能在夹缝中生存。进而，在"建国"和"救国"的需要和呼声中，国家制度设计中体育体制的确立，预示着体育界将主动或被动地肩负起挽救民族危亡的使命，体育由此也有意或无意地被赋予了一定的政治属性及工具性特征。以后见之明看，在自身发展未能成熟和定型之时，体育界就面临国难当头的考验，是一种"机遇"，更是一场灾难。因此"机遇"，体育的社会地位更加稳固；因此灾难，体育逐渐失去了独立发展的空间。随之而来又不可扭转的是，体育研究和体育图书出版必将受此影响，带有政治意味和军事色彩。

总之，1930年代体育图书业的发展经历了"冰火两重天"：前半期的出版高峰使时人虚实难辨，后半期的出版低点让后人扼腕叹息。从学术史的角度看，体育图书数量极端式的变化也反映出我国体育学术发展的一次极为重要的转变。而这次转变源于在国家制度设计层面，设置了专门的体育职能机构并形成了形式上相对完善的体育管理体制。正是这种体制，改变了过往体育发展的管理模式，也改变了体育学术资源的分配模式。而后者，对当前我国体育学术的发展仍产生着不同程度的影响。

第五节 1940年代：中国近代体育图书业的稳定期

1940年代的中国社会，与清末10年有着某种相似性：同是困于新旧杂陈、内忧外患，同是面对民怨沸腾，求助无门。不同的是，经过1930年代末的考验和适应，加上国民政府南迁后开展的建设工作，1940年代初社会各个领域已开始缓慢恢复。1940年代的教育和学术发展，虽与"黄金时期"相距甚远，但是也不至于完全失序。这种局面的出现，与之前社会经历的启蒙和抗争有关。同样的变化，使得体育界具有了绝处逢生的勇气，付出了绝望中创造希望的努力，从而使各项体育工作在动乱中逐渐调整，不至于停滞过久。

抗战爆发后，随着当时的出版中心上海、南京相继失陷，许多重要出版机构、高等学校以及著名专家学者被迫南迁，并在十分艰巨和恶劣的环境下重新开展工作。为了适应抗战需要，国民政府对许多教育规章进行修订，同时也出台了一系列战时政策，号召甚至强制全国各界严格践行。在教育和出版界，国民政府的努力很快取得了成效，陪都重庆不久取代上海成为新的文化重地和出版中心。据统计，1942年和1943年，重庆出版图书分别达1292种和1642种，分别占全国的33.3%和37.3%，其中科技图书是重要的组成部分。① 从此时体育图书业的发展情况看，出版地开始转向重庆、长沙、福建；图书内容也与1930年代明显不同，研究领域相对集中，且战时性的特点更加突出，如与航空、军事有关的图书数量明显增多，同时更加注重实用性，如与方法类和实战类有关的体育图书数量明显增加；在图书数量上，共计出版320余种，虽远低于1930年代，

---

① 苏朝纲：《抗战时期陪都重庆出版业的发展变化及其特点》，《出版史料》2004年第2期，第71~73页。

但与1920年代相比明显增多。需要说明的是，1948年第七届全运会的召开，促使该年的体育图书数量骤增；相比之下，其他年份出版体育图书数量的变化不大。1940年代出版体育图书数量的基本情况，可参见图1-5。

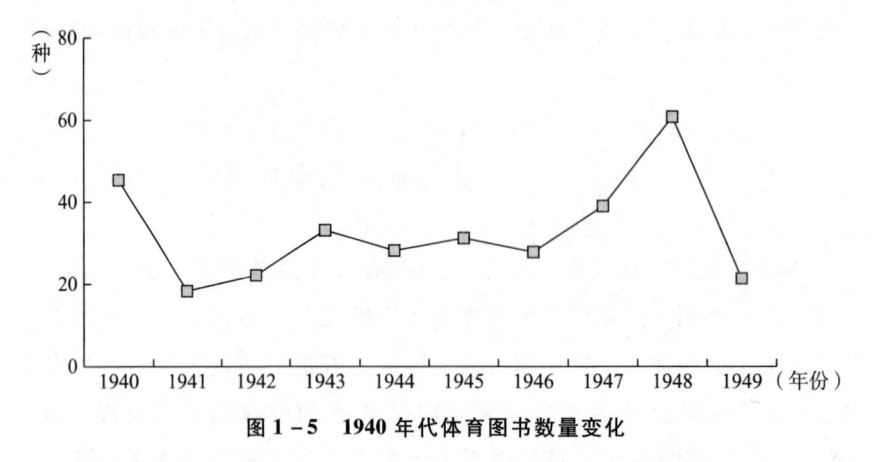

图1-5 1940年代体育图书数量变化

1930年代体育发展奠定的基础和抗战开始后相继颁布的战时政策，经过当时体育管理体制的运作，保证了1940年代体育图书业及其学术发展趋于稳定的局面。而1930年代涌现出的一大批体育专家和学者，合力将此时体育事业的发展推向了高处，也为随后的体育发展奠定了坚实基础，使得1940年代体育各项工作的调整和开展并未因战争而遭受更大的损失和阻碍。事实上，体育作为教育的组成部分，其发展必将受制于当时教育的价值取向和法规政策。尤其面临抗战救国的严峻形势，两者间唇齿相依、同生共长的关系更是达到了空前的程度。具体而言，学校体育教育目标受制于国民政府确立的教育宗旨，社会体育工作需遵循国民政府颁行的战时政策，当时的一切都应服从抗战需要，一切政策都应以民族利益为先。体育图书业和体育学术的发展，自然也不可能例外。即使抗日战争结束后，体育发展的境况也并未获得较大改变，体育界又回到了为战争和"建国"需要准备的状态。不同的是，民族仇恨转变成阶级矛盾，为了凝聚人心，也为了获得国际支援，体育赛事甚至变成了战争的另一种形式。如果说"为了维持耐久的战争，体育也发挥了部分的功能"，[①] 那

---

① 许义雄、徐元民编著《中国近代学校体育》上册，台北：师大书苑有限公司，1999，第183页。

么，此时的体育功能已偏离了最初设定的轨道。

1940年代的体育图书业，从出版数量看，除了1948年因全运会影响骤增外，其余各年变化不大，而且从1941年起，每年出版体育图书的数量呈现低速增长的态势，整体上基本保持稳定。反观之，1940年代对于我国体育的真正影响，不仅在于体育发展态势的受阻和出版图书数量的减少，更在于体育功能的偏离及其工具属性的强化。这种偏离和异化，是在启蒙与救亡之间转变生成的一种意识形态，是在强敌压境和战事频发中自觉选择的一种结果，也是由体育界直接促成。这种结果体现出1940年代体育界的主动性，也折射出经历1930年代快速发展后体育界生成的一种务实诉求。若将我国近代体育图书业和体育学术发展看成一个完整过程，则1940年代应是其成熟期。不论这种成熟后人是否认同和接受，它都将继续发挥或积极或消极的作用。

* * *

近代以来，在内忧外患、新知旧学的影响下，体育因契合了进化论和尚武思想，因作为新文化具有的象征意义和启蒙价值，因成为国家制度设计中的重要一环，在不同时段经历了不同程度的发展。然而，相似的一点是：通过各种媒介和舆论的宣传与传播，体育的社会关注度和社会化水平逐渐提高。同时，体育图书业和体育学术也随着知识、人才和机构的专业化，经历了从孕育、萌生、奠基、衰落到稳定的发展过程。纵观这一过程，体育图书业的发展是满足社会发展的阶段性需要的反映，其变化也几乎成为不同时期社会发展的缩影。以后见之明看，持续的动荡局势和长期的国恨家仇反而提高了体育的时代价值和社会地位，"抗战"和"建国"的需要同时也转变和扩展了体育的教育功能和工具属性，体育甚至一度沦为带有浓重军事色彩的教化手段。与之伴生的是，体育自身固有的价值诉求不得不让位于民族利益和社会需要，体育图书出版业的发展也受此影响，服务并反映时人对体育的价值期待和被赋予的功能定位。

第二章 中国近代体育图书类型与内容

体育图书作为体育学术的一种载体，其发展尤其是内容的变化，既是体育需求变化的反映，也是衡量体育发展水平的重要方面。通过分析我国近代出版的1500余种体育图书内容与数量的变化及其特征，可以了解不同社会背景下的体育需求，也能获知体育学术发展的时代性特点。逻辑上，遵循不同的标准对事物进行划分，是认识和分析事物的一种重要方法。一般来说，划分事物的标准是灵活的、多元的，主要取决于事物自身的属性和研究者的目的。为了解我国近代出版体育图书的主要类型和基本内容，以研究对象为主要依据对其进行划分，可以从整体上把握体育图书内容及其数量变化的基本特征。

第一节 中国近代体育图书的主要类型

根据研究对象，可将整理与核对后的体育图书分成六类，即体育基本理论类、体育专项技术类、体育管理制度类、传统体育项目类、娱乐活动类及其他类。通过对各类体育图书内容及数量特征的分析，了解我国近代体育发展的水平和体育学术研究的概况。

一 体育基本理论类图书

体育基本理论类图书主要指从整体上介绍和阐明体育一般性知识或理论的各类图书，内容包括体育原理和概论类、体育历史和文化类，以及与健康、卫生有关的一般性体育图书等。由于我国近代社会的发展特点，伴随着体育传播和普及的推进过程，人们对体育的认识经历了从外延到内涵、从泛化到深化的不同阶段，从而也使得早期出版的体育基本理论类图书主要涉及和包含的基本范畴时有变化。直至1920年代中后期，随着体育普及程度和发展水平的提高，体育基本理论类图书的数量逐渐增加，主要研究范畴也趋于稳定。整体上，我国近代体育基本理论类图书的内容和数量，既是体育发展水平的反映，也是体育学术发展的结果和标志。

二 体育专项技术类图书

体育专项技术类图书指以现代西式体育项目的基本知识、方法、技巧、战术为主要内容的各类图书，主要包括田径、体操、球类、水上和航空类、马术等项目。需要说明的是，1920年代前后，当时的"体操"在内涵与外延上都与现在谈及的"体操"存在较大差别，而当时的"体育"与现在使用的"体育"在内涵与外延上差别也很大，因此依据现在业内对体操的认识，将当时出版的体操类图书归入体育专项技术类图书的范畴。我国近代社会遭受的诸多外力冲击，为西式体育的普及提供了客观环境；我国传统实用主义的持续作用，为西式体育的发展提供了主观条件。因此体育专项技术类图书能在早期出版的体育图书中"一家独大"，即使到后期也依然保持长盛不衰之势。事实上，早期以西式兵操为主的体操类图书，与我国传统体育项目类图书具有相似性，因而能在我国近代体育图书业的发展中长期处于主导地位，甚至一度遮蔽了传统体育项目的价值，进而隔断了国人对传统体育的固有情感。由此产生的问题，在不同程度上强化了我国体育界对体育认识的"西化"和技能性取向。

三 体育管理制度类图书

体育管理制度类图书指以管理、指导和规范各类体育组织、体育项目、体育活动和比赛为主要内容的图书，涉及体育社团或机构的介绍与管理、体育赛事的宣传与组织、体育项目的规则和裁判、各种标准及指南等方面。从数量看，体育管理制度类图书共计400余种，居于各类图书之首；从时间看，在基督教青年会的推动下，除清末10年外，以后出版的体育管理制度类图书在数量及所占比重上都呈现逐渐增加的趋势，尤其在1930年代具有的优势更加明显。整体上，体育管理制度类图书的数量变化与体育赛事的举办周期基本保持一致。在某种程度上，当时体育管理制度类图书的水平和质量，不仅是我国体育赛事规范化和制度化发展的主要标志，也是我国体育发展水平的直接反映。

四　传统体育项目类图书

传统体育项目类图书指介绍和研究我国传统体育或民俗体育活动的图书，内容主要与传统武术、养生类以及风筝、毽子等健身类项目有关。从数量看，我国近代共出版传统体育项目类图书 300 余种，主要集中在 1910 年代至 1930 年代。需要说明的是，由于尚武思潮和新文化运动的影响以及中央国术馆的成立，从 1910 年代到 1930 年代，传统体育项目类图书与体育专项技术类图书的数量相差不多，所占比重也较为接近。整体上，虽然传统体育项目类图书及其作者群在我国近代体育图书业和体育学术发展的过程中发挥了重要作用，但是我国现代体育和学术具有的舶来特点，加之传统体育项目在近代文化转型过程中遭受的尴尬境遇，都不同程度地弱化甚至降低了传统体育的正统地位和时代价值。从文化传承和创新的角度看，传统体育在近代社会和体育学术发展中所经历的改造，为我国传统体育的现代化发展和国际化传播提供了有益经验。

五　娱乐活动类图书

娱乐活动类图书主要指介绍和研究围棋、象棋、纸牌等棋牌类项目，以及舞蹈、游戏等各类消遣、休闲内容的图书。从数量看，我国近代共出版娱乐活动类图书 200 余种，从清末 10 年的几种、1910 年代的十几种，增加到 1920 年代的几十种。进入 1930 年代，由于各级学校课程标准的集中调整和"三段"教材系列图书的批量出版，娱乐活动类图书的数量迅速增加；即使在出版业不景气和学校体育教学难以正常开展的情况下，由于出版棋牌类图书的数量相对增加（较之前没有减少），娱乐活动类图书的出版总量并未出现明显减少。总之，1940 年代以前，娱乐活动类图书多是以教辅用书的形式出版，满足了当时学校体育教学的需要。到了 1940 年代，以棋牌为主要研究对象的娱乐活动类图书数量大幅增加。这是一个与当时社会环境不相符合的现象。如何解读身处乱世而心怀乐感的娱乐活动类图书作者群的动机？是无奈还是麻木？是消极的逃避还是无言的抗争？可能都有，也可能都不是。其中缘由，可能只有这类图书作者才最清楚。

六 其他类图书

除上述各类图书外，仍有些图书因研究对象较为复杂、研究内容较为分散，很难归类，故将其一并纳入其他类。该类图书主要涉及体育年鉴、工具书、综合性赛事和活动的论文集、介绍各国体育概况或自传性的人物回忆录等。从数量看，该类图书约 50 种，主要集中在 1930 年代和 1940 年代。该类图书数量不多，内容较为分散，也算是当时社会各界对体育关注的一种表现。

整体上，六类体育图书中，数量最多者是体育管理制度类和体育专项技术类图书，均达到 400 余种；传统体育项目类图书次之，有 300 余种；其后是娱乐活动类图书，也超过 200 种；相比之下，体育基本理论类图书较少，仅有 140 余种。此外，尚有难以归入前五类的 50 种其他类体育图书。从不同时段看，各类体育图书数量的变化既有相似性又有差异性（见图 2-1）。其相似性主要体现在五类体育图书[①]数量变化的整体趋势一致，其出版高峰都出现在 1930 年代；而差异性则取决于五类图书的研究内容及其与社会需要的关系，必然造成各自数量增减的变化及其不同特点。

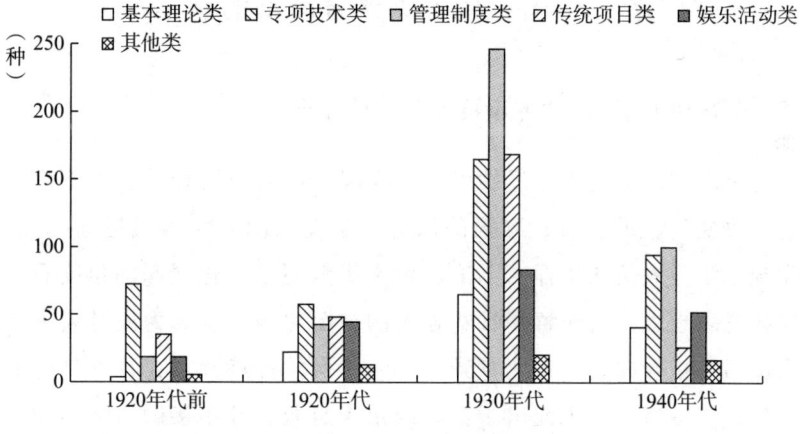

图 2-1 不同年代六类体育图书数量变化

[①] 因第六类体育图书的内容较为分散和混杂，难以分析其整体特征，仅对前五类体育图书进行定量分析。

为了进一步全面和系统地了解五类体育图书的变化特点，结合我国近代社会发展的阶段性特征及其对体育图书业的影响，本书以时间为基本依据，选择以10年为一个时段和分析单位，对我国近代体育图书业的发展进行评析。鉴于1910年以前体育图书业仍未成形，数量较少且分布极不均匀，内容上除专项技术类外其他各类图书较为零散，故本书以1910年后的体育图书业为主要对象进行分析和比较。具体来说，从四个时段对各类体育图书进行研究，即1910年代（1910~1919）、1920年代（1920~1929）、1930年代（1930~1939）、1940年代（1940~1949），以此梳理和探讨五类体育图书内容和数量变化的总体趋势和不同特点。需要说明的是，为了尽量准确地说明每种体育图书出现的年代及其反映的时代背景，本书主要按照初版时间，对不同时段出版的体育图书数量进行统计。由于保存和获取某些资料存在困难，笔者未能对每种图书都进行探源式核查，而是主要针对录入时存在分歧和谬误的图书进行多方求证并予以校正。其中，因有100余种体育图书出版时间不详，本书不对其进行统计；同时，对于初版时间不明的50种图书，鉴于数量不多且较为分散，故按照再版时间将其归入各个时段，不再单独统计。

第二节 中国近代各类体育图书的基本特征

一 1910年代前："专项技术"一枝独秀

清末民初，进化论思想的引入，唤起了国人对所处社会的不满，也找到了改变现状的良方；列强的欺辱，激发了国人对尚武思潮的热情，并发现了学习效仿的榜样。无论从地缘优势还是文化同源的角度看，军国民教育思想成为时人解释日本强大的主要原因，也成为先进人士谋求国富民强的指导原则。在此背景下，因体操的特点及其在日本具有的较高地位，许多留日学生或出于救国或出于自救，开始接触、学习和研究体操，回国后译介相关图书，培养专业人才，不仅推动了体操的引入和传播，扩大了体育的内容体系和普及范围，也孕育了体育图书业的萌芽。

（一）体育基本理论类图书

1910年代前，在华传教士和留日学生担负着在我国传播和推广西式体育的责任，外文体育图书的引介和翻译自然也在其列。由于当时体育主要是以"体操科"的形式在学校出现，田径、球类运动也多是在教会学校的课外活动中开展，时人对体育的关注和研究仍处于萌芽状态。在图书数量较少的情况下，体育基本理论类图书的种类必然更少，只有2种，分别是1902年文明书局出版的《国民体育学》和1903年由广智书局翻译与出版的《德育与体育》，① 两者都源自留日学生翻译日本当时的体育著作。正是由于当时体育理论著书较少，且体育的普及程度和影响范围较为有限，这两种译自或受启于他国相关著作的体育图书，显得弥足珍贵。值得一提的是，1902年由杨寿桐翻译、文明书局出版的《国民体育学》，应是清末在我国较早出现的体育基本理论类图书。该书虽是日本学者西川政宪所著，但是"其于1903年，由岚僧翻译并在《杭州白话报》上连续发表，致使'体育'一词获得更大范围的传播和运用"，② 是"我国近代体育发端时期，唤起民众，传播和实施西方近代体育，强国强种，健全国民素质，洗刷'东亚病夫'耻辱的珍贵启蒙之作，是中国近代体育史上的一朵报春花"。③ 从这个角度看，该书不仅有助于促进当时社会对体育的认知，也启迪着体育学人对体育功能的思考。

（二）体育专项技术类图书

1910年前，出版数量最多的是体育专项技术类图书，近30种。从数量分布看，1906年出版10余种，成为此时段出版该类图书最多的年份；其次是1907年，有6种。从图书内容看，几乎都是体操类图书，且绝大部分是中小学体操教辅用书。原因，与《奏定学堂章程》的颁布和实施密切相关。毕竟，1904年颁行的《奏定学堂章程》规定：各级学堂开设体操必修科。这不仅在法理上规定了"体操"在学校教育中的正统地位，也为相关团体组织编制和出版教科书提供了契机。从学术史的角度看，1890年由上海广学会出版的《幼学操身》是我国体育图书的肇端。同样，该书源自日本的相关著作，由翟汝舟和英国人庆丕合译而成，并

---

① 王颢霖：《对中国近代体育学术史分期的讨论》，《体育科学》2014年第10期，第83~92页。
② 罗时铭主编《中国体育通史》第3卷，人民体育出版社，2008，第100页。
③ 郑志林、俞爱玲：《洗刷"东亚病夫"耻辱的号角——读〈国民体育学〉》，《浙江体育科学》2001年第2期，第46页。

由著名实业家和教育家盛宣怀作序。虽然该书中尚未出现"体操"或"体育"等专业词语，内容和呈现方式也以图解为主，但它却被认为是迄今发现的我国"第一本体育理论书籍"。① 以后见之明看，笔者认为将该书视为我国"第一本体育理论书籍"欠妥，一是从体育术语看，该书既未包含"体操"，也未提及"体育"，仅是养护身体的方法；二是从研究内容看，该书主要是由32幅图配以文字说明构成，② 若称其为体育理论著作，有些牵强。此外，由徐傅霖著、中国图书公司于1909年出版的《体操上之生理》一书，也有值得圈点之处。该书较早论述了人体运动器、骨骼、躯干及头的运动、上下肢运动、运动的强弱、运动的性质、体操的基本形式等内容，虽带有明显的舶来色彩，但因其具有较强的专业性和科学性，被认为是我国自编的第一部近似运动解剖的专业图书，也是迄今发现的我国近代第一部关于体育自然科学方面的图书，是最早的一本运动生理学专著。③

（三）体育管理制度类与传统体育项目类图书

相比于体育基本理论类和专项技术类图书，1910年前并未见体育管理制度类图书出版。究其原因，很可能与该类图书自身涵盖的内容有关。一方面，该类图书主要涉及体育赛事、规则、制度等方面的内容，而体育赛事在当时尚未被社会各界所熟知，即使在教会学校曾举行各种体育赛事，但组织规模和影响范围都较为有限；另一方面，当时体育尚未普及，且缺少专门的体育组织和管理人才，加之出版业的发展也较为受限，所以，没有出版体育管理制度类图书也与当时体育的发展基础较为薄弱有关。然而，传统体育项目类图书的"缺席"现象倒是值得进一步分析。清末民初，伴随着西学东渐产生的中西文化之争和新旧观念冲突，我国固有的传统养生理论和方法因蕴含着传统元素，曾被不少知识精英视为封建落后文化的产物，遭到大肆批判甚至抛弃。传统体育项目类图书在1910年前较少出版，应与此存在某种关联。此外，20世纪初清政府实施的新政，即以废绿营、兴新学、禁淫祀为重点的改革举措，都在不

---

① 罗时铭主编《中国体育通史》第3卷，第118页。
② 笔者并未能获取该书全文，上述信息是从盛宣怀所作的序言中得知。
③ 世界体育大事典编辑委员会编《世界体育大事典》，中国致公出版社，1993，第11页。

同程度上影响了传统体育，尤其是传统武术的发展。具体而言，一方面，1903 年清政府开始全面裁汰绿营，编练新军，这直接阻断了唐代实施武举制以来，传统武人通过习练和考试谋求升迁的道路；另一方面，基于《奏定学堂章程》要求各级学堂必修体操科的规定，被不少人视为"中国式体操"的拳术，混杂着日渐盛行的军国民教育思潮，开始谋求将武术融入学校教育的机会和可能性。同时，20 世纪初期在全国范围内掀起的反迷信运动，不仅打击了以民间庙会为活动中心的传统武术组织，也限制了传统体育项目类图书的刊行和传播。

（四）娱乐活动类图书

早期的娱乐活动类图书以游艺类为主，且多是为了满足各级学堂教学需要。1910 年前，娱乐活动类图书共出版 5 种。从时间看，迄今发现较早的一本关于游戏法的图书，出现于 1902 年，是由董瑞春译介、文明书局出版的《游戏法》。① 随后出版的几种图书，显然也受到 1904 年颁行的《奏定学堂章程》的影响。因其在"学务纲要"中指出"各学堂兼习兵学"，要求"各学堂一体练习兵式体操，以肄武事"。对于体操课程，当时清廷也有要求："体操一科，幼稚者以游戏、体操发育其身体，稍长者以兵士体操严整其纪律，而时时助以守秩序、养威重，以造成完全之人格。"② 这不仅改变了传统教育的内容，赋予了其时代内涵，也为游戏类教材的编写和出版提供了直接动力。由此，"游戏"与"体操"成为清末民初学校体育课程的主要内容，使得当时出版的娱乐活动类图书多是围绕体操展开，同时披上了游戏的外衣，反映了当时体育图书出版业带有的舶来色彩和依附特征。

总之，1910 年前出版的体育图书，数量不多，内容也较为单一和集中。从内容看，多是适用于各级学堂教学需要的中小学体操类或游戏类教辅用书。从学术价值看，虽然出现了体育基本理论类图书，但是数量极少，且具有直接移植他国的鲜明特征。有限的图书数量和单一的图书内容，加之其间带有的浓重日本色彩，充分说明 1910 年代之前出版的体

---

① 王颢霖：《对中国近代体育学术史分期的讨论》，《体育科学》2014 年第 10 期，第 83～92 页。

② 许义雄、徐元民编著《中国近代学校体育》上册，第 95 页。

育图书带有明显的舶来性和依附性。

二 1910年代:"专项技术"与"传统体育项目"竞相争艳

根据已收集和整理的图书信息,1910年代,各类体育图书共出版110余种。数量最多者是体育专项技术类图书,达40余种;传统体育项目类图书次之,30多种;体育管理制度类和娱乐活动类图书均接近20种;体育基本理论类图书数量较少,仅2种,另包括3种其他类图书。各类体育图书的内容与数量变化,具有不同的特点。

(一) 体育基本理论类图书

1910年代,出版的2种体育基本理论类图书,分别是徐福生编译的《体育之理论与实际》和郭希汾所著的《中国体育史》。《体育之理论与实际》于1912年由上海商务印书馆出版。该书共258页,由绪论、本论、体育史和余论四个部分组成,既"是一本以技术见长的旧式体操原理书籍",也是一部"最早类似体育原理的著作"。[①] 1919年11月,郭希汾(绍虞)所著的《中国体育史》由商务印书馆出版,[②] 全书共139页,书前有朱亮、范祥喜、叶绍钧等人的序各1篇,除首尾的绪论、结论外,共8编,内容主要包括古时之体操术、角力、拳术、击剑、弓术、舞蹈、泅泳、游戏等。据所查阅的体育图书信息可知,该书是我国第一部较为完整的体育史著作,阐释和考证资料较为丰富,是当时体育界难得且少见的学术性图书;其影响不仅扩及当时的学界和社会,其后更曾多次再版,并被商务印书馆收入史地小丛书和万有文库。

关于体育基本理论类图书数量较少的原因,可以从两个方面分析。一方面,当时体育在我国的普及范围和影响程度较为有限,且当时社会上提倡体育的人也多是将体育等同于"体操"或"竞赛";在学校,体育课也多是以"体操课"存在,内容和形式都较为沉闷和单调。即使1915年后"双轨制"开始在学校实施,也难以摆脱以往"体操课"的影

[①] 马廉祯:《近代美国体育思想对中国体育思想的影响——以民国时期的〈体育原理〉为例》,《体育学刊》2010年第5期,第7~11页。

[②] 郭氏是我国著名的文学史专家。1918年,他在商务印书馆子弟学校——尚公小学任教,与该校教师庞醒跃等创办东亚体育专科学校,任兼职教员。为解决教材问题,他利用商务印书馆的便利条件,在著名的涵芬楼查阅古籍,编著了此书。

响。这无形之中又强化着人们对体育的认知——体育是技术技能的竞赛或是身体运动的方法，忽略了对体育基本理论的关注和探究。另一方面，动荡的社会局势、更迭的文化思潮和薄弱的教育基础，冲淡和分散了体育在当时的影响力和人们对体育的关注度，也破坏了体育图书出版和刊行所需的外在环境。

（二）体育专项技术类图书

1910年代，多次参加和举办不同种类体育赛事的需要和经验，推动了体育专项技术类图书的编纂和出版。除1910年和1911年外，1912年之后每年均有体育专项技术类图书出版，且数量基本保持稳定。从各年出版数量看，1912~1914年共出版此类图书18种，多数仍属于学校教学教辅用书。这一现象不仅与中华民国成立后制定和实施的教育方针和政策有关，也说明体育图书的出版，尤其是教科书的出版反映并紧贴官方的教育理念及改革举措。同时，值得一提的还有1917年，共有10种体育专项技术类图书出版。这应该与1915年在上海举行的第二届远东运动会有关。因为第二届远东运动会是上海第一次承接的重要体育赛事，也是我国近代第一次举办的区域性体育赛事。对此，政府和社会各界都给予了极大的热情和关注，组织了庞大的参赛队伍并取得了令人振奋的成绩，如打破了所有的全国纪录和5项远东纪录，荣获了3个单项锦标和总锦标，总成绩超过了菲律宾和日本。通过此次赛会，体育逐渐被越来越多的人所了解和认识，在华传教士和基督教青年会干事普及和发展体育的决心进一步增强。由1916年和1917年出版的体育专项技术类图书可知，研究内容和主题已从学校体操科教材转向多元的现代竞技体育项目。

（三）体育管理制度类图书

体育管理制度类图书主要以体育技术、组织和赛事为研究对象，分析和讨论与其有关的各种规则、标准及规范，以便于体育朝着有序化、科学化方向发展。从出版时间看，体育管理制度类图书较早出现是在1914年，当时出版的两种图书分别与江苏省立学校第一次联合运动会和对球（早期对排球的称呼）游戏有关。尽管出版的体育管理制度类图书数量有限，但结合当时我国体育发展的状况，特别是参加和组织体育赛事方面的信息，此类图书较早出现在1914年前后是非常容易理解和接受的。

参加和承办重要体育赛事产生了积极影响。1910年和1914年，第一届和第二届全运会分别于南京和北京召开；其间于1913年在北京天坛举行了第一届华北运动会。更为重要的是，当时现代奥林匹克运动会已举办五届，虽然我国尚未参加，甚至国内对其的报道也不多见，但是，基于基督教青年会的持续性助推和报刊发挥的媒介作用，① 一些重要的国内外体育赛事开始受到人们的关注。如1913年我国受邀参加在马尼拉召开的第一届远东运动会，成绩虽落后于东道主菲律宾，但仍算可喜。这次参赛体验触动了国内社会，尤其是某些进步人士，他们发出了"足以振起吾国人民体育之精神"的感慨，并希望我国青年能"急起直追，以锻炼体魄，增进武力……发扬民国之光"。② 当时持此认识的群体，除了一些媒体和教育界进步人士，还有执政当局的官员和商界实业家。但同时，也有少部分人对我国此次参赛的成绩较为悲观，在某种程度上，甚至可以认为其又一次挫伤了国人的自尊心。因此，为了尽快扭转局面，彻底摆脱"东亚病夫"的形象，当时不少教育界和体育界人士呼吁和提倡重视体育赛事；新生政权为了团结民心、提高国际影响力，也积极顺应和参与其中。最终，促成了1915年第二届远东运动会在上海举行。尽管当时参赛者和组织者多由基督教青年会选拔和负责，但体育观念能得到进一步推广和传播也正是受益于此。

整体上，若从图书数量变化的时间特征看，前期各类体育赛事的宣传和组织产生了累积效应，促使体育管理制度类图书出版的高峰年份出现在1915年，共有8种图书，不仅包含篮球、足球、排球、网球、垒球等具体项目的比赛规则，也涉及对各类运动和运动会的介绍和管理。随后几年，虽然仍有此类图书陆续出版，但多是关于省级体育赛事的宣传和分析以及精武体育会的研究，介绍和说明全国性体育赛事的图书较少见到。究其原因，这可能与1915年爆发的新文化思潮和因传统皇权"复

---

① 根据薛文婷在其著作《中国近代体育新闻传播史论（1840~1949）》中的观点，我国媒体和现代奥运会第一次"亲密接触"的时间是1904年。
② 吴群：《我国近代早期体育报道和"临时会报"》，《体育文史》1996年第1期，第53~54页。

辟"产生的政治动荡有关。在此背景下，政府当局和各界精英也无暇顾及全国性体育赛事的举办和体育的发展。从另一个角度看，可能也正是这个空档期，加之新文化运动的推广及其持续性影响，为体育观念及体育赛事的进一步普及和推广积蓄了心理能量，进而孕育并奠定了1920年代及之后体育管理制度类图书数量不断增长的趋势。

（四）传统体育项目类图书

1910年代，传统体育项目类图书面临的机遇和挑战共存。欧风美雨的持续渗透和传统文化的不合时宜，为改造和批判传统体育提供了动力；"中体西用"的取向和"西学中源"说，又为捍卫和传承传统体育提供了正当性。正如1915年前出版的传统体育项目类图书不仅数量较少，内容多是带有被现代体育改造后的现代化色彩。自此，传统体育项目类图书的数量开始逐渐增加，研究范围和主题更加宽泛，研究内容也不断细化和深入。尤其是1917年有11种此类图书出版，成为出版数量最多的一年；至1919年，也出版了7种传统体育项目类图书。

事实上，此时段出版的传统体育项目类图书数量的变化与两个时间点有关。一是1911年前后，开始有此类图书正式公开出版和发行；二是1915年，出版的此类图书数量开始增多，至1917年达到高峰。究其原因，1911年，武术家马良①和精武体育会②对传统武术进行的科学化和现代化改造及其推广实践，逐渐在社会上获得更多人士的了解和认同。仅从图书名称看，当年出版的3种传统体育项目类图书都带有我国传统武术科学化改造后的痕迹。而1915年也是传统武术发展至关重要的一年，是年不仅大力倡导武术的教育化和课程化，且在同年4月举行的第一次全国教育联合会上通过了《拟请提倡中国旧有武术列为学校必修课》的提案，经教育部批准开始在全国实施。自此，武术在学校教育中的正统地位得以确立，不少体育社团和武术爱好者着手编撰武术教材，整理传

---

① 马良的"新武术"实际上是受瑞典式体操的启发。他先从各种武术套路中抽取基本动作归类整理，再按武术套路的基本原理编排形成新的套路，而后按照体操的教学方法教授。
② 精武体育会对武术的改造不同于马良，其是在保持传统武术原有技术方向的基础上，主要采用现代体育组织和学校的教学方式，对传统武术的教授、组织和活动等方面进行改进。

统拳法，研究武术理论。马良创编的"中华新武术"于1918年被教育部通令列为全国各大、中学堂正式体操的内容，1919年又成为全国学校体操科的教学内容。因此，上述因素共同促成了传统体育项目类图书数量逐渐增加的结果。

此外，伴随着新文化运动的展开与各类体育赛事的举办，一些传统文化精英、武术家和武术爱好者，或出于保护，或出于发扬，也开始自觉地梳理和研究传统体育。其间，不少新文化运动的倡导者强烈批判甚至否定某些传统养生理论和方法，直接影响着传统体育项目的传承和发展，后来还因此引发了持续多年的动、静体育之辩与土、洋体育之争。不可否认的是，传统体育遭受的社会声誉上的损失和价值认同上的质疑，也为其技术层面上的创新和学理层面的研究带来了新的条件和可能。1915~1919年，传统体育项目类图书数量的增加及其第一次出版高峰的出现，就是最好的证明。

（五）娱乐活动类图书

相较于其他类体育图书，当时编辑和出版娱乐活动类图书的社会条件尚未成熟。尽管中华民国成立后，初期拥有相对宽松、稳定的社会环境与西方现代文化的影响，以及1913~1921年国民经济也逐渐恢复发展，[1] 但是娱乐活动类图书的数量并未随之快速增长。这些因素共同作用的结果，只是为人们的社会生活提供了新气象，为休闲娱乐活动的开展提供了可能。这从1914年出版的3种娱乐活动类图书中，能多少感受到一些信息。此后，更确切地说，自1916年始，娱乐活动类图书的数量和种类开始增多，但大多数仍是适用于学校教学的教辅用书。其实，整个1910年代，出版的娱乐活动类图书并不多，只有十几种。从图书内容看，1914年前出版的4种娱乐活动类图书均是适用于学校的教辅用书。当时的娱乐活动类图书多以游戏为主要内容，因此作为学校教学内容的游戏教科书必将受到学校教育目标和政策的影响。

1910年代，纵观各类体育图书的主要内容，一是集中在体操和拳术方面，而此类图书几乎都是普及性的中小学体育教材；二是与体育技术

---

[1] 〔美〕费正清编《剑桥中华民国史（1912~1949年）》上卷，杨品泉等译，中国社会科学出版社，1994，第737页。

规则有关，但也多是介绍性的科普小册子。在某种程度上，这反映出当时体育的发展基础较为薄弱，国人对体育的态度仍处于被动接受的阶段，社会各界对体育的认识依然较为肤浅和片面。从体育图书内容及其学术价值看，移植性和依附性色彩依然明显，重"术"轻"学"的取向更加突出，缺少对体育基本理论或学理问题的关注和探讨。

三 1920年代：体育图书内容庞杂，数量增加

1920年代是我国近代史上一个较为特殊和关键的时期，新旧论战和中西冲突此起彼伏，文化思潮与社会危机同生共长，政权更迭和军阀混战几乎不断，教育理念和改革实践交相呼应。不论从社会、政治、文化、教育的哪个角度看，1920年代都是一个难以替代且又不可重复的时期。自然，在这样一个不同文化元素杂糅、多种精神气质并存的时代，体育图书的出版也不可避免地具有了与之吻合的时代特征。从各类图书数量的变化看（见图2-2），除体育管理制度类图书的变动幅度较小外，其他四类图书的变化特征，与1920年代我国社会发展的特征甚为相似，都是起伏不定，变动不居。

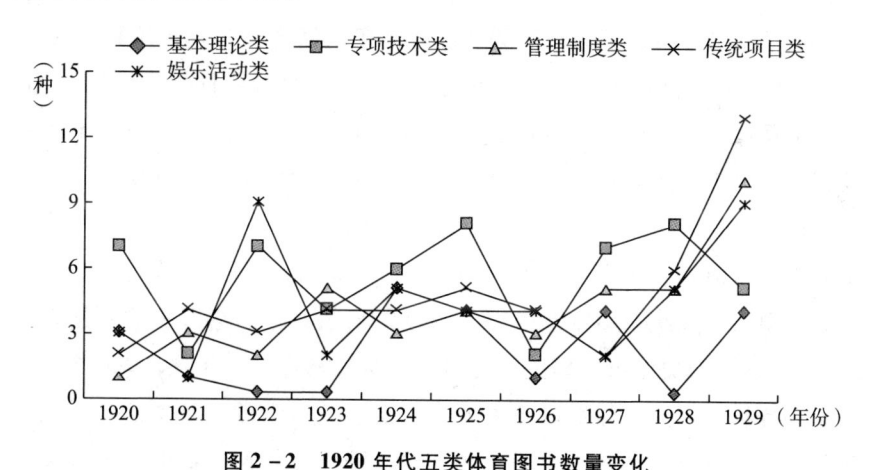

图2-2 1920年代五类体育图书数量变化

（一）体育基本理论类图书

进入1920年代，体育基本理论类图书的出版虽然时断时续，但是较之前，不仅数量明显增加，且涉及内容更加广泛。从数量看，出版的高峰年份在1924年，有5种图书出版；其次是1925年、1927年和1929

年，均出版4种体育基本理论类图书。从内容看，多与健康、卫生有关，共7种，算是该时段出版的体育基本理论类图书的一个特点。究其原因，一方面，与当时人们对体育的认知水平有关。在锦标主义盛行和人们健康意识堪忧的背景下，不论是普通市民还是多数体育专业人士，基本是从满足现实需要或解决实际问题出发认识和理解体育，很少有人能区分体育与竞赛、体育与健康、体育与卫生的边界。另一方面，受到当时"科学"之风的影响。新文化运动成为批判旧文化和确立新科学的标志，随之科学主义逐渐蔓延和渗透至各个领域，不仅引发了著名的"科玄之争"，也掀起了探究学理的学术热潮。加之，留学归国的知识分子相继引入了西方有关生物学、生理学的知识。在此背景下，一些体育工作者，或为了满足学校体育教学的需要，或为了纠正社会上不良的体育风气或错误观点，或是为了普及健康知识和正确的生活方式，开始编著相应的理论书籍。虽然多数图书针对实际问题，过于强调实用性，将其视为基本理论类书籍有些勉强，但是，它们体现的科学态度和学理依据，尤其是对某些问题的系统分析和抽象概括，却不失基本理论图书的价值和意义。

从学术价值看，其间出版的几部著作在体育学术史上具有重要地位。首先，1924年，由中华书局出版、罗一东所著的《体育学》，是我国较早从学理层面系统研究体育的理论著作。全书共147页，分总论与各论两部分；总论专述体育的意义及其与科学、人生的关系，各论分述发育论、运动论、卫生论及实施方法论4编。该书不仅在我国体育学术史上具有重要价值，也奠定了体育学的学科地位和研究基础，称得上体育学研究之嚆矢。其次，同年，由商务印书馆出版、程瀚章所著的《运动生理》，是我国历史上第一部关于运动生理的研究著作。全书共286页，分总论和各论两部分，详细讨论了人生与运动、运动的生理本态、运动生理学的分类以及运动对于血液、循环器、呼吸器、消化器的影响和疲劳等问题，同时也介绍了体育锻炼、功能状态、生长发育的重要性，以及体育对人体各器官的生理影响。因其具有科学性和实用性，不仅弥补了我国运动生理研究的空缺，也顺应了当时社会对体质改善和健康增进的需求，故初版之后又多次再版，曾相继收入新知识丛书（1924年，286页）、万有文库（1929年，270页）、体育小丛书（1939年，270页）。

与此同时，由庞醒跃编著、东亚体专出版的《体育哲学管理》，很可能是迄今发现的我国最早的体育哲学类图书和专门的体育管理类图书。全书分上、下两编，上编讨论了体育范围、目的、意义，游戏与体育，人生发育秩序，瑞、德、美体操之比较等问题；下编讨论了具体体育教材及运动会、体育场管理办法等。该书也曾以《体育哲理、体育管理》为名出版，共178页。其中，体育哲理讨论现代体育之趋向、体育与教育之关系；体育管理则主要介绍体育教学法、测验法、运动会组织法及体育场管理法等方面的内容。

此外，1926年由商务印书馆出版、郝更生所著的 Physical Education in China（《中国体育概论》），是我国第一部用英文撰写的体育理论著作。全书包括中国体育的历史、中国体操、中国游戏、西方体育在中国的开始、第三届全国运动会、中国体育组织、中国体育的将来、卫生与体育的结合，共8章，书末附有世界运动会、远东运动会、全国运动会成绩。虽然书中的某些史实和观点有失客观，但是其包含的丰富资料和对中国体育发展历史的宏观阐释与说明，促使该书在当时及后来体育学术界产生了重要影响。而1929年由商务印书馆出版、宋君复所著的《体育原理》，则是迄今有据可考的由我国体育学者编著的最早的一部体育原理类著作。该书共4章，主要讨论了体育的历史、制度、目的以及运动的哲学与理论，体育与道德、健康、工作、文化、政治等方面的关系，以及体育材料的选择和教材的标准等17个方面的内容。作者以深入浅出的方式从理论上较早地探讨了体育与哲学、伦理、政治等的关系，对当时和后世体育界产生了重要影响。

以数量论，1920年代是体育基本理论类图书发展的初始阶段，共有23种图书出版。虽然数量不多，但是不乏奠基之作。

（二）体育专项技术类图书

从图书数量的变化看，1920年代出版56种体育专项技术类图书，虽各年分布不均衡，但并未出现间断的现象。如1920年、1922年、1925年、1927年、1928年，每年出版此类图书的数量较为接近，均在7种或8种；其次是1929年和1924年，分别有5种和6种图书出版；出版图书较少的年份是1923年，只有4种；但即使1921年和1926年出版图书的数量最少，也都有2种。从研究内容看，多以练习方法类的图书为主，虽然各类项目都有涉及，但是体操类最多，其次是球类和田径，其余各项只有稀疏几种。总体上，专项技术类图书在1920年代出版的数量虽不算多，但与1910年代的41种相比，已增加了15种；每年出版图书的数量虽不稳定，但在当时特殊的背景下也算不易。对于此，暂不论其他外界因素，单从当时我国体育的发展程度和体育学术的发展水平看，起点晚、基础薄、积累少的实情也确实影响着体育图书的出版。从近代我国出版体育图书的内容看，除传统体育项目类图书外，各个时段都以学校体育教辅类图书居多，早期的体育专项技术类图书更是如此。这说明学校教育和体育的发展和变化，直接影响着不同时段体育图书的出版数量和内容选择。若以此逻辑，结合1920年代体育界尤其是学校体育领域的主要变化，则更好理解专项技术类图书的出版情况。

（三）体育管理制度类图书

关于体育管理制度类图书，自1921年开始，其数量的变化幅度基本不大。具体来说，1920年代共出版此类图书41种，高峰年份是1929年，共有10种；其次，是1923年、1927年和1928年，每年均有5种管理制度类图书出版；相比于1925年的4种，在1921年、1924年和1926年，每年出版的图书有3种；而出版较少的年份是1922年，只有2种；最少的则是1920年的1种。从图书名称看，内容主要涉及项目规则、赛会宣传和赛事报告等。其中，关于体育赛事方面的图书，多以地方性的体育竞赛活动为主题；同时，介绍体育社会团体或组织方面的10种图书，多与精武体育会有关。

相比于1910年代，1920年代体育管理制度类图书数量虽有增加，内容也有扩展，但是整体变化不大。若将其与1920年代我国参加和举办的国内外体育赛事相比，体育管理制度类图书的出版则显得有些单薄。毕竟，我国参加了从1921年至1927年每间隔两年举行一次的远东运动会，而且1921年的第五届和1927年的第八届均由我国承办，在上海举行。在某种程度上，国际赛事中取得的竞技成绩，也能说明国内举办体育赛会的状况与运动成绩。若从我国在诸多赛事中取得的总体成绩看，除了连续夺得各届锦标的足球外，夺得两届锦标的排球和一届锦标的篮球尚令国人欣慰；对于其他项目的落后成绩，社会各界轻则避而不谈，重则公开批判。同时，体育界内更多的人也开始反思当时我国体育的发展现状。当然，鉴于当时我国所处动荡不安的社会局势和薄弱的体育发展基础，1920年代体育管理制度类图书的出版情况倒是可以理解，也不难接受。

（四）传统体育项目类图书

因研究对象及其在当时具有的象征意义，传统体育项目类图书注定将被卷进一场关于废旧立新的时代论争中。这场被后世称为新旧体育或"土洋体育"之争的学术讨论，断断续续存在30余年：萌生于1910年代的"国粹派思想"，隐藏于1920年代的"中西论战"，爆发于1930年代的"启蒙热潮"，沉寂于1940年代的"抗战与救国"。作为论争的主要对象，我国传统体育也在这几十年中，忽而备受重视，忽而饱受诟病。但是，其因具有的象征意义和民族情愫，始终活跃在众人的视野之中。以1920年代为例，从1920年到1927年，每年都有关于传统体育的图书出版，数量上虽然并未发生大起大落的变化，但是能保持出版的连续性和稳定性，在一定程度上也说明了各界对传统体育的关注及对此类图书的需求。值得说明的是，除1924年举办的全国性武术运动会[①]的影响外，1927年成立的中央国术馆，凭借馆长张之江在国民党政军界的地位和影响力，不仅迅速建立了推动武术发展的有效机制，而且采取了诚邀武术名家入馆等一系列举措，进而在全国范围内掀起一股练习和研究武术的热潮。此后不久，1929年出台的《国术考试条例》及其细则，与同年举行的第一次全国性的武术考试，进一步加速了武术的推广和普及，也为武术的体育化和规范化发展奠定了基础。这些势必促使兴起不久的武术热潮进一步升温，同时也直接促进了武术研究及相关学术活动的开展。纵观当时传统体育项目类图书的出版数量及其变化特点，1928年数量迅速增加，至1929年达到峰值，共有13种图书出版。可以说，武术成为体育课程内容和中央国术馆的成立，对传统武术类图书的出版发挥了重要的促进作用。

---

① 这次运动会由马良邀请北京体育研究社副社长、教育部主事许禹生等共同发起，于1924年4月14日至22日在上海举行，参会的有来自北京、天津、济南、南京、松江、常州等的武术家400余人，除表演各派拳法及介绍器械上百种外，还参观了上海的一些体育场所、武术团体、体育学校和青年会，并就武术发展的方向和任务等进行了多次座谈交流，借以表明将共同致力于使武术朝向系统、科学发展的决心。

（五）娱乐活动类图书

进入1920年代，教育思想趋于多元，学制经历几度更替，加之受新文化运动的累积性影响，社会风气渐开，促使此阶段体育图书的出版数量及其涉及的领域，与1910年代相比都明显增加。这种变化对娱乐活动类图书来说，也不例外。"透过不同类型的体育教材，可达到不同的体育目标"，[①] 因而学制改变所带来的体育目标的改变，也直接反映在出版的娱乐活动类图书中。从用途看，与前期相同的是，此类图书仍多是以学校体育教学用书的面貌出现；从具体内容或涉及范围看，在游戏类图书居于主导的同时，以棋牌为主的休闲消遣类图书相继出现，且数量也有增加的趋势。此外，另一个特点是：此时段出版的娱乐活动类图书再版的情况明显增多。这不仅反映了此类图书的受欢迎或普及程度，同时也说明在图书种类相对有限的情况下，娱乐活动类图书再版也是满足需求的有效手段。若仅从教育改革和发展层面考察1920年代娱乐活动类图书的出版情况，只能部分了解当时体育图书出版和学术发展的特征；要了解此类图书出版对后期图书出版的影响，及其在我国近代体育学术发展中具有的价值，必须结合当时的历史背景进行考察。尤其是1920年代的军阀混战虽然影响了当时社会的平稳发展，但影响主要集中于政治和经济领域；对文化和教育而言，非但影响较小，甚至在某种程度上还为其发展提供了更为宽松的舆论氛围。

总之，1920年代前期的政治动荡和军阀混战，虽然破坏了教育和学术稳定发展的外在环境，却为不同价值观和文化思潮的存在提供了条件。于是，随着新文化运动延伸范围的不断扩大和影响程度的日益深化，此时不仅孕育和产生了许多开拓性的规章制度，也酝酿和爆发了几次影响后世的学术争鸣。而此时段出版的体育图书，无论是数量还是质量均具有了一定规模和水平，尤其在文化思潮和基督教青年会干事努力的双重影响下，我国近代体育图书业由此奠基，也开始真正起步。

四 1930年代：内容深度增加，数量规律变化

中国的1930年代是一个多事之秋。南京国民政府的成立，虽然使国

[①] 许义雄、徐元民编著《中国近代学校体育》上册，第115页。

家基本结束了近20年的军阀混战,实现了形式上的统一,但是日本频频挑衅及随后的侵略又使刚刚进入建设轨道的中国社会,重新陷入动乱之中。尽管如此,各界依然取得了诸多令后世难以企及的成就和不凡业绩,并铸造了民国史上的"黄金时期"。对于文化、教育和学术发展而言,如果说1920年代的中国因动荡而充满各种可能性,那么1930年代的中国则因动乱而趋于统一。作为反映学术发展的一个侧面,体育图书的出版在1930年代不仅具有典型的时代特征(基本情况可参见图2-3),也提供了可以让后世借鉴的宝贵经验。

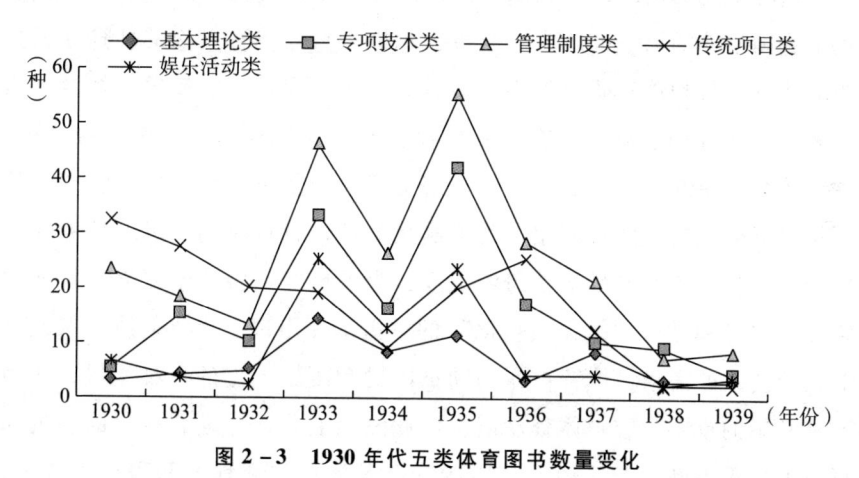

图2-3 1930年代五类体育图书数量变化

(一) 体育基本理论类图书

从数量看,1930年代是出版体育基本理论类图书最多的时段,共64种(其中1种具体出版时间不明)①;在分布特征上,呈现中间高、两头低的特点。通过比较每年出版此类图书的数量可知,1933年是此类图书出版的高峰年份,有15种;其次是1935年,有11种图书出版;再次是1934年和1937年,皆出版8种基本理论类图书;最后是1930年代初期和末端,从1930年到1932年,分别是3种、4种、5种,虽然呈上升趋势,但数量最多时也未超过5种;而从1936年到1939年,除1937年外,其余各年都只出版3种。究其原因,显然1930年代特殊的历史背景扮演了重要角色。1927年成立的南京国民政府,为服务于"建国"需

---

① 因东亚体育专科学校出版的一套丛书仍有几部尚未查明具体的出版年份,故按照吴文忠先生认定的"1931年前后"粗略计算。

要，相继制定并实施了一系列重要举措。教育方面的变化更是接连不断，从初期因"建国"需要而进行的"大学区制"① 改革及教育宗旨与学制的修订，到随后因抗战需要相继制定的《学生义勇军教育纲领》② 和发布的《战时各级教育实施方案纲要》③，都对当时及后来体育的发展产生了重大而深远的影响。反观此时段出版的体育基本理论类图书，探究体育学理与指导体育实践成为一个重要特点，尤其是出版于1930年代前期的几部重要的体育原理类图书。

这种变化的出现，一方面与大量体育人才的出现有关。1930年代前后，我国培养的第一批体育毕业生已积极担负起体育发展的使命，成为当时体育实践和理论研究的中坚力量。另一方面，与学校里和社会上快速增长的体育需求有关。在一系列社会建设和教育改革举措的推动下，我国体育事业迎来了前所未有的发展契机：为了举办全运会，相继修建了许多不同规模的体育场馆；为了满足学校体育教学的需求，培养体育师资和专门人才的专科学校纷纷成立；为了更好地服务于复兴与抗战的需要，倡导和推行"体育大众化"的举措不断出现。为了适应国家建设和民族复兴的需求，体育被作为动员国民和凝聚人心的一种手段，成为抗战救国的重要内容。体育功能也因此发生变化，并随着战争的临近和国难的加重不断变化；由此产生的社会对体育重视程度和需求的增加，在此时段体育图书出版和发行过程中，直接或间接地起到了助推剂的作用。整体来看，1930年代体育基本理论类图书出版高峰的到来，得益于1920年代的实践探索和学术积累，以及一批专业体育精英的同时出现。1930年代体育基本理论类图书出版高峰的出现，是衡量体育发展及其学术水平的重要标准，也是两者发展到一定程度的必然结果。

---

① 南京国民政府成立之初，曾采用法国的大学院制度，以"大学区制"替代原有的教育部组织。该制度的主要特点是以大学校长兼理原省教育厅的权责，进而实现教育、行政之学术化。在实施过程中，因流弊甚多，未满两年便被废止。
② 该纲领是在九一八事变的背景下于1931年制定，主要为动员学生实施军事训练，由教育部颁布《学生义勇军训练法》，于1932年废止。
③ 该纲要是为配合1938年的《抗战建国纲领》而制定，主要以"三育并进""文武合一""教育目的与政治目的一贯"等为方针；其反映在体育方面，主要是要求学校与社会力求普遍，整理教材，使与军训、童子军课程取得连贯，并强迫实行课外运动，锻炼在校学生的体魄，同时注意学生的卫生与营养。

（二）体育专项技术类图书

从数量看，1930年代体育专项技术类图书共出版164种（其中3种具体出版时间不明），年均约计16种。由图2-3可知，体育专项技术类图书的数量随时间变化呈现出中间高、两头低的趋势，且1931~1932年与1936~1939年，两个时段的变化趋势相似，虽然变化幅度不同，但都是逐年下降；若与1933年和1935年相比，1934年体育专项技术类图书的出版数量也明显减少。从每年图书出版的数量分布看，高峰年份是1935年，共有42种体育专项技术类图书出版；其次是1933年，出版33种；再次是1934年与1936年，两年出版的图书数量接近，分别是16种和17种；再次是1931年，有15种；而1932年与1937年也均有10种此类图书出版，比1938年的9种稍多；出版图书较少的年份是1930年和1939年，分别是5种和4种。需要重点说明的是，《国民体育法》的颁布（1929年）和第一次全国体育会议的召开（1932年），以及两者对体育界产生的重要影响，直接推动了体育专项技术类图书的出版，促使其出版高峰出现在1930年代中期。此外，1929年颁布的《中小学体育暂行课程标准》、1932年修订颁布的《中小学体育课程标准》以及1936年再度对其进行的修订，使学校对体育技术教学内容的需求有所增加，也直接促进了中小学体育教材的出版。而这种变化从当时出版的体育专项技术类图书的名称中，可见一斑。

从基本内容看，1930年代出版的体育专项技术类图书，主要集中在练习方法和技术的介绍和运用方面。其中，体操类图书仍占有较高的比例，但是所涉及的类型更加丰富，包括单杠、木马、垫上运动等；田径和球类图书的数量明显增多，且包含的具体项目更加丰富和多样；同时，关于体能训练和游泳方面的图书数量开始增加。事实上，此时体育专项技术类图书的这种变化，与国民政府在强敌压境的情况下所采取的应对策略有关。具体而言，在体育方面，为适应"建国"和抗战需求，相继成立专门的体育管理和研究机构，调整和改变体育的基本范畴和功能定位。如从1932年开始，国民政府决定全权负责全运会的组织和举办，在教育部设置体育委员会和体育督学，并要求各地方政府也设置相同的体育管理机构。而作为最高行政长官的蒋介石，也积极倡导和举办体育赛会，并于1935年提出八项普及体育的原则，并倡组"党政军学体育促进会"。1936年举办全国军事体育速成班,调训军训教官受体育训练,体育教员受军事训练,以相互增进军事与体育的知识和能力。此外,教育部制定特种教育方案实施强迫体育,第一项便是注重体格训练。这一系列的规定和要求,都充分肯定了体育在"建国"和抗战中的重要作用,同时也增强了整个社会对体育的重视。以后见之明看,这些行政性的举措虽然为当时体育的发展提供了基本保障,但对于体育学术而言却造成体育范畴及其与军事的边界日益模糊。此时段出版的体育专项技术类图书,比较注重内容的实用性和项目的多样化,也能反映出体育服务于现实需要的一个侧面。

此外,还有一个特殊的现象:1930年代,专门研究女性体育的此类图书有10种。究其原因,这不仅与体育的普及程度和发展水平有关,也与我国女性地位的提高及由此产生的积极影响有关,尤其是女子接受教育[①]和接触体育的机会增加。当然,战时特殊的国内环境及第二次世界大战中欧洲战场的经验,也引起和强化了对女性参与体育活动的重视。此外,当时出版的体育专项技术类图书,尽管仍然以学校体育教学用书为主,但是课外活动或个体锻炼方法类的图书开始增多。体育专项技术类图书的这一变化,不仅直接反映了我国体育发展水平和社会的体育需求,也说明人们对体育的认知程度日益深化。与此同时,由于国内外战事的影响,人们对体育范畴的规定和功能的认知也开始发生变化。

(三) 体育管理制度类图书

1930年代出版的体育管理制度类图书,不论是总体数量还是具体内容,都远远超过其他种类。从数量看,10年间共出版此类图书248种(其中1种具体出版年份不详)。其中,出版的高峰年份是1935年,有55种;次之是1933年,有46种;再次是1936年和1934年,分别有29种和26种;而1930年和1937年出版图书的数量较为接近,分别有23种和21种;相比之下,1931年的18种和1932年的14种,也不算少;最少的年份是1938年和1939年,每年才有7种或8种体育管理制度类

[①] 1928年,在南京召开的第一次全国教育会议通过了十五条实施原则,第六条即是"男女教育机会均等";1929年,在教育宗旨的八条实施方针中,就有一条专门规定"女子教育的实施方案"。

图书出版。根据体育管理制度类图书涵盖的基本范畴，选择体育赛事这一主线解释此类图书在1930年代数量的变化，更具说明性，也较为合适。关于国内赛事，1930年、1933年、1935年分别于杭州、南京、上海举行了第四、五、六届全国运动会，从参加选手、办赛规模到场馆设施，水平一届高于一届，尤其是第六届，"情况之热烈，为以往各届所未有"，[①]且每届所取得运动成绩也都有不同程度的提高；同时，每年都举行不同区域性的运动会，其中华北运动会最具影响力。关于国际赛事，1932年，我国派选手刘长春及其教练宋君复，参加了在美国洛杉矶举行的第十届奥运会；1936年，我国组团参加了在德国柏林举行的第十一届奥运会。此外，我国还组团参加了1930年在日本和1934年在菲律宾举行的第九届和第十届远东运动会。举办和参加这些赛事，反映出政府和社会对体育的重视程度，不仅有效促进了体育的进一步普及和深入发展，同时也为体育图书出版提供了良好条件。

从研究内容看，在1930年代出版的体育管理制度类图书中，比赛规则类的图书占去了近三分之一，且主要出版于1933年、1935年和1937年；同时，与此相关的还有一些赛事报告和指南。此外，关于各种体育组织和体育场馆的图书数量也明显增多。细究之，这显然受到了国民政府相继制定和实施的一系列规章制度的影响，尤其是1930年代前后颁布和执行的几项法案。如最具影响力的《国民体育法》和《国民体育实施方案》。在建立公共体育场方面，1929年颁布的《国民体育法》已有明确规定；[②]而1932年实行的《国民体育实施方案》，在推行方法上制定了12条"省市县立体育场事业进行办法"。两者的颁布和执行，以及由此而采取的关于社会体育和学校体育的改革举措，不仅为我国体育管理体制的形成奠定了基础，也加速了我国近代体育的规范化发展。在某种程度上，1930年代体育管理制度类图书的大量出现，一方面受益于南京国民政府建立的较为完善的体育管理制度，另一方面也与其间诸多赛事的举办和参与有关。

[①] 吴文忠：《中国近百年体育史》，台北：台湾商务印书馆，1967，第241页。
[②] 国民政府早在1928年就初步制定了《中央大学区修正公布体育场暂行规程》。在1929年4月公布的《国民体育法》第五条中，明确规定"各自治村乡镇市，必须设备公共体育场"；8月，教育部规定各县市必须建立公共体育场。

（四）传统体育项目类图书

1930年代，与其他各类体育图书相比，传统体育项目类图书的出版数量不仅较多，共有170种，其变化特点也更为鲜明，即此类图书数量的变化趋势和变化幅度都有别于其他各类体育图书。具体来说，从每年出版的图书数量看，传统体育项目类图书出版的高峰年份是1930年，有32种；其次是1931年和1936年，分别有27种和25种；再次是1932年、1933年和1935年，各有20种；而1934年，只有9种传统体育项目类图书出版，处在1930年代的中间，显得有些不协调；除1937年有13种此类图书出版外，以后各年的数量直线下降，包括1940年代，都未曾超过；尤其是1938年和1939年，传统体育项目类图书的出版数量骤降，仅有2种。暂抛开部分图书以再版的形式出现[①]不论，传统体育项目类图书的这种变化特点，主要归结于1927年中央国术馆的成立及其后建立的全国性的国术发展行政体系[②]的影响。其中，1933年成立的中央国术体育研究会和1934年成立的全国国术统一委员会，对武术研究的推动贡献最大。二者的成立促成了多种武术刊物的出现，以及不少武术教材、挂图和专著的集中出版，成为1930年代前期传统体育项目类图书大量涌现的主要原因。

此外，中央国术馆开展的一系列国术考试和教育部实施的体育改革，也直接或间接地促进了武术研究活动的开展。如1929年和1933年中央国术馆举行的两届全国性的国术考试，以及各省、市、县举办的次数和规模不等的国术考试；1936年，修订了1929年制定的《国术考试条例》及其细则；另外，国民政府教育部在1932年公布的《国民体育实施方案》和1935年编写的《小学体育教授细目》中，也对武术进行了规定和要求。[③] 值得注意的是1933年，在九一八事变和一·二八事变的双重影响下，国内局势日益紧张，为了实现体育民众化，教育部通令各省市普遍提倡体育并注重团体运动；同时又通令全国传习弹丸、风筝、空筝

[①] 传统体育项目类图书的再版现象较为普遍，以1930年代为例，有15种图书不明具体的初版时间。但因分布较为零散，故在统计时并未区别对待，而是一并统计。
[②] 在成立之初，中央国术馆不仅制定了组织章程和各项比赛规则，而且也确立了三处（教务处、编审处、总务处）一室（参事室）的体制。
[③] 该细目规定："另添增体操，而准备操、模仿操、普通操及太极操包纳于其中。"

（扯铃）、打梭（橄榄棒）、竞渡及良好的运动方法，如射术、毽子等，以促进民众体育。这些相继颁布的规章，不论是出于自觉还是被迫，都在不同程度上为传统武术的广泛普及与发展提供了制度保证，也提高了传统体育项目的关注度和社会地位。纵观1930年代出版的传统体育项目类图书，不仅研究各种拳术的相关图书仍不少，而且关于剑、枪、刀等兵器的图书数量明显增加，这也说明当时社会各界对传统体育需求和重视程度的增加。

（五）娱乐活动类图书

作为休闲或闲暇活动的近义词，娱乐活动原本是人们日常生活的组成部分，也是衡量社会发展程度的一个重要指标。作为一种特殊的社会活动和形式，娱乐活动的特点之一就是个体自觉、自愿地参与其中，并因此受益。然而，若将娱乐活动作为研究内容，不仅基于研究者个人的兴趣和需求，更取决于其生活的外在环境和时空条件。在西俗东渐背景下，近代中国娱乐的范畴和广度无疑大为增加，[①] 体育也随之成为近代中国娱乐的新形式。

娱乐活动类图书在1930年代的变化，与基本理论类和专项技术类图书一样，经历了高峰时期而后骤然下降。从数量看，1930年代共有84种娱乐活动类图书出版。其中，1933年是此类图书出版的高峰年份，有25种；次之是1935年，有23种；其间的1934年，也有12种娱乐活动类图书出版；其他年份，此类图书的出版数量较少，如1930年的6种、1937年和1936年均为4种；其余年份更少，多则3种，如1931年和1939年，少则2种，如1932年和1938年。从娱乐活动类图书的名称看，游戏类图书最多，共有43种；次之是舞蹈类和棋类，各有8种。从用途看，绝大多数是学校体育教学用书，且主要针对中小学基础教育阶段，典型者是25种新课程标准小学体育教本。值得说明的是，与作战有关的娱乐活动类图书有10种，均出版于1933年后，虽然数量不算多，但是相对之前已有明显增加。由此也可以看出，1930年代出版的娱乐活动类图书已开始具有一定的针对性、实用性和战时性色彩。

娱乐活动类图书在1930年代的这种变化与特征，可以认为是国民政

[①] 楼嘉军：《上海城市娱乐研究（1930~1939）》，文汇出版社，2008。

府教育政策和体育方针的一种反映，也是适应当时环境变化的一种结果。具体而言，1931年，国民政府通过五项社会教育目标，其中第四项即为"注重国民体育及公共娱乐，以养成健全的身心"；1932年，教育部颁令《今后中小学训育上应特别注重之事项》，分别针对德、智、体、群四育提出实施方法，在体育方面，规定高中实施严格军事训练，注重野外实习……在体育教材方面，应注重各种团体运动及国术与各地固有的游戏运动。[①] 同年，教育部在南京召开了第一次全国体育会议，通过了《国民体育实施方案》（并于同年公布）；该方案也规定了五项目标，其中第五项即是"养成国民以运动及游戏为娱乐之习惯"。同时，该方案还要求建立一套从中央到地方的体育管理机制，如在教育部设立体育委员会和体育督学，在各地市设立相应的组织和职位。最后，特别需要说明的是，从1932年开始，陆续公布了各级学校体育课程标准，[②] 1936年修订并颁布了各级学校体育目标。[③] 这些举措不仅提高了娱乐活动类课程在学校教学中的地位，也增进了体育与娱乐的关系，并将两者以教材的形式糅合在一起；虽然某些教材是生硬拼接，但是两者的关系却是有了法理依据。这又一次体现了在服务现实需要的前提下，体育的内涵和外延随之而扩大。从学术发展的角度看，体育内涵和外延的扩大，虽然在当时提高了人们对体育的重视，丰富了体育的价值和功能，但是也为将来的体育实践埋下了隐患，以及对体育理论研究提出了挑战。

对于体育发展而言，1930年代是一个怎么分析都难以穷尽的时期。从体育实践看，由于多数省市设置了专门的体育机构，一系列体育实践活动得以顺利开展，从举办体育教师讲习所、督导学校体育及社会体育、增建运动场所及推广体育场业务、主办省市运动会及各项竞赛，到成立专门的体育研究会等，也包括经费充足的省份选派人员赴各省市甚至出国考察体育设施的情况。这些实践为体育的发展提供了良好环境，也为体育学术活动积累了宝贵经验。甚至可以说，开展体育学术活动的外在

---

① 许义雄、徐元民编著《中国近代学校体育》上册，第169页。
② 该标准主要包括1932年公布的《小学体育课程标准》、《初级中学体育课程标准》和《高级中学体育课程标准》，以及1934年公布的《师范学校体育课程标准》。
③ 该目标将中小学的体育课程分成低年级的唱游和中高年级的体育，主要有《小学低年级唱游课程标准》《小学中高年级体育课程标准》《初级中学体育课程标准》《高级中学体育课程标准》《暂行大学体育课程概要》。

条件、内部动力和研究素材都与此有关。

从体育实践及其学术成果看，1930年代是一座丰碑，其开创的体育新局面和积累的学术资源，后人难以超越。这种功绩的创造，得益于那些了解东西文化、熟知教育理论、擅长体育技术和理论研究的专业人才，得益于那些为了培养师资而相继建立的规模不一的体育科系和学校，也得益于那些为了宣传体育知识、践行体育价值而创办的各类期刊与社团。正是这些人和机构，使1930年代的体育发展保持在一个水平，才不至于因后来战事的影响而下降得更快；正是这些人和机构，把1930年代的体育学术水平提升到一定高度，才能使后人源源不断地从中汲取营养。

五 1940年代：内容注重实用，数量趋于稳定

1940年代，中国始终被战争包围，广大的土地上长期硝烟弥漫。据统计，"从1939年下半年到1941年是抗战阶段出书最少的时期，1941年出书不过1890种，为抗战以来的最低谷。到了1942年，出版情况有所改观……从出版物的内容与品种结构上看，基本上恢复了常规性的出版状态……1942年前后的书业黄金时代，维持的时间也不长"。[①] 以后见之明看，上述局面令人痛心疾首，却又无可奈何。作为中华民国的最后时期，也作为从近代迈向现代的关键阶段，1940年代已与战争一起写进历史。这种战争不只是荷枪实弹和血雨腥风，还有国人为救亡和复兴进行的各种抗争与呐喊。其中，就有体育人。对于此，从该时段出版的体育图书（见图2-4）也多少能看出。

（一）体育基本理论类图书

1940年代出版的体育基本理论类图书，只有40种，年均4种。从每年出版的数量看，高峰年份是1947年，有7种此类图书出版；其次是1942年、1943年、1944年、1945年和1948年，各有5种，高于1940年和1949年的3种；最少的是1941年和1946年，均只有1种。从图书的研究范畴看，虽然多是探讨体育的基本问题，但是涉及领域较为分散；从适用对象看，各个群体都有涉及，关于中小学的图书仍占大多数，但是针对一般民众的图书开始增多，主要出现在1942~1944年，带有鲜明

[①] 吴永贵：《民国出版史》，第66页。

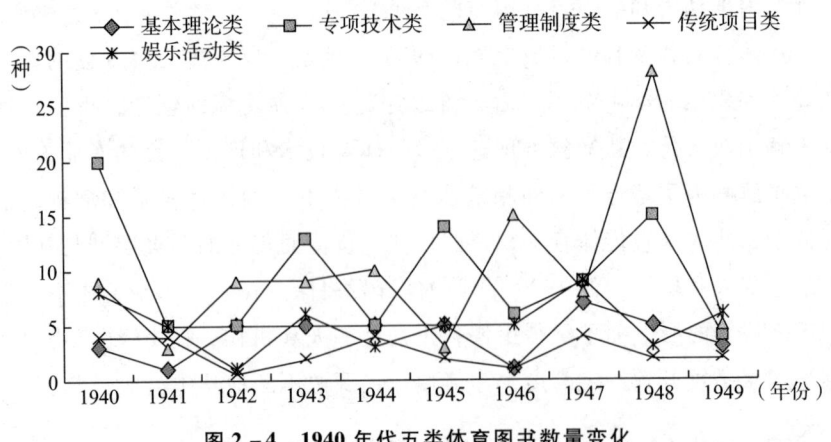

图 2-4 1940 年代五类体育图书数量变化

的战时色彩。从图书数量和名称看，1940 年代出版的体育基本理论类图书，特点之一就是数量不多，且内容较为分散，如体育与卫生、健康的边界不明，体育原理类、体育教法类、体育历史类、体育概论类的图书数量均等，体育生理学、体育心理学和与体育教育相关的图书也夹于其中。战时色彩明显和重印、复印、再版现象普遍，说明了当时不同层面的体育需求和对体育的功能定位，这不仅分散了 1940 年代出版的体育基本理论类图书的焦点，也在某种程度上反映出 1940 年代的体育学术水平即使没有降低的话，也止步于 1930 年代达到的高度。

（二）体育专项技术类图书

1940 年代出版的体育专项技术类图书，不论是数量还是占比情况，都需要且值得进一步分析。从数量看，1940 年代共有 96 种体育专项技术类图书出版。其中，出版的高峰年份是 1940 年，有 20 种；其次是 1948 年，有 15 种；与 1945 年出版的 14 种相比，1943 年减少 1 种，有 13 种，1947 年有 9 种；其余各年出版 4~6 种不等，如 1946 年有 6 种，1941 年、1942 年和 1944 年各有 5 种，1949 年有 4 种。通过比较发现，整个 1940 年代，每年出版的专项技术类图书数量忽多忽少，呈现出忽高忽低的走向。在某种程度上，这也与当时动荡的社会局势基本一致。从体育专项技术类图书的占比看，其在 1940 年代出版的 311 种图书中约占 31%，在近代出版的 417 种此类图书中约占 23%。事实上，鉴于其所处的不利环境，1940 年代出版的专项技术类图书不算少。细究之，除 1930 年代体育发展奠定的基础，以及当时颁布的战时教育方针影响外，1940年代国民政府颁布和施行的新政策也发挥了重要作用。

教育政策作为教育的组成部分和教育环境的晴雨表，其任何变化都会影响学校体育工作并使其随之而变。这种同生共长的现象，就1940年代的体育发展和体育图书出版而言，更是如此。在战争形势日益恶化的情况下，为了适应国家长期抗战的需要，国民政府教育部相继对许多教育规章进行修订与推行。值得一提的是，1940年在第三次全国教育会议上通过的《体育改进案》，对体育的目的、行政、学校、社会、师资、研究等多方面均给出了具体的改进意见，并在此基础上开展了一系列的改进工作。具体来说，1940年颁布了《各级学校体育实施方案》，其中规定"战时教材应对当前环境需要编列补充教材"；同时，还制定并公布了《各级学校体育设备暂行最低限度标准》，对学校体育教学设施提出了相应的要求。这直接促进了学校体育教材的编写和出版。同年，又修订了《初中高中体育课程标准》；1942年，修订了《小学体育课程标准》，并公布了《简易师范学校加习体育选科》，规定教材"为体操、韵律活动、游戏、技巧运动、自卫活动、水上运动及冰上运动等"，并在师范学校体育教材中增加"成人休闲活动，学科方面有体育概论、中心学校及国民学校体育教材教法、健康检查及中心国民学校辅导社会体育方法"。[①] 这些教材的要求和内容增设，不仅反映了战时的特殊需要，也对学校体育工作者提出新的要求，促使他们就此调整或改变学校体育的任务和目的，并将其通过相适应的体育实践予以落实。这一点也体现在1940年代出版的部分体育管理制度类图书中。最后，重要的一点还包括，教育部国民体育委员会为了活跃体育研究氛围，于1942年举办了体育论文竞赛，并从1943年开始，为了满足学校体育教学的需要，编印体育教材和书刊。正是上述举措的综合作用，直接对当时及后来体育图书的出版及其数量的增加，发挥了重要的促进作用。

（三）体育管理制度类图书

1940年代出版的体育管理制度类图书共99种，比其他各类多，每年出版的图书数量变化幅度较大，尤其是1945年以后。从每年出版此类图

[①] 吴文忠：《中国近百年体育史》，第337页。

书的数量看，高峰年份是1948年，有28种；其次是1946年，有15种；1944年有10种，稍多于1940年、1942年和1943年的9种；1947年有8种；相对于1949年的5种，1941年和1945年数量更少，仅有3种。从时间看，1945年是个节点，之前虽有起伏，但变化不大，每年出版的图书都未高于10种；正是从1945年开始，每年出版的图书数量忽多忽少，多则28种，少则3种，形成了一种巨大的落差。从基本内容和具体项目看，体育比赛规则类图书最多，有51种，且1948年第七届全运会的项目规则最多；其次是关于运动赛事的宣传和管理，有19种；其他多是关于体育机构或组织方面的图书。

纵观1940年代出版的体育管理制度类图书，主要与体育赛事的举办有关。其中，体育赛事规则与宣传方面的图书占有较大比例，并且多集中在1945年抗战胜利后。在国际赛事方面，1948年我国组团参加了第12届伦敦奥运会，虽然未取得可以称道的竞技成绩，但是作为抗战胜利后参加的第一次国际性的体育赛事，在某种程度上其象征意义已远远超过了现实成绩。1948年前后，介绍和宣传奥运赛事的几种图书的出版就是一个明证。在国内赛事方面，1948年在上海江湾体育场举行第七届全国运动会，相较于以往各届，这次全运会不仅增加了比赛项目，也打破了田径、游泳、举重的全国纪录。尽管当时我国整体竞技水平趋于下降，但鉴于连年战争所导致的政治动荡和经济困顿，能有所突破和超越已属不易。毕竟，在特殊背景下，全运会"因其所处的特定历史阶段，被国人看为强国御辱复兴民族的一种手段"。[①] 也正是因为国人的这种认知和心理，深陷战争窘境的国民政府才动员多方力量，积极举办了近代史上最后一届全运会，也是最后一次大型的国内赛事。南京国民政府的重视成为推动体育发展的直接动力，而第七届全运会的举办不仅促成了1948年管理制度类图书出版的高峰，也从整体上弱化和中和了其余年份图书出版不景气的消极影响。此外，即使是在某些省份或区域举行的大型体育赛事，国民政府的职能部门也积极参与其中。这一情况同样反映在1940年代出版的体育管理制度类图书中。

---

① 姚敏：《体育救国：民国时期全运会研究》，硕士学位论文，华中师范大学，2011。

（四）传统体育项目类图书

对于传统体育项目类图书而言，1940年代的境况近乎一场灾难。从数量看，此时段仅出版传统体育项目类图书25种，且每年的出版数量变化不大，最多者也不过4种。整体而言，相对于其他各类图书，当时出版的传统体育项目类图书数量最少。从涉及的基本范畴和具体项目看，拳术类有9种，数量已明显减少，但是仍占较大比重，同时研究重点也发生了变化。一方面，从以往注重拳法层面的技术分析开始转向注重理论层面的历史梳理，如《中国武艺图籍考》《少林拳术秘诀考证》《太极拳正宗源流》《太极拳之研究》《太极拳术的理论与实际》等；另一方面，从1930年代的各种古今徒手与器械项目并重已变成对几种常见技艺的应用性研究，尤其是教育部石印室出版的几种图书，如《擒拿》、《短兵术》与《劈剑图解》。此外，在改良民俗运动方面，教育部对传统武术的发展也较为关注。除1931年制定和施行的《民众业余运动会办法大纲》外，在1940年出台的《各省市县运动会举行办法大纲》中，将"国术表演比赛"列为运动会内容；[1] 在1942年颁布的《体育节举行办法要点》中，将每年九月九日规定为"体育节"，同时建议将国术等作为活动内容。

在1940年代，传统体育项目类图书研究重点的变化，应该与以下几个因素有关。首先，连年的动乱局势以及由此带来的消极影响，分散和降低了人们，尤其是武术爱好者对民族传统体育的注意力；其次，武术机构和从业人员的减少，加之战争带来的物资匮乏和粮食紧张，影响和限制了武术传授和研究活动的开展；最后，武术自身的特点，尤其是在以飞机、枪炮为武器的现代战争中，某种程度上也限制了其在当时学校里和社会上的价值发挥。尽管教育部于1941年设立了国术教材委员会，整理和编辑武术教材，但是1940年代传统体育的发展依然难以摆脱遇到的困境。换个角度看，1940年代以太极拳为研究对象的图书出版，可能也说明了我国传统体育研究尤其是围绕传统武术的研究，经历了1930年代的系统化和体系化发展后，已进入相对成熟和稳定的阶段。

---

[1] 教育部：《第一次中国教育年鉴·乙种》，开明书店，1934，第104页。

（五）娱乐活动类图书

1940年代共出版52种娱乐活动类图书，每年出版图书的数量变化不大，最多者是1947年，也仅有9种。从涉及的基本范畴和具体项目看，游戏类图书依然占有较大的比例，有26种，且多数仍是学校体育教学用书；其次是棋牌类，有19种。与以往相似，这一时期游戏类图书的出版仍多是为了满足学校体育教学需要，这受到当时教育部所颁布和推行的相关政策的影响，尤其是对学校所用教材的要求和规定。如在1945年之前，由于实际教学的需要，国民政府在学校教育方面积极探索和改善，相继实施了一系列的举措。在体育方面，1940~1942年，教育部分别修订了中小学及师范学校体育课程标准，虽然对体育教材的规定不尽相同，但是都包含以下内容：体操、韵律活动、游戏、技巧运动。1945年后，国民政府为满足宪政和普及基本教育的需求，于1948年分别修订并颁布了《小学课程标准》和《中学课程标准》，在体育教材中仍规定要包含体操、韵律活动、游戏、技巧运动、竞技运动、球类等。这些标准及相关要求，不仅保持了学校体育教学目标的一致性和稳定性，也说明"体育课程与教材发展至此，几乎已经定型"。[①]

事实上，纵观1930年代和1940年代出版的娱乐活动类图书，游戏类图书都占有较大的比重，反映出我国近代学校体育教学体系的科学化和规范化水平。1940年代，关于围棋和象棋的图书数量及其比重的增加，在某种程度上与国内外战事频发的广泛影响有关。具体来说，一方面，在当时国际上，不少棋类赛事的举办与抗战救国联系在一起，尤其是东南亚地区兴起和开展的诸多棋类赛事；另一方面，与围棋自身的特点有关，通过棋盘进行的博弈与亲历战场实现的厮杀，虽然呈现的方式不同，但是在当时的背景下也能发挥特殊的心理映射和抚慰作用，甚至能为生活在战争纷乱年代的人们提供一份相对的安宁。

1940年代，我国体育图书出版的整体情况与当时特殊的社会局势有关。一方面，因战事影响，我国多数中小学校被迫停课，体育课也因此受到不同程度的影响。为了抗战需要，越来越多的学校以童子军课程或军事训练取代了体育课；大部分高等学校为躲避战乱不得不南迁，恶劣

[①] 许义雄、徐元民编著《中国近代学校体育》上册，第199页。

的社会环境和简陋的教学条件严重影响了体育活动的开展；加之，物资的匮乏，尤其是粮食的紧缺，使得师生无心也无力参与体育活动。另一方面，动荡的局势和日军的肆意毁坏严重扰乱了出版业的正常秩序，也极大地压缩了出版机构的生存空间；同时，战争引发的通货膨胀和物价飞涨，也迫使出版业必须面对生死存亡的考验。在国难当头之际，体育政策自应紧随国策，服务于抗战需要。为了保证政策的执行力，1940年代颁发和实施的一系列政策，多是采取集体会签的形式共同推行，以呈现群策群力的精神风貌和现实效果。为"使体育能配合军事、政治、经济而为抗战之主力，建国之枢纽，挽文弱之颓风，树蓬勃之朝气"，① 体育政策的颁行和体育图书的出版，在目标导向和内容选择上必然带有鲜明的战时色彩。

第三节　中国近代体操类和体育规则类图书

通过上述归类与分析，我们已基本了解不同时段各类体育图书的出版概况、变化特征及其成因。鉴于我国近代体育观念演变和历史条件的复杂性，准确统计和分析各类体育图书的数量和内容并非一件易事。其中，不同阶段出版的体育专项技术类和体育管理制度类图书，尤其是体操类和体育项目规则类图书，不仅在内容上具有较强的代表性，而且在数量上也保持着相对的稳定性。为了进一步明晰我国近代体育图书业发展情况，减少因概观式的分析可能产生的偏见，围绕体育专项技术类与体育管理制度类图书进行针对性的分析和讨论显得尤为必要和重要。

一　中国近代体操类图书的出版概况

西式体育传入我国之初，是以体操（尤其是兵操）的形式进行推广和普及，也因具有较强的直观性和实践性特点，被不少人认为是一种类似我国传统武操的身体操练；直至1920年代，"体操科"被正式改为"体育科"，教育界才逐渐从内涵和外延上将两者区分使用。由于早期以体操命名的体育图书所涉及和展开的内容远比现代意义上的体操宽泛得

---

① 吴文忠：《中国近百年体育史》，第317页。

多，近似体育，因此统计和分析早期体操类图书的变化也不可避免地受到这一"先天性"认知差异的影响。依据图书名称及主要内容，分析我国近代体操类图书的数量变化，尤其是与专项技术类和各类图书进行比较，详情可参考图2-5。

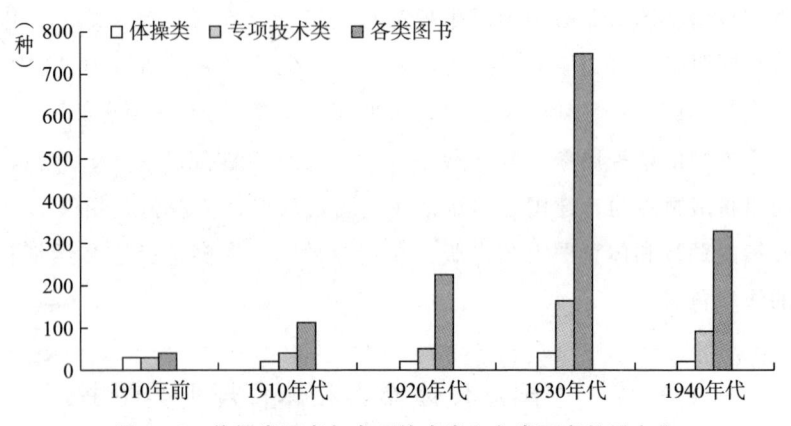

图2-5 体操类图书与专项技术类和各类图书数量变化

从数量看，1910年前出版的体育图书，专项技术类图书占绝大多数，由于军国民教育思想的影响和体育认知水平的局限，体操类图书又占专项技术类图书的绝大多数。在1910年代，随着美国教育思想的引入和对学校体操教学的批判，体操类图书虽然在专项技术类图书中仍占多数，但比例已降至52%左右，而其在各类图书中所占比重也随之降低。进入1920年代，多元化的教育思想和逐渐增多的体育问题，不仅增加了开展研究所需的动力和素材，也拓宽了体育研究的内容和领域，最终促使体育图书出版数量的增加和研究范围的扩大。所以，该时段体操类图书所占专项技术类图书的比重继续下降，约45%；同时，相对于各类图书的数量，其数量下降的幅度更加明显。1930年代是我国出版业发展的高峰期，也是体育图书出版类型最为丰富的时段。其间，随着我国体育发展水平的提高和对体育认识的深化，学校体育改革和发展的迫切需要使得体育图书的种类和数量急速增加。此时体操类图书出版数量虽然达到40种，但仅占专项技术类图书的24%左右，占全部各类图书的5%左右，其拥有的绝对主导地位和优势已完全丧失。1940～1949年，由于国内外连年战争及其导致的通货膨胀的经济压力，体育图书的出版必然受到破坏性影响。从数量看，其间出版的体育图书约320种，尽管远高于

1920年代，却不及1930年代出版图书数量的一半。至于体操类图书的数量，虽然缘于备战和抗战的需要其总占比基本保持不变，但是在专项技术类图书中的比重已降至20%左右。

整体上，在我国近代出版的体育图书中，体操类图书数量受到自身特点和外部认知变化的影响，呈现从早期占绝大多数到比重逐渐降低的趋势。同时，这一趋势也出现在体操类图书数量在专项技术类图书中所占比重的变化中。尽管如此，相对其他专项技术类图书而言，体操类图书在数量上始终保持着难以超越的地位。究其原因，除了上述提及的体操项目自身特点和早期受军国民教育思想的影响外，我国近代社会发展具有的复杂性和传统文化中的"经世致用"思想，在内忧外患和极度动荡的历史背景下，则通过对具有家国情怀的知识分子产生的或隐或显的作用，直接反映到不同时段体育图书出版的变化中。

二　中国近代体育项目规则类图书的出版概况

体育管理制度类图书，其内容涉及体育社团或机构的介绍与管理、体育赛事的宣传与组织、体育项目的要求和裁判、体育的各种标准及指南等诸多方面，整体上在每个时段的内容变化并无明显不同。根据图书内容变化和数量增减的阶段性特征，体育项目规则类图书在体育管理制度类图书中始终保持较大的比重，且其比重在1910年代、1920年代和1930年代基本稳定；只有在1940年代，当其他各类图书数量和比重骤然下降时，虽然体育项目规则类图书的数量也相对减少，但是其在体育管理制度类图书中所占的比重，反而远远高于之前时段。对于任何一个观察者和研究者来说，这不仅是一个饶有兴味的问题，也是一个值得深入分析的现象。

从历时性角度看，体育项目规则类图书数量变化的阶段性特征，具体情况可参考图2-6。1910年代至1920年代，每个时段出版的体育项目规则类图书数量占体育管理制度类图书总量的比重缓慢增加，约从4%上升到9%；到1930年代，体育项目规则类图书数量急剧增加，已占该类图书总量的一半以上，上升至55%；进入1940年代，体育项目规则类图书的数量明显减少，其所占该类图书的比重也下降到32%。

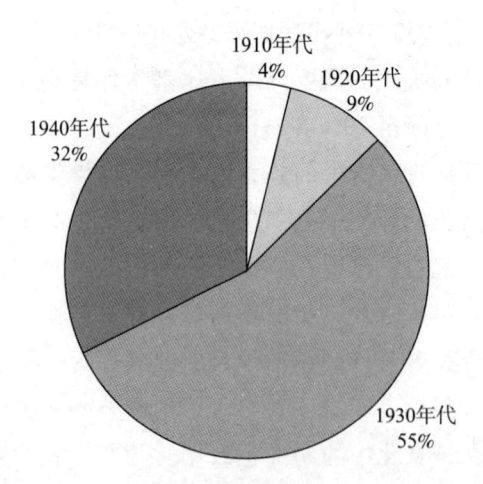

图 2-6 1910~1940 年代不同时段体育项目规则类图书占该类图书总量的比重

从共时性角度看，不同时段出版的体育项目规则类图书数量逐渐增加，在该时段出版的体育管理制度类图书中的占比情况可参见图 2-7。从图中可知，1910 年代、1920 年代、1930 年代和 1940 年代，分别出版体育项目规则类图书 6 种、13 种、84 种和 49 种，其中前三个时段出版的体育项目规则类图书的数量，占相应时段体育管理制度类图书数量的比重均在 32%~34%，几乎始终保持在同一水平；只是在 1940 年代，这一比重增加到约 50%。

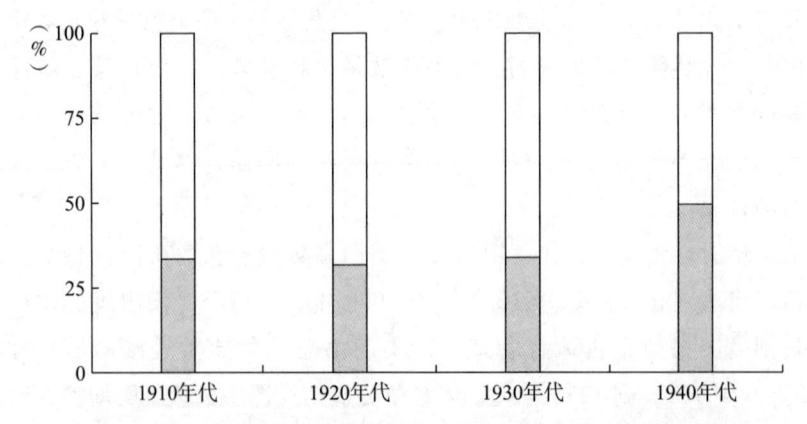

图 2-7 1910~1940 年代不同时段体育项目规则类图书数量及其占比

对于此，若单从上述对体育项目规则类图书变化的历时性分析解释 1940 年代的"例外"，并不能使问题更清晰，甚至后者还可能歪曲结论。

因此，理性的做法是将其还原到当时出版的时代背景中；如有必要，甚至还应向前回溯和向外扩展。

纵观1940年代体育图书出版数量，体育基本理论类、专项技术类、管理制度类、传统项目类、娱乐活动类和其他类分别有40种、96种、99种、25种、52种和16种。其中，体育管理制度类数量最多。从各类图书的基本信息和内容看，当时出版的体育管理制度类图书数量的变化主要受到两个因素的影响。一是日统区或沦陷区出版的图书数量增加，共6种；二是1948年正中书局出版了一系列第七届全运会的竞赛规则，共16种。这两类图书数量的增加，不仅直接影响到1940年代体育图书的总量，也提高了体育项目规则类图书在体育管理制度类图书中的比重。细究之，两者都与当时我国特殊的社会背景直接相关。

在内忧外患、战争不断的形势下，体育很可能变成一种政治手段，用以安抚民众或转移矛盾。虽然德国体育学者黑·依·热斯迟曾强调"体育本身是中立的"，没有政治色彩，但是"体育可以在国家政治制度中用来实现政治的社会化"。[①] 不论我们是否接受这一观点，它却较为真实地说明了体育在1940年代中国社会中的存在状态。在沦陷区，日伪政府组织各种形式的竞赛活动，同时还出版和发行专业期刊与图书，不论其出于何种理由，本质上却摆脱不了身份认同甚至"文化殖民"的色彩。在国统区，尤其是国共内战接近尾声之际，国民政府为了凝聚民心、振奋士气，同时也希望以此向国际社会证明其具有良好的治理能力和潜力，组织了全运会和组队参加奥运会。若从体育发展和学术研究的角度看，1940年代的"政治化体育"虽然强迫赋予体育一种"内涵"，但却积累和丰富了后人可以用以研究和借鉴的思想资源。一言以蔽之，1940年代体育项目规则类图书的"例外"，直接缘于沦陷区体育图书的增加和第七届全运会的举办，间接反映了动乱时期体育的非常态化发展状况。

＊　＊　＊

从近代不同时段看，中国体育图书出版情况虽是多种因素共同作用

[①] 拉·英·斯卓姆：《体育与政治》，徐刚生译，《体育文史》1987年第1期，第21~24页。

的结果，但是最根本的影响因素应归结于相应时代执政当局的规制变化，其中教育制度的影响最为突出；从制度变迁的角度分析中国近代体育图书出版与体育学术发展情况，也是一种较为合理的解释方式。历时性地看，中国近代体育始终追随着教育，两者同生共长；而教育的发展则依赖于先进的教育制度与稳定的社会环境。事实上，政权更替的现象在中国近代社会并不罕见，而传统教育具有的"载道"和"事功"取向又将教育与政权绑在一起。这种如影随形式的关系，决定了政权的改变必将引起教育制度的改变，而教育制度的改变又将引起体育目标和政策的改变，最终反映在体育理论建构和实践活动中。从这个意义看，中国近代体育图书的出版和学术发展与制度变迁有着内在的逻辑关系。这种关系表现在，体育图书数量、内容的变化和体育学术演进的脉络，确实与制度的调整和变化保持着同步性或一致性。而这种同步性或一致性，也反映出事物发展中"逻辑和历史统一"的原则。

第三章　中国近代体育图书作者群体及其特征

民国时期有一些人，为体育发展，他们呕心沥血；为大众健康，他们不懈努力；他们将体育视为富国强民的手段和自己钟爱一生的事业。直至现在，我们依然深受他们思想的影响，或是已将他们符号化、神圣化，却未察觉。他们为何有如此魅力？他们何以获得后人如此赞誉？这一切都需要我们继续挖掘和重新审视。关于学校体育的目的定位、竞技体育的价值取向、社会体育的发展诉求，他们的态度和观点，或是通过言语表达，或是通过文字记录，或是以法规性的文件颁发，或是以著作的形式流传。不论从何种意义上讲，他们都是一个值得大书特书的群体。

第一节　中国近代体育图书作者群体的类型

通过对我国近代体育图书作者的梳理和统计，可知参与和完成图书译介或编著的主体包括各类组织和人员。若要进一步探明这些组织和人员在不同时段的基本特征，需要对其进行划分。按照不同标准对其进行划分，可以反映出不同的侧重点。一般来说，按照各类组织的专业性，可将其划分为体育类与非体育类；其中，体育类包括体育社会组织、体育专科学校和高等学校的体育科系，非体育类主要有官方机构、社会团体、各类学校和教会组织。同理，按照专业性可将参与和完成图书译介或编著的人员，划分为专业体育人员和非专业体育人员；前者主要包括基督教青年会干事、体育教师与管理者、武术家、棋手等，后者涉及个别教育工作者。

这种按照专业性特征对我国近代体育图书的作者群进行划分的方式，具有较强的逻辑性和系统性，但是，由于我国近代体育的舶来性质及其与我国传统体育存在的认知差异，这种依据专业性划分的方式，在说明和揭示不同组织和人员的阶段性特征时，要么过于笼统，要么过于琐碎。

退一步讲，若仅以人员为分析对象，又不能获得对作者群的全面把握和认识。鉴于我国近代体育图书作者构成的复杂性和多元性，为了对其进行全面的统计和分析，以了解不同时代我国体育图书作者群体的基本特征，本书依据机构的属性或人员接受专业教育的途径，将其划分为内生型、外源型和综合型三种类型。

一　内生型体育人员和组织

在本书中，内生型体育人员和组织是指在我国接受体育专业教育，或在传统教育模式中成长起来的人员，及其建立的相关体育团体和机构。从我国近代体育图书作者群的特征看，一方面，内生型人员主要包括以传统体育为职业和喜好的各类武术家、棋手，以及接受我国传统教育或新式教育的各类体育工作者及教育工作者。1930年代前，以传统体育活动为研究对象的图书数量不少，也有效助推了当时图书业发展的规模和水平，这主要归功于我国传统武术的传承者，即武术家。基于此，本书将编著传统体育书籍的作者群作为一个重要分析对象，进而说明传统体育图书在我国近代图书业中的地位及其作者群的贡献。另一方面，内生型组织主要指由体育留学生、武术家等创办的体操或体育学堂、学校、科系与体育社团，如各类初等、中等、高等体操学堂，体育专科学校和学校体育科系，各类体育和武术团体。其中，最有代表性的学校是中国体操学校（1907年徐一冰创办于上海）[①] 和东亚体育专科学校（1918年庞醒跃创办于上海），两者对中国近代体育图书业及学术活动的开展提供了重要的人才保障（这也是本书将组织列为分析对象的原因之一）；主要的体育社团有中央国术馆、精武体育会、武术研究会、北京体育研究社等。

从对我国近代体育图书业的影响看，内生型人员和组织在不同的时代表现的形式或产生影响的方式不同。这种变化主要取决于政府对体育的重视程度、体育的普及和发展水平、体育学校与社会组织的数量和规模等。此外，社会环境与文化思潮，也会刺激或改变内生型人员和组织

---

① 关于中国体操学校的创办时间有争议，台湾学者吴文忠先生认为其由徐傅霖于1904年创立于上海，大陆学者认为是1907年由徐一冰所创。本书以后者为据。

的体育态度或认知水平,进而可能影响体育图书业的发展。具体来说,新文化运动时期传统体育类图书数量的增加,以及抗战时期各类学校参与编书和出书的普遍现象,都能说明内生型人员和组织易受外界环境的影响。

二 外源型体育人员和组织

本书中的外源型体育人员和组织主要来源于两个方面,一是在华的基督教青年会干事及其建立的社会组织或学校,二是非体育专业而从事体育图书编著者。从我国近代体育图书业发展的历程看,外源型人员主要包括在华的基督教青年会干事和教育工作者或个别出版家。以在华的基督教青年会干事而论,对我国近代体育发展影响较大者当数麦克乐。外源型组织包括基督教青年会创建的体育社团和学校,如中华全国基督教青年会体育专门学校(前身是1908年创建的上海青年会体育干事训练班,1911年改为此名称)、中华基督教女青年会全国协会师范学校(简称"女青年会体育师范",1915年创建于上海),两者对我国早期体育人才的培养与学术活动的开展产生了重要的推动作用(这也是本书将组织作为讨论对象的又一原因),以及中央或地方教育或其他职能部门、非体育社团等。1920年代前的作者群中这类机构不少,因当时创办的体育学校和社团不多,且北京政府并未设置专门的体育机构。

外源型体育人员和组织对我国近代体育图书业的影响,从时间看主要在清末至1920年代中期,具体而言则是集中于20世纪的前25年。究其原因,一方面,大量留日学生回国后积极创办各类体操(体育)学堂或学校,并译介日本书籍和编撰体操教材以满足学校教学需要,这一点从1920年代前出版的体育图书中便可得到确证。另一方面,基督教青年会在华期间,尤其是美国基督教青年会干事麦克乐1919~1926年在华期间,积极组织和参加各种体育赛事,努力开展学校体育调查和研究,同时翻译和编著了多种理论性、技术性的体育图书,对当时及现代我国体育学术的发展产生了广泛而深远的影响。此外,在当时的行政体制下,体育主要由学部主管,并无稳定的专门管理体育事务的职能机构,这为社会力量的介入和参与提供了客观条件。

三 综合型体育人员

相比之下，本书中的综合型人员主要指拥有新学旧知的专门性体育人才，其在我国接受教育后，又赴他国接受体育专业教育而后归国效力。需要说明的是，个别作者到国外留学或求学时，并非专攻体育或接受系统的专业教育，但因其始终对体育具有浓厚的兴趣，且曾接受所在国家体育界的影响，如唐豪和阮蔚村，[①] 也将其纳入该群体中。综合型组织虽然理论上存在，但是结合我国近代体育图书业的作者群特征，对其进行界定并无实质意义，故在此处不予讨论。事实上，综合型人员是留学生群体的一部分。从我国近代体育留学人员对图书业的影响看，留学日本、美国和德国者著书最多，且学术价值较高；其中，从人数和影响力看，又以留学美国者为最。若从时间看，日本留学生主要集中在1910年代前。其中，较有代表性的人物有徐傅霖、徐一冰、庞醒跃等。最值得一提的是徐傅霖，徐氏译介和编著了一系列中小学体育教材，成为1920年代前译介和编著教材或图书数量最多者。自1930年代开始，随着留学美国和德国的学生相继回国，此类群体编著图书的数量日益增多；留学美国的代表人物有吴蕴瑞、袁敦礼、方万邦、宋君复、吴邦伟等，留学德国者主要有程登科、吴澄、袁浚、萧忠国、江良规等。

综合型体育人员是一个兼具相同性和差异性的群体。共同的海外经历及由此获得的专业知识，为其日后的仕途发展和学术成就奠定了重要基础；留学国家及其体育发展水平的不同，又使各自确立起不同的体育取向和学术思想。正是这两种异质文化的融合与共存，推动我国近代体育知识开始朝着专业化、科学化、系统化的方向发展；正是对体育功能和体育目的的不同理解与定位，才形成了我国体育发展的两条不同轨迹；正是拥有不同体育观点和思想的综合型人员成为体育研究的主力，才造就了1930年代体育图书业的高峰及其学术发展的黄金时代。

---

① 据《体育词典》"人物"词条，唐豪"曾留学日本，专攻法律，业律师"；据《勤奋月报》刊载的"著者小传"记载，阮蔚村曾在9~19岁两次留学。

需要说明的是，此处的"内""外"主要是从操作上便于区分，包括两个层面，即体育与非体育（体育界内与界外）、本国与他国（国内与国外）。同时，1920年代后我国培养的体育专业人才，在留学前曾有编著图书出版，但考虑到数量不多，故不做区别对待，与归国后的著作一并进行统计；关于合编、合著与合译的图书，按照第一作者的特征进行归类统计和分析。此外，本书主要根据《东南大学百年体育史（1902~2002）》（刘维清、徐南强主编，东南大学出版社，2002）、《北京师范大学体育学科九十年发展史（1917~2007）》（北京师范大学体育与运动学院编，北京师范大学出版社，2007）、《体育专业留学生与中国体育发展研究（1903~1963）》（张宝强，博士学位论文，福建师范大学，2011）和《体育词典》（体育词典编辑委员会编，上海辞书出版社，1984），以及期刊论文中关于中国体操学校和东亚体育专科学校毕业生的有关信息，对主要作者群进行梳理、核实和统计。因作者群体人数较多，且涉及领域较广，笔者难以做到对人员一一核实，可能致使个别统计结果的准确性有所降低。但整体而言，此类情况涉及人数不多，故对统计数据和分析结果的影响极为有限。

第二节　中国近代体育图书作者群体的变更

由于社会背景与体育发展水平的不同，不同时代体育图书业的发展情况也存在较大差异。体育图书数量的增减、体育图书内容的变化和作者群的阶段性特征，在一定程度上可视为时代变迁的间接反映，也可将其视为不同时段体育发展的直接结果。通过分析作者群在不同时代的变化与更替，可以了解不同类型作者群的阶段性特征，也能获知其对我国近代体育图书业的影响和贡献。鉴于1920年代前出版体育图书数量不多，且作者群类型变化不大，故从1920年代前、1920年代、1930年代和1940年代四个时段分别对作者群的类型和数量进行统计和分析。

一　1920年代前：内生型、外源型组织作用相近，留日学生贡献大

西式体育自清末引入我国后，主要在教会学校中开展，一般学堂以

体操类和游戏类课程为主，早期的基督教青年会成为西式体育在我国普及和发展的推动者和主导者。相对于西式体育，我国传统体育在民间的开展仍有广泛基础，从武术家到棋手，或出于谋生需要，或出于爱好，仍以传统方式开展活动。中华民国成立后的短暂新气象和继之而来的新文化运动的影响，使得不少武术家和棋手，或出于"保存国粹"，或出于跟随潮流，开始著书立说。此外，清末军国民教育思想的影响与清廷实施的教育改革，使"体操科"成为学校教育的法定内容；随之产生的对体操教材的迫切需求，为相继回国的留日学生提供了施展才华的机会，他们成为清末民初编译体操教材的主力军。正是基督教青年会、传统体育爱好者和留日学生，构成了1920年代前我国体育图书的主要作者群，也使此时段的体育图书译介和编著活动带有了特殊的历史性特点。基本情况可参考表3-1。

表3-1 1920年代前体育图书作者群的情况

单位：种

类型		编著（译）图书数量	主要组成	备注
内生型	人员	55	传统体育爱好者、基督教青年会干事	7种图书作者不详或不确定，其中，有5种图书的作者因使用笔名故难确定
	组织	8	国民体育社、精武体育会	
外源型	人员	31	留日学生（非体育专业）	
	组织	25	基督教青年会	
综合型	人员	22	留日体育生	

由表3-1可知，从图书数量看，除7种不明作者或不确定作者身份的图书外，内生型人员和组织与外源型人员和组织的差距不大，前者编著和译介的图书共63种，后者56种；同时，以留日学生为主的综合型人员，人数虽然较少，但贡献很大，共出书22种。从各类人员和组织的主要组成看，一方面，以武术和棋类为主的传统体育爱好者在内生型人员中占有较大比例，如在此时出版的55种图书中，与传统体育相关者约30种，占一半还多；同时基督教青年会干事和中国体操学校培养的学生也发挥了一定的作用；而作为仅有的三家内生型组织，国民体育社、精武体育会和江苏省教育会体育研究会也编译了几种关

于球类、武术和游戏类的图书。另一方面，在外源型人员和组织中，非体育专业的留日学生和基督教青年会，在1920年代前各类体操教材、体育技术与规则类图书的编译方面发挥了较大作用。同时，以徐傅霖为代表的留日学生，使得综合型人员在此时段体育图书尤其是体操教科书的译介和编著方面贡献不小，影响更大。以徐傅霖为例，徐氏不仅是一位体育实践家，开我国系统培养专业体育师资之先河；同时也是我国第一位高产的体育图书作者，1906~1917年以徐傅霖或徐卓呆[①]为名，共编著20余种图书，年均接近2种。而这一纪录直到1930年代才被打破。

简言之，1920年代前，我国体育图书业作者群在知识和身份上体现出新旧交替、中西杂糅的特征。这种特征的出现，主要归因于当时我国体育所处的时空背景及其发展水平。毕竟1920年代前西式体育在我国的普及程度和发展水平较低，需要基督教青年会继续推动和引导；而我国传统体育固有的深厚基础，促使其在执政当局教育政策与新文化运动的双重影响下，展现出旺盛的生命力；加之，留日学生的教育经历和知识积累，为他们提供了参与和助推体操及其他图书得以编著和刊行的重要条件。早期体育在我国发展过程中带有的舶来性和依附性，注定了初期体育图书编辑群体的多元性和外源性，也解释了各类人员和组织的优势都不突出的原因。同时，这种依靠传统资源和体育界外力量编辑体育图书的事实，说明1920年代我国体育界尚未形成专业的编辑群体和正规的编辑机构。

二 1920年代：内生型主导，外源型与综合型补充

进入1920年代，体育开始了较为全面的发展。一方面，随着体育在学校和社会上广泛普及和深入发展，体育的社会关注度明显增加；另一方面，由于学校教育目标的调整、诸多体育赛事的举办和中央国术馆的成立，加之我国培养的体育人才大量进入社会，体育的发展获得了前所未有的良好条件。同时，美国实用主义教育思想的渐进影响及基督教青

---

① 徐傅霖，字卓呆，号筑岩。

年会的广泛倡导，特别是以麦克乐为主的基督教青年会干事积极建立体育社团、创办期刊、译介和编著图书，并提倡和鼓励各地开展学校体育的调研活动，不仅培养了体育界良好的科学研究意识，产生了一批质量较高的学术成果，也带动了体育向科学化、系统化、实证化的方向发展。这些因素综合作用的结果，将我国近代体育图书业带入了一个新的发展阶段，并形成了此时段体育图书作者群的某些特征。关于该时期体育图书作者群的基本情况，可参见表3-2。

表3-2 1920年代体育图书作者群的情况

单位：种

类型		编著（译）图书数量	主要组成	备注
内生型	人员	155	中国体操学校毕业生	
	组织	19	国术类社团	
外源型	人员	9	基督教青年会干事、自然科学领域的学者	5种图书作者不详
	组织	19	基督教青年会	
综合型	人员	13	留日、留美体育生	

从表3-2可知，除去5种不明作者的图书外，内生型人员和组织的出书量共174种，优势非常明显。其中，中国体操学校的毕业生成为1920年代内生型人员的主要力量，虽然南京高等师范学校体育专修科的毕业生也编著了不少图书，但相较之下逊色很多。单从数量看，仅王怀琪一人编辑的关于传统体育、体操、游戏类图书就达30余种；暂不论内容和质量，就数量而言，王氏也称得上当时我国体育图书编辑界的领军人物，甚至将其称为中国体育图书第一编辑家也不为过。在内生型组织中，以国术为研究对象的社团最多，尤其是中央和地方国术馆。就外源型人员而言，以麦克乐为核心的在华基督教青年会干事，尽管出书数量较少，但在1920年代前半段依然具有较大的影响力，也发挥了重要作用。同时，几位编著生理、健康方面图书的其他领域的作者，也对体育知识的科学化发展产生了一定作用。作为当时外源型组织的重要成员，基督教青年会为远东运动会编译了多种中英文结合的体育项目规则类图书，基本形成了当时我国体育项目竞赛规则体系的雏形。关于综合型人

员，以谢似颜、庞醒跃为代表的留日学生仍在发挥作用，但相较于陆续回国的留美体育生，其群体数量和出书数量已处于劣势。

总之，1920年代的作者群已由内生型人员和组织主导，外源型人员和组织的作用虽不容忽视，但是其影响力和地位已逐渐下降，尤其是1920年代后期，随着麦克乐回国和我国获得体育管理的自主权，体育实践工作及学术研究的开展都已开始由国人独自承担。此时，我国早期培养的体育师资及留学归国的高层次体育人才，也开始进入体育的各个领域，成为引导和推动我国体育事业及学术发展的中坚力量。1920年代编著体育图书的作者群，从人员到组织都处于由国外向国内、由体育界内向体育界外逐渐过渡的阶段。这不仅得益于基督教青年会前期对我国体育工作的积极引导，也是在其影响下我国体育发展水平得以不断提高的明证。而此时期的作者群已基本具有了我国近代体育图书作者群体的雏形，同时孕育了下一阶段体育图书作者群的主要构成和基本特征。

三 1930年代：内生型、外源型组织多，留美、留德人员骤增

南京国民政府成立后颁行的一系列"体育建国"举措，快速而有效地推动了体育的发展。1930年代的体育，延续了这种快速发展的势头，取得了累累硕果。其中，最明显的变化是体育管理制度的建立和完善，从教育部体育机构与体育督学的设立，到各类标准的制定及各级体育场的出现，都昭示着体育社会地位的提高和体育发展潜力的初步显现。这种局面的出现，是执政当局高度重视的结果，也是体育快速发展的动力。与之相伴而生的，还有体育专业人才的大量涌现及留学美国、德国等学生数量的迅速增多。长期执教中小学的体育人才具有丰富的经验，与归国留学生带回的先进理论相结合，壮大了体育图书作者群的规模，提升了体育图书编辑的层次和质量；同时，也促使此时段体育图书编辑或作者群，朝着更加多元和正规的方向发展。于是，1930年代体育发展的"黄金时代"出现了，体育图书业的高峰时期到来了。关于1930年代体育图书作者群的基本情况，可参考表3-3。

表3-3 1930年代体育图书作者群的情况

单位：种

类型		编著（译）图书数量	主要组成	备注
内生型	人员	432	中央大学、中国体操学校的毕业生	21种图书作者不详或不确定，其中，7种体育图书的作者因使用笔名而难以确定
	组织	151	中华全国体育协进会、武术社团	
外源型	人员	15	专业编辑、外国著者	
	组织	67	国际体育协会、政府职能机构	
综合型	人员	71	留美、留德体育生	

由表3-3可知，1930年代内生型人员和组织的主导地位更加稳固，出书数量的巨大优势已充分说明当时各类体育人才的数量和质量。就内生型人员而言，虽然中国体操学校毕业生的出书数量仍然不少，但从图书作者的数量而言，其地位已明显降低，取而代之的则是受南京高师深厚影响的中央大学体育科系的毕业生。除了王怀琪之外，还出现了赵竹光、阮蔚村等图书翻译或编辑方面的奇才。在内生型组织中，1924年成立的中华全国体育协进会、中国体育社和教育部体育组或委员会，成为此时编辑各类体育赛事规则类图书的重要力量；同时受其影响的还有各种赛事的筹委会，它们编辑了大量体育项目规则、体育赛事宣传与管理方面的图书。值得一提的是，上海、江苏、浙江、北平等地的体育社团，也编辑和刊行了不少介绍本地体育发展概况的图书或册子。关于外源型人员和组织，虽然数量不多，但构成较为复杂。一方面，专业编辑和外国著者构成了该时期外源型人员的主要力量，使得外源型人员也具鲜明的专业性和域外性特征；另一方面，中央和地方政府的职能部门，因颁行和制定了关于学校体育与社会体育工作的实施标准或计划，也成为此时外源型组织的重要组成部分。

1930年代的综合型人员，虽然数量不多，但是因其拥有留学的特殊经历及获得的先进理论和思想，逐渐成为当时学校体育和社会体育领域的重要人物。从基本构成看，1920年代末前往德国留学的学生归来，改变了以往体育作者群以留日学生和留美学生为主的格局，丰富了体育留学生的知识结构；同时，也促成了当时体育发展的多元化，并对当时及其后我国体育学术发展产生了重要影响。在某种程度上可以说，正是留德、留美体育生纷纷回国，并能在政府部门中获得一席之位，或在体育法规制度的制定与实施中发挥影响，或通过著书立说针砭时弊，才开创了1930年代体育全面、快速发展的新局面；也正是基于此，他们才积累和获得了深厚的社会资本，甚至成为1930年代体育界繁荣景象的代名词和我国近代体育人追求的道德楷模。

组织种类多和人员规模大，是1930年代体育图书作者群的基本特征。由于体育人才的大量涌现和南京国民政府的高度重视，1930年代的内生型人员比1920年代更趋专业化，组织也更加多元化。正是得益于体育专业人才和体育社团的共同作用，此时的外源型人员和组织在体育图书作者群中开始逐渐边缘化。相比之下，以留美、留德体育生为主体的综合型人员，在体育人才日益专业化的背景下发挥了重要的推动作用。事实上，1930年代体育图书业的辉煌是大量体育专业人才共同努力的结果，但迄今我们依然缺少对其进行的深入挖掘和系统梳理，更未能给予其应有的重视和客观评价。

四 1940年代：组织取代个人，留德人员超过留美人员

如同1930年代承接1920年代末的快速发展势头，1940年代的体育发展也顺延了1930年代末的萎缩之势。体育在1940年代的发展，因"体育救国"的需要，是顺利的；但正是基于此种需要，体育的发展也是曲折的。以后见之明看，这一切自然都应归因于战争。1940年代的战争强化甚至提高了体育的地位，但体育的发展并未因此而获得更多的资源和条件。毕竟战争年代的动乱局势注定了一切正常的发展都将受挫，所有正当的追求都可能变成奢望。对于体育学者而言，在民族危亡之际，纵使拥有满腔热情和广博知识，也难以发挥更大影响；纵使树立了坚定信念和明确目标，也难以按照既定方式践行。个人需要不得不服从于民族需要，个体自由无形之中已让渡给集体意志。这一切似乎都是自然完成的，没有武力胁迫，是国人在反抗外辱、救亡图存的环境中，做出的一种从自发到自觉的实然选择。在某种程度上，1940年代的体育图书作者群，内生型和外源型人员与组织之间的变化，以及综合型人员中留德和留美学生数量的增减，多少能从上述情形中得到解释。关于1940年代体育图书作者群的基本情况，

可参考表3-4。

表3-4 1940年代体育图书作者群的情况

单位：种

类型		编著（译）图书数量	主要组成	备注
内生型	人员	167	中央大学、北京师范大学体育系的毕业生	10种图书作者不详或不确定，其中，6种体育图书的作者因使用笔名而难以确定
	组织	68	中华全国体育协进会、体育职能部门	
外源型	人员	25	军人、专业编辑	
	组织	24	官方机构	
综合型	人员	28	留德、留美体育生	

从表3-4可知，战争消耗了诸多体育教师和学者的精力，同时也激发了另外一些体育教师和学者的潜力，并为后者的爆发提供了内在动力和外部条件。1940年代，内生型人员的变化似乎就说明了这一点。与中央大学体育系毕业生相比，北京师范大学体育系毕业生在内生型人员中的数量虽不算多，但较之前已有所增加。关于内生型组织，中华全国体育协进会仍主导了1940年代绝大多数体育竞赛规则类图书的编辑；同时，由国民政府组建的第七届全运会筹委会及教育部国民体育委员会，主要编辑和制定满足当时需要的体育技术规则类图书和各类体育标准与方案。就外源型人员和组织而言，可能是动荡局势激发了民族情感，也可能是连年战争点燃了民族仇恨，军人成为1940年代前期体育图书作者群的主体，编著了多种航空系列图书；因编著了竞技游戏类的体育图书，专业编辑成为后期外源型人员的主力。同时，中央和地方政府职能部门也编辑和刊行了不少体育技术或赛事管理类图书，成为外源型组织的主要力量。两者的数量虽不算多，但却体现出当时各界对体育的关注和因此被提高的体育的社会地位。尽管这种关注和地位的获得，在后人看来是以更大的损失为代价。

就综合型人员而言，1940年代的困难和考验促使留德归国体育人员冲到了第一线。相比于1930年代活跃的留美体育者，在人数上他们领先；在出书数量上，他们也不落后。虽然面临着体育发展的重重困难，但他们不畏险阻，勇于向前，通过编著图书号召青年，战胜困难；在民族安危的挑战面前，他们将所学知识和练就的本领，化成赤胆忠心，效力奉献。

总之，1940年代，体育图书作者群的一个主要特征是作者群的组织化和组织的官方化，组织取代个人成为编译体育图书的重要力量。一方面，这反映出当时体育图书的匮乏程度，由于物质资源和条件有限，通过组织力量的调动，可以有效整合资源，降低成本；从制度层面看，这也可视为体育学术发展相对成熟的一种表现，因专业体育人员的缺失而引起的漏洞，可以由制度弥补。另一方面，个人退出，官方介入，或个人以官方的名义介入，可能暂时提高了体育的社会地位和影响力，从长远看却不可避免地牺牲了"人"在体育事业中的独立性和自主性，使其日益边缘化。事实上，作者群的组织化和组织的官方化，是一种编著体育图书的非专业化现象。评估这种现象的影响，其标准的确定应依据作者的目的而不是作者的身份，对1940年代的作者群尤应如此。从学术史的角度看，1940年代的体育学术带有过渡性和转型期的特征，孕育着新的可能。

第三节 中国近代体育图书作者及其贡献

在我国近代出版的1500余种体育图书中，约70种体育图书作者不明，约380种体育图书的编著者为组织或机构，而由个人单独编著或合著的图书约1100种。据不完全统计，按照出书数量，对1100余种体育图书的第一作者进行统计和排名，出书超过5种者约有25人，相关信息可参考表3-5。因研究领域不同、出书形式不同、图书用途不同，其影响甚至决定了作者所译介或编著图书的数量。虽然出书数量的多少不能简单用于评价图书质量和作者贡献，但是可将其视为衡量作者贡献的一个重要指标。为了尽可能兼顾到不同时代、不同种类、不同用途，本书选择以徐傅霖、麦克乐、吴蕴瑞、程登科、阮蔚村、赵竹光、唐豪、王怀琪为代表，通过对其著作和贡献的介绍与梳理，了解中国近代体育图书编辑的基本情况及不同作者的学术地位。

表3-5　出版体育图书超过5种的编著者信息

单位：种

姓名	毕业学校或受教育方式	著作种类	出书高峰时段	出书数量
王怀琪	中国体操学校	传统武术、游戏	1920~1930年代	97
徐傅霖	日本大森体育会	体操教材	清末10年至1910年代	24
赵竹光	上海沪江大学	锻炼方法	1930~1940年代	21
阮蔚村	青少年时曾在日本求学	体育技术	1930年代	20
金一明	传统教育	传统武术	1930年代	16
吴志青	中国体操学校	传统武术	1920~1930年代	16
姜容樵	传统教育	传统武术	1930年代	12
唐豪	传统教育	传统武术	1930~1940年代	12
王庚	南京高等师范学校体育系	体育教材	1930年代	12
麦克乐	在华基督教青年会干事	体育理论	1910~1920年代	11
王复旦	南京高等师范学校体育系	体育技术	1930年代	9
吴邦伟	南京高等师范学校体育系	体育技术	1930~1940年代	9
俞子箴	北京师范大学体育系	体育教材	1930~1940年代	9
方万邦	北京师范大学体育系	体育理论	1930~1940年代	8
谢宣	传统教育	象棋	1930年代	8
朱士方	南京高等师范学校体育系	体育教材	1920~1930年代	8
蒋槐青	北京师范大学体育系	体育赛事	1930年代	7
余永祚	北京师范大学体育系	体育教材	1940年代	7
郑法	北京师范大学体育系	体育教材	1930~1940年代	7
程登科	南京高等师范学校体育系	体育理论	1930~1940年代	6
褚民谊	教会学校	传统武术	1930年代	6
江良规	南京高等师范学校体育系	体育理论	1930~1940年代	6
马良	传统教育	传统武术	1910年代	6
吴蕴瑞	南京高等师范学校体育系	体育理论	1930年代	6
朱鸿寿	传统教育	传统武术	1910~1920年代	6

注：学校名称统一使用，不考虑更名。

一　徐傅霖：中国近代学校体育教学的奠基者

留日学生对中国近代体育发展做出了较大贡献，从"体育"和"体操"术语的引入、早期各类体育（体操）类图书的译介、体育赛事的举办到体育师资的培养，都得益于留日体育生的共同努力。而最有代表性和贡献较大者，徐傅霖应是其中一位。徐傅霖（1881~1958），号筑岩，又名徐卓呆，江苏苏州人；早年东渡日本，精修体育。徐氏爱好广泛，在文艺领域也颇有建树。在体育方面，徐氏是一个可圈可点的人物，尤其是早期曾译介和编著了许多体育图书，为中国近代体育普及及其学术发展奠定了重要基础。关于徐氏译介和编著图书的基本情况，可参考表3-6。

表3-6 徐傅霖译介和编著体育图书一览

图书名称	出版者	时间	内容简介
初高等小学体操范本	中国图书公司	1906年	不详
瑞典式疗病体操*	中国图书公司	1907年	全书使用"体育"字样共有5处。主要内容：列举便秘、弹丸、胃病、痔疾、肺结核、贫血、失眠、神经衰弱、肥胖、手足寒冷等治疗法，并附插图
女子小学体操范本	中国图书公司	1908年	不详
体操教科书兵士教练	中国图书公司	1908年	供中学和师范用，包括7章，内容类似军队训练，分别为各个教练、枪、部队教练、中队教练、斥候教练、步哨教练、警备和附录
体操上之生理	中国图书公司	1909年	论述了人体运动器、骨骼、躯干及头的运动、上下肢运动、运动的强弱、运动的性质、体操的基本形式等内容
最新发明二分间操*	中国图书公司	1909年	不详
共和国教科书兵式教练（中学）	商务印书馆	1912年	包括7章，即各个教练、枪、部队教练、中队教练、斥候教练、步哨教练、警备和附录
共和国教科书普通体操（中学）	商务印书馆	1912年	包括徒手体操和器械体操，分节介绍
共和国新教科书体操（初小）	商务印书馆	1912年	分4册，即初小、高小、中学体操及中学用的兵式教练
共和国新教科书体育（高小）	商务印书馆	1912年	不详
中华初等小学体操教授书	中华书局	1912年	不详
民国新教科书体操（中学）	商务印书馆	1913年	不详
高等小学新体操	中国图书公司	1913年	不详

续表

图书名称	出版者	时间	内容简介
新制中华体操教授书	中华书局	1913年	不详
中华高等小学体操教授书	中华书局	1913年	全书共三章，分别为各个体操、连续体操、兵式教练
普通体操	商务印书馆	1914年	不详
初等小学新体操教科书	中国图书公司	1914年	不详
新体操参考书	中国图书公司	1914年	不详
新体操教授书	中国图书公司	1914年	不详
实用体操讲义（师范讲习所用）	中华书局	1915年	内分体操之目的、基本形式、姿势、运动及动作、讲授上注意之事项等章，附初等小学四年、高等小学三年教材
日本柔术*	中华书局	1917年	介绍日本柔术之起源、作用，并图解其操作法
新制体操教本	中华书局	1917年	遵照最新《中学校令施行规则》标准编成，共3编，即方法编、教师之准备编、体操编
体操新教案	商务印书馆	1922年	不详
体操教程	中国图书公司	不详	不详

注：图书名称后带"*"者，是译作。

从徐氏的译作看，影响最大者是1917年由中华书局出版的《日本柔术》。该书介绍了日本柔术之起源、作用，并附有大量绘图解释，如柔术击打图解、扭带图解、柔术一手受图解、柔术两手受图解、柔术霞打图解等，有助于了解当时日本柔道活动的开展状况，同时也对将日本柔道引进中国起到了积极的指导作用，因此，该书被认为是我国最早的柔道译书。[1] 从徐氏所著的图书看，影响最大者是1909年由中国图书公司出版的《体操上之生理》。该书主要包括人体运动器、骨骼、躯干及头的运动、上下肢运动、运动的强弱、运动的性质、体操的基本形式等方面的内容，较为系统和全面地分析了人体的生理机能及其与运动的关系，被认为是"我国最早的一本运动生理学专著"。[2] 从徐氏所编的教科书

---

[1] 肖冲：《我国最早的柔道译书——〈日本柔术〉》，《体育文史》1987年第2期，第31页。
[2] 吴兆祥主编《体育百科大全·书刊、情报、体育场馆》，安徽人民出版社，2010，第99页。

看，影响最大者是1912年由商务印书馆出版的"共和国教科书"系列。该套教科书分四册，即初小阶段的体操、高小阶段的体育、中学阶段的普通体操和兵式教练。从指导思想和基本内容看，该套教科书以培养合格的共和国国民为宗旨，注重儿童良好品格与习惯的养成；同时改造和优化了已有体操教材的内容设计和编写体例，"第一次在教材中提出体操分类的方法"，[①] 是"我国第一套完整的中小学教科书"。[②]

整体上，从图书数量和出版时间看，徐氏在十几年间共编译或编著图书24种，算得上是一位高产作者；从图书内容和用途看，徐氏主要致力于中小学体操教辅用书的编辑，当时称得上是一位精深的体操专家。可以说，徐氏的图书译介和编著工作，满足了当时学校体育教学的基本需要，也为随后中小学体育教科书的编写提供了可以借鉴的宝贵经验。从学术史的角度看，中国近代体育学术活动的开展，与学校体育教学需要直接相关；而徐氏作为清末留日体育生的杰出代表，其体育图书的译介和编著工作对我国近代学校体育教学与体育学术的发展起到了奠基作用。

二 麦克乐：中国近代体育学术研究的先行者

回顾我国近现代体育事业的发展，难以避开在华基督教青年会的历史贡献和重要作用。考察中国近代体育学术的发展，也难以撇开在华基督教青年会干事的早期努力和引导作用。其中，在当时和随后的中国体育界，北美基督教青年会的麦克乐（C. H. McCloy，1886-1959）应是一位无人不知的杰出人物。麦氏曾作为基督教青年会体育干事，在1915~1926年两度来华。[③] 在华从事体育工作10余年间，麦氏利用各种机会开展体育的推广和普及工作，尤其是自1916年任南京高等师范学校体育专修科第一任主任后，他利用青年会的平台和资源率先编译和出版了数十种体育手册，最早将近代体育知识系统地引介到中国，对当时及后世我

[①] 刘斌：《清末民国中小学体育教科书研究》，湖南师范大学出版社，2014，第73页。
[②] 何瑶琴：《中华书局中小学教科书出版研究（1912~1937）》，硕士学位论文，南京大学，2012，第18页。
[③] 关于麦克乐来华和离开的准确时间，学界虽存有争议，但多数认为是在1915~1926年，本书以此为准。

国体育事业及学术研究起到了极为关键的作用。关于麦氏在华期间编译的主要体育图书,可参见表3-7。

表3-7 麦克乐编译的主要体育图书一览

图书名称	出版者	时间	内容简介
分级器械运动	基督教青年会全国协会书报部	1916年	前有译者序。分初、中、高三级介绍双杠、高低杠、吊环等器械体操的动作、方法及要领
足球	商务印书馆	1916年	分上、下编:上编9章,主要介绍足球守门、后卫、前卫、中锋、左右边锋等位置的技术方法;下编为足球规则,共17章
体操释名	基督教青年会全国协会书报部	1916年	该书是对柔软体操、器械体操、垫上运动与翻斤斗动作、木棒运动等专业术语的解释,有图示说明、例言,附索引。英汉对照
网球	商务印书馆	1917年	分21章。介绍网球的各种击法、战术等。附《网球之重要》一文
游戏与游戏场	青年会体育学校	1918年	不详
篮球	商务印书馆	1918年	共分15章,主要介绍篮球计算法、篮球之伦理、篮球队须具之性质、训练篮球队之要点及篮球游戏法等
体育上肌肉动作应用表	青年协会干事养成部	1920年	体育上肌肉动作名词表,有拉丁文名及中译名
体育教育系统之基础论	青年会体育学校	1920年	不详
新学制体育教材	商务印书馆	1927年	分总则、教材。总则讲述体育的意义、需要和价值、教育目的、教材内容及选配、组织概要等;教材分步法、游戏、个人和团体武的竞争、垫上运动、运动、机巧运动、柔软体操、敏捷运动及舞蹈等
个人田径赛运动成绩之测量	商务印书馆	1931年	分运动成绩分数表的研究、按年龄身高体重分组比赛之标准及田径赛之标准测验3篇,附运动成绩分数表
学校体育之目的体育实施之计划	不详	不详	介绍学校体育的普通目的与特殊目的,以及各级学校体育实施的计划等

在麦氏编译的图书中,影响最大者是1916年基督教青年会全国协会书报部出版的《体操释名》。该书主要解释了柔软体操、器械体操、垫

第三章 中国近代体育图书作者群体及其特征

上运动、翻斤斗动作、木棒运动等专业术语,有图示说明、例言,书后附有索引,且是英汉对照版。该书"是我国近代体育史上第一体育术语书,第一次基本规范了体育术语"。①

更值得一提的是,1927年由商务印书馆出版的《新学制体育教材》。该教材由沈重威和麦克乐共同署名出版,分总则和教材两部分。总则包括体育的意义、体育的需要和价值、体育教育的目的、体育教材的内容和选配、体育组织概要、体育领袖、标准试验和其他奖励方法及体育教授的精神,共8章;教材包括步法、游戏、个人和团体武的竞争、垫上运动、运动、机巧运动、学生姿式的概要、柔软体操、敏捷运动和舞蹈,共10章。书中还对体育教材教法有比较详细的介绍,如课堂组织的模式、三段式的结构、教学计划的种类、课外活动的组织、教材选配的原则、评价标准的实施、体育教员的爱心等,可操作性高。可以说,当时此书已经具有一部教学大纲所应有的特征并且发挥了一定功效。同时,该教材中融入了鲜明的中国元素,即将武术列为自然活动的组成部分,带有一定的本土化色彩。书中对体育教学的各个环节都有涉及,并给出适当的理论指导,这对于当时体育教员的理论修养和教学实践都有较高的参考价值。此外,在中国近代体育学术组织和制度的建设方面,② 麦氏的作用也极为重要。

关于麦氏对我国近代体育的影响和贡献,学界已给予充分肯定,且赞誉有加。如麦氏对"中国近代体育早期的传播和发展产生了巨大的影响。他是中国近代体育理论、学校体育和体育科学研究的奠基人"。③ "麦克乐先生在中国近代体育的创建中,仍是一位功德卓著的先行者、开拓者和传播者。"④ "麦克乐所著的教材在很大程度上改善了中国体育教材缺乏、混乱的状况,而他在相关刊物发表的文章也有力地宣传了民主

---

① 赵晓阳:《强健之路:基督教青年会对近代中国体育的历史贡献》,《南京体育学院学报》2003年第2期,第9~12页。
② 最具代表性的是1922年麦克乐指定袁敦礼等五人为筹备小组,组建全国体育研究会,该组织是中国最早的体育研究机构。1924年,体育与国民游戏组和教育改进社中的卫生组织相结合,成立了中华教育改进社体育卫生组,也得益于麦氏的积极倡导。
③ 谭华主编《体育史》,高等教育出版社,2005,第266页。
④ 马进、田雨普:《麦克乐对中国近代体育的推广及其历史贡献之研究》,《南京体育学院学报》2009年第3期,第72~74页。

主义体育思想，有力地促进了中国近代学校体育的发展。"① 当然，在肯定麦氏重要贡献的同时，学界也不避讳其思想产生的消极影响。如就体育理论来看，虽然麦克乐所倡导的自然体育使我国学校体育有了较为系统的理论与方法，但是也夸大了其价值，同时麦氏对休闲活动持消极态度，完全否定兵式体育的价值。② 总之，无论是麦氏对体育实践和理论研究的开拓性贡献，还是麦氏思想和观点的消极影响，都充分说明了中国近代体育发展受麦氏影响之深，而且至今仍能感受到麦氏体育思想部分存在于我国现代体育学术研究中。从这个意义上讲，麦氏对中国体育的影响，或许其消极方面仍需要时间验证，但是其积极方面早已有定论：对于中国近代体育学术发展，麦氏确实扮演了无人能及的引领者角色。

三　吴蕴瑞：中国近代体育理论研究贡献卓著者

中国近代体育界的重要人物，有不少学者和专家载入史册，青史留名。论学术影响力和界内知名度，吴蕴瑞先生如果不被放在最前面，则其他人的可能性或许更小。吴氏（1892～1976）是较早接受我国专业体育教育的体育生，1918 年毕业于南京高等师范学校体育系，1919～1924 年先后在暨南大学、南京高等师范学校、东南大学体育系任教，1925～1927 年先后留学芝加哥大学医学院和哥伦比亚大学师范学院体育系，1927 年赴英、法、德三国考察；回国后，先后在东北大学、北京师范大学、中央大学体育系任教。较早在国内接受系统的体育专业教育、较早被公派到国外深造且跟随名师，是吴氏后来取得较大建树的重要基础，也成为其赢得界内尊崇的部分原因。新中国成立前，吴氏编著的体育图书数量并不算多，但是每种图书都可称得上奠基之作，详情可参考表 3-8。

---

① 杨昌美：《麦克乐体育思想研究——以壬戌学制的形成为中心》，硕士学位论文，浙江师范大学，2012，第 30 页。
② 王建台：《麦克乐对中国近代体育的影响》，《体育文史》1994 年第 3 期，第 49～53 页。

第三章 中国近代体育图书作者群体及其特征

表3-8 吴蕴瑞编著体育图书一览

图书名称	出版者	时间	基本内容
运动学讲义	中央大学	1929年	与《运动学》基本相同,是其在中央大学上课时所编的讲义
运动学	商务印书馆	1930年	分应用力学和运动两编。应用力学分运动学的定义、运动之种类等33个小题;运动分器械体操、游泳、田径运动3节
田径运动	勤奋书局	1932年	前有吴蕴瑞序。分竞技运动之重要、径赛、田赛3章
体育教学法	勤奋书局	1933年	前有著者序、再版序。分通论和各论两编。通论包括导言、学习心理、教学要素与组织等4章,各论包括器械运动、游戏教学法、田径运动教学法、游泳教学法、舞蹈教学法等5章
体育建筑及设备	勤奋书局	1933年	前有著者序及小史。主要内容包括建筑历史、各国体育建筑状况、运动场场建筑、各种球场及各级学校体育建筑面积之标准等4章。未见下卷
体育原理	勤奋书局	1933年	主要内容包括绪论、历时之背景、社会之背景、心身关系与体育、人之性质与体育、体育之目的、体育上相对之主张、体育与教育等之关系

吴氏编著的体育图书中影响较大者有两种,分别是1930年由商务印书馆出版的《运动学》和1933年由勤奋书局出版的《体育原理》。前者是独著,由吴氏根据自己之前在中央大学体育系授课时的讲义完善而成。该书分应用力学和运动两编,应用力学部分包括运动学的定义、运动的种类等33个小题,运动部分包括器械体操、游泳、田径运动3节。该书具有较强的专业性和系统性,因"将解剖学与力学同时应用于运动科学,又称人体机动学,它是我国运动生物力学研究的第一部巨著"。[①]《体育原理》由吴氏与袁敦礼合著,全书内容有绪论、历时之背景、社会之背景、心身关系与体育、人之性质与体育、体育之目的、体育上相对之主

---

① 律海涛:《吴蕴瑞体育思想及其核心价值》,《上海体育学院学报》2011年第2期,第25~28页。

张、体育与教育、体育与他种活动之关系。该书在认识上较多地吸收了当时欧美体育思想和观点以及中国体育发展的主要成果,尤其在论证上紧密结合当时中国体育界存在的诸多问题,并根据教育学、生理学、心理学、社会学的知识,对体育进行了深入的学理性分析和系统研究。当时曾被许多体育学校、系科作为教学用书,进一步奠定了其在中国近代体育学术史上的重要地位。同时,1933年由勤奋书局出版的《体育教学法》,在当时的体育学界也是一部得力之作。该书分通论和各论两编,通论包括导言、学习心理、教学要素与组织等4章,各论包括器械运动、游戏教学法、田径运动教学法、游泳教学法、舞蹈教学法等5章。该书"是中国最早的体育教学法专著,对20世纪初美国新体育思想和实践的传播起了一定的作用"。①

此外,1930年代吴氏还利用自己精深的专业学识和影响力,在当时社会体育和学校体育工作中发挥了重要作用。一方面,吴氏与郝更生、袁敦礼共同起草了1932年由教育部推行的《国民体育实施方案》。该方案包括目标、行政与设施、推行方法、考成方法和分年实施计划等内容,涉及学校体育与社会体育、中央与地方、政府与民间、奖励与督导以及短期与长期计划等方面,对当时及后来中国体育事业产生了广泛而深远的影响。从实施效果看,虽然限于人力、财力以及当时的社会条件,该方案未能真正付诸实践,却是当时体育界理论高度及其对体育顶层设计的综合体现,也是体育学者的思想成为国家的体育政策和专家治国的典范。正是基于此,《国民体育实施方案》的理论价值和象征意义远高于实践意义。

另一方面,1936年,由商务印书馆与勤奋书局联合出齐的"体育教授细目",虽是由教育部主编,但是大部分工作主要由吴氏领衔完成。该套教科书共24册,是在参考美国和德国体育教材的基础上编写而成,分《小学体育教授细目》、《中学女生体育教授细目》、《中学男生体育教授细目》和《高中男生体育教授细目》4部,每部6册。每册都详细介绍和列举了教学目标、教学内容、教学时数、教学安排、教学方法及案例

---

① 张宝强:《体育专业留学生与中国体育发展研究(1903~1963)》,第119页。

等具体事项，被认为是"中国第一部较完整的中、小学体育教科书"。①有研究者还认为该细目"开启全国通用体育教材的先河，促进了'实用主义'教育思想在体育教学中的发展，探索了中小学体育教科书成套编写的规律，使整个中小学体育教学有机结合起来"。②这套"体育教授细目"的出现，源于当时体育教学的需求及已有教学用书的滞后，是我国近代学校体育需求的直接反映，也是学校体育发展的必然结果。其之所以受到当时和后世如此高的褒奖，与其具有的系统性、科学性和创新性密不可分。遗憾的是，随后严峻的国内局势与政府当时措施不力，致使该细目对当时学校体育教学的改变是有限的，对后世学校体育的影响也多停留在史料研究层面。

从学术成就和事业发展看，1930年代都称得上是吴氏的黄金期。仅一部与袁敦礼教授合著的《体育原理》，就使吴氏名噪一时，奠定了其在后世体育学术界的地位。在某种程度上，吴氏与该著作已成为1930年代体育学术发展的缩影和象征，甚至被抽象化、凝固化。从个人修养和专业造诣看，当时和现代学界对吴氏的尊重和礼遇，再高也不为过；当然，若与同时代的学界同人比，吴氏的所得又是令人艳羡的。毕竟，还有一些人（如程登科、郝更生等），论才学、论品格、论贡献、论影响，当时虽不能说高于吴氏很多，但至少不会远在其之下，而体育学界对他们的认可度和评价则因多种因素的影响而不高。事实上，由于历史的特殊性和时代的局限性，或是因为个人性格和经世致用之方的不同，他们的功绩未能获得更多认可，他们的思想仍未被充分理解。从这个角度讲，中国近代学术史研究的意义不仅在于"古为今用"，更在于补缺和正名。

四 程登科：体育思想比其著作影响更大者

研究中国近代体育思想，逃不开自然体育思想和民族体育思想，两者曾因契合了当时国家建设需要的不同层面，而一度成为最有代表性、

---

① 罗时铭、赵诖华主编《中国体育通史》第4卷，人民体育出版社，2008，第86页。
② 刘斌：《清末民国中小学体育教科书研究》，湖南师范大学出版社，2014，第108~114页。

影响力且相互排斥的两股思潮。正如列举自然体育思想代表人物时，吴蕴瑞的影响力和学术地位不容置疑，程登科对民族体育思想的倡导和贡献也最为突出。可能正是基于这种关联，分析程氏的学术成果及其影响时，笔者会情不自禁地联想到吴氏，同样梳理吴氏的学术成果及其影响时，也必然会触及程氏的不可替代性和唯一性。在笔者看来，相较于两者具有的相同点，可能不同之处更多；相比吴氏，程氏的经历复杂得多。程氏（1902～1991），1926年毕业于东南大学体育系，其后曾在东亚体育专科学校、爱国女校等多所私立学校工作，1929～1933年赴德国柏林体育大学学习，1933年回国后受聘于中央大学（原东南大学）体育系任教授；全面抗战期间，历任中央大学体育系主任、重庆大学体育科主任、中国国民党中央训练班国民体育课程讲师、三民主义青年团中央体育指导委员会主任委员等。关于程氏编著的体育图书，可参见表3-9。

表3-9 程登科编著的体育图书一览

图书名称	出版者	时间	内容简介
田径赛规范	集益合作书局	1930年	分田径赛史略、种类、场所及各种田径练习法等16章
田野运动教材纲要（应用体育）	四川大学暑期体育班	1938年	由6篇讲义合订而成：程登科的《田野运动教材纲要》和《发展四川体育的管见》、吴邦伟和蒋湘青的《田径赛裁判法》、蒋湘青的《裁判之修养》、吴徵的《体操理论及实施》、袁宗绎的《露营》
国民体育	中央训练团党政训练班	1939年	著者在中央训练团党政训练班的讲演录。分6章：国民体育的目的、范围及分类，以及行政组织和推进国民体育的实际方法等
战时体育补充教材	教育部石印室	1944年	分总论、田野运动、障碍运动、球类运动、行军与远足、角力、举重和劈刺等8章
军警体育	教育部石印室	1945年	分7章，介绍世界各国军警体育概况、行政组织、建筑、设备、军警体育教材、考核办法和我国军警体育之将来

续表

图书名称	出版者	时间	内容简介
世界体育史纲要	商务印书馆	1945年	分各种运动的种类及其演进、体育传播线、古代体育史略、中西各国体育史略和世界各国体育特史5编
游泳指导	拔提书店	1946年	收戴仁声的《青年与游泳》、程登科的《游泳第一课》、程铭盘的《蛙式游泳》、萧忠国的《游泳救生术》和田汉祥的《游泳池之设计》等12篇文章

在程氏编著的图书中，影响较大者是1944年由教育部石印室出版的《战时体育补充教材》和1945年由商务印书馆出版的《世界体育史纲要》。《战时体育补充教材》是程氏受中华体育学会委托编写而成，主要适用于对学生、士兵和公务员进行训练，内容包括总论、田野运动、障碍运动、球类运动、行军与远足、角力、举重和劈刺等8章；其中，田野运动有投掷类、攀援类、爬行类、翻滚技巧类、器械类、跳远与跳高类等，球类运动有军士球、奋斗球、系绳球、竹篮球、拳球、独篮篮球。以现代的观点看，与其说这些项目是体育教材内容，还不如说是游戏性的身体素质训练手段更为贴切。相比1930年代的体育界呼吁体育应突出教育功能，此时期的体育界更注重体育具有的军事价值。这是程氏体育思想的集中反映，是体育适应战时需要的主动选择，也是对现代西式体育进行的一次最为彻底的本土化改造。从这个角度看，《战时体育补充教材》的现实意义大于理论价值。《世界体育史纲要》主要包括5编，分别是各种运动的种类及其演进、体育传播线、古代体育史略、中西各国体育史略和世界各国体育特史，被认为是"迄今所知中国最早的世界体育史专著"。[①] 程氏的著作主要产生于德国留学归来后，带有浓厚的军事化色彩，也具有明显的时代痕迹。

纵观中国现代体育学术史，无论是情怀与学识还是贡献与影响，程氏和吴氏都是值得大书特书的两位著名体育专家和学者。以两人编著的图书为例，相较于吴氏著作侧重于理论诠释和学理性，程氏更追求现实

---

① 吴兆祥主编《体育百科大全·书刊、情报、体育场馆》，第58页。

指导性和可操作性；在很大程度上，这影响着两人在我国近代体育史上的地位及其后来的人生轨迹。事实上，在中国近代体育发展过程中，吴氏和程氏是对体育事业影响广泛、贡献突出的两个人，甚至能成为推动我国体育事业发展的两类人的杰出代表。若将吴氏和程氏进行比较和分析，不仅能了解两人不同的价值取向和发展轨迹，也能了解两类人的历史贡献和时代命运。从专业学识看，两人难分伯仲，都曾接受系统的专业教育，都曾到海外留学深造，又都因此曾获得当局的尊重和信任；更为重要的是，两人的思想和理论都对国家的体育决策与体育事业的发展产生了广泛而深远的影响。不同的是，两人成长的环境不同，早期的教育经历不同，海外留学的国家不同，获得当局尊重和信任的时间不同；更为重要的是，两人所秉持的体育思想和体育功能的社会定位不同。而这些不同，虽因两人相同或不同的经历而起，却对后来两人人生际遇的影响具有某种相似性。

以后见之明看，程氏与吴氏在个人经历和事业建树上的相同与不同，我们后人除了敬重和颂扬，还有惋惜和惭愧。敬重他们虽身处乱世，依然能够才学超群、目光远大，颂扬他们拥有的家国情怀、担负的历史使命和成就的突出贡献；而惋惜和惭愧的是，当代人虽身居稳定的环境，却思想狭隘、视野狭窄，难脱功利之心。在某种程度上，相较于程氏，吴氏又是幸运的，其才学和贡献早已获得了后世的充分肯定；而程氏的观点和贡献曾因特殊的时空背景及其影响，经历了被后人选择性遗忘后的长期沉寂。当前我们已认识到：学界曾经对程氏的评价不够客观，对其学术思想的理解也有失公正。毕竟，身处乱世的人，怎能让其不顾当下？而顾及当下的选择，却成为后人指责的理由。程氏的"军事化体育主张"，曾将其推到了权力的巅峰后却使其跌入人生的低谷，甚至最终连他自己都未能看到彻底摆脱历史偏见影响的后世评价，只能盖棺定论。可能这就是历史的宿命，每个时代都有需要解决的问题和面临的挑战，每个人都有自由，却不能自由地选择自己生活的时代，更难以判断当时获得的褒奖与后世命运的内在逻辑。

五 阮蔚村：中国近代编著专业体育图书最多者

勤奋书局因对近代中国体育图书出版业的贡献，及对当时及后世我国体育学术发展的影响，不仅享誉20世纪三四十年代，也曾被后人反复称赞。若谈及勤奋书局的诸多成绩和著作，则必然要提到该书局的图书编辑阮蔚村。阮氏（1910~1987）应该称得上是一位选手式的体育家和体育家中的专业编辑。阮氏早年曾旅居日本多年，因爱好体育运动，其间一度以日本当时著名运动选手为师，且曾在大阪组织华侨排球队，在日本体坛产生了广泛影响；1930年代曾任《申报》驻日特约通讯员，兼为其他各报撰写体育稿件。阮氏于九一八事变后回国，任勤奋书局编辑。[1] 关于阮氏译介和编著的体育图书，可参见表3-10。

表3-10 阮蔚村译介和编著的体育图书一览

图书名称	出版者	时间	内容简介
排球训练法	勤奋书局	1931年	前有著者小史。分排球常识、基本技术、攻击、防御、分工合作法、球队之组织及人选、排球队之训练、指导员之责任等11章。附：球员临场须知、排球名词解释、排球记录法
运动卫生	勤奋书局	1932年	包括绪论、运动之生理教育分类、运动于生理上之效果、运动与年龄关系、男女运动差别、学生与运动卫生、运动之体格研究、饮食研究、运动卫生常规等10章
运动救急法	勤奋书局	1932年	不详
五项十项训练法*	勤奋书局	1933年	前有编者序、总述。分上、下篇：上篇介绍跳远、投标枪、二百米、掷铁饼、一千五百米等5项运动的个别练习法和混合练习法；下篇介绍跳高、高栏、撑竿跳、投标枪等10项运动练习法。附：五项、十项运动记分表。该书多取材于远东运动会五项、十项运动健将佐藤信一所著《五种十种竞技》一书，并加入当时欧美最新训练方法
铁尔登网球术*	勤奋书局	1933年	前有译者言。介绍世界著名网球家铁尔登的抽球、发球、截击、杀球、高球、横切、低截击等各种网球击法和战术

---

[1] 《阮蔚村（1910~1987）》，上海市地方志办公室，http://www.shtong.gov.cn/dfz_web/DFZ/Info?idnode=60898&tableName=userobject1a&id=49765。

续表

图书名称	出版者	时间	内容简介
棒球训练法	勤奋书局	1933 年	分 3 篇：上为准备篇，分棒球游戏法述要、棒球比赛法解释、棒球记录法等 5 章；中为攻击篇，分打球次序、击打、击球与落点等 5 章；下为守备篇，分各场员之资格与职务、投球之方法与技术、联合防御之战策等 5 章
远东运动会历史与成绩	勤奋书局	1933 年	前有丛书序及编者序。分上、下两篇，介绍远东运动会的经过与历史、纪录与成绩，并有远东运动会 1～9 届的照片资料
小学篮球（中高）	勤奋书局	1933 年	不详
小学排球（中高）	勤奋书局	1933 年	主要内容有排球的沿革、设备及用具、游戏方法概要、技术训练、指导法、指导方案等
小学远足登山	勤奋书局	1933 年	不详
小学田径运动	勤奋书局	1933 年	分 5 章，介绍田径运动要义、分组的标准、项目等
小学游泳	勤奋书局	1933 年	不详
中国田径赛小史	天津体育周报社	1933 年	不详
手球训练法	勤奋书局	1935 年	前有编者序。分手球之沿革、单壁手球与四壁手球之训练、手球之改进、手球规则等 10 章
田径新术	勤奋书局	1935 年	前有方万邦序、编者序及丛书序。分 22 章，介绍跑、跳、投技术及田径基本训练
体育馆之建筑与设备*	勤奋书局	1936 年	分体育馆之建筑、室内跳道、室内运动、室内游泳池等 20 章。（版权页题的"修正出版"是指在原书基础上又加入有关中国的资料。封面著者题为"安田嗣宏"。）
跳绳游戏百种*	勤奋书局	1936 年	包括跳绳游戏概述、各种跳绳训练法等 5 章
田径场之建筑与设备*	勤奋书局	1937 年	不详
日本体育考察报告	警声社	1940 年	内分赴日本考察经过、日本体育沿革、体育行政机关、体育师资养成机关、研究机关、运动团体及体育设备等 8 章
叠罗汉教材*	勤奋书局	1949 年	不详

注：图书名称后带"*"者，是译作。

在阮氏译介的图书中，最值得一提的是由勤奋书局于1933年出版的《五项十项训练法》和1936年出版的《体育馆之建筑与设备》。前者除总述外，分上、下篇；上篇介绍跳远、投标枪、二百米、掷铁饼、一千五百米等5项运动的个别练习法和混合练习法；下篇介绍跳高、高栏、撑竿跳、投标枪等10项运动练习法；书末附有五项、十项运动记分表。从内容看，该书虽多取材于远东运动会五项、十项运动健将佐藤信一所著的《五种十种竞技》一书，但是增加了当时欧美最新的训练方法。《体育馆之建筑与设备》一书，是译自日本体育学者安田嗣宏的同名著作。全书共84页，包括体育馆之建筑、室内跳道、室内运动、室内游泳池等20章内容。该书在原版著作的基础上进行了本土化的改造，即在原书基础上加入有关中国的资料，是"修正出版"。上述两种图书的内容选择和译介方式，说明阮氏译介图书注重内容的实用性和本土化，也体现出阮氏作为编辑家的专业素养。

阮氏编著的10余部图书，虽然研究对象较多且涉及领域较广，但以体育技术或方法为主。其中，影响较大者主要有两种，分别是勤奋书局于1931年出版的《排球训练法》和1933年出版的《远东运动会历史与成绩》。《排球训练法》一书共102页，分11章，包括排球常识、基本技术、攻击、防御、分工合作法、球队之组织及人选、排球队之训练、指导员之责任等内容，并附有球员临场须知、排球名词解释、排球记录法。该书详细论述了排球的基本知识和战术方法，不仅对1930年代排球在我国的推广起到了重要的推动作用，还对当时排球理论与实践的发展产生了重要影响，被认为是中国近代最具有代表性的排球理论著作。而《远东运动会历史与成绩》一书，因以历届远东运动会为考察对象，曾在当时学界产生较大的影响。全书共124页，前有丛书序及编者序，分上、下两篇，介绍远东运动会的经过与历史、纪录与成绩，并有远东运动会1~9届的照片资料。该书系统和完整地保存了远东运动会的资料，具有较高的史料价值。

阮氏的学术成就，融合了个体的特殊诉求和体育的发展际遇，反映了个人成长依托但独立于社会环境的复杂关系。丰富而深刻的域外经历、浓厚而广泛的体育兴趣以及由此获得的成功体验，长期从事编辑形成的敏锐眼光和专业素养，加之当时国民体质普遍偏弱的基本国情，成为阮氏后来钟情于体育图书译介和编著工作的重要原因和内在动力，也是孕育和造就其丰硕体育成果的重要条件和源泉。事实上，凭借勤奋书局搭建的平台以及个人具有的实力，阮氏主要活跃在书报编辑领域，其也与勤奋书局和《勤奋体育月报》一起，成为当时整个体育界，尤其是体育学术研究中的一道独特风景，发挥着对时人的体育知识普及和文化传播的启蒙作用。从中国近代体育发展史看，阮氏是一位值得后人肯定和学界铭记的体育家。

六 赵竹光：中国近代译介体育图书最多者

在中国近代体育界，有一个人凭借自己的理解和喜好，开启了近代中国的健美风潮，重塑了时人的身体观。这个人就是赵竹光。赵氏（1909～1991）于1929年考入沪江大学政治系；1933年毕业后进入商务印书馆，负责图书馆的外文编目工作和体育编审工作；1938年担任该馆《健与力》杂志主编，首次面向社会普及健身知识、宣传健身方法；1939年重回商务印书馆继续做编辑工作；1940年正式创办"上海健身学院"，专门从事健美训练。在沪江大学求学期间对健美的实践体验和在商务印书馆工作时的知识积累，为赵氏译介和编著体育图书（尤其是关于健美方面的体育图书）提供了直接动力和主要条件。关于赵氏译介和编著的体育图书，可参见表3-11。

表3-11 赵竹光译介和编著的主要体育图书一览

图书名称	出版者	时间	内容简介
体育之训练与健康*	商务印书馆	1933年	主要内容包括：三方面的人生、为什么要练成一个强健的体魄、体格上的缺点之改正、运动家的心、乐观的人生、自我救护等24章
健康之路*	商务印书馆	1934年	主要内容包括脊骨、呼吸、胃口、食、洗浴、衣服等11章内容
肌肉发达法*	商务印书馆	1934年	分12章，介绍颈、胸、肩、臀、背等肌肉发达的训练方法。附表2种。该书原名：Muscle Building
运动的生理	商务印书馆	1935年	不详

续表

图书名称	出版者	时间	内容简介
肌肉控制法*	商务印书馆	1937 年	前有译者序、著者序。分 4 章，记述著者发现肌肉发达法之经过以及得了冠军的情况，介绍意志力与肌肉控制的方法，附图说明
力之秘诀*	商务印书馆	1937 年	前有译者序、原书序及引言。分 12 章，讲述先天与后天的力、肌肉发达与力、身体平均发达与力、力之锻炼法等。书名原文：Secret of Strength
妇女的健康美*	中华书局	1937 年	前有尉序和译者序。分 21 章，介绍妇女保持健康和漂亮的运动方式及饮食。著者系服务于美国好莱坞的美容专家
臂部锻炼法	商务印书馆	1937 年	分臂部的构造及其功能、臂之质与量、臂部锻炼法及你的臂部不能练大的原因等 5 章
最新哑铃锻炼法	商务印书馆	1938 年	分 12 课，介绍健身哑铃的锻炼方法及运动前后的卫生措施等
我五十年来的体育事业*	商务印书馆	1939 年	书前有译者序。共分 23 章，自述从童年到晚年的经历，记述了著者作为一个体育著作家、运动家和出版家的历程
背部锻炼法	商务印书馆	1939 年	分 10 节，介绍背部与健美、背部与腿部的关系、背部运动及举重运动法等
腹部锻炼法	商务印书馆	1939 年	分绪论、消化系统之健全、初步及高级之腹部锻炼法 4 章
肌肉发达问题解答	商务印书馆	1940 年	分健身书报之介绍、疾病与运动、深呼吸问题、身体锻炼与营养、运动器械问题及国外函授学校等 10 章。分类解答 1000 多封读者来信提出的问题
体格锻炼法大全*	商务印书馆	1940 年	不详
颈部锻炼法	商务印书馆	1940 年	分 4 章，介绍颈部之构造及其重要性、颈部锻炼法以及颈部的标准度数等
腿部锻炼法	商务印书馆	1940 年	分 5 章，介绍腿部构造与其功能、腿部运动各论、腿部锻炼法、腿部的理想尺度等
臀部锻炼法	商务印书馆	1940 年	不详
国术讲话	商务印书馆	1947 年	介绍国术的一般知识，为普及性小册子
十五年来的体育生活	作者书社	1948 年	不详

续表

图书名称	出版者	时间	内容简介
怎样游泳	商务印书馆	1949年	分游泳应注意的几点、游泳技术的训练、跳水的训练及意外的急救等7篇
我们的球戏	商务印书馆	1949年	介绍小排球、投篮比赛等15种球戏

注：图书名称后带"＊"者，是译作。

从赵氏译介和编著的图书内容看，不同时期出版的图书反映出赵氏关注健美重点的不同，也反映了赵氏对健美认识水平和实践推进的程度。1930年代初，《体育之训练与健康》的出版是赵氏推广健美运动的准备，通过介绍健美运动的重要性、价值及注意事项，促使时人建立起对健美运动的基本认识。随后，关于健美运动知识与方法的系统介绍，尤其是对训练方法、食物营养、医疗体育和运动心理等方面知识的介绍，既说明了赵氏对健美运动的认识趋于系统化和科学化，也反映出其推广健美运动的决心和努力。《健康之路》、《肌肉发达法》、《力之秘诀》和《体格锻炼法大全》等书的相继出版和发行，便是赵氏对健美运动的认识由注重外在形式向探求内在机理、由感性宣传向理性阐释转变的一个明证。

在赵氏译介和编著的体育图书中，影响较大者是1934年由商务印书馆出版的《肌肉发达法》。该书英文原著名称为 Muscle Building，共179页，分12章，主要介绍颈、胸、肩、臀、背等肌肉发达的训练方法，书末附表2种。由于通过书业界大佬商务印刷馆出版和刊行，此书的传播范围、推广速度和销量非当时一般体育图书能比，曾再版3次，被认为是"我国发行的第一部健美专著"。[①] 此外，赵氏还根据自己多年从事健身训练的实践经验和心得体会，撰写了《最新哑铃锻炼法》《肌肉发达问题解答》等书；在主编《健与力》杂志时，他也广泛普及健身知识，积极倡导和实践健身运动。在中国近代纷繁动乱的局势中，赵氏欲通过科学化知识和方法的介绍以及身体力行的实践，向时人证明"健全的身体、健全的人格、健全的头脑、健全的灵魂"的时代意义，也向时人展

[①] 刘淑娟、章华明：《中国健美第一人——赵竹光》，《上海档案》2012年第12期，第27～29页。

示了把锻炼身体作为娱乐手段的现实价值。

青年时代亲临战争的考验和国衰民弱的事实,促使赵氏树立和坚定了"体育救国"的理想,并成为其从事体育实践和研究活动的动力。由于同伴的影响和自身的需要,赵氏以身体力行的方式开始了健美运动的中国化进程。也正是与健身运动的因缘际会,以及由此获得的成功体验,激起了赵氏对其的浓厚兴趣,燃起借此改造国民体质的希望。这些因素转变为赵氏译介和编著图书的重要条件,也内化为其选择图书内容的唯一标准,最终成就了赵氏在体育图书编辑领域及学术史上的地位。因率先提出"健美"一词,译介中国第一部健美专著——《肌肉发达法》,建立中国第一个健身组织——沪江大学健美会(也是亚洲最早的健身组织),赵氏理应在我国近代体育史上有一席之地。况且,从编译体育图书数量看,赵氏也是中国近代译介体育图书最多者。

七 唐豪：中国近代对传统体育研究贡献最大者

在推动我国近代体育发展的群体中,有些是因爱好体育成为现代体育知识的传播者和体育事业的推动者。他们虽生活在深受欧风美雨浸染的近代,却对中国传统文化有更为深厚的情感,并因此对中国传统体育的研究传承做出了重要贡献。论研究的深度和广度,唐豪则是不可忽视的杰出代表。唐氏(1897~1959),字范生,曾留学日本,其间专攻法律,后以律师为业;对武术甚为热爱,曾任中央国术馆编审处长,对武术有精深而系统的研究,对武术史料的收集和整理贡献较大。关于唐氏编著的体育图书,基本信息可参考表3-12。

表3-12 唐豪编著的主要体育图书一览

图书名称	出版者	时间	内容简介
太极拳与内家拳	上海武学会	1930年	主要包括太极拳之史的研究、明史中之张三丰、太极拳家妖妄之逸事、太极拳理论之批评与质疑等
少林武当考	中央国术馆	1930年	内容分少林考和武当考两编。上编考证少林寺的所在地、创建、达摩与《易筋经》,明代少林及少林之兴废;下编考证武当山之山名与神话、张三丰与所谓内家拳法、明太祖与陈也先较武等。书后有朱国福的跋

续表

图书名称	出版者	时间	内容简介
内家拳	中国武术学会	1935年	前有著者感言及《内家拳祖张三丰的研究》一文。介绍内家拳的源流、打法、传布区域及拳家小传等。附：黄梨洲《王征南墓志铭》、黄百家《内家拳法》、曹秉仁《宁波府志·张松溪传》等5篇文章
戚继光拳经	上海市国术馆	1936年	前有刘蔚天的感言。收唐豪的《戚继光的研究及其评价》及戚继光的《拳经》两篇。附：戚继光拳经图势
中国古佚剑法	上海市国术馆	1936年	前有刘蔚天的《于"武艺丛书"的感言》及编者自序。分古文献中的剑理剑法剑诀、中国古佚剑法两部分
王五公太极连环刀法	中国武术学会	1936年	主要介绍王五公太极连环刀法的刀式、歌诀、连环刀母、行刀母八法、六刀诀和诱敌三式等。书前有编者的《王五公是怎样的一个人物》
王宗岳太极拳经王宗岳阴符枪谱	中国武术学会	1936年	该书为王宗岳的《太极拳经》及《阴符枪谱》的合订本。前有编者的《于"武艺丛书"的感言》及《王宗岳考》
行健斋随笔	上海市国术馆	1937年	前有刘蔚天的《于"武艺丛书"的感言》和著者序。内收《元清二代禁汉人藏执兵器与服习武艺》《少林白眉棍法》《刀牌与剑盾》《木刀》《长刀》《易筋洗髓经牛李二序之伪》等46篇文章
清代射艺丛书	上海市国术协进会	1940年	前有唐豪的序言。分甲、乙集：甲集收《顾镐射说》《李塨学射录》等4篇；乙集收《史德威射艺津梁》《徐亦射法》等4篇
中国民族体育图籍考	上海市国术协进会	1940年	内分球类、跳舞、举重、射击等19类，介绍有关体育的图书资料
中国武艺图籍考	上海市国术协进会	1940年	内收中国古代（至明清）关于武术的图书数百种，分诸艺、角力、枪、棍等20类编排，并有内容提要
少林拳术秘诀考证	上海市国术协进会	1941年	考证秘诀与宗法之渊源关系。内分宗法的反清与秘诀的反帝、柔术二字的来历、禅观称胆法的渊源、内外家的所由异说等章。附：少林宗法图说考证

在唐氏编著的众多体育图书中，影响最大者是1930年由南京中央国

术馆发行的《少林武当考》。该书共122页，分上、下两编，13节。上编为"少林考"，内容主要包括少林寺之所在地、少林寺之创建、唐诗中之少林寺、少林寺以武显之由来、达摩与《易筋经》、紧那罗王神话与少林棍法、明代之少林及少林之兴废；下编为"武当考"，主要内容有武当山之所在与形成、武当山之山名与神话、明太祖与陈也先较武之故事、成祖访求张三丰之内幕、张三丰与所谓内家拳法。同时，该书书前有蒋介石、蒋梦麟等人的题词，张之江、张人杰等人的序及作者自序；书后有朱国福的跋。因成书于中央国术馆和南京国民政府推广武术最用力的时期，所以该书的受重视程度从各大政要题词和所写序言中可见一斑。从学术史的角度看，唐氏对传统文化的深厚积淀及其具有的良好史学修养，不仅反映在该书内容丰富和资料翔实的篇章结构上，也体现在缜密而严谨的考证和分析风格上。基于此，《少林武当考》当时已成为武术研究者的主要参考书目，至今依然是研究武术发展与流变的重要史料。

从学术贡献和研究生涯看，1940年代前后是唐氏学术创作的高峰时段。其中，《清代射艺丛书》、《中国民族体育图籍考》、《中国武艺图籍考》和《少林拳术秘诀考证》的相继出版，既是唐氏本人的巅峰之作，也可认为是中国近代传统体育研究的重要著作。一方面，这些著作从研究对象到时间跨度，几乎涵盖了我国传统体育发展的主要方面和不同时段；另一方面，随后虽然也有此类图书出版和刊行，但其研究深度和广度都难以与这几部著作相提并论。从这个意义上看，凭借深厚的文化底蕴和严密的法律思维，唐氏对传统体育研究的深度和广度至今仍难以被超越，也因此在中国武术学术史上占有一席之地。

八 王怀琪：编著体育图书最多者

在中国近代体育图书作者群中，论编著图书的数量和内容，王怀琪是最为突出和醒目的一位。王氏（1891～1963），字思梅，1910年毕业于中国体操学校，其后曾在上海多所学校执教，主要从事中小学体育教学研究，在当时学校体育界有较大影响。王氏对传统养生文化有着浓厚的兴趣，并进行了较为系统的挖掘和整理，这为他后来体育图书的编著工作奠定了知识基础和积累了宝贵的精神资源。同时，早期拥有的丰富执教经验和现实工作的直接需要，为他的编辑生涯提供了生活素材和直接动力。在教学过程中，除介绍现代西方体育项目外，王氏积极探索传统养生知识和方法的现代化与生活化改造，将五禽戏、八段锦、易筋经等传统养生术以近代体育知识和技术加以改造和整理，并与当时学校教学内容相结合，创编成具有民族特色的健身操。关于王氏译介和编著的体育图书，可参阅表3-13。

表3-13　王怀琪编译和编著体育图书一览

图书名称	出版者	时间	内容简介
八段锦（订正版）	中国体操学校	1916年	前有题词、唐文治等6人序、编者自序及八段锦原图，融合体操动作为旧八段锦加以注解并附图遂成该书；包括第一段至第八段的术语、口令及练习方法等
实验拟战游技	中国健学社	1916年	不详
易筋经廿四式图说	商务印书馆	1917年	原名易筋经八段锦，编者融入体操动作，分三部二十四式，故名为易筋经廿四式。附图示说明
易筋经十二势图说	商务印书馆	1917年	前有编者自序及原序。编者依《易筋经》原文原图融进体操动作，重新变成易筋经十二势。分三部分：练习须知、原图十二势及易筋经十二势图说
双人潭腿图说	中华图书馆	1919年	卷首有吴志青序和中华图书馆出版部序；介绍中国武术中双人潭腿十二路的双手演练方法，有134幅图式，并加说明
女子手巾体操	商务印书馆	1920年	分13节，包括臂、胸、腿、肩、背、腰等运动
手巾体操法	商务印书馆	1920年	不详
国旗体操	商务印书馆	1922年	前有孙揆序；介绍国旗体操的三种走法及其行进曲谱
八段锦	商务印书馆	1922年	不详
业余运动法	商务印书馆	1923年	前有编著者序和箴言录；辑各家数分钟体操，其中有思梅氏（5分钟、3分钟、60秒）、奥国式和美国式（2分钟）、赫宁氏（5分钟简易体操）、格兰克氏（10分钟）、米勒氏（5分钟呼吸体操）和克罗密氏（8分钟室内体操）等
正反游戏法	商务印书馆	1923年	不详

续表

图书名称	出版者	时间	内容简介
西湖风景叠罗汉		1923年	不详
十二路潭腿新教授法	中华书局	1924年	分两编：上编介绍各个动作口令，下编讲述连贯动作。附图说明
最新女子篮球游戏*	大东书局	1924年	内分17章，介绍游戏规则、计分法、违规及惩罚游戏方法等
走步体操游戏三段教材	中华书局	1925年	不详
华佗五禽戏	中国健学社	1925年	全书共5节，附演示照片说明。再版本末附《五禽戏新体操》
笼球游戏*	大东书局	1925年	分8章，介绍笼球的起源、玩法、规则（10条）、笼的制造法、各种笼球的游戏法（20种）、水中笼球游戏法和规则（9条）。有图示说明
体育测验法	中国健学社	1925年	各种体育运动成绩测验标准及方法，包括球类测验法、运动测验法、体操类测验法、体格测验法及体育分数计算法等
分级八段锦	中国健学社	1926年	前有唐蔚之等6人序、编者自序及《八段锦中兴之沿革》一文。分初、中、高、特四级介绍八段锦操。附图百余幅
克罗密氏药球运动*	大东书局	1926年	不详
器械叠罗汉*	商务印书馆	1926年	不详
户内棒球术图解*	大东书局	1927年	内分掷球、接球、掷球与接球的练习、击球、驰垒、进攻方面的团体游戏、防御方面的团体游戏、团体练习、暗号及球员须知等10讲
跑冰术	商务印书馆	1927年	内分11节，介绍旱冰的训练方法、旱冰游戏及规则等
儿女强身法：家庭体操	中国健学社	1927年	不详
庆祝体操	文明书局	1928年	不详
青天白日庆祝体操	中国健学社	1928年	该操即集合百人以上走成青天白日国民党党徽后操练，供国庆、总理诞辰等纪念日表演
圆阵联络体操	中国健学社	1928年	书前有编者序和上海私立澄衷中学表演该操摄影4幅。包括准备动作操和圆阵联络体操两部分

续表

图书名称	出版者	时间	内容简介
星球规则	中国健学社	1928 年	星球即三寸小橡皮足球。该书介绍星球运动的设备及其规则。书前有球场布置图 8 幅
堆砌图案	商务印书馆	1928 年	不详
国耻纪念体操	中国健学社	1929 年	包括纪念体操、表情体操和五九旗操 3 种，附国耻游戏 10 种，适于初中学生
室内八分钟健身术*	中国健学社	1929 年	不详
女子技巧运动堆砌图案	商务印书馆	1929 年	分 3 编，介绍简易女子叠罗汉运动，以图为主，说明辅之。上编为各女校表演成绩，中编解释堆砌图案的 30 个部位，下编为 51 个图案的堆砌方法
小学游戏科教学法	商务印书馆	1929 年	分上、下两编，上编专述游戏的理论和一切设备，下编备载各种游戏教材
三段教材	中国健学社	1929 年	分走步教材、体操教材、游戏教材
健光（体育格言）	中国健学社	1929 年	收古今中外名人关于体育格言 500 余则，分健可贵、乐有益、体育功、节性欲、慎起居等 11 类
手杖自卫术*	中国健学社	1929 年	分初步练习、防卫法、进攻法、双人练习法等七部分，介绍手杖练习方法。适于学校教学、运动会表演，不适于比赛。该书取材于美国宾夕法尼亚大学克罗密所著 Singlestick Drill 一书
鞭打游戏	中国健学社	1929 年	不详
脱战拳挂图	国光书店	1930 年	不详
实验深呼吸练习法	商务印书馆	1930 年	不详
徒手游戏三百种	中国健学社	1930 年	不详
三段教材补编	中华书局	1930 年	包括三段教材及其补充教材、附录等部分
十分钟简易强身术*	大东书局	1930 年	有图 17 幅
三段教材复编	中国健学社	1930 年	不详
中华国术脱战全拳图	中国健学社	1931 年	不详
三段教材正编	中华书局	1931 年	不详
单练潭腿图解	中国健学社	1932 年	潭腿共二十四路，分单练、双打两种。该书专述十二路单练法。附图 149 幅
对打潭腿图解	中国健学社	1932 年	该书为单练潭腿的进阶——十二路双打潭腿法，附图 134 幅

续表

图书名称	出版者	时间	内容简介
脱战拳图解	国光书店	1933年	以图解的方式介绍脱战拳八路操练的动作姿态，附文字说明
八段锦舞	商务印书馆	1933年	不详
三段教材三编	中国健学社	1933年	分上、下两册。上册分走步教材和体操教材，下册分游戏教材、补充教材，并附体育设备图解、体操动作与口令图解
叠罗汉大全	中国健学社	1934年	分序幕、叠罗汉之史的发展、叠罗汉本论三部分，介绍徒手、童棍、平均台、椅子、半桌、跳箱、鞍马、交叉梯、铁杠等14个类别。有图示说明
体育设备图解	中国健学社	1935年	不详
体育实施所得	中国健学社	1935年	不详
单杠运动法	中国健学社	1935年	不详
垫上运动	中国健学社	1935年	不详
木马运动法	中国健学社	1935年	不详
轻器械体操（上、中、下册）	中国健学社	1935年	不详
手杖术	中国健学社	1935年	不详
双杠叠罗汉	中国健学社	1935年	不详
体操动作口令图解	中国健学社	1935年	不详
田径赛运动	中国健学社	1935年	不详
徒手体操（1~5册）	中国健学社	1935年	为第二段体操教材。包括初、中、高、特级八段锦，中国体操易筋经十二势、二十四势，瑞典、德国式柔软体操和美国徒手体操等8种
中国轻器械体操	中国健学社	1935年	不详
走步	中国健学社	1935年	不详
普及运动标准计分法	中国健学社	1935年	各种跳远、短跑、长跑、足球踢远、篮球掷远、引体向上和握力等25项运动的标准计分法
体育表格	中国健学社	1935年	不详
国技	中国健学社	1935年	不详
国术	中国健学社	1935年	不详
唱作游戏	中国健学社	1935年	不详
叠罗汉	中国健学社	1935年	不详

续表

图书名称	出版者	时间	内容简介
非正式球戏	中国健学社	1935 年	不详
拟战游戏	中国健学社	1935 年	不详
设计的模仿操	中国健学社	1935 年	不详
梯子叠罗汉	中国健学社	1935 年	不详
体育游艺景	中国健学社	1935 年	不详
跳舞场游戏	中国健学社	1935 年	不详
童军棍叠罗汉	中国健学社	1935 年	不详
徒手叠罗汉	中国健学社	1935 年	不详
徒手游戏（上、下册）	中国健学社	1935 年	不详
舞蹈	中国健学社	1935 年	不详
用器游戏	中国健学社	1935 年	不详
园阵游戏大全	中国健学社	1935 年	不详
正反游戏	中国健学社	1935 年	不详
正式球戏	中国健学社	1935 年	不详
追逐游戏	中国健学社	1935 年	不详
桌椅叠罗汉	中国健学社	1935 年	不详
王怀琪新编八段锦	不详	1941 年	该书是《八段锦（增订本）》的进阶，操法较前复杂。书前有编者自序及例言。附：新编八段锦互助练习法
八段锦（增订本）	国光书店	1947 年	该书属八段锦南派，与欧美柔软体操相似。编者将《八段锦（修订本）》的内容重新修订，又增加了"床上八段锦练习法"，图示经重新演绎。书前有"编者写在八段锦增订本前""关于八段锦的几句话"。另有"八段锦木版原版图缩影"、"姿势不求正确的练八段锦"（图示）
健身术	中国健学社	不详	不详
十二路潭腿对打挂图	大东书局	不详	不详
十字战全图	中国健学社	不详	不详
单练、对打潭腿、六路硬拳图解汇编	不详	不详	该书为《走步体操游戏三段教材三编》的补充教材（国术卷）。包括十二路单练潭腿图解（第6种）、十二路双打潭腿图解（第7种）、六路硬拳图解（第8种）。第1～5种已收入正编

续表

图书名称	出版者	时间	内容简介
十二路单练潭腿全图	不详	不详	不详
易筋经	不详	不详	介绍易筋经三部廿四式的姿态图样（挂图剪贴本）
双泳叠罗汉	中国健学社	不详	不详
不老健身法	不详	不详	不详

注：图书名称后带"*"者，是编译图书。

纵观王氏编译的众多图书，"三段教材"成为其内容体系的支撑，也是对后世影响较大的成果之一。"三段教材"，全名为《走步体操游戏三段教材》，①连续3册150余万字，分正、续、补三编，由国光书店分别于1924年、1925年、1932年相继出版，后被其他出版机构多次再版。第一段是走步教材，包括整队、转法、步法、变排、分队及各种圆转走法；第二段是体操教材，包括徒手柔软体操和轻器械柔软体操两种；第三段是游戏教材，分为徒手游戏、用器游戏、非正式球戏、拟战游戏、唱作游戏和舞蹈游戏。续编为补充教材，包括武术、田径、球类运动、单杠、叠罗汉等教材和运动会规则、运动标准、各种表格样式等。其中每一项内容都被王氏单独编著成书，有几十种之多。如1934年出版的《叠罗汉大全》，主要分序幕、叠罗汉之史的发展、叠罗汉本论三部分，介绍了徒手、童棍、平均台、椅子、半桌、跳箱、鞍马、交叉梯、铁杠等14个类别，并有图示说明。基于王氏多年的实际执教经验，该系列图书内容丰富且贴近生活，实用性、趣味性较强，深受当时中小学校师生的欢迎。

相对于王氏的海量著作，后人对其著作和贡献的了解远远不够。②从图书数量看，仅1930年代王氏就出书近50部。以此成绩，王氏稳居中国近代体育图书作者群之首。这种数量上的优势，成为后人衡量王氏贡献的标准，也是王氏区别于他人的特殊之处。在中国近代体育学术研究过程中，如果说不少专家和学者坚持少而精的理念，那么无疑王氏译

---

① 学校体育大辞典编委会编《学校体育大辞典》，武汉工业大学出版社，1994，第781页。
② 笔者发现介绍其事迹或贡献的资料甚少，即使在上海市体育志的官方网站资料也极为有限，这使笔者甚为困惑。

介和编著图书的实践体现了多而泛的特点。当然，两者在初衷和效果上并无根本的差异，都是源于不同阶段体育发展的需要，也都曾满足了不同区域和群体的体育需求。整体上，王氏是一位当之无愧的"高产作家"，也是一位对传统武术抱有热情的"游戏者"，甚至将其视为一位资深编辑也不为过。仅凭编译近百部体育图书的惊人数量，王氏也应该在民国体育图书史上获得比现在更多的关注和赞誉。

第四节　其他著作和作者

民国时期体育图书业的发展，由许多方面的因素促成，得益于许多前辈的贡献，也形成了许多值得后人了解和肯定的成果。或出于重要人物的影响，或出于特定时代的需求，或出于历史进程中偶然和必然的其他原因，有些著作因作者的影响力而受到重视，有些人因著作的影响力而受到重视，结果是受到重视的人和著作，继续受到重视；不被重视者，逐渐受冷落，被边缘化，甚至被遗忘。下面这些著作，或多或少反映了上述情形。

一　《西洋拳术》：最早的拳术理论著作

1917年7月由中华书局出版、陈霆锐编著的《西洋拳术》，共107页，分上、下两卷。上卷为拳术学初步，下卷为拳术学入门，共68章；有图解说明，并附有拳家训练要则、拳场决斗规则2种。1920年前后，该书对拳击运动在中国的传播起到了一定的推动作用，是迄今发现的我国正式出版的第一本拳术理论著作。

二　《新武术》：武术科学化的最早著作

《新武术》全名为《中华新武术》，由武术家马良为适用于山西陆军学堂的团体教学而创编，约1901年就开始在军中传授。1910年后，马良在担任山东驻军要职期间，陆续出版了四科《中华新武术》教材，即《率角科》（初名《柔术教范》）、《拳脚科》、《棍术科》和《剑术科》，并在军中大力推广。原计划各科均分上、下两编，上编为武术基本动作，下编为高级教材，但直到1918年四科出齐时，均只有上编而无下编。其间，1916年教育部派员前往考察"新武术"，并组织审查了《摔角科》《拳脚科》；1918年，通令全国将"中华新武术"列为各大、中学堂的正式体操科内容；1919年，经国会辩论通过，"中华新武术"成为全国学校正式体操。该术是先从风格迥异的传统器械套路中抽选出一般的基本动作，再根据武术套路的基本原则编排，主要是格斗技术、基本动作和实用技击术。在国粹思潮活跃的时期，该术被鼓吹为"国粹体育"而得以推广，并得到北洋政府的支持而被定为"学界必学"的"中国式体操"，在中等以上学校中教授。新文化运动早期，武术曾被国粹主义者和执政当局视为对抗新文化运动的一种手段，后与蒋维乔推广的《因是子静坐法》一同遭到鲁迅等人的辛辣讽刺和无情批判。在新旧文化冲突、东西文化交锋的时代，传统武术难以登上大雅之堂的原因，除了西式体育的直接影响外，传统武术自身具有的文化象征意义也加速了其中途流产的可能性。

三 《篮球》：最早系统研究篮球的专业图书

1918年4月商务印书馆出版的《篮球》一书，由国民体育社编辑，麦克乐订正。全书共93页，分15章，内容包括总论、场地、比赛的计分方法、篮球之伦理、球员必备的品质、游戏方法、球员分工与职责、技术练习方法以及公正人与记时记分工作人员的权责等方面，同时还对规则规定的各种犯规行为与特殊犯规的判罚进行了详细介绍。该书因出版时间之早与内容的全面性和详尽性，在当时及后来的十几年中备受欢迎，至1931年已印刷7版之多，随后至1935年又刊行3版。相较于1932年董守义先生所著的《最新篮球术》，该书出版时间的超前性、研究内容的全面性与影响的广泛性，有过之而无不及，称得上我国近代正式出版的第一本系统研究篮球运动的专业图书。

四 孙福全的《拳术述真》：最具史料价值的武术著作

1924年3月，武术家孙福全（字禄堂）刊行了独著《拳术述真》（该书于1929年由江苏省国术分馆刊行第3版）。全书共84页，分8章，内容主要包括形意、太极、八卦三种拳术的原理、拳家小传、拳谱及三家之精意。其中，第1~6章主要是形意拳、八卦拳、太极拳系中19位著名拳师的传记和 17 位著名拳师的练拳经验谈；后两章分别是"形意拳谱要摘"和"练拳经验及三派之精意"。该书意在阐述"三派拳术形式不同，其理则同；用法不一，其制人之中心而取胜于人者则一"，这也是继《八卦剑拳学》《形意拳学》《太极拳学》三部著作出版后，当时武术界对三种拳术的认识由具体上升至整体、由个体分析到个体间比较的重要体现。该书不仅介绍和梳理了多位著名拳师的拳术风格和主要贡献，也将大量的拳术要诀呈现其中，对后世进行武术技法及理论研究具有重要的史料价值。

五　金兆均的《体育行政》：最系统的学校体育管理著作

1931 年 9 月勤奋书局出版的《体育行政》，由金兆均所著。该书共 206 页，除绪论外，分 15 章，包括体育部组织与学校之关系、体育行政依据的重要原则、课程、课外活动、早操及课间操管理、教材之分类及选配、班级及组织、成绩考核测验及报告、体格检查、校内竞赛、教师、奖励与惩戒、选手训练及学生体育会之指导、卫生、建筑与设备，并附有《国民体育法》和《中国小学体育课程标准》。由于该书著者在当时及后来体育学校、科系和组织中从事教学和管理工作，该书不仅对当时体育工作的开展发挥了重要的指导作用，同时，由于较早地对体育组织实施过程中的具体问题进行系统、详尽的分析，也是我国近代出版的一部关于学校体育管理的重要理论专著。

六　董守义的《最新篮球术》：最具价值的篮球著作

1932 年 10 月天津体育周报社出版的《最新篮球术》，由董守义所著。全书共 311 页，分 12 章，主要包括篮球小史、篮球场及队员应用品、训练的时期、队员的资格与攻守术、接球法、传球法、拍球法、掷篮法、比赛情形的观察等内容。（商务印书馆版本与之相比，变化较大，删减至 8 章。）从书名可知，该书是董氏于 1929 年编著出版的《篮球术》基础上的修订版，这使得其在对篮球知识和方法的介绍和编排上更为科学与合理。因该书不仅对篮球运动的发展史、场地、设备以及球队的组织、赛前准备、训练内容的安排、各位置上的队员必须掌握的技术、运动员技术的评价都逐一进行了介绍，还重点分析了传接球、拍球、投篮、足部动作等技术要点和练习方法及与比赛相关的战术（配有插图），加之董氏在当时体育界的重要影响，所以该书的出版极大地推动了当时及后来我国篮球运动的进一步普及和竞技水平的提高。该书是对我国近代篮球运动研究较为全面、影响也较为深远的一部专业著作，至今对于了解和分析我国近代篮球运动的发展仍具有一定的启示。

七　宋君复的《女子篮球训练法》：最早的女子篮球训练专著

1932年11月勤奋书局出版的《女子篮球训练法》，是由宋君复所著。该书共210页，前有著者序，内容分19章，主要介绍女子篮球运动的发展历史、特点和规则，各种传接球、投篮、身体动作、运球与抛上运球等基本技术及其训练方法，个人攻守和全队攻守战术的布阵配合方法，技术练习程序及技术动作的联合练习，队员运用技术的情况统计。该书不仅较为系统和全面地介绍了女子篮球运动的历程和训练与比赛的方法，而且也对篮球技术进行了定量分析，对我国近代女子篮球运动的开展与竞技水平的提高发挥了重要推动作用，是我国近代最早介绍女子篮球训练方法的专业图书。

八　《中国体育图书汇目》：第一本体育书刊汇目

1933年10月北平青梅书店出版的《中国体育图书汇目》，是由于震寰与李文祎合编而成。该书共56页，收录了840种[①]中国古代至1933年出版的中文体育图书（包含40余种体育刊物），对了解和梳理我国早期体育出版物具有重要的史料价值。该书虽不是严格意义上的体育图书目录，但是我国近代最早出版的一本体育书刊汇目。

九　蔡翘的《运动生理学》：最早的"运动生理学"专著

1940年2月商务印书馆出版的《运动生理学》，由蔡翘所著。该书共149页，分34章，包括生理学述要与运动生理学两编，主要介绍了人体生理，运动时人体循环、呼吸、代谢等方面的功能变化。事实上，该

[①] 在《民国时期出版总书目》中，摘录的数字是"千余种"，而《体育百科大全》给出的数字是840种，因笔者未能找到此书善本，且后者数字更为精确，故采用后者的观点。

书源于蔡氏于1935年夏应全国体育协会聘请，在青岛举办的暑期体育讲习会及讨论会上讲授的运动生理课程，此后根据讲稿整理而成。虽然该书在出现之时并非一部非常成熟的著作，但能在国难加剧的环境中诞生已属不易。因该书是我国最早正式使用"运动生理学"命名的理论著作，它的出版和发行不仅成为该学科在我国诞生的标志，也为该学科的进一步发展奠定了基础。在某种程度上，该书在体育学科史和学术史上具有不可替代的价值。

十 江良规的《体育原理》：最系统的体育基本理论著作

1945年11月商务印书馆出版的《体育原理》，由江良规所著。该书共203页，分10章，包括绪论、体育之史的考察、体育之生理学基础、体育之社会学基础、体育之心理学基础、体育之哲学、德美两国体育概况、理想之中国体育行政系统等。该书首度明确而系统地论述了体育的多学科基础，并对体育原理及其与相关学科的关系进行了较为严格的区分，书中不乏作者的真知灼见，尤其是对当时我国体育目的的定位和体育问题的解读，可谓恳切而深刻，合情而周详。可惜的是，因国共内战的影响，江氏的某些观点和认识只能囿于书端；加之，后来江氏赴台及国内学术环境的动荡，使得此书在学界内未获得充分的探讨与交流，而被尘封起来。时至今日，重读此书仍能被江氏的远见卓识和留于其间的激情所吸引和打动，同时也会隐约感受到该书对当前我国体育发展仍有重要的借鉴价值。从学术地位看，该书是我国近代最早、最全面的从多学科角度分析体育的一本重要理论专著。

由于学力所限和史料难求，笔者仅能从收集的资料中挖掘这些著作。相较于千余种图书，这些图书的数量微不足道，也难以代表我国近代体育学术的整体水平和主要贡献；同时，这些著作的学术水平和真正价值，也远非笔者描述的这么肤浅。但是，在笔者没有找到更合适的方式时，这些文字及其传递的信息至少是对前人及其学术成果的一种尊重和肯定。价值是因需要而生，自然也会因需要而变。就我国近代体育学术成果的价值论，它们的出现和传播，本身就是一种价值；它们留给后人的，不是可以解决现实问题的"功用"，而是一种体育情怀和时代记忆。

* * *

对于中国近代出版的许多图书，某些时候它们具有的学术价值只是后人一厢情愿的解释。以教科书为例，面临着动荡的社会环境和频频变换的教育宗旨或体育目标，编著者精力的巨大投入、图书主导思想的先进宏远会显得弱小而无力。相对于非教科书，中国近代体育教科书的出版有自己的个性，也有图书出版的共性。从个性看，作为当时学校体育目标的重要载体和体育课程的核心内容，体育教科书本应具有较高的稳定性和科学性；然而，为了担负起启蒙与复兴、抗战与救国的多重使命，为了发挥动员和号召的功能，体育在地位逐渐提高的同时也趋于"异化"，教育功能的日益弱化和政治功能的逐渐强化，使得其依附性增强，独立性丧失。从共性看，教科书作为图书的一种形式，其出版必将遵循图书出版的基本规律和特点。而对民国时期的很多人，因为我们不了解，很难感同身受，所以缺乏"理解之同情"，习惯借用传统的道德标准或根据现代的自由主义评价他们，结果便会不伦不类，既委屈了前辈，也误导了后人。面对成为历史的人或物，我们真正能做的，就是多一些了解，少一些断言；多一些尊重，少一些批判。善恶是非的标准，本不是固定的，而是具有一定的历史性和局限性。对前人学术思想和成果的评价，也不例外。

第四章　中国近代体育图书出版机构及其贡献

伴随着清末民族危机的加剧，国人的自强意识逐渐觉醒。要自强就须学习他国，要学习他国就应先了解他国，当被普遍接受时，译介他国图书便如传统文人的著书立说一样，成为先进人士开启民智和推动社会进步的通用手段。随之而来的是，中国近代书业市场的孕育和发展。正如著名书商陆费逵所言："我们希望国家社会进步，不能不希望教育进步；我们希望教育进步，不能不希望书业进步；我们书业虽然是较小的行业，但是与国家社会的关系却比任何行业为大。"[①] 由于早期的译书和出书活动被视为实现民族自强的手段，所以与一次次的社会改良和革命相伴出现的，还有一所所出版机构创办与发展的热潮。其中，影响较大者如清末新政中的文明书局（1902年）、时中书局（1903年前）、中国图书公司（1906年），辛亥革命后的中华书局（1912年）、大东书局（1916年）、世界书局（1917年），南京国民政府建立后的正中书局（1927年）、勤奋书局（1929年）等。评价这些出版机构成就的大小和地位的高低，主要看其出版物，尤其是出版物的数量和影响力。

第一节　中国近代体育图书出版机构的种类

对于我国近代体育图书的出版而言，贡献较大者不只是上述出版机构。鉴于各类出版机构的性质和集中领域不同，为了进行更具针对性的分析，本书根据出版机构的性质及集中的主要知识领域，对近代从事体育图书出版活动的主要机构进行划分。根据出版机构的性质，可将其分为官办出版机构、民办出版机构和教会组织；根据出版机构涉及的主要知识领域，可将其划分为专业性出版机构和综合性出版机构。考虑到我

---

① 俞筱尧、刘彦捷编《陆费逵与中华书局》，中华书局，2002，第440页。

国近代专业性体育图书出版机构多是体育学校、科系或民间组织，出版规模较小，且缺乏一定的规范性和稳定性，[①] 绝大部分体育图书是由综合性出版机构完成的，本书主要依据出版机构的性质，对官办、民营和教会出版机构进行简要说明。

一 官办出版机构

官办出版机构是由政府出资创办和管理的书局和书馆，主要是洋务运动时期为学习"西文"和"西艺"而设立的机构。近代体育图书的官办出版机构，主要指政府创办或管理的书局、学校中的体育系科及成立的研究团体。从管辖范围看，官办出版机构可分为全国性的和地方性的；具有代表性的官办出版机构，前者如正中书局，后者如江西省教育研究会。从组织形式看，可分为附属性的官办出版机构和独立性的官办出版机构；此类具有代表性的机构，前者如教育部的下属机构国立编译馆及战时的教育部石印室，后者如正中书局、中央国术馆和中华体育学会。涉及体育图书出版的官办学校，以京师大学堂（北京大学前身）、南洋公学、清华留学欧美预备学校（清华大学前身）和中央大学最为典型。此外，抗日战争时期，伪政府的相关机构也出版和刊行了少数体育图书。

二 民营出版机构

民营（民办）出版机构是由私人或非政府组织创办的从事出版活动的机构，包括个体企业家、私立学校、社会团体等建立的印刷出版机构。相对于官办出版机构，民营出版机构出现较晚，筹资形式较为灵活，且多是按照西方组织化的方式进行管理；从经营方式看，这类出版机构是当时进步文化的代表。出版体育图书的民办出版机构主要有三类：第一种是作为出版主体的民营书局或书店，影响力较大者如商务印书馆、中华书局、世界书局、大东书局等；第二种是具有专业性的民间体育组织或社团，最具代表性的如中华全国体育协进会、中华教育改进社（附设全国体育研究会）、精武体育会、尚武进德会、中国健学社等；第三种是

---

① 虽然勤奋书局的影响和贡献都不逊于其他大型出版机构，但存在时间较短。

相继成立的众多私立体育学校或私立学校的体育科系，较著名的有中国体操学校、东亚体育专科学校等。

三 教会出版机构

教会出版机构是由西方在华教会组织为开展传教活动所创建。由于近代中国所遭受的不公平对待和屈辱，教会及其开展的传教活动被视为列强进行殖民统治和文化侵略的手段。"传教士到中国来，根本目的是扩张他们的宗教事业，和西方列强入侵中国、占领市场，有某种相通的地方。"[①] 暂不论教会及其开展的各种活动的真正目的和性质，一个不争的事实是：教会出版活动孕育了我国近代出版业，同时也加速了我国近代化的进程。从我国近代体育的发展看，西方传教士将西式体育引入我国后，通过译书著说、设立体育学校和社会组织、培养专门人才、组织和主办各种体育赛事、开展体育实践和学术活动，为我国近代体育的普及和发展奠定了基础。其中，在译书著说方面，影响较大、最具代表性的是上海广学会和基督教青年会的出版活动。前者初期主要是由传教士负责，后者后期主要由基督教青年会干事负责，如青年协会书局（1924年由原书报部更名而来）。

第二节 出版机构在体育图书业界的竞争

我国近代出版业界有一个共同的特征，就是特别注重教科书的出版；许多著名的近代出版家有一个共同的愿景，就是民智国强。若以此标准评判出版机构，用道德的原则绑架出版家，最后的结论必将"大打折扣"，难以令人信服。无论如何，对于出版机构和出版家而言，营生始终居于第一位，不管他们承认与否；即使像中华书局的灵魂人物陆费逵那样，拥有出版家和教育家的多重身份也不例外。正是出于生存的需要和利润的驱使，许多出版机构才会"绞尽脑汁"地创造和利用各种资源，才会创造出"文化的商务"与教育家式的出版家。若今人明确了出版机构以营利为目的和以竞争为手段，就较为容易理解和接受各出版机构在

[①] 李喜所：《中国近代社会与文化研究》，人民出版社，2003，第66页。

体育图书出版业内的沉浮与更替。

一 清末 10 年：官办开路，民办追随

清末，伴随着西方传教士的传教活动和清政府的洋务改革，一批形式各异、规模不一的教会和官办出版机构相继建立。"据不完全统计，传教士在1895年以前，先后成立的出版机构有18家。到20世纪初，在全国各地增至70余处。"① 其中，最有影响者应数墨海书馆、美华书馆、土山湾印书馆、广学会。至于官办出版机构，"在洋务运动中，洋务派创建的译书机构与新学学堂有31所之多"。② 其中，成绩较大者要算京师同文馆和江南机器制造总局。从我国近代出版史的发展历程看，"在19世纪后期的几十年中，是教会出版机构与洋务官办翻译出版机构并峙期"。③ 从出版图书的学科领域看，教会出版机构侧重于社会人文，官办出版机构则集中在应用技术方面。若论体育知识的介绍及体育活动的开展，从可查实的专业书刊资料看，时间要更迟些。虽然洋务运动开始后在其开办的学堂中已有关于"兵操"的内容，同时教会学校或江浙一带的蒙学堂也多设有游戏活动，但1900年前，体育作为教育内容并未被清廷正式承认，关于体育研究活动的图刊编辑也因缺乏必需的条件未受到国人的重视，更不可期望政治体制和文化传统都与中国存在差异的传教士。④

追溯我国近代体育图书出版的源头，1890年广学会出版的《幼学操身》应视为我国体育图书之滥觞。从这个意义上讲，教会出版机构对我国近代体育图书出版的作用以"奠基"或"示范"来形容，应不算夸大。若论推动我国体育图书出版业迅速发展的出版机构，则非文明书局莫属。最为重要的是，1901年清廷实施的教育改革使文明书局挣得了教科书出版的"第一桶金"，这也促使不少出版机构相继建立或及时转向教科书市场。随后，1904年《奏定学堂章程》颁行，确立了"体操科"

---

① 周其厚：《传教士与中国近代出版》，《东岳论丛》2004年第1期，第143页。
② 邹振环：《晚清西书中译及对中国文化的影响》，叶再生主编《出版史研究》第2辑，中国书籍出版社，1994。
③ 吴永贵：《民国出版史》，第13页。
④ 即使到民国初期，教会学校也只是在课外开展各式竞赛活动，并未将其纳入正式的教学内容。

在学校中的正统地位，为出版机构编辑和刊行体育图书提供了直接动力，同时也限定了此时期体育图书出版的发展方向和奠定了出版机构的基本格局。清末10年出版体育图书不多，出版机构的基本情况可参考表4-1。

表4-1 清末10年主要体育图书出版机构情况

单位：种

出版机构	性质	出书种类	所在城市	出书数量
文明书局	民办	体操教材	上海	8
中国图书公司	民办	体操教材	上海	6
商务印书馆	民办	体操教材	上海	4
育文书局	民办	球类、赛船	上海	3
湖北武备学堂	官办	体操教材	武汉？	2
广学会	教会	《幼学操身》《体育图说》	上海	2
作新社	民办	体操教材	上海	2
科学仪器馆	民办	《孙唐体力养成》	上海	1
六艺书局	官办？	《日本普通体操学》	上海	1
时中书局	民办	《瑞典式体操教科书》	上海	1
新学会	民办	《瑞典式体操初步》	上海	1
彪蒙书室	民办	《绘图蒙学体操实在易》	上海	1
学部编译局	官办	《初等小学体操教授书》	上海？	1
苏属学务处	官办	《音乐体操》	南京	1
保定学武排印局	官办	《幼学操身法》	保定	1
留学体育同志社	民办	《订正小学校体操法》	不详	1
新民书局	民办	《日本初等小学体操教科书》	上海	1
南京教练处印刷所	官办	《体操教范》	南京	1
上海明权社	民办	《体育学》	上海	1
上海科学书局	民办	《表情体操法（唱歌游戏）》	上海	1

由表4-1可知，清末10年共出版体育图书38种，虽然总量不多，但涉及的出版机构并不算少，有20家。从性质看，民办出版机构的数量远多于官办出版机构，出书数量亦然。这种结果，应该与民办出版机构组织的灵活性及其作者群体的多样性有关。事实上，也正是凭借这种灵活性与多样性，尚处于探索阶段的民办出版机构，在与官办书局竞争时

才可能具有较高的效率和明显的优势，敏锐地捕捉商机，快速地将出版物推向市场。从出书种类看，各出版机构都非常重视教材，且中小学体操教材成了清末10年体育图书的重心。显然，这得益于清廷新政的影响力，及因此迅速出现的体育教科书市场。从区域分布看，绝大多数出版机构集中于上海，尤其是民办出版机构；其他城市也有分布，如南京、保定，但数量极少且多是官办出版机构。究其原因，这与上海特殊的地理位置与文化影响力有关：此时的上海聚集了西方各国的驻华领事馆，由此获得了保护政策并产生了"得风气之先"的吸引力，使其成为当时的文化中心和出版重镇。值得一提的是，此时还出现了专业性的体育出版机构，即留学体育同志社，该社于1906年出版了李春酰（农）编译的《订正小学校体操法》。①虽然未能查获更多关于该社的信息，但可以肯定的是：该社是迄今所知我国最早从事体育图书出版的专业性团体。

整体上，就清末10年体育图书的出版而言，不论是出书数量还是出版机构，1906年都是较为关键的一年。一方面，1906年称得上是该时段体育图书出版的高峰年份，共有12种图书出版；另一方面，体育图书的官定审核模式奠基于此时，即学部于1906年成立，并增设了图书编译局，强化了执政当局在编辑、出版和审核图书事务上的权力，形成了中国近代"以官方为主导，以民营为重心"的图书业的雏形。②因此，我国处于近代化初期的出版业，从一开始便自觉或不自觉地依附于体制；同时，民办出版机构也自愿或不自愿地被纳入了国有化的发展道路。这反映出我国近代出版业虽萌芽于"传播福音，普救众生"的教会组织，却因与政府合作而获利与取得发展。饶有兴味的是，我国近代出版业的兴衰变化，几乎紧随着政局变动或政策颁行。于是，学制或教育宗旨变更，必然会反映到教科书的编辑和刊行中，也不可避免地影响到大部分图书的审定与刊行。表面上，不论是从书业行会还是出版数量来看，近代中国出版业都是由民办出版机构主导，但在某种程度上，我国近代图书业的发展是沿着清末10年铺就的轨道前行。

---

① 参见罗时铭主编《中国体育通史》第3卷。
② 由于学部图书编译局的成立，各地政府也纷纷设置同类出版机构，如表4-1中苏属学务处就是典型的官办地方出版机构。

二　1910年代：民办主导，教会帮衬

1910年代是一个颠覆与破坏的时代，也是一个恢复和建设的时代；一些东西被人彻底批评和抛弃，同时又被他人赞颂和捡起。广泛意义上说，这应该是1910年代文化界和政治界的真实写照。事实上，1910年代的史实远比上述文字的描绘更厚重和悲壮。1912年南京临时政府的成立，昭示着新时代的开始、旧时代的结束；新建的民国政权，使得当时社会一度焕然一新，充满生机。然而，袁世凯的独裁统治及称帝，加之后来的张勋复辟与巴黎和会外交失败，逐渐让时人认识到政府的无能和传统文化的顽固。于是，发端于1915年的文化论战演变成1919年的五四运动。在此过程中，被视为文化"传声筒"和"感应器"的出版界怎会甘于寂寞？于是，商务印书馆与新成立的几家出版机构，基于商业发展和文化建设的需要，迅速地表明立场，支持新文化运动，尝试新出版领域；同时在市场的积极反馈和热烈欢迎中，很快扩大了社会影响，也获得了经济回报。

随着教育革新和文化思潮的影响，1910年代体育图书业的发展也一改之前"星星点点"的局面，图书数量较之前有了明显的增长。考虑到新旧政局调整及新成立出版机构的影响，若将1910年代体育图书的出版以1915年为界划分为前、后两个阶段，理论上前后应该存在一定差异。但事实上，1912年成立的中华书局，并未在体育图书出版方面贡献太多，也难以与商务印书馆相抗衡。相反，教会出版机构，尤其是青年协会书局的出现，借着1913年远东运动会的影响，译介和刊行了一些项目规则方面的图书，扭转了当时民办出版机构因主要出版体操类和拳术类教辅用书而造成的图书内容上的单一局面。还有一点值得思考，1910年代后期，大东书局（1916年）和世界书局（1917年）相继成立；遗憾的是，从当前收集的体育图书资料看，两者并未涉足体育图书业。细究之，除像业内其他同行一样热衷于出版文化类或科学类的热销图书外，可能还与大东书局、世界书局处于初建期有关。具体来说，在主观愿望上，两者或许有进军利润丰厚的教科书市场获取"一杯羹"的冲动，但在自身实力和业界影响力上，还未能具备与业内大佬商务印书馆竞争的能力。在一定程度上，中华书局在1910年代体育图书业中的表现，甚至

包括后来的贡献，多少也与上述原因有关。

由于出版业的特殊格局与基督教青年会对体育的推动，体育图书业在1910年代的整体状况，相比于清末10年，虽未有较大的变化，但良好的发展势头已开始显现。至少从出书数量看，1910年代的体育图书业已比清末改观了不少，共出版体育图书111种，远高于清末10年的38种。根据出版物的数量，推测该时期的出版机构，与清末10年相比，要么原有数目不变而出版物数量增加，要么原有数目增加且出版物数量也随之变化。毕竟，根据1910年代的社会背景和图书出版的基本特点，出版物数量不可能保持不变，更不可能下降。关于1910年代主要体育图书出版机构的情况，可参考表4-2。

表4-2　1910年代主要体育图书出版机构情况

单位：种

出版机构	性质	出书种类	所在城市	出书数量
商务印书馆	民办	教材	上海	42
青年协会书局	教会	规则、技术	上海	15
中华书局	民办	教材、武术	上海	13
中国图书公司	民办	教材	上海	5
新中华图书馆	民办	传统体育	上海	4
中国体操学校	民办	武术、文集	上海	2
南洋官书局	官办	《剑武术（武道根本）》	上海	1
勤益号	民办	《达摩易筋经》	上海	1
时务书馆	民办	《麻雀牌谱（绘图）》	上海	1
大声图书局	民办	《少林拳术精义》	上海	1
江苏省教育会体育研究会	官办	《普及游戏运动》	上海	1
江苏教育公报处	官办	《江苏省立学校第二、三、四次联合运动会成绩汇编》	南京	1
精武体育会	民办	《精武本纪》	上海	1
广南书局	民办	《（百战百胜）麻雀经》	上海	1
六合社	民办	《形意拳初步》	上海	1
南京共和书局	民办	《小学联合运动会组织概要》	南京	1

由表4-2可知，1910年代体育图书业较之前有所进步，但是除商务印书馆、青年协会书局和中华书局出书数量较多外，其他方面基本未改变。在性质上，1910年代体育图书出版机构的格局延续了清末10年由民办出版机构主导的局面，并将这种主导地位进一步强化。同时，由于中华书局的成立和青年协会书局的加入，此时段的局面明显发生了变化，即商务印书馆以绝对的优势，打破了之前文明书局略占优势的局面；青年协会书局后来者居上，紧随其后，扮演了重要的辅助角色；成立不久的中华书局，敏锐地抓住商机，超过了中国图书公司，迅速跟进。值得一提的是，青年协会书局的出现，为1910年代的体育图书业注入了新机，尤其是在内容上形成了"体操"类与"体育"类图书并存的局面，既普及了体育的基本知识，也引起了知识精英对体育的关注。至于其他几个出版机构，从图书数量到内容，并无可圈点之处；与清末10年最大的不同，就是对传统体育项目的关注度明显增加。这应该与新文化运动刺激下国粹主义思潮的兴起有关。

从区域分布看，尽管1910年代相继成立了不少出版机构，但绝大多数仍集中在上海，南京、北京、杭州等地的出版业虽然也较为发达，但难以与上海相提并论；就其出版的体育图书数量论，也只能算是一种点缀。由此可知，1910年代上海的地位和资源，远比其他地市优越得多，即使政治中心北京，也难以与之相比。现代体育本是一种建立在经济基础上的"上层建筑"，此时唯独兴盛于上海等沿海城市，是最正常不过的事了。作为体育的一种附属物或表现形式，体育图书自然也随之共荣共衰。

总之，从基本格局看，1910年代的出版机构算是清末10年的进一步发展，该时期的体育图书仍主要由民办机构出版。以该时段最具代表性和贡献最大的两家出版机构为例，商务印书馆或出于商业利益，或出于文化启蒙，已成为民办出版机构的代表、官办出版机构的合作伙伴，自觉担负起近代体育图书出版的使命；而以青年协会书局为代表的教会出版机构，或出于"福音传播"，或出于文化殖民，也在中国近代体育图书出版业中扮演了不可或缺的辅助或帮衬角色，直接或间接地促进了当时及后世体育活动的普及和学术研究的开展。

三 1920 年代：商务领衔，各家跟上

1920 年代是伴随着新文化思潮开始，在新政权建立的喜悦中结束的。其间，国内外局势虽然依旧不稳，然而相对于清末的动荡与一战的破坏，已算平和很多。一方面，世界各国在一战结束后世界经济危机爆发前的这段时间，较为和平地相处，我国的外交压力及由此引发的内部矛盾已缓和很多。另一方面，持续的军阀混战与国共纷争在 1927 年后暂时告一段落，南京国民政府的成立换来了国内政权形式上的统一。当然，国民党内部派系斗争引发的革命和北伐对当时社会产生的影响和破坏，虽不应忽视，但也不能过分渲染和夸大。在某种程度上，文化界和教育界的不少知识精英，固然不满甚至痛斥党派之争，但同时也多少产生了一定的适应能力。① 从另一种角度看，1920 年代的派系之争分散和消耗了执政当局的精力，为文化和学术的繁荣提供了一定的外部条件。

对于出版业而言，刚进入 1920 年代，就迎来了新的气息。1910 年代的白话文运动此时终于修成正果，教育部于 1920 年针对学校提出的改"国文"为"国语"的要求，以法律形式确立了白话文的地位。这种对教育界的要求必将在出版界中反映出来，直接改变了随后出版物的语言形式。"到 20 世纪 20 年代中后期，新书业阵营又陆续加入了开明书店、光华书店、现代书局、新月书店、真善美书店、创造社出版部、良友图书公司……远东图书公司等新成员"，② 壮大了当时及其后书刊业的出版队伍，也提升了出版业的整体实力。同时，出版物的形式和内容也发生了变化。一方面，在新文化运动的倡导下，"科学"观念和"民主"意识日益深入人心，而"激荡文化潮流"的出版业自然会调整和改变图书的内容和种类。以商务印书馆为例，此时除了继续注重教育图书和工具书外，开始转向知识性或学术性的图书，并请各个领域的专家和学者编写各科入门小丛书。另一方面，由于"文化社团与书局书店的联手，是五四时期一种重要的文化现象"，1920 年代的图书业从内容到形式、从编辑到出版更加开放和多样。

---

① 自清末至民国建立，中国社会一直处于内忧外患、纷争不断的状态，时人可能因此而增加了些许不被动荡环境过度干扰的免疫力。

② 吴永贵：《民国出版史》，第 48 页。

在此背景下，体育图书业的发展即使不比之前更好，至少也不会差。毕竟 1920 年代，北京政府和南京国民政府相继颁发的一系列新政策对教育和体育影响更大。如在教育上，1922 年新学制（壬戌学制）的实施与 1927 年南京国民政府对教育宗旨的调整，对体育的地位、目标及其课程产生了较大的影响，继而引起了新一轮体育教辅用书的出版热潮。实质上，社会和学校对体育图书的广泛需求与普遍关注，是促进 1920 年代体育图书业发展的直接动力。从体育的普及程度和发展状况看，经过 20 余年的推广和普及，我国在体育竞赛和学校体育方面正逐步向前迈进，但同时一些不良的体育风气和问题也开始浮出水面，如学生体质问题、锦标主义盛行、运动员道德问题。经过媒体的报道和教育部门的呼吁，这些问题的解决已成为体育组织和工作者的首要任务，同时也成为各出版机构的关注对象。这从该时段主要体育图书出版机构的出书种类和数量便能察知一二，具体情况可参考表 4-3。

表 4-3　1920 年代主要体育图书出版机构情况

单位：种

出版机构	性质	出书种类（丛书）	所在城市	出书数量
商务印书馆	民办	教材（体育小丛书）	上海	57
大东书局	民办	武术（中国健学社丛书）	上海	16
青年协会书局	教会	规则	上海	15
中国健学社	民办	教材（本社体育丛书）	上海	15
中华书局	民办	教材、武术	上海	13
能强学社	民办	教材	上海	3
致柔拳社	民办	武术	上海	3
文明书局	民办	象棋、体操、马术	上海	3
勤奋书局	民办	田径、舞蹈	上海	2
世界书局	民办	体操、田径	上海	2
体育研究社	民办	太极拳、该社刊物	北京	2
中华武术会	民办	武术	上海	2
东亚体育专科学校	民办	教材（本校丛书）	上海	2
武侠社	民办	柔术、拳术	上海	2

注：由于此时段出版机构较多，此表只列举出版 2 种及以上图书者。

由表4-3可知，我国体育图书出版业经过20余年的发展，此时段的出版机构发生了较大变化，主要体现在"多"和"杂"两个方面。一方面，出版机构的"多"体现在以下几个方面。第一，出版机构的数量明显增多，出书数量较多的机构增多。如在出书数量较多的机构中，除商务印书馆外，大东书局超过青年协会书局和中华书局，居第二位；中国健学社与青年协会书局并列，紧随其后；同时除表中显示的14家出版机构外，仍有较多出版机构因出版少于2种图书而未被列入。体育图书及出版机构数量的增多，说明了体育的受关注度提高，也预示着体育的影响力增加。第二，专业性出版机构增多，尤其是以传统武术为研究对象的民间社团。体育学校或科系有东亚体育专科学校、中华体育专门学校、中国体操学校、浙江体育专门学校、中央大学体育系等；体育民间社团或组织有精武体育会、武侠社、致柔拳社、中华武术会、太极拳研究社、中国健学社、能强学社、体育研究社、棋学研究社、优游社等。第三，综合性出版机构也明显增加，如开明书店、光明书局、宏文书店、学生书局、益新书社、云记书局、中国第一书局等。1910年代，综合性出版机构开始涉猎体育领域，主要源于文化思潮的影响和执政当局的体育态度。第四，出版机构分布的地点增多。与1910年代相比，除上海、南京、杭州、北京（北平）外，新增了苏州、南浔、天津、无锡、广州、镇江、福州、沈阳、台北、香港等国内城市及国外菲律宾；同时南京、北京和杭州三地的出版机构数量也明显增多。

另一方面，出版机构的"杂"表现在出版机构的种类上，除常见的各类书局、书院、书（报）社、印刷局、公司外，还有许多诸如编辑社、评论社、附属小学、医院、监狱等。这种新的变化，虽然不能算是出版业成熟阶段的特征，倒也与1920年代的社会背景和出版业的发展状况相吻合。此外，1920年代体育图书种类的变化也值得关注。与以往出版独立的著作相比，1920年代的图书业开始按照知识类型或图书种类进行重新整合与编辑。其中，起步较早、较有代表作的出版机构是商务印书馆。细究之，这种变化应该与新文化运动的影响有关，尤其是"民主"与"科学"的引入，提高了时人对知识的科学性和学理性的关注，继而影响到图书业的编辑和出版。1920年代，体育图书出版的"丛书化"现象，既是我国图书业发展趋于成熟的一个前兆，也是体育知识开始朝向系统化、学科化发展的一个象征。

总之，1920年代社会局势的影响、文化思潮的推动、教育宗旨的调整及体育自身问题的暴露，提高了体育的关注度，同时也招致了各界的质疑和批评。但更为主要的是，也造就了1920年代体育图书出版机构在种类上的复杂性与地域上的广泛性。此时段体育图书业具有的多样性和复杂性，是体育发展状况的一种折射，也是社会各界关注体育的一种结果，是当时人们体育需求的一种表现。同时，这种看似繁荣的体育书业市场，背后却暗藏着体育发展的无序与体育认知的泛化。与其说这种多元性和复杂性是1920年代体育图书业的特征，不如说是整个出版业的共相。反观当时的社会局势和文化思潮，用多元性和复杂性比拟当时的社会生态及人们心态，应不算夸张。

四　1930年代：勤奋突起，多家介入

从1930年代开始，一切似乎都开始变了。虽然外有全球经济危机的冲击，内受不同自然灾害的影响，但是1930年代初，南京国民政府成立后颁行的一系列政策已初见成效。经济发展了，交通改善了，教育提高了，社会进步了，一切都为出版业的进一步发展做足了准备。短短几年间，出版界获得的回报远高于之前十几年的综合。大书局通过进一步扩大规模，保持其原有的优势；中小书局通过更加灵活而高效的策略，凸显其固有的特点。至1936年，出版界迎来了"黄金时代"：出版物数量迅猛增长，出版物质量达至上乘，营业额不断增长。然而，1937年把这一切变成了历史，出版业也由此进入了另一个时期。

体育图书业在1930年代的发展也无法超然例外，经历了相似的轨迹。1930年代初《国民体育实施方案》的公布与实施，在体育界引起了一系列积极的连锁反应。从体育课程标准修订、公共体育场建设、体育竞赛活动的开展到体育学术组织的创建，一切都在同时、同步进行；通过规范体育工作者的权责，完善已有的制度体系。日本早期的挑衅并未阻断各项体育工作的开展，但抗日战争的全面爆发使一切被迫中断，尤其是不少学校、出版机构及各界名家为躲避战乱被迫南迁，使一切体育工作变得没有意义，也使一切有意义的体育工作变得不可能。因环境的艰苦和场地的缺乏，体育的教学工作难以正常开展；因出版活动的受阻

和教材的匮乏,体育研究活动主要集中于战时教材的编写。在某种程度上,1930年代体育经历了初期的奋力建设、中期的高度繁荣与末期的极度衰弱。

1930年代,在出版业变迁与体育发展的共同影响下,体育图书出版业也经历了一个极端式的发展过程。出版机构的基本格局虽未发生较大的变动,但是新出版机构的成立对其内部格局产生了不小的影响,具体情况可参见表4-4。

表4-4 1930年代主要体育图书出版机构情况

单位:种

出版机构	性质	出书种类(丛书)	所在城市	出书数量
勤奋书局	民办	教材、规则(体育丛书)	上海	128
商务印书馆	民办	教材、技术(体育小丛书)	上海	78
中国健学社	民办	武术、教材(三段教材系列)	上海	42
大东书局	民办	武术(尚武楼丛书)	上海	28
中华书局	民办	教材、武术	上海	27
中华全国体育协进会	民办	规则、赛事	上海	17
正中书局	官办	规则、传统项目	南京	17
世界书局	民办	武术、教材(写真国术丛书)	上海	14
武侠社	民办	传统项目	上海	11
三民图书公司	民办	规则类(新时代体育丛书)	上海	10
青年协会书局	教会	技术、规则	上海	9
体育书局	民办	教材、规则	上海	9
大众书局	民办	体育技术与方法	上海	7
新亚书店	民办	教材、武术	上海	7
康健书局	民办	方法(康健丛书)	上海	6
国术统一月刊社	民办	武术(本社丛书)	上海	5
儿童书局	民办	小学教材	上海	5
东亚体育专科学校	民办	教材(本校丛书)	上海	5
中西书局	民办	武术	上海	5

注:由于此时段出版机构较多,此表只显示出版5种及以上图书者;因尚有20余种图书的出版机构不明,所以表中各机构的"出书数量"应不小于各该值。

由表4-4可知,1930年代,体育图书业仍延续了由民办出版机构主导的基本格局,而教会出版机构的地位已被彻底边缘化;同时,因正中书局的创立和勤奋书局的突起,各家出版机构在位次上发生了变化。整体上,1930年代体育图书出版机构的特点体现在"大"和"多"两个方面。其"大"的特点主要指出版机构的规模大、影响力大,这不仅反映出1930年代出版业的发展趋于成熟,也说明此时期的体育受到更多的关注,具有更高的地位。其"多"的特点主要指出版机构数目增多,同时每家出版机构的出版物数量也较多。从表4-4可知,之前商务印书馆的"一家独大"变成了勤奋书局高居榜首,商务印书馆随其后;中国健学社也因出版三段教材的系列丛书,而升至第三位;大东书局与中华书局的出书数量较为接近,决定了两书局位次也相邻,分别位于第四、第五位;其他各家如正中书局、中华全国体育协进会、世界书局,出版图书数量也较为接近。从图书种类看,1930年代继承了1920年代体育图书出版的特点,并将其发展到极致。具体来说,此时期的图书仍主要以"丛书"的形式出版,但数量上明显增多,1920年代的"三两组合"或"三五成群"式的情况已不多见;在组合顺序上更为合理,改变了纯粹按照内容相关性进行安排的情况,体现了兼顾内容的相关性、系统性与知识性相结合的趋向;在编写体例上更加灵活,大批体育专业人才纷纷投入图书业的直接结果便是提高了图书编写的针对性和专业性,同时也改变了以往单一的编写体例。这些特点是1930年代体育图书业发展的结果,也是进一步发展的动力和条件。从区域分布看,出版机构分布最密集的城市仍是上海,同时南京、北京、杭州、苏州的出版机构数量也明显增加;此外,又新增了重庆、青岛、汉口、南昌、长沙等城市,且重庆的影响力开始凸显。这种局面的出现,与1930年代末出版业因战事南迁有关。

关于民国时期出版业发展的评价和分析,有人指出"民国时期长期实行的出版登记制度,决定了出版业进入的低门槛,形成了出版主体的多元化和出版机构的复杂化。有人在统计的基础上作过评估,在1912~1949年民国38年时间里,总共出现过的图书出版机构和个人,其数量多达一万家"。[①] 若以此来解释1930年代体育图书出版机构的情况,因过

---

① 吴永贵:《民国出版史》,第147页。

于模糊而说服力不强。事实上，1930年代体育图书的出版，从规范性和科学性上来说，都远高于近代其他时代。1920年代和1930年代的出版机构，都具有"多"的特点，但两者是有差异的。如果说1920年代出版机构"多"的特点是相对的，那么1930年代出版机构"多"的特点则是绝对的。因为出版机构的数目及出版物的数量都多，所以成就了近代体育图书业发展过程中的一个奇迹，至今仍饱受夸赞。究其原因，除出版界提供的外界环境，图书的编著主体——体育专业人才的成熟是至关重要的因素。

五 1940年代：正中努力，官办主导

对更多的中国人而言，战争是1940年代的代名词，在抗日战争中开始，同国共内战一并结束。由于战争持续而广泛的影响，从政治到经济、从文化到教育，中国的各个行业都受到了重创。在战争中，人们居无定所，条件的简陋和资源的匮乏致使正常的教学与生产活动无法开展，加之，战争引起物资的短缺与生活成本的增加，种种迹象表明：整个社会处于失序状态。在此背景下，出版业也难逃其害。暂不论在战争年代，因物力维艰、颠沛流离、购买不济，图书销量降低；单论资金财产的巨大损失和生存环境的每况愈下，[1] 长期积累的事业随时都有可能被炮火付之一炬。可以说，出版业由此遭受的损失和破坏更大。虽然国民政府制定了一些保护措施和扶持政策，如1943年国定中小学教科书七家联合供应处（简称"七联处"）[2] 与新出版业联合总处[3]的相继成立，对于抗战时期的出版活动起到了一定的促进作用，[4] 抗战胜利后，出版业也"曾出现了一个创办、复兴报刊的小小高潮"，但是"此时段的图书出

---

[1] 如1941年底，商务印书馆、中华书局、世界书局、大东书局、开明书店、光明书局因被认为是抗战出版机关，被日军查封，这给沦陷区出版业的发展造成了重创。
[2] 此机构的成立，源于国民政府教育部为了推行国立编译馆主编的国定中小学教科书，指定商务印书馆、中华书局、正中书局、世界书局、大东书局、开明书店、文通书局，专门承担出版等相关工作。
[3] 由于"七联处"能享受政府的平价纸张、印刷费限价和银行低息贷款等优惠政策，被排除在外的许多中小民营出版社为了维护自身利益，就成立了新出版业联合总处。
[4] 这种在政府干预下形成的行业联合与协作，也是当时出版业趋于成熟的一种表现。

版,却难说有什么起色",而"图书出版只在1946年春有过短时期的好转,但很快就昙花一现了"。[1] 随着国共内战的爆发,国统区的出版业又被新的危机包围。值得一提的是,为争夺社会资源和抢占舆论话语权,国民党尤为注重出版的作用,并形成了全国性的"以正中书局、独立出版社、拔提书店、中国文化服务社、国立编译馆为主力的党营出版机构"体系。[2]

为了适应战时需要,国民政府修订和颁发了一系列建设性的体育政策。如从1939年起,相继修正体育委员会章程(1939)[3]、列支体育卫生事业费(1939)、召开全国体育会议(1940)、通过《体育改进案》、广泛开展体育视导工作(1941)、修正《国民体育法》(1941)、确定体育节日(1942)[4]、改组国民体育委员会(1945)、拟定并通过《国民体育实施计划》以及订颁关于体育场、体育设备标准、体育成绩考核办法等方面的法规。正是由于这些政策法规发挥的导向功能和约束作用,在战乱动荡的1940年代,体育的许多工作才有可能较为有序地开展,体育的社会地位才有可能获得一定程度的提高。更为重要的是,也正是由于这些法规政策的支持和保护,许多体育学者和专家才会不顾安危,克服困难编著体育图书;不少出版机构在紧缩规模的情况下,仍能从事体育图书的出版活动,使得1940年代体育图书业的缩减程度较为有限。

据不完全统计,1940年代有150余家规模不一的机构或组织从事体育图书的编写与出版活动,共出版体育图书326种。虽然出版机构的数量不少,但是能出版3种及以上体育图书者并不多,具体情况可参见表4-5。

---

[1] 吴永贵:《民国出版史》,第72页。
[2] 吴永贵:《民国出版史》,第72页。
[3] 设专任委员及干事,又分设计及编辑两组。加强工作除体育外,包括童子军、学校军训、卫生教育、国术、滑翔等;体育工作包括研究工作、师资培训、学校体育、地方体育行政、社会体育、体育刊物编辑、体育经费等。
[4] 教育部利用重九习俗开展国民体育,并为纪念孙中山首次起义,于1942年确定每年九月九日为体育节,组织各种形式的活动。

表 4-5 1940 年代主要体育图书出版机构情况

单位：种

出版机构	性质	出书种类（丛书）	所在城市	出书数量
商务印书馆	民办	各类均有	上海	41
正中书局	官办	教材、项目规则	重庆/上海	29
教育部石印室	官办	教材	重庆	19
中华书局	民办	教材（中华文库）	上海	14
世界书局	民办	小学教材、棋类	上海	9
教育部特设体育师资训练所	官办	教材（本所体育丛书）	重庆	9
江西力学书店	官办	教材（国民体育丛书）	南昌	8
中华全国体育协进会	民办	赛事、规则	上海	7
东南日报社	民办	文集、方法（本社体育丛书）	上海	9
体育与健康教育研究社	官办	裁判法	湖南蓝田	5
中国滑翔出版社	官办	航空类	重庆	5
教育部国民体育委员会	官办	教材	重庆	4
上海市国术协进会	民办	传统体育	上海	4
三民图书公司	民办	项目规则	上海	3
大东书局	民办	传统体育	上海	3
中华体育用品公司	民办	比赛规则	重庆/天津	3

注：只显示出版 3 种及以上图书者；因尚有 20 余种图书的出版机构不明，加之仍有百余种图书的初版时间不明，故表中各机构的"出书数量"应不小于各该值。

整体上，1940 年代体育图书的出版机构具有以下特点。

首先，从基本性质看，官办出版机构数量较多，且出版图书数量也不少，与民营出版机构平分秋色。该时期的官办出版机构主要由两类组成：官办性质的机构和学校。从出版图书数量看，正规的官办出版机构占有绝对的优势和较大的比重，最典型的就是正中书局，共出版 29 种图书，仅次于商务印书馆；同时，教育部旗下的几个组织在编辑和印行体育教材方面，可谓功劳卓著，仅从数量看，石印室有 19 种，特设体育师资训练所有 9 种，国民体育委员会有 4 种。从另一个角度看，官办出版机构还有一个特点，即许多公立院校自觉参与到图书编辑和出版活动中，进而在一定程度上缓解了学校体育教材匮乏的情况，同时也有效避免了 1940 年代体育学术活动的中断。同时，该类院校多是中高等院校，如省立师范学校、国立师范学院、体育专科学校和综合性大学的体育系科,这可能是因为中高等院校通常具有相对较高的教育水平及较雄厚的师资力量,能独立担负和完成体育图书的编辑工作。

其次,从主要领域看,各出版机构的关注点不尽相同,但对于官办出版机构和规模较大的民办出版机构来说,关注学校体育教辅用书方面却是一致的。以商务印书馆为例,虽然其出版的体育图书涵盖了各个领域,但是学校教材的比重仍是较大的。更不用说以教科书起家的中华书局和作为国定中小学教材指定出版机构的正中书局了,同时教育部的几个体育组织也主要负责编辑和刊行大中小学体育教材。这种局面的产生,一方面源于战时条件下,学校体育教材严重匮乏的现实;另一方面可能与教科书的编辑体系已较为成熟,同时也具有稳定的需求市场,从而使其成本和风险较低有关。

最后,从地域分布看,重庆出版机构的数量和规模,都使其有可能获得上海在出版界曾具有的重要影响力。1930年代末,为逃避战乱,几乎所有的著名高校和出版机构都相继南迁。于是,重庆暂时取代了上海,成为1940年代的出版中心。这也是同时期长沙、桂林、昆明等地出版活动迅速发展的原因。此外,南京、青岛、成都、北平、福建、江西、安徽等地的出版活动也较为活跃。1940年代,许多出版机构的不断迁移,虽然消耗和浪费了很多精力与资源,影响了正常的出版业务,但是对所到之地文化和教育的影响,却是广泛而深远的。这既是出版机构无心插柳的结果,也是它们所做的重要贡献。

总之,1940年代,体育图书出版的成果主要得益于执政当局的政策支持和制度保障,尤其是作为官方意志的代表,正中书局在体育图书出版方面付出的努力和发挥的作用不应忽视。无论其出于何种目的或出版物的学术价值如何,客观上都提高了体育的社会关注度,也提高了体育的地位。事实上,这也是我国近代体育图书业的主要目的。而这种目的的最终实现,直接的动力应该源于国民政府颁行的一系列政策法规。从实施效果看,虽然这些政策法规的出台对体育发展的影响是有限的,也降低了其可行性;从理论层面看,这些基于现实需要而形成的顶层设计,不失为一种"理想模型",反映了执政当局对体育的期待和要求,同时也规定了体育发展的可能方向。

第三节　五大出版机构及其他出版机构的主要贡献

我国近代图书业的发展是众多出版机构共同促成的，只是由于出版规模、文化生态和生存环境不同，各家出版机构在图书数量、内容选择和学术影响方面差异较大。据不完全统计，出书数量超过10种的出版机构有13家，基本情况可参见表4-6。鉴于各家出版机构的基本性质和影响力，本书选择青年协会书局作为教会出版机构的代表，商务印书馆作为民营出版机构的代表，正中书局作为官办出版机构的代表；同时考虑到勤奋书局的专业性和大东书局的专一性，也将两者作为对我国近代体育图书业影响较大的出版机构，简要评析其贡献，列举其出版的各类体育图书。

表4-6　近代主要出版机构出版体育图书情况

单位：种

出版机构	数量	主要领域	主要出书时段
商务印书馆	232	均有涉及	1910~1940年代
勤奋书局	132	教材教法	1930年代
中华书局	69	均有涉及	1910~1940年代
中国健学社	62	三段教材系列	1920~1930年代
大东书局	53	传统武术	1920~1940年代
正中书局	47	技术规则	1930~1940年代
世界书局	31	传统武术	1930~1940年代
教育部石印室	19	教材	1940年代
武侠社	17	传统武术	1930年代
青年协会书局	15	技术规则	1910~1920年代
三民图书公司	14	竞赛规则	1930~1940年代
中国图书公司	12	体操类教材	清末10年至1910年代
文明书局	11	体操类教材	清末10年

一　青年协会书局：中国近代体育学术的推动者

传教士主导的新式出版机构主要活跃在20世纪以前。1900年以后，随着民营出版机构的崛起、国内翻译人才的涌现，教会出版机构西学导入和启蒙的工作基本完成，一些教会出版机构虽然还继续存在，但所出书刊越来越限于宗教范围，社会影响逐渐式微。其中，最有代表性的就是类似广学会这样的教会出版机构。对于体育图书业的发展而言，教会出版机构的影响并非如此。相反，从1910年代起，教会出版机构的活动才真正开始。其中，最具影响力的便是青年协会书局。青年协会书局，是由中华基督教青年会1902年成立的书报部发展而来，1924书报部正式改名为青年协会书局，1956年12月并入中国基督教联合书局。其间，该书局共出版图书534种，多以丛书的形式出版发行，出版物的读者对象主要是大、中学生，有一部分出版物内容涉及宗教信仰与生活实践，还有一部分出版物专门介绍现代科技知识，以便那些从事教会和青年会工作的青年学生更好地在各自的组织机构中开展工作。①

中国近代体育的普及和发展，正是在基督教青年会的推动下缓慢进行的。而体育图书的出版，是基督教青年会开展体育活动的一项内容，也是一种方式。由表4-7可知，1910年代许多体育项目规则的译介和体育术语的介绍，基本是由基督教传教士完成的。事实上，这也与中国近代体育竞赛的开展情况相吻合。从1913年第一届远东运动会开始，在基督教青年会干事的组织下，我国参加了历届远东运动会。这些图书是中国参与远东运动会的证明，也是中国体育发展的结果。从另一方面看，由于1910年代我国学校体育仍是"体操"居于主导的时期，教材几乎都以体操和游戏为主要内容，体育教学自然也是以体操与游戏为主；这使得基督教青年会出版的项目规则类图书，在内容上补充和丰富了当时体育图书的知识结构，同时普及了体育赛事的知识，拓宽了人们对体育的理解。进入二三十年代，基督教青年会的活动因民营出版机构的迅速崛起而受到影响，其干事的地位也因我国体育的普及和专业体育人才的出现而趋于边缘化。尤其是1924年，在"收回教育权"运动的影响下，我国体育界从美国基督教青年会干事手中夺回了体育自主权；加之同年中华全国体育协进会的成立，我国体育开始进入由国人主导的发展阶段。

---

① 〔美〕何凯立：《基督教在华出版事业（1912～1949）》，陈建明、王再兴译，四川大学出版社，2004，第108～109页。

这一阶段的到来，必将影响和减少教会机构的图书出版活动。从出书数量看，青年协会书局对体育图书业的贡献，远没有其实际发挥的作用大；然而，从图书内容及其实际价值看，青年协会书局在我国体育图书业的发展中扮演了拓荒者的角色，丰富了国人的体育知识。

表4-7 近代教会出版机构出版体育图书一览

图书名称	编著（译）者	初版时间
网球射击法图解	〔美〕黎察士	1913年
体育图说五种	上海基督教青年会	1914年
对球规则	远东运动会	1914年*
对球规则	基督教青年会	1915年
运动规则纲要	基督教青年会	1915年
篮球规则	郭毓彬、高宝寿	1915年
足球规则	郭毓彬、高宝寿	1915年
柔软体操	胡贻谷	1915年
垒球规则	中华基督教青年会组合编辑部	1915年
分级器械运动	麦克乐	1916年
体操释名	北美体育干事会著，麦克乐译	1916年
器械运动	基督教青年会	1916年
游戏与游戏场	麦克乐	1918年
童子养成法附刊	中华基督教青年会全国协会	1919年
体育上肌肉动作应用表	麦克乐、焦湘宗	1920年
体育教育系统之基础论	麦克乐、许雅丽	1920年
足球规则	远东运动会、中华基督教青年会	1922年
笼球规则	中华基督教青年会全国协会	1923年
垒球规则	中华业余运动联合会、远东运动会、中华基督教青年会	1923年
健康与卫生	胡贻谷	1925年
体育与人生	张信孚等	1925年
手球规则	中华基督教青年会、远东运动会	1926年
篮球术（1928年版更名为篮球）	董守义	1927年
对球游戏规则	中华基督教青年会、远东运动会	1927年
篮球规则	中华基督教青年会、远东运动会	1929年

续表

图书名称	编著（译）者	初版时间
田径赛规则	中华基督教青年会、远东运动会	1929 年
棒球规则	远东运动会	1929 年
竞技游戏比赛支配法	钱一勤	1929 年
网球规则	中华基督教青年会、国际运动会采用，青年协会书局校	1930 年
游戏法	胡贻谷	1930 年*
海伦文锐女士游泳术图解	怀灵	1931 年
黎察士的网球射击法图解	青年协会书局	1931 年
实用网球术	彭绍纲	1932 年
游泳术	袁访赉	1932 年
田径全能赛规则	中华基督教青年会、国际运动会	1933 年
分级体育活动教材	凌陈英梅等	1934 年
陈氏太极拳汇宗	陈绩甫	1935 年
青年游戏	全国浸会少年编译部	1940 年
游戏集	全国基督教青年会军人服务部	1940 年*
游戏六集	全国基督教青年会军人服务部	1942 年
手球	孙道胜	不详

注：带"*"者为再版时间，初版时间不详。

二 商务印书馆：中国近代体育图书出版界之集大成者

商务印书馆成立于 1897 年，由夏瑞芳、鲍咸恩、鲍咸昌和高凤池等人合资创办。因早期只是一家手工业作坊的小印刷所，专营印刷业务，故称印书馆（The Commercial Press）。1902 年，商务印书馆自建印刷所并成立了编译所（所长先是蔡元培，后由张元济接任），开始编译中小学和师范女子学校各科教辅用书，[1] 不久便确立了在全国出版界，尤其是教科书出版方面的霸主地位，[2] 并雄踞整个民国。商务印书馆不仅出

---

[1] 王云五：《商务印书馆与新教育年谱》，江西教育出版社，2008，第 11 页。

[2] 事实上，在我国近代出版界，出版机构地位的高低主要取决于其所出版教科书的数量；通常所说的"五大"或"七大"出版机构，均是根据当时各家在全国教科书市场中的排名而定。

版了"我国第一套完整的中小学教科书",① 还编写了两套著名的"文库",即"东方文库"(1923~1924)和"万有文库"(1929~1934)。从民国时期出版图书数量看,商务印书馆"总计出版图书14885种,约占全国同期出版总量的12%"。② 正是如此庞大的数字和值得称羡的份额,使得我国"多种学科的第一部著作、许多作者的第一部作品,都是商务率先出版的"。③ 从19世纪末到1940年代末,商务印书馆50年的兴衰起落,是我国出版业的缩影,也是中国近代文化变迁的见证。在中国近代出版史上,商务印书馆的地位和影响力主要来自其对出版业、教育界和文化界的贡献。

商务印书馆因出版的大量体育图书(基本情况可参见表4-8),对中国近代体育事业的推动、体育知识的普及及体育学术的开展,做出了较大的贡献。从图书数量看,商务印书馆共出版231种体育图书,④ 远高于其他出版机构;同时,商务印书馆自1910年代确立起在体育图书出版业内的霸主地位后,除1930年代亚于勤奋书局外,一直独占鳌头。细究之,这主要与商务印书馆积累的深厚社会资源有关。一是积极吸纳知识精英入馆,提升整体实力和影响力;二是与社会各界名流广结善缘,扩大出版物的流通渠道。于是,在1910年代和1920年代,商务印书馆独霸全国教科书市场,其出版的体育教科书几乎遍布了全国各地。有数据表明,商务印书馆"在1949年以前,历年编辑出版的各类中小学教科书竟然有22套之多"。⑤ 从内容看,商务印书馆出版的体育图书涵盖基本理论、专项技术、管理制度、传统项目、娱乐活动等方面。在不同时期,如果说其他出版机构在内容上各有偏重的话,商务印书馆则是"以不变应万变",在内容上始终涉猎广泛。当然,商务印书馆能保持和坚守理性,除了和创办宗旨有关外,其具有的成立较早、根基较稳、规模较大及影响较广的优势,也是不可忽视的。这不仅给业内同行一种压力,也给潜在作者一种信任,进而拓宽了稿源的渠道和范围。从编辑和出版看,

---

① 何瑶琴:《中华书局中小学教科书出版研究(1912~1937)》,第18页。
② 李家驹:《商务印书馆与近代知识文化的传播》,商务印书馆,2005,第156页。
③ 吴永贵:《民国出版史》,第118页。
④ 此数据只是根据笔者收集的书目信息得出,真实数据可能高于231种。
⑤ 李家驹:《商务印书馆与近代知识文化的传播》,第216页。

商务印书馆出版的体育图书具有"三多"的特点，即专业人员多、丛书系列多、再版次数多。以丛书为例，体育图书存在于两个丛书系列中，一是非体育类丛书，主要有教育丛书、新知识丛书、国防教育丛书、百科小丛书、复兴丛书、中华教育改进社丛书、新中学文库、新小学文库、师范小丛书、小学教师丛书、大学丛书、社会教育丛书、史地小丛书；二是体育类丛书，主要有体育小丛书、国术丛书、青年体育丛书、健与力小丛书、儿童体育丛书、健与美体育丛书。这些名目繁多的丛书，印证了商务印书馆对我国近代教育普及与发展的积极影响，也说明了其在近代体育教科书出版方面具有的重要地位。

表4-8 近代商务印书馆出版体育图书一览

图书名称	编著（译）者	初版时间
小学体操范本	不详	1906年
最新体操图	商务印书馆	1906年
初等小学体操教科书	黄元吉	1907年
舞蹈游戏	王季梁、孙揆	1907年
拳艺学初步	朱鸿寿	1911年
共和国教科书兵式教练（中学）	徐傅霖	1912年
共和国教科书普通体操（中学）	徐傅霖	1912年
共和国新教科书体操（初小）	徐傅霖	1912年
共和国新教科书体育（高小）	徐傅霖	1912年
体育之理论与实际	徐福生	1912年
民国新教科书 体操（中学）	徐傅霖	1913年
兵式体操教科书	黄元吉	1914年
单级体操法	赵光绍	1914年
单级体操教授案	孙揆	1914年
儿童游戏	王伍、屠元礼	1914年
普通体操	徐傅霖	1914年
因是子静坐法/续编	蒋维乔	1914年
体操教授新论	王秋如	1915年
拳艺学进阶	朱鸿寿	1915年
小学游技	谭竞公、蒋维乔	1916年*
足球	国民体育社	1916年

第四章 中国近代体育图书出版机构及其贡献

续表

图书名称	编著（译）者	初版时间
国耻纪念象棋新局	潘定思、谢宣	1916年
端艇游泳术	郑绍皋	1916年
行进游技法	汪应钧	1917年
体操步法撮要	上海中华基督教青年会	1917年
体操教授细目（甲、乙编）	赵光绍	1917年
田径赛运动	李德晋	1917年
网球	国民体育社	1917年
中华新武术摔角科（上编）	马良	1917年
中华新武术拳脚科（初级教科上编）	马良等（教育部审定）	1917年
八段锦图解	濂浦、铁崖	1917年
拳术学教范	陆师凯、陆师通	1917年
易筋经廿四式图说	王怀琪	1917年
易筋经十二势图说	王怀琪	1917年
篮球	国民体育社	1918年
童子军自由车队训练法（童子军用书）	张亚良	1918年
中华新武术剑术科（初级教科上编）	马良等	1918年*
北拳汇编	陆师通、陆同一	1918年
达摩剑	赵连和、陈铁生	1918年
童子军体操（童子军用书）	魏鼎勋	1919年
童子军追踪术（童子军用书）	张亚良	1919年
中国体育史	郭希汾	1919年
中华新武术棍术科（初级教科上编）	马良	1919年
台球	刘大绅	1919年
潭腿	精武体育会	1919年
潭腿十二路全图	精武体育会	1919年
仿效体操	赵光绍	1920年
课外运动法	李夏声	1920年
女子手巾体操	王怀琪	1920年
圈球游戏	王小峰	1920年
手巾体操法	王怀琪	1920年
米勒氏十五分钟体操	张𧦬、吴澄	1920年
体育研究	南高体育科辛酉级	1921年

续表

图书名称	编著（译）者	初版时间
棒球	潘知本	1922 年
唱歌游戏	王季梁	1922 年
国旗体操	王怀琪	1922 年
设计的模仿操	杨彬如	1922 年
体操新教案	徐傅霖	1922 年
体操游戏	沈镜清、奚萃光	1922 年
舞蹈游戏	王季梁	1922 年
游泳新术	李石岑	1922 年
幼稚游戏	胡君复	1922 年
作战游技法	孙揆	1922 年
八段锦	王怀琪	1922 年
槌球运动法	倪灏森	1922 年
发达肌肉法	张寿仁	1922 年
踢毽术	沙涛	1922 年
正反游戏法	王怀琪	1923 年
棍球	不详	1923 年
业余运动法	王怀琪	1923 年
杖球	潘知本	1923 年
棍棒	国民体育社	1924 年
气候与健康	顾寿白	1924 年
体操教材	赵光绍	1924 年
小学体育设备法	王小峰	1924 年 *
游戏专论	治永清	1924 年
运动生理	程瀚章	1924 年
教室柔软体操	李浮梦	1925 年
救急法及卫生法大意	杨鹤庆	1925 年
体育之进行与改造	李石岑等	1925 年
田径游泳竞技运动法	刘郭桢等	1925 年
游泳术	顾拯来	1925 年
运动员指南	李培藻	1925 年
保哲氏哑铃体操	李培藻	1925 年
布兰岛成组木棍体操	李培藻	1925 年

续表

图书名称	编著（译）者	初版时间
篮球攻守方法论	牛炳鉴	1926年
器械叠罗汉	王怀琪、吴洪兴	1926年
中国体育概论（英文）	郝更生	1926年
达摩派拳诀	汤鹏超（显）	1926年
跑冰术	王怀琪、吴洪兴	1927年
新学制体育教材	麦克乐、沈重威	1927年
初级平民学校体操教学书	殷祖赫	1928年
初级平民学校游戏教学书	殷子固	1928年
堆砌图案	王怀琪	1928年
家庭体操	汤家桢	1928年*
团体游戏心理学	王倘	1928年
民间游戏	稽宇经	1928年
女子技巧运动堆砌图案	王怀琪	1929年
体育原理	宋君复	1929年
小学游戏科教学法	王怀琪	1929年
最新游戏法	黄斌生	1929年
国技论略	徐震（哲东）	1929年
武术汇宗	万籁声	1929年
体操教材续编（小学）	赵光绍	1930年
运动学	吴蕴瑞	1930年
实验深呼吸练习法	王怀琪	1930年*
"我能比呀"世界运动会丛录	宋如海	1930年
世界运动会丛录	宋如海	1930年
个人田径赛运动成绩之测量	麦克乐	1931年
工力拳	陈铁生（赵连和授）	1931年
合战	赵连和授，陈铁生述	1931年
交谊会游戏	王毋我	1931年
科学化的国术太极拳	吴图南	1931年
少林拳术选编	刘钰	1931年
武当剑法大要	黄元秀（李芳宸口授）	1931年
静坐三年	华文祺	1932年
复兴体育教本（初小）	束云逵、蔡雁宾	1933年

续表

图书名称	编著（译）者	初版时间
复兴体育教本（高小）	蔡雁宾、束云逮	1933 年
排球	萧百新	1933 年
乒乓	曾乃敦	1933 年
柔软体操与步法	萧百新	1933 年
体育概论	陈咏声	1933 年
体育之训练与健康	赵竹光、〔美〕帕克	1933 年
八段锦舞	王怀琪	1933 年
健赛	徐震池	1933 年
内家拳太极功玄玄刀	吴图南	1933 年*
心身修养冈田式静坐法	蒋维乔	1933 年*
不用器具的游戏教材	杨彬如	1934 年*
儿童健康之路	任一碧	1934 年
儿童游戏与竞技	萧百新	1934 年
复兴初级中学体育教本（3册）	王复旦	1934 年
复兴高级中学体育教本（3册）	王毅诚	1934 年
篮球战术	俞杰	1934 年
体育教本（2册）	王复旦	1934 年
田径赛运动	王复旦	1934 年
网球术浅说	陈岳洲	1934 年
网球新术	陈岳洲	1934 年
肌肉发达法	赵竹光	1934 年
健康之路	赵竹光	1934 年
双人潭腿	吴琪、杨焕章	1934 年
短期小学课间操教材	国立编译馆	1935 年
课外活动的组织与行政	李相勖、陈启肃	1935 年
女子律动体操	万蓉	1935 年
体育（上册）	方万邦	1935 年
小学体育实施法	郑法	1935 年
运动的生理	赵竹光	1935 年
穿拿拳	胥以谦	1935 年
最新健美体操大全	萧百新	1935 年*
德国室内体操	吴钦泰	1935 年

续表

图书名称	编著（译）者	初版时间
初中男生体育教授细目	教育部	1936年
初中女生体育教授细目	教育部	1936年
翻滚运动图解	王毅诚	1936年
高中男生体育教授细目	教育部	1936年
国防训练的小学游戏教材	姚家栋	1936年*
课外运动	李相勖、徐君梅、徐君藩	1936年
游泳	袁浚、程登科	1936年
太极剑	吴图南	1936年
丹麦体操图说	朱重明、花素珍	1936年
近代德式体操理论与实际	周鹤鸣	1936年
铁尔登网球成功术	陈岳洲	1936年
体育场	邵汝干、江良规	1937年
幼稚的游戏	邹德惠	1937年
臂部锻炼法	赵竹光、王学政	1937年
肌肉控制法	赵竹光	1937年
健美常识	任一碧	1937年
力之秘诀	赵竹光	1937年
拳脚科	马良	1937年
苏联保健事业	王师复	1937年
器械运动图解	王毅诚	1938年
小球操	陈咏声	1938年
最新哑铃锻炼法	赵竹光	1938年
健美速成法	王学政	1938年
通背拳法	武田熙	1938年*
舞蹈教材	冯柳溪	1938年
女子田径运动	吕乃英	1939年
室内体操	王应麟	1939年
体育卫生	刘纪元	1939年
背部锻炼法	赵竹光、王学政	1939年
腹部锻炼法	赵竹光、王学政	1939年
国术概论	吴图南	1939年
我五十年来的体育事业	赵竹光	1939年

续表

图书名称	编著（译）者	初版时间
简易师范学校教科书体育	方万邦	1940 年
颈部锻炼法	赵竹光、王学政	1940 年
日光浴与日光操	周尚	1940 年
双杆运动	李剑琴	1940 年
小学体育科的教材教法	束云逵	1940 年
运动生理学	蔡翘	1940 年
中学适用体育科战时补充教材	黄金鳌	1940 年
肌肉发达问题解答	赵竹光	1940 年
体格锻炼法大全（2 册 1 套）	赵竹光	1940 年*
腿部锻炼法	赵竹光、王学政	1940 年
臀部锻炼法	赵竹光、王学政	1940 年
拳击家的锻炼	王学政	1940 年
体育之基本原理与实际	王学政	1943 年
最新体操图	中国教育器械馆	1943 年
力之秘诀	刘载民	1943 年
青年体育	方万邦	1944 年
球类运动教材	吴文忠	1944 年
体育概论	刘德超	1944 年
室内游戏	黄蔷英	1945 年
体育与教育	王学政	1945 年
体育原理	江良规	1945 年
几种球类运动	王庚	1946 年
篮球研究	蒋桐森	1946 年
世界体育史纲要	程登科	1946 年
垒球规则	中华全国体育协进会	1946 年
男子篮球规则	中华全国体育协进会	1946 年
排球规则	中华全国体育协进会	1946 年
乒乓球板羽球圈网球规则	中华全国体育协进会	1946 年
网球规则（民国三十五年）	中华全国体育协进会	1946 年
足球规则（民国三十五年）	中华全国体育协进会	1946 年
体育概论	王学政	1947 年
国民体育训练与实施	刘昌合	1947 年

续表

图书名称	编著（译）者	初版时间
国术讲话（六年级体育科）	赵竹光	1947 年
健康教育	方万邦	1947 年
课外活动指导	李仲耕	1948 年
几种乡土游戏	张宝榍	1949 年
实用户外游戏教材	吴耀麟	1949 年
体育设备	马瑜	1949 年
团体游戏四百种	吴耀麟	1949 年
我们的球戏	赵竹光	1949 年
怎样游泳	赵宇光	1949 年
飞机模型制作法	陈岳生	不详
柔软体操十二式	李培藻	不详
上海体育实施法	郑法	不详
跳绳游戏	陈岳生	不详
运动救急法	赵士清	不详
妇女保健良箴	朱汪筱谢	不详
健康与妇女运动	吴兴业	不详
折纸新法	陈岳生	不详
技击余闻	林纾	不详

注：带"＊"者为再版时间，初版时间不详。

三　正中书局：中国近代体育图书之官定出版者

关于正中书局确切的创立时间，出版界曾有争议。因其前身是时事月报社，而《时事月报》于1929年11月在南京创刊；后为弥补开支不足，曾代收书刊和文具，时任经理吴大钧将其改为正中书店，取"扶风正俗，以兴中华"之意。[①] 国民党中央党部拨给5000元充作书店开办费，[②] 不久正中书店改为正中书局。具体时间不详，应在1930

[①] 黎刁遗：《概说国民党正中书局》，《文史资料存稿选编·文化（23）》，中国文史出版社，2002，第405页。
[②] 傅荣恩：《有关正中书局的几点回忆》，《文史资料存稿选编·文化（23）》，第418页。

年或 1931 年。据陈立夫《正中书局是怎样创立的》一文记载，该书局的开业时间是 1931 年 10 月 10 日。① 不论正中书局的具体创办时间是何年，其官办机构的性质是毋庸置疑的。抗战开始后，正中书局随国民政府一起西迁，先在汉口，后又迁重庆。为了抗战的需要和政权的稳定，国民政府在加强文化控制的同时，强化了官办书局的力量。正中书局由于明确的官办性质，且有陈立夫参事，在各方面都获得了极大便利。在 1943 年成立的国定中小学教科书七家联合供应处中，正中书局与商务印书馆各占 17.5% 的最高比重，更加凸显了其官书局的优势。

就对中国近代体育图书业的影响而言，正中书局因具有的优势和获得的便利，也获得了出版体育图书的优先权（具体可参见表 4－9）。从图书数量看，正中书局共出版 47 种体育图书，与商务印书馆、勤奋书局和中华书局相比，数量虽不算多，但从出书时间来看，已尚属不易。从笔者搜集到的信息看，正中书局从事体育图书的出版活动始于 1930 年，而出版高峰阶段是 1930 年代末至 1940 年代中后期，正值抗日战争时期。坦言论之，正中书局若非官办性质，很难在如此艰巨的时期凭借自身的实力获得如此成绩。从出版内容看，1930 年代中前期较为分散，末期出版了多种项目规则类的图书，1940 年代初期以教学用书为主，末期则是围绕 1948 年第七届全运会出版了一系列项目规则类图书。就学术价值论，1942 年萧忠国和吴文忠编写的《体育心理学》，在运动心理学领域及学科史的意义上有一定的影响，曾被视为"中国第一本也是解放前唯一的一本运动心理学著作"。② 至于其他图书，可圈点之处并不多。从这个意义看，正中书局对体育图书业的贡献更多是一种象征，表明执政当局对体育的重视。事实上，正是由于被赋予的特殊功能及执政当局的利益欲求，体育才受此优待。但不论怎样，作为一个官方出版机构，而且在抗战时期出版了几十种体育图书，正中书局都应该在体育图书史上具有一定的地位。

---

① 吴永贵：《民国出版史》，第 138 页。
② 《世界体育大事典》，第 15 页。

表4-9　近代正中书局出版体育图书一览

图书名称	编著（译）者	初版时间
游泳规则	教育部体育组	1930年
女子户外垒球规则	教育部体育委员会	1930年
体育场	吴邦伟	1933年
风筝	陈泽凤	1934年
欧洲各国及日本之青年训练	陈柏青	1936年
国术源流考	褚民谊	1936年
国技概论	卞人杰	1936年
苌氏武技书（6卷）	（清）苌乃周	1936年
小学体育教育实施法	姚家栋	1937年
太极拳谱理董辨伪合编	徐震（哲东）	1937年
太极拳考信录	徐震（哲东）	1937年
女子丹麦体操	朱重明、花素珍	1937年
教与学	教与学月刊社	1937年
足球规则	教育部体育组	1939年
排球规则	教育部体育委员会	1939年
女子篮球规则	教育部国民体育委员会	1939年
男子篮球规则	教育部体育组	1939年
田径及全能运动比赛规则	教育部体育委员会	1941年
各级学校体育实施方案	教育部	1941年
体育心理学	萧忠国、吴文忠	1942年
民众体育实施法	冯公智	1942年
课外运动	吴邦伟	1943年
少年军事游戏	重矛	1944年
足球规则（修订本）	教育部体育委员会	1944年
举重规则	教育部体育委员会	1946年*
小学体育教本	沈寿金	1947年
小学体育	高梓	1947年*
体育游戏一百则	宗嘉谋	1947年
足球规则	第七届全国运动会筹备委员会	1948年
羽球规则	第七届全国运动会筹备委员会	1948年
游泳及跳水比赛规则	第七届全国运动会筹备委员会	1948年

续表

图书名称	编著（译）者	初版时间
小型足球规则	第七届全国运动会筹备委员会	1948年
网球规则	第七届全国运动会筹备委员会	1948年
田径赛规则	第七届全国运动会筹备委员会	1948年
水球规则	第七届全国运动会筹备委员会	1948年
拳击规则	第七届全国运动会筹备委员会	1948年
器械操规则	第七届全国运动会筹备委员会	1948年
乒乓规则	第七届全国运动会筹备委员会	1948年
排球规则	第七届全国运动会筹备委员会	1948年
女子篮球规则	第七届全国运动会筹备委员会	1948年
男子篮球规则	第七届全国运动会筹备委员会	1948年
垒球规则	第七届全国运动会筹备委员会	1948年
举重规则	第七届全国运动会筹备委员会	1948年
国术规则	第七届全国运动会筹备委员会	1948年
家庭健身操	陈韵兰	1948年
国民学校运动场之设计	吴邦伟	1948年
南京市中小学体育巡回辅导团教材	高梓	不详

注：带"*"者为再版时间，初版时间不明。

四 勤奋书局：中国近代体育图书业发展高峰之助推者

勤奋书局，是马崇淦于1929年在上海创办，专门出版体育教学用书和参考书，是1930年代一家专门的、影响较大的体育图书出版机构。在某种程度上，勤奋书局不仅被三四十年代的体育界所熟知，也被现代研究出版史的学者了解。勤奋书局拥有如此广泛而深远的影响，主要与两个方面有关。一是创办人马崇淦的特殊经历和影响。马崇淦先是担任了《申报》体育记者，后又有了上海市教育局督学、济南大学讲师的经历，再又入选上海新闻记者联合会的常务委员，这为他的出版生涯积累了经验和资源，同时也是无形的宣传和推动。另一方面，1933年《勤奋月报》创立，其"为民族复兴的体育，为平民大众化的体育"的双重使命，不仅迎合了当时社会与国家对体育的需求，也坚定了中国体育的发展方向。加之，诸多著名体育专家学者的加盟，及其展开的自由、多元的学术讨论,很快使该报在当时体育界和出版界产生了较大的影响。《勤奋月报》虽是一份专门体育期刊,但其寄托和传递的爱国情感是共通的;勤奋书局虽是一个专业出版机构,但其所出之书的影响力是广泛的。

从我国近代体育图书业的发展看,"勤奋书局曾是30年代出版体育书籍的重要阵地,也是上海最早出现的专业体育书店,不仅出版杂志和特刊,还出版发行了近代体育的书籍70余种,有比赛规则和裁判法7种,介绍近代体育的训练方法和体育知识的30种,体育行政管理、场地建设和体育教本近20种"。[①] 从出版物的数量和质量(具体可参见表4-10)便能推断出其拥有庞大的专家团队及精深的专业知识,这又从另一个侧面表明:勤奋书局对我国近代体育图书业的影响,不仅是其出版了数量众多的体育图书,满足了学校体育教学的需求,而且也为体育专业人才的发展提供了一个平台,从而助推了我国近代体育事业及其学术的发展。这些图书的出现,是1930年代我国学校体育与社会体育快速发展的结果,也是1930年代我国体育学术发展的明证。内容上兼顾全面性和针对性,知识追求系统性和专业性,是勤奋书局出版物的重要特点,也是其专业性的表现。就学术价值论,勤奋书局出版的多种图书不仅对当时体育教学和学术研究产生了推动作用,对后世直至现在的体育发展仍有裨益。在某种程度上可以说,1930年代体育学术高峰的出现和图书业的繁荣离不开勤奋书局的助推作用。

表4-10 近代勤奋书局出版体育图书一览

图书名称	编著(译)者	初版时间
田径赛裁判法	王复旦	1929年
舞蹈入门	沈明珍	1929年
各国体育概况	章辑五	1931年
考而夫训练法	姚苏凤	1931年
篮球裁判法	彭文余	1931年
篮球训练法	吴邦伟	1931年

[①] 上海体育志编纂委员会编《上海体育志》,上海社会科学院出版社,1996,第541页。

续表

图书名称	编著（译）者	初版时间
女运动员临阵以前	刘家壎	1931年
排球训练法	阮蔚村	1931年
乒乓训练法	俞斌祺	1931年
人体测量学	蒋湘青	1931年
世界体育史略	章辑五	1931年
体育场指南	王壮飞	1931年
田径赛训练法	张恒	1931年
网球训练法	马德泰	1931年
游泳训练法	钱一勤	1931年
越野跑训练法	王复旦	1931年
运动场建筑法	王复旦	1931年
足球规则问答	吴邦伟	1931年
足球训练法	吴邦伟	1931年
欧美土风舞	沈明珍	1931年*
竞走训练法	陆翔千	1932年
女子篮球训练法	宋君复	1932年
实用按摩术与改正体操	陈奎生、金兆均	1932年
世界网球名家获胜秘诀	吴福同	1932年
田径运动	吴蕴瑞、〔德〕步起（Bocher）	1932年
小学体育之理论与方法	陈奎生	1932年
业余运动规则	中华全国体育协进会审定	1932年
运动救急法	阮蔚村	1932年
运动卫生	阮蔚村	1932年
早操与课间操	陈奎生、金兆均	1932年
最新游泳规则	中华全国体育协进会	1932年
棒球训练法	阮蔚村	1933年
唱歌游戏（甲种）（低年级）	潘伯英	1933年
唱歌游戏（乙种）（低年级）	胡敬熙	1933年
晨操教材	彭礼南	1933年
德国复兴早操	裴熙元、陆翔千	1933年
第十届世界运动会	沈嗣良	1933年
故事游戏（低年级）	项翔高	1933年

续表

图书名称	编著（译）者	初版时间
国民体育实施方案	教育部公布	1933 年
竞技游戏（低高年级）	王庚	1933 年
竞争游戏（中高年级）	王庚	1933 年
垒球规则	中华全国体育协进会	1933 年
林宝华网球成功史	蒋槐青	1933 年
刘长春短跑成功史	蒋槐青	1933 年
美国篮球新术	张国勋、钱一勤	1933 年
民众体育实施法	王庚	1933 年
摹拟游戏（低年级）	王庚	1933 年
摹拟游戏（中年级）	王庚	1933 年
模仿运动（低年级）	邵汝干	1933 年
邱飞海网球成功史	蒋槐青	1933 年
体育建筑及设备	吴蕴瑞	1933 年
体育原理	吴蕴瑞、袁敦礼	1933 年
铁尔登网球术	阮蔚村	1933 年
听琴动作（低年级）	胡敬熙	1933 年
网球要诀	吴邦伟	1933 年
五项十项训练法	阮蔚村	1933 年
舞蹈新教本	郭佩英等	1933 年
乡土游戏（低中高年级）	王庚	1933 年
小学机巧运动（中年级）	邹吟庐	1933 年
小学篮球（中高）	阮蔚村、陆礼华	1933 年
小学排球（中高）	阮蔚村、秦醒世	1933 年
小学器械运动（高年级）	陈奎生	1933 年
小学田径运动（高中年级）	阮蔚村、孙和宾	1933 年
小学土风舞（低中、高级两种）	杜宇飞	1933 年
小学游泳（高年级）	阮蔚村、俞斌祺	1933 年
小学远足登山（低中年级）	阮蔚村、邵汝干	1933 年
小学运动会指南	项翔高	1933 年
小学准备操（低中高）	邵汝干	1933 年
小学姿势训练（低中高）	项翔高	1933 年
小学足球（中高年级）	陈奎生	1933 年

续表

图书名称	编著（译）者	初版时间
游泳成功术	吴福同	1933 年
远东运动会历史与成绩	阮蔚村	1933 年
中学运动会指南	王复旦	1933 年
追逃游戏（低中年级）	王庚	1933 年
足球成功术	吴福同	1933 年
最新男女排球规则	中华全国体育协进会	1933 年
最新男子篮球规则	中华全国体育协进会	1933 年
最新女子篮球规则	中华全国体育协进会	1933 年
最新适用男女篮球记分簿	不详	1933 年
最新田径赛全能运动规则	中华全国体育协进会	1933 年
最新万国乒乓规则	不详	1933 年
最新网球规则	中华全国体育协进会	1933 年
最新足球规则	中华全国体育协进会	1933 年
小学准备体操	邹岭庐	1933 年
标准运动实施法	孙樵	1934 年
基本体操	金陵女子文理学院体育系	1934 年
毽子比赛法	周柱国	1934 年
女子垒球训练法	宋君复	1934 年
女子游泳训练法	江良规	1934 年
排球裁判法	吴邦伟	1934 年
田径赛及全能运动规则	中华全国体育协进会	1934 年
小学歌舞（低中、高级两种）	杜宇飞、郁兹地	1934 年
中学技巧运动	邹岭庐	1934 年
比赛方法	钱一勤	1935 年
德国新体操	金兆均、〔德〕葛乐汉	1935 年
第六届全国运动大会画报	勤奋书局	1935 年
第六届全国运动大会画报	胡伯洲、马崇淦	1935 年
和缓运动	张汇兰、孙征和	1935 年
举重规则	中华全国体育协进会	1935 年
女子户外垒球规则	中华全国体育协进会	1935 年
实用妇女医疗体操	陈韵兰	1935 年
手球训练法	阮蔚村	1935 年

续表

图书名称	编著（译）者	初版时间
体育行政	金兆均	1935 年
田径赛全能运动规则	中华全国体育协进会	1935 年
田径新术	阮蔚村	1935 年
田径训练图解	江良规	1935 年
万国乒乓规则	中华全国体育协进会	1935 年
小学垒球训练法	俞子箴	1935 年
游泳训练图解	俞斌祺	1935 年
游泳之理论与方法	王文麟	1935 年
田径赛成绩记分表	中华全国体育协进会	1935 年
第十一届世界运动大会画报	方雪鸪、阮蔚村	1936 年
国花图案健身操实验教材	俞子箴	1936 年
男子篮球规则	中华全国体育协进会	1936 年
女子篮球规则	中华全国体育协进会	1936 年
全国男子田径名将录	勤奋书局	1936 年
全国足球名将	勤奋书局	1936 年
体育馆之建筑与设备	阮蔚村	1936 年
跳绳游戏百种	阮蔚村	1936 年
小学体育教授细目	教育部	1936 年
怎样做一个小学体育教师	俞子箴	1936 年
中学体育测验	龚以徇	1936 年
最新棒球规则	中华全国体育协进会	1936 年
非常时期小学游戏教材	何品豪	1937 年
毽子游戏教材	鲍叔良	1937 年
田径场之建筑与设备	阮蔚村、王复旦	1937 年
中小学体育课程标准	教育部	1937 年
最新男子篮球规则	中华全国体育协进会	1937 年
体育场	王庚	1938 年
叠罗汉教材	阮蔚村	1949 年
棒球训练法	蔡慧一	不详
游泳成功术	徐斌祺	不详

注：带"*"者为再版时间，初版时间不明。

五　大东书局：中国近代传统体育图书之偏爱者

大东书局，1916年由吕子泉、王幼堂、沈骏声、王均卿四人在上海合资创办，1955年初并入科技出版社。起初，大东书局虽然延聘了编辑专门从事图书的编纂出版，但从其资产和规模看，仅算是一个门市部。随后，大东书局的发展较为顺利，1930年代初已跻身大书局的行列，设有五大机构——总厂、总务处、编译所、印刷所和货栈，形成了编、印、发一体化的综合经营格局。作为一个综合性的出版机构，大东书局出书数量多，涉及范围广，不仅编印发行了多种期刊，而且出版了几十种丛书。大东书局从事教科书的编辑和出版始于1930年代初，到1933年便在《申报》上公开宣称"小学、中学、大学各科用书全部出齐"，证明自己在教科书领域的实力和地位。正是大东书局的健全体制和出版实力，使其能成为抗战时期国定中小学教科书七联处的成员之一，享有8%的分配比例。[①]

从我国近代体育图书业的发展来看，大东书局的贡献不小（基本情况可参见表4-11）。就出书数量论，大东书局虽然从1920年代才开始重视体育图书的出版，但总量并不算少，共出版了53种体育图书，是继商务印书馆、勤奋书局、中华书局之后的又一大出版机构。从出书种类看，大东书局似乎是个特立独行者，对我国传统体育的关注，尤其是对武术的钟爱从未减弱；同时，与其1930年代进军教科书市场的转向相比，在涉足体育图书业的十几年间，大东书局似乎对体育教科书的出版不感兴趣，相关图书也寥寥无几。从出版时间看，大东书局对体育图书的关注是持续升温，从1920年代初期的几乎是"一年一书"到1930年代中前期的迅猛增长。对于这种变化，与其说源于社会环境的激发和文化发展的需要，倒不如说是出于商业利益的考虑，毕竟大东书局的发展证明了其对"人无我有"理念的坚持。[②] 从某种意义上说，大东书局正是得益于对利润的追求，尤其是对"人无我有"理念的坚持，从而满足和增加了时人对传统文化的需求和阅读选择，也丰富了中国近代体育学

[①] 吴永贵：《民国出版史》，第133页。
[②] 抗战时期，大东书局曾从事印制钞票和证券业务，并以从中获得的高额利润支撑了战后的经济运转。

术史的研究内容。

表4-11 近代大东书局出版体育图书一览

图书名称	编著（译）者	初版时间
剑法图说（上下卷）	宋赓平	1920年
长枪法图说	（明）程冲斗（宗猷）	1921年
射技图说	大东书局	1923年*
最新女子篮球游戏	王怀琪、吴洪兴	1924年
服气图说	（明）程宗猷	1924年
少林拳法图说	朱鸿寿	1925年*
笼球游戏	王怀琪、吴洪兴	1925年
克罗密氏药球运动	王怀琪、吴洪兴	1926年
户内棒球术图解	王怀琪、吴洪兴	1927年*
单刀法图说	（明）程冲斗	1927年
少林棍法图说	（明）程冲斗（宗猷）	1928年*
六路短拳	吴志青	1928年
国术教范七星剑	吴志青	1928年
坐功图说	（宋）陈抟	1929年
形意拳谱五纲七言论	靳云亭	1929年*
国术教范潭腿	吴志青	1929年
十分钟简易强身术	王怀琪、吴洪兴	1930年
少林正宗练步拳	吴志青	1930年
三义刀图说	金一明、郭粹亚	1930年
六通短打图说	金一明	1930年
科学化的国术	吴志青	1930年
国术教范查拳	吴志青	1930年*
赵门拳法炮拳图说	吴志青	1931年
潭腿精义	卢炜昌	1931年
太极操	褚民谊	1931年
梅花刀图说	吕光华、李元智	1931年
六路短拳图说	吴志青	1931年
捷拳图说	傅秀山	1931年
教门潭腿图说	吴志青	1931年*

续表

图书名称	编著（译）者	初版时间
国术论丛	翁国勋、朱国福	1931 年 *
大梨花枪图说	程人骏	1931 年
初级腿法	中央国术馆（教育部审定）	1931 年
率（摔）角法	金子铮（中央国术馆编）	1932 年
查拳图说	吴志青	1932 年
太极操之说明及口令	褚民谊	1933 年
六合潭腿图说	朱国福、吕光华	1933 年
练功秘诀	金一明	1933 年 *
毽子运动	褚民谊	1933 年
儿童技巧和机巧运动	蔡雁宾	1934 年
无极拳谱图说全集	廖璜、吕一素	1935 年
弄丸健身术图说	吕文蔚	1935 年
篮足排球裁判法	倪则舜	1935 年
国术理论概要	侯敬舆、吴志青等	1935 年
太极正宗	吴志青	1936 年
笼球规则	中华基督教青年会	1940 年
定约桥牌谱	琴梧楼主人	1940 年
新编八段锦	王怀琪	1941 年
猿臂棍	不详	不详
十二路潭腿对打挂图	王怀琪	不详
却病延年图说	吕子彬	不详
七星剑图说	吴志青	不详
联竞拳	不详	不详
断门枪	不详	不详

注：带"*"者为再版时间，初版时间不明。

六　清末出版体育图书的几家机构

（一）广学会：中国近代体育图书业之肇基者

广学会（The Christian Literature Society for China），是1887年美国传教士韦廉臣在上海创办的一家教会出版机构。该会创办初期名为同文书会，1894年改称广学会，直到中华人民共和国成立后的第三年才终止出版活动。该会主要以知识阶层和政界人士为读者对象。广学会自1987年至1900年，出版图书176种，至1911年，出版图书461种，1900~1911年则出版了285种图书；[①] 至1950年代初，该会共出书2000余种，对我国近代社会产生了重要影响。应该说该会在我国近代体育图书业的发展中，扮演的是肇基者的角色，1890年译自日本的《幼学操身》和1903年译自美国的《体育图说》，对我国体育图书业与体育理论的影响是不容低估的。

（二）中国图书公司：清末民初中国体育图书业之推动者

中国图书公司，是席子佩等人目睹商务印书馆从教科书出版中获得了极大利润，于1906年集资所创，并邀实业家张謇任董事长。该机构定位明确，主要以教科书的出版为工作重心，直接对标商务印书馆。有意思的是，中国图书公司的定位虽然明确，但没有收到预期的效果，由于经营与管理不善，再加上商务印书馆在暗中收购它的股票并低价抛售，最终于1914年垮台，出盘给商务印书馆，改名中国和记图书公司，[②] 真可谓"成也萧何败也萧何"。虽然未能像商务印书馆一样在出版界常青，但中国图书公司在当时教科书领域产生了重要的影响力，并与商务印书馆和文明书局一并成为民国前期教科书出版的三大机构。就我国近代体育图书业而论，中国图书公司出版了12种体育图书，且绝大部分是由徐傅霖译介和编写的体操类教科书。其中，《体操上之生理》较早论述了人体的生理机构与运动的基本知识，在我国近代学术史上具有重要价值。

（三）科学仪器馆：清末中国体育图书"名不副实"之出版者

科学仪器馆，由虞和钦与钟观光等人于1901年在上海创立，是一个经营、制造实验器械、药品，出版科学书刊的实业公司，在我国近代化工领域具有极为重要的地位。该馆在创办时的宣传广告上曾提到"体操"图书的译介与印刷，即："本馆储备研究科学试验器械，品名价格照东西洋原本，译述成书。先刊上篇，述博物、标本及理化学器械、药

[①] 黄宝忠：《近代中国民营出版业研究——以商务印书馆和中华书局为考察对象》，第23页。

[②] 朱联保编撰《近现代上海出版业印象记》，学林出版社，1993，第103页。

品,随《外交报》《普通学报》分送;下篇述测量、图画、体操诸品,续刊。"① 从收集的资料看,仅发现1903年由钟观光翻译的《孙唐体力养成》一书。从上述"创刊声明"看,科学仪器馆很可能出版了不止一种与体育有关的图书;但由于时间久远和资料难寻,该馆究竟出版了多少体育图书,很难查实。从这个意义说,科学仪器馆算是清末我国体育图书业中一个"名不副实"的出版者。

(四) 文明书局:清末出版体育教科书之先行者

文明书局,上海文明编译印书局的简称,是1902年由俞复、廉泉等人创办。该书局以印刷为主业,并兼营翻译书籍、铸字、出售铅字、贩运东西洋仪器图籍等业务。成立之初,该书局就印行了无锡三等公学堂的《蒙学读本》。同时该书局以《蒙学读本》为基础,继而出版了文法、珠算、经训、修身、中国历史、西洋历史、东洋历史、中国地理、生理、天文、格致、化学、动物、植物、矿物、体操和毛笔习画帖等23种教材,② 统称为"蒙学教科书",该套图书虽是重印版,但"就学科体系上而言,'蒙学教科书'仿照西方教科书系统,已有较全面的知识系统,突破了传统蒙学读物单一的知识体系,这是非常值得肯定的一点"。③ 就此奠定了1910年代其在图书业中的重要地位,与商务印书馆和中国图书公司成为当时三大教科书编印机构。就对我国近代体育图书业的发展而言,文明书局的影响也不应忽视,尤其是在1902~1906年出版的7种教科书,为当时的学校体操教学提供了新的素材,也推动了其他出版机构对体操教材的编辑和出版。在一定程度上可以说,文明书局是我国近代体育教科书的先行者。

* * *

源自抗战救国的现实需要,南京国民政府颁布了系列法规制度,带有明显的战时特点和功利色彩;反观抗战结束后再次颁定的各类纲领法

---

① 王细荣:《清末民初新型知识分子科学中国化实践研究——以虞和钦为中心》,博士学位论文,上海交通大学,2012,第108页。
② 毕苑:《建造常识:教科书与近代中国文化转型》,福建教育出版社,2010,第89页。
③ 何瑶琴:《中华书局中小学教科书出版研究(1912~1937)》,第15页。

规，不难发现新旧顶层设计的思想何等相似。这种相似性，从表面来看，来自新旧背景下，体育发展阶段的相似性与体育需求的相通性；从深层来看，可能与人们对体育的认知与定位有关。而影响和决定当时人们对体育认知和定位的因素，应该向前追溯，从既往的历史中寻求解释。依此逻辑，体育从近代传入我国后，就被有意或无意地当成"启蒙"和"救亡"的一种方式。从1920年代开始，体育在学校经历了一段自由的发展期，又因锦标主义备受诟病。1930年代后，已有的体育问题愈加严重，新的问题也开始浮出水面。然而，当外敌入侵、国难当头时，之前对体育的批判暂被搁置，取而代之的是"体育救国"。在执政当局的倡导和支持下，体育的功能和价值被强化，体育的地位也因此而提高。当战争结束，一切威胁不再存在了，体育能获得自由的发展吗？理论上，应该可以；现实中，很难。毕竟近代体育的发展史证明了，每一次体育地位的提高，主要得益于执政当局政策的推动；在当时和后世的人看来，这不只是一种事实，而近乎成了一个"规律"或"传统"。战争结束后，便是这种"规律"或"传统"发挥作用的时代了。对这种"规律"的过分解读或"传统"的心理依赖可能产生的消极影响，不知当时是否有体育专家和学者给予提醒或反对？若以前没有人反对，我们现在的解释至多算是一种理性的、脱离时空条件的反思；关于这种反思的价值和分量，可能只有真正进行过反思的人才知道。

第五章　主要著作体育观的演变

　　一般而言，著作的内容选择受制于研究目的或现实需要，而纯粹学理层面的探究主要限于特定的知识领域。从我国近代体育图书的出版情况看，几乎都是对现实体育需求的回应。如前所述，我国近代体育图书出版的最早时间是1890年。事实上，以体育学理与方法为探讨对象的体育学术发展，远落后于体育图书数量的增长。从体育研究的专业性、系统性和科学性看，经过民国前的孕育期和1910年代的萌芽期，1920年代才相继出现了几部具有较高学术价值的理论著作。比较和分析这些著作不仅能了解体育内涵与外延的变迁，也能获知不同时代学界对体育的基本认识及其反映出的体育学术水平。

第一节　本质论：对体育内涵的理解

　　从现今可查的资料看，《体育学》是最早出现的基本理论著作。[①]1924年，罗一东所著的《体育学》，被界内公认为迄今发现的最早且最具系统性的体育学基本理论著作。因此，本书以该著作为起点，比较和分析不同年份出版的《体育学》、《体育原理》和《体育概论》，寻找对体育基本认识的差异及其原因。关于上述基本理论著作对体育内涵的理解，可参看表5-1。

一　1920年代：表述重点不同，认识不统一

　　罗一东《体育学》开篇第一句声明"体育云者乃身体之教育也。所以体育亦为教育之一端"。[②]而后从广、狭二义对其进行了具体解释，认为"广义之体育，凡关于身体之事胥包括于体育范围内，若卫生界广

[①] 由《中国体操学校》的章程可知，1913年校长徐一冰所编的《徐氏体育学》便作为该校的教学内容。

[②] 因罗氏书中标点使用不合现代阅读习惯，笔者对其进行了适当调整，下同。

表 5-1　不同著作中关于体育含义的表述

书名	时间	作者	体育之意义	备注
体育学	1924 年	罗一东	体育者乃取材于自然运动且合于卫生之法,则在有意的具体规律之下训练身体及精神,因以完成健全人格之科学也	综合广义和狭义之说后的结论,认为广义体育观较为合适
体育学	1927 年	章凌信 杨少庚	体育者,本人类身心固有之机能,(良知良能)施以教养锻炼诸方法,俾日益发展,以完成其人格者也	体育的范围有广义、普通意义和狭义之分
体育原理	1929 年	宋君复	体育为普通教育之一部分	未明确给出
体育原理	1933 年	吴蕴瑞 袁敦礼	体育乃以身体活动为方式之教育	"定义之概念"
体育概论	1933 年	陈咏声	体育为"以身体活动为方式的整个机体之教育"	教育的一种方法
体育概论	1944 年	刘德超	根据自然之活动,直接锻炼吾人之身心,间接增进德、智、体、群、美诸育,乃以身体活动为方式之整个机体教育也	该认识是中美教育家和体育家近年来所认定的见解
体育原理	1945 年	江良规	体育者,乃国家以人类生理解剖及心理之根据,以活动为方式,训练人民之政治方法	强调体育的政治性
体育概论	1947 年	王学政	体育为身体教育的简称。体育之教育方式即为身体活动,其内容包括所有能训练吾人如何控制及指挥身体之大肌肉活动,以及一切与此种大肌活动有关并能影响儿童至发达与成人身体和社会的功能之因素	强调教育性和手段的多样性
体育概论	1948 年	俞子箴	体育是"以身体运动为方式的整个机体的教育"	强调体育的教育价值

阔之领域、运动界无限之种类,皆体育范围内事也。换言之,体育即实行身体训练(Physical Training)与卫生(Hygiene)是也"。而"侠(狭)义之体育,只以运动为限,不包含卫生"。此处的"运动亦不包括一切职业之动作,只限于为身体教育而特设者。换言之,吾人立一定之目的而行特殊之运动,以修炼身体是谓体育"。最后,"就以上两义所述,可纂合其说为体育之定义如次:体育者乃取材于自然运动且合于卫生之法,则在有意的具体规律之下训练身体及精神,因以完成健全人格之科学也"。

章凌信和杨少庚虽然开门见山，对体育的意义进行了直接说明，但是其对体育更为详细和系统的理解却反映在从广义、普通意义和狭义三个层面对体育范围的说明中。他们认为从广义上讲，"凡情意身体所关，与人类生活上各事项，皆得包含于体育范围之内"；普通意义上的体育，"大概只以运动为限，不兼含有卫生"，此处的"运动，又不盖含一切种类，只以特为身体锻炼而设者为限"；狭义上的体育，"即专就学校体育所设定、实施之各运动而言之耳"。后又指出"体育云者，凡与身体、精神有关系之卫生，或运动，莫不详细加以研究者，是为广义之体育"；"若守一定之宗旨，而为运动者，是乃侠（狭）义之体育"。最后，他们认为，"就以上三种意义观之，以最广义之说为当"，因为"吾人欲完全达到身体修炼之目的，自不能不注意于日常衣食住之卫生"。

　　由上可知，两书在表述和认识上具有一定的相似性，但差异性更为明显。究其原因，主要受时人对体育的认识水平和体育与卫生关系复杂的影响。如1923年教育部颁布的《中小学课程标准纲要》，正式把"体操科"改为"体育科"，并将卫生纳入体育科的范畴。次年，体育与国民游戏组和教育改进社中的卫生组织相结合，成立了中华教育改进社体育卫生组。此外，体育传入我国的时间不长，且因锦标主义产生的诸多问题颇受争议；加之，当时国情特殊，内外交困，体育被赋予和被期待的功能不一而同；即使是学校，体育的目的和政策与健康或卫生的关系也较为复杂。因对体育的认识一直是仁智各见，加之作者受制于当时的时空条件，不应苛责上述两种观点。抛开对体育理解的科学性或合理性，若以清晰性而言，章、杨二氏不及罗氏；因为章、杨二氏过度放宽了广义体育的范围，以至于模糊了体育与非体育的边界。若从学术史的角度看，罗氏的认识也略胜一筹，不仅因为其早于章、杨二氏正式提出体育的观点，而且章、杨二氏虽然对"体育之意义"进行了不同的界定，但是从其对体育范围的划分和理解判断，并没有真正超出罗氏。

　　宋君复并未明确给出体育的释义，在分析"体育之目的"中，第一句话即为"体育为普通教育之一部分"，算是对体育意义的一种间接表达。由于宋氏未能界定体育的含义或范围，读者在理解某些章节的内容时，只能凭借日常生活经验揣度。此外，在介绍"运动之哲学与理论"时，宋氏开篇即说"吾人知儿童根本之动作，即运动之动作"，后又指出"近年来之趋势，则每漠视生理上之教育，而偏重社会之环境"，同时在相继使用了"锻炼""人为教育""体育教育"后，又介绍说运动的相关"理论纷繁，意义复杂，各是其是，莫衷一是"，这些都混淆了人们对运动的理解。更何况在说明"运动在体育上之价值"时，宋氏最后得出的结论是，"绝非造成角逐之力士，而为锻炼康健之身体。运动之目标，亦非专为增进身体之肌肉，乃欲增加身体上之效率，使身体美满而康健也"。由此如何理解运动及其与体育之关系？这一切主要源于宋氏未先明确体育之含义。究其原因，从个人层面看，宋氏算是当时较为知名的体育学者，如此常识性的问题不应该遗漏；从社会层面看，正如宋氏在"序言"中所指出的普遍问题，在挑选体育教师或指导员时"只选长于技能者"，而对于相关的理论知识，则不管不顾。这也直接影响了宋氏编写该书的目的和期待，"能对体育之效能、目的、应用各方面，得准确而广阔之见地，因而对体育界现况，得以多多改良促进"。由此推知，对于体育意义的解读，宋氏并未将其列入讨论之列。可见，当时一些体育界知名人士对体育的研究多是针对现实问题，但从学术层面看，过于注重实用性反而忽视了内在的学理性。

二 1930年代：明确提出体育的教育属性

袁敦礼在论及"体育之意义"时，声明他"仅就体育二字之意义，略事引伸，读者于此中或可得一定义之概念。至于具体之定义，则仁者见仁，庶可不详矣"。[①] 在他看来，"体育二字本为身体教育之简称，盖由所谓德、智、体三育等名称而来，故体育意义之第一点，即系教育之一方面。但以教育分为德、智、体三部分，实与近代教育以个人整体为中心之原则相违，故吾人不敢苟同，故仅谓之为教育之一方面。体育意义之二点，即只限于身体方面之教育，此或可称之为身体之教育。但吾人对于此种解释至不赞同。所谓'身体之教育'者，即传统的二元之遗

---

① 在该书"弁言"中，著者已说明第一、四、八章由袁敦礼所著，其余各章由吴蕴瑞所著，故此将二氏分开。

毒，亦即以人之身体视为解剖台上尸体之见解也。吾人既知凡属教育即不能分之为人之何部分之教育，因人系一整个的机体不能解剖式的划分之也。同时吾人既知人之机体为生动的，且有无穷之适应、无穷之机能，非一静止纯物质之机器，则吾人之所谓体育者乃为人之整个的机体之教育。其所以有别于教育二字者，乃表明其用特殊之方式而已。故体育之意义，乃以身体活动为方式之教育也。吾人如能对于此种体育之意义深加了解，则体育原理之重要及其来源之广大，更无待辩而益明矣"。

方万邦在其《体育原理》第一章"体育原理的滥觞与内容"中指出："体育的发达，既是随时代理想和社会需要而不同，结果乃使近世体育产生了繁杂的种类和歧异的派别……种类如此复杂，方法又很繁多，互相混杂扰和的结果，常使施行时发生各种困难。为了解除这种困难和增进教育的功效，我们必需有一个选择施行的标准，这标准就是体育原理！"[①] 基于这一背景，方氏在第四章"体育之目的及目标"中从14个方面先简明地叙述了"体育的概念"，强调"体育是教育的一端，是达到教育目的的一种方法"；继而又简明地确立了"体育的定义"，即"体育是以身体大肌肉活动为工具，而谋达到教育目的的一种教育"。[②] 与同时代体育专家学者相比，方氏同样强调体育内含于教育的根本属性，不同的是更加突出体育的身体大肌肉活动的工具性特征，将体育的共性和个性完整呈现，最终为造就具有健康的身体、快活的精神和健全的人格的完人。

陈咏声认为体育"是关于身体的教育"，"因为现代教育的原则是以个人全部为中心，绝不可以将一整个的机体硬切开做德、智、体三部分，所以体育是教育的一种方法，切不可与德育、智育分立的"。陈氏在此基础上，提出体育是"以身体活动为方式的整个机体之教育"，同时说明"这种见解还是最近发生的。以前的人对于体育的真义仅认识一部分，于是体育的效果也跟着只能达到一部分"。后又从进化的角度，分析了以前狭义的体育经过了"体育就是体操""体育就是运动""体育就是游戏""体育就是健康"四个阶段，才发展到现在的"体育就是教育"阶段，

---

① 方万邦：《体育原理》，京华印书局，1933，第10页。
② 方万邦：《体育原理》，第111~121页。

并指出"现在的体育应当包含了以上五个时期体育的特点，应当认清了人体生理上与心理上的需要，依照年龄的长幼、男女性别，给以相当的训练，使逐渐养成良好的习惯和强健的身体，做一个健全的国民，这才是体育的真义，也就是教育的真义"。陈氏的体育真义观不仅是一种广义上的体育观，也是一种广义上的教育观。按照吴蕴瑞对"体育目的须能伸缩而有弹性"的理解，"能作为达更远大之目的之方法"，是体育的"真目的"。

三 1940年代：对教育属性的理解更加宽泛

可能也正因为如此，相隔11年之后，刘德超在论及"体育之意义"时，认为体育是"根据自然之活动，直接锻炼吾人之身心，间接增进德、智、体、群、美诸育，乃以身体活动为方式之整个机体教育也"。接着也基于进化的观点，分析了体育的演进过程。最后，提出"体育含义，乃在智、德、体、群、美，以健全个体、社会、民族、国家而促进自新，或发扬其能力为归结"。整体而言，刘氏仍沿用了陈氏的观点和分析逻辑，唯一不同的是，说明"体育之意义"时字数增加了，表达得也更为具体、系统。同时，刘氏对体育含义的认识也反映了其对时代发展趋势的洞察和对国家前途的希望。此外，从表5-1可知，民国末期，王学政和俞子箴对"体育之意义"的认识仍与陈氏无异。尤其是俞氏直接使用了陈氏的说法，足见当时对于"体育之意义"的认识，"以身体运动为方式的整个机体之教育"的观点已被学界普遍接受，只不过在使用时表达方式或具体措辞不同。

同样值得一提的是，江良规在"体育之史的考察"的结论中，给出了体育的定义。相较于民国时期其他学者对体育的认识，江氏的观点可谓独树一帜，发人深思。江氏在评价密西尔的自我表现说时指出："密西尔氏之自我表现说为较新之学说，以生理、心理、及解剖为根据，说明游戏之本质为人类求得自我表现之机会……密氏理论，以科学事实为根据，较之以往各说，已有进步。惜其立场，仅以'个人'为观点，缺乏团体或国家的意识，有背第四期——政治体育之潮流，本人因借本文之末，予'体育'以定义曰：'体育者，乃国家以人类生理解剖及心理之根据，以活动为方式，训练人民之政治方法'是也。"由此得知，一方面，江氏较为认同密西尔的理论，甚至其给出的体育定义也直接受启于该理论，所以有"以人类生理解剖及心理之根据"；另一方面，江氏为何不在目录中突出或各章节中对其进行详细说明呢？是江氏觉得没必要还是觉得不合适？笔者认为可能因为其心有顾忌，担心此说受人诟病。进一步看，江氏所给定义的关键不在中间，而在两端，实施体育的主体是"国家"，目的是"训练人民之政治"，落脚在"方法"。从江氏的教育经历和当时所处的环境看，作为一种学术观点，此定义的出现不仅可以理解，而且也无过分和夸张之处。但是，从国民党自身的处境和发展定位看，作为一种间接的体育方针，此定义背离理念太多，可能引发的抵触不会少。

在学术自由和现实发展之间，1940年代的体育观更为宽泛，也更为务实，或者认为是前期认识的一种延伸和扩展。与众不同的是，江良规用一种较为隐蔽或曲折的方式，表达自己对体育的认识。实质上，江氏的观点也可以看作程登科体育观的一种延伸。

第二节　方法论：对体育外延的认识

内涵和外延是认识事物概念的两个重要方面，对于体育的认识同样适用。体育的内涵可通过"体育之意义"或定义来说明，体育的外延从"体育之分类"或划分来体现。中国近代体育基本理论著作在体育划分方式上的差异，也能折射出体育学术的基本情况。关于不同著作对体育划分的基本认识，可参见表5-2。

表5-2　不同著作中体育划分的依据及内容

书名	时间	作者	体育划分的依据及内容	备注
体育学	1924年	罗一东	按其特殊点分为家庭体育、学校体育、社会体育、军队体育	基本明确
体育学	1927年	章凌信 杨少庚	按其特点分为军队体育、学校体育、家庭体育、社会体育	基本明确
体育原理	1929年	宋君复	重形式之体育、自然式之个人体育、自然式之团体体育、辅佐运动	基本明确

续表

书名	时间	作者	体育划分的依据及内容	备注
体育原理	1933年	吴蕴瑞 袁敦礼	按照目的分为： 个人体操：预防和改正； 水中运动：游泳救生、水上击球等； 格斗运动：国术、西洋拳术、击剑、角力等； 自试活动：器械运动及各种体械上之技巧运动； 竞技运动：田径运动及球戏； 游戏：各种小游戏（主要用于小学）； 节奏活动：各种舞蹈表演（可与音乐、诗歌合奏）	依据不当
体育原理	1933年	方万邦	自然体育与非自然体育	未明确划分
体育概论	1933年	陈咏声	儿童体育、青年体育、女子体育、民众体育、学校体育	依据不明
体育概论	1944年	刘德超	按生理与心理、环境需要分为儿童体育、少年体育、青年体育和老年体育； 按广的方面分为家庭体育、社会体育、军事体育、（学校体育）； 按性别分为男子体育、女子体育	依据不当
体育原理	1945年	江良规	体育活动在各期社会生活中的地位： 原始社会：社会生活即体育生活； 游牧社会：谋生与娱乐； 农业社会：体育活动为农业社会的产物； 工业社会：生活的调剂与训练	内容不清
体育概论	1947年	王学政	自然与非自然或人为的； 按运动因素分为体力、耐力、速度	依据不明
体育概论	1948年	俞子箴	按年龄分为幼稚体育、儿童体育、青年体育、壮年体育、老年体育、衰年体育、女子体育； 按性质分为个人体育、家庭体育、学校体育、社会体育、军警体育； 按职业分为公余体育、农邻体育、店员体育、工余体育	内容不清

一 1920年代：依据基本明确

从时间看，罗一东在1924年出版的《体育学》中对"体育之划分"

进行了说明，认为"体育之意义虽以广义为当，然因其实行之地点及其目的各有不同，故运动之种类程度亦自有差别"，于是就根据运动的特殊点将体育划分为家庭体育、学校体育、社会体育和军队体育。通过罗氏对各类特点的分析，可将其归结为：家庭体育重在普及性，家庭成员皆可锻炼身体；学校体育体现学理性，一切益处不大的特殊技术均应排除在外；社会体育体现一般性，包括所有公私团体进行的娱乐运动；军队体育突出教育性，属于对身体进行的专门教育，且比学校体育、家庭体育繁难。整体而言，罗氏对于体育的划分基本明确；进一步分析，发现以下几点值得注意。首先，关于体育与运动的关系。罗氏认为体育包括运动，体育较为抽象和宽泛，而运动更为具体，所以在"运动编"中，罗氏说"运动种类甚多，然依其及于身之影响与结果，可分为强力、敏速、持久运动之三种"。其次，罗氏所根据的"运动的特殊点"较难把握。对于家庭体育和社会体育而言，注重运动的参与群体与功能；学校体育注重运动的合理性和具体内容；军队体育侧重于运动目的。最后，罗氏对各类体育的态度不同，积极提倡家庭体育，认真对待学校体育，宽泛界定社会体育，特殊强调军队体育。

章凌信和杨少庚对体育的划分，尤其是划分依据及种类，与罗氏相同，但也存在差异，主要表现在两个方面。一方面，介绍的顺序不同，罗氏是依家庭体育、学校体育、社会体育和军队体育的顺序进行分析，章氏和杨氏则将军队体育放在最前面，按军队体育、学校体育、家庭体育和社会体育的次序。若忽视这种差异，就不能很好地了解两者在更深层面的不同。正如章氏和杨氏所指出的，"社会体育不发达，则青年在军队、学校与家庭所受之训练，皆可因之消减而无遗"。另一方面，在分析各类的特点和边界时，章氏和杨氏比罗氏更为具体、详细、明确；同时对于四者的关系，章氏和杨氏认为"苟人民之身体，常为疾病所缠缚，则其所操之业，必不能胜任。所业不成，而寄生社会，徒分利，而不能生产。以国家有限之生产，供彼无穷分利者之耗费，国家奚得而富强哉"。毫不讳言，相较于罗氏对其的一言不发，此等长远而磅礴之论更为深刻、真切，且更具说服力和号召力。

宋君复在其著作中并未直接论及该问题，只是在第一章第二节"体育之制度"中分析了瑞典制、日耳曼制、日本制、美利坚制、英吉利制和中国拳术制，随后提出"取各国所有之各种体育之善者，归类分列于后，而令成一新颖之体育制度"。宋氏将这种"新颖之体育制度"分为以下几种，即重形式之体育、自然式之个人体育、自然式之团体体育和辅佐运动。事实上，从宋氏对诸国"体育之制度"的分析和对我国拳术制的理解，不难发现其所说的"体育之制度"，与现代我们理解的体育制度存在本质区别。若从整体认识上看，此处的"体育之制度"相当于我们现在所说的"体育种类的体系"，依此就不难理解其为何将自己新创的"新颖之体育制度"划分为上述四类了。若从具体分析看，宋氏对体育与运动关系的认识与罗氏一致，认为运动包含于体育，运动更为具体，体育较为抽象和宽泛。但是因不明宋氏划分的依据，也很难使用统一的标准对其进行再认识，宋氏贡献的"新颖之体育制度"，因"不根据任何一种旧传习，亦不依据任何一种制度"，加之具体种类间边界的模糊和基本概念理解的不同，很少被后人采用或研究，最终只能成为一般性的史料，被尘封起来。

二 1930年代：不重依据，重内容

吴蕴瑞和袁敦礼也并未专门讨论体育划分的问题，只是在分析各种活动达到的体育目的时列举了七类具有不同目的的活动，分别是个人体操、水中运动、格斗运动、自试活动、竞技运动、游戏、节奏活动。吴氏和袁氏虽然对上述七类活动进行了说明，但重点是介绍各类活动具有的功用，所以关于七类活动的具体内容和相互关系并未涉及。进一步分析，发现二氏的分类体系缺乏严密的逻辑，各类活动，尤其是其目的之间存在明显交叉。这在对事物进行划分时是应该力求避免的，但是每种体育活动的功用并不是单一的，目的自然也很难限定在具体某一个方面。因此，避免或解决这类问题的有效方法是使用更为合理的划分依据。从另一个层面说，此种分类体系也反映出二氏对体育的理解及其目的的认识过于泛化。十多年后，江良规"继承"了这一传统，在分析体育的社会学基础时涉及体育活动在不同时期社会生活中的地位，并说明了原始社会、游牧社会、农业社会和工业社会中体育所具有的地位。仔细究之，笔者认为"地位"一词使用欠妥，它不仅强化了体育在不同时期的价值，同时也忽略了"地位"一词本是人们主观价值赋予的结果。事实

上，江氏是基于四个社会阶段，分析其中体育可能具有的主要特征或发挥的作用，如此，江氏对体育"地位"的界定是可以接受的。但是，江氏对于四个不同社会时期的划分，也存在标准不统一或依据不清的情况。

对比宋氏，吴、袁二氏和江氏的著作均未专门论及体育的划分问题。这是一种巧合还是学界形成的一种较为普遍的看法？从体育划分涉及的问题看，可能只有在对其认识较为一致的情况下，体育基本理论类著作中对其不予专门讨论才更为合理和可取。反观当时对于体育的分类，学界尚未取得一致性认识。

三 1940年代：依据不同，内容繁杂

刘德超在《体育概论》第五章"体育与人生"的绪论中，一句话说明了其对于体育划分的基本理解，即"因人生各时期生理与心理之不同、环境需要之各异，乃有儿童体育、少年体育、青年体育、老年体育之分；自广的方面言，则家庭、社会、军事之体育，亦大相径庭；若以性别言，则男女又各不相同焉"。随后，其从第二节至第十节分别讨论了儿童体育、少年体育、青年体育、老年体育、女子体育、家庭体育、军队体育、社会体育、学校体育。根据刘氏对体育划分的基本认识和内容安排，其对儿童体育、女子体育和家庭体育分析较为详细，尤其是论述家庭体育所用文字最多。以此观之，刘氏认为三者的重要程度超过其他各类，同时也说明体育对儿童、女子和家庭的影响应该引起更大的重视。但是，刘氏按"生理与心理之不同、环境需要之各异"将体育划分为儿童体育、少年体育、青年体育和老年体育，与俞子箴按"年龄"将其分为幼稚体育、儿童体育、青年体育、壮年体育、老年体育、衰年体育、女子体育的做法相比，说明的问题与引起的问题一样多。刘氏如果能以年龄为依据，则划分更为明确和清晰；俞氏若在其内容中不包含女子体育，那么划分更为系统和缜密。事实恰相反，两者都因采用的依据不当，未能将体育划分得更为清晰和缜密。此外，俞氏以"性质"为标准的划分方式，虽然与刘氏按"广的方面"的分类相比，内容上重合很多，但都存在依据不当的问题；从穷尽性与排斥性原则看，刘氏的"性别"分法比俞氏的"职业"分法更明晰，也更合逻辑。

王学政在对体育活动进行划分时指出"体育活动，其综合之分类

法甚多，有分为计划的与非计划的、自动的与被动的、自然的与非自然或人为的；亦有按其所需要或所训练之运动因素分为体力、耐力、速度三类者"。由于前两种划分过于宽泛，王氏只对后两种进行了较为详细的介绍。关于将体育活动分为自然的与非自然或人为的，王氏并未明确给出划分的具体依据，但是其在分析"非自然活动之地位"时，认为"非自然与自然活动划分之关键，并不在动作之形式是否近乎人类之原始的运动机能，而在是否能适合或启发人类之本性"。关于后一种分类方法，王氏根据体育活动所需要或所训练的"运动因素"将其分为体力之运动、耐力之运动和速度之运动，体现出更为专业的体育知识，而且认为"一般活动，除少数外，多为此三种运动之混合"。以后见之明看，王氏如果能再扩展或深入一些，或许会把灵敏或敏捷、柔韧等运动元素提炼出来，甚至还能发明一种更为全面或与"项群"有关的理论来。虽然王氏只是提出了这样一种专业而欠全面的分类方法，但仍不失其独特性。

总之，关于体育的划分方法，各有各的特点和重点，共同之处在于针对性和实用性较强，但缺乏基本的逻辑性和较好的严密性。从不同学者对体育分类依据及其内容的分析中，可知他们主要是从欧美体育发展现状和经验、当时国内普遍存在的体育问题、自身对国家前途和体育的期待等方面来认识体育的。这就不可避免地在各自的观点中夹杂了更多的功利性、异域性和主观性的元素和情感，也成为不同学者体育思想的一部分，进而构成了那个复杂而又动荡，但却不乏激情和信仰时代的体育学术特征。

第三节 目的论：对体育目的的认识

一般来说，体育目的是体育需要达到的标准。体育目的的确立，主要与体育自身属性、社会发展水平和人们对体育的需求有关。通过对近代不同著作中体育目的的梳理，可以了解社会对体育的需要和期望，也能了解不同时代人们对体育的认识水平。关于不同著作对体育目的规定的情况，可参看表5-3。

表 5-3　不同著作对体育目的的理解

书名	时间	作者	体育目的	备注
体育学	1924 年	罗一东	幸福（经济、审美、竞争）	并未直接讨论
体育学	1927 年	章凌信 杨少庚	现今体育之目的，谓为修养完全之人格可也。体育之目的分卫生之目的与训练之目的两端	更注重训练（精神）层面的目的
体育原理	1929 年	宋君复	纯属于身体方面之目的；属于发展品性及人格方面之目的	技能和知识层面的目的融于品性及人格的形成中
体育原理	1933 年	吴蕴瑞 袁敦礼	机体充分发达；各种技能、能力之培养；品格与人格之陶冶	基于一元论和大教育观
体育原理	1933 年	方万邦	体育的目的在于供给精明能干的领袖、优良合理的环境和适宜运动的机会，使个人或团体，在此情形之下，能获得康健的身体、快活的精神和健全的社性的人格	"六化主义的体育"：教育化、科学化、普遍化、生活化、自然化和游戏化
体育概论	1933 年	陈咏声	健身的目的；教育的目的	基于实际生活需要
体育概论	1944 年	刘德超	健全个体、社会、民族、国家而促进自新，或发扬其能力	未明确给出，是从体育的意义中抽取而来
体育原理	1945 年	江良规	个人主义的体育目的、社会主义的体育目的、国家主义的体育目的；（体育目的应该包括政治、健康与品格三方面的目标）	基于哲学的角度
体育概论	1947 年	王学政	机体之发达（生理与卫生方面之目的）；神经肌肉技能之发达；游戏与娱乐兴趣之发达；社会及道德标准之发达	与吴蕴瑞的认识较为接近，但强调体育目的的阶段性或过渡性
体育概论	1948 年	俞子箴	机体之发达（生理与卫生方面之目的）；神经肌肉技能之发达；游戏与娱乐兴趣之发达；社会与道德标准之发达	对体育目的的认识与分析同王氏

一　1920 年代：重人格培养

　　罗一东对体育目的的认识，并未单独设章节讨论，也没有在总论中明确提及。根据罗氏对体育意义的界定，则可推出其认为的体育目的应是"完成健全人格"。但是，此种宽泛的认识并不能体现罗氏对体育目的具体而独到的理解。相反，总论中关于"体育与人生观"的分析，笔者认为不仅反映了罗氏对体育的定位，也可近似将其等同于江氏对体育目的的间接说明。江氏先指出"人生观虽随个人之目的不同而异，然于生活上要求满足其欲望之心则一也。所谓欲望者，无非'幸福'范围内之事也，夫幸福不外乎以下之几种结晶所成：经济、审美、竞争"，随之认为体育是实现幸福的手段，而后对其与体育的关系进行了分析和说明。

章凌信和杨少庚认为"体育最初之目的，专为改良人体，以应时代之要求足矣"，但是到了近代"从事身体修炼，置精神于等闲。结果知识卑下，道德沦亡"。所以，"现代体育之对象，不仅以健全身体为限，同时尤为重精神之修养与品性之陶冶"。只有身体强壮、精神健全、品性优良的人，才具备健全的人格。而后，列举了美国、法国、英国、日本的学者对体育目的的认识，尤其重点介绍了日本的体育目的。在此基础上，将体育目的概括为"卫生与训练两端"，并且对其进行了较为详细和深入的分析。一方面，"卫生之目的"主要表现在"使身体各部平均发育，俾得自然优美之姿势；保护身体之康健，而益增进之；使四肢强壮，动作正确、耐久及机敏；练习人生所不可少之各种动作"。另一方面，"训练之目的"主要包括"使精神上增进快活、顺从等习惯；使实行意志敏速而精密；养成守规律、尚协同之能力"。通过比较和分析，不难发现二氏称之为体育的"卫生之目的"和"训练之目的"，与现在所述体育对身体（生理）和行为（精神）的作用更为接近，唯独文字使用和表达习惯不同。

需要说明一点，民国时期，我国语言处于从文言到白话的过渡阶段，而且很多词语的意义不如现在丰富或固定，所以不能使用现在的标准评判当时的说法。否则，得出的结论很可能悖于作者的真实意图。应该尽量结合当时的语境，才能更为真实地了解和察知作者的意图。以"顺从"一词为例，现在使用时更多情况下具有贬义，若结合当时的语境，可知作者是从积极、褒义的角度使用该词，认为快活和顺从都是"良好之习惯"，两者通过体操和游技可以养成，且"顺从之习惯，亦多随精神之快活而生"。此处的顺从主要是指"常能遵守分内之各种规律"。即使如此，章、杨二氏也不是盲目赞赏和提倡"顺从之习惯"，因为"顺从固为良好之习惯，当亦视其人之身体强健与否以为衡。设非康健之身体者，其举动行为，常偏于怠惰，则其沉静寡言，力守尺寸，吾人似亦不能不许其为品性优良，实则无所取焉。必若而人者，身体强壮，精神快活，而又能顺从者，乃为可贵"。

此外，在第三编"发育论"中，章、杨二氏在对体育的进化过程进行简要梳理的同时，也提出"以备应用"是各时期体育发展的共同目的，只不过"时代之不同，而体育之方法亦异"；而后确定了体育的目的在于"辅佐发育、矫正姿势、增进健康、锻炼身心。换言之，即养成健全之身体"。对于体育的目的，虽然二氏继续解释说"身体者，精神之所由寄也。事业者，精神之代价也。是以有健全之身体，而后有健全之精神。有健全之精神，而后有健全之事业。个人之生活，社会之进步，国家之强盛，胥恃乎体育也"。最后，二氏不仅将其对体育的感情升华，也将体育的作用放大，但这并不能说明他们提倡的体育目的观真如上述所说是"养成健全之身体"；如果是，那此处的身体更注重生理层面。事实上，从二氏对体育的系统分析和对体育目的的说明不难看出，他们对体育作用的理解仍视生理层面重于精神层面，不论他们承认与否，毕竟，这是由当时体育在社会上的印象和社会对体育的期待共同决定的，是由时代决定的。他们作为独立的个体，虽对体育有较为深入的了解，但与更多同时代人相比，只是认识深浅程度不同，不可能真正摆脱历史的局限。

宋君复用了大量篇幅，① 分别从"纯属于身体方面之目的""属于发展品性及人格方面之目的"两个方面讨论了体育的目的，尤其是在体育"发展品性及人格方面之目的"上，宋氏的诸多见解和认识对当下的体育学术讨论和实践应用仍具有重要的借鉴价值和启示。首先，从学术意义分析了生长与发育的区别，即"生长专指遗传、体魄与天赋性格之依常态进化者而言……生长已达其定限，则潜伏能力之发育，概归功于教育之艺术"，同时认为"依今日之教育制度，匆发育之平均实效，恐不过为潜伏能力十分之六也……体育之使天赋性格发育，实立高等教育之基础"。其次，从客观的角度表达了对体育目的的理性认识，如"体育

---

① 全书共68页，在第一章的第三节，即从第8页至第17页，作者都在阐明体育的目的，约占全书的1/6。

活动非万能,只能在相当环境之下,始可为教育之工具耳。所得效果之性质如何,全视领导人物而定";"因一定之本能,须在一定环境或一定方式之环境内,而后始可发现也。我人不可以辞害意,如对篮球运动之合作能力强者,对于其他各种生活之环境,其人不必亦能具有同等强大之合作精神;在职业上一最富有高尚之个性者,然其待人接物,或多污行"。最后,以长远眼光说明了体育的"真价值",即以体育为工具,"使各种潜伏能力得以发展而育成",换言之,"体育活动之价值,即体育对于品性与人格教育之价值也",而"体育对于品性训育之贡献,决非一般普通重视形式之器械或徒手体操所能及者"。作为一名普通的体育工作者,宋氏对体育能力所及的范围和限度认识较为深刻和透彻;身为一位知名篮球专家,宋氏对篮球运动及职业球手的评价保持了基本的克制和理性,体现出一个界内人应具有的公允和客观。这一切与其说源于宋氏具有的全面而丰富的知识,不如说其反映了宋氏良好的专业素养和崇高品格。

二 1930年代:重生活能力的培养

吴蕴瑞将体育目的单列一章,从"体育目的之推究""体育目的之分析""各种活动对体育所达之目的"三节对体育目的进行了系统而深入的讨论。在"体育目的之推究"中,吴氏指出体育目的有真伪之分,而判断其真伪的标准有三点,即"体育之目的须依据目前社会之状况而定、体育目的须能伸缩而有弹性、目的须为活动之一阶段"。同时,在他们看来,前两点与"体育目的性与量方面的改变"有关。具体而言,第一点说明"因社会常改变,故体育之真目的常行改变,其改变之程度,与社会同";第二点意味着"体育目的之内容常有增减,于是性与量两方面必有改变"。此外,"学术之进步与科学之发明"和"教育目的之变迁",也是影响体育目的的两个不应忽略的因素。换言之,前者主要指"学者之有新主张",因此说"体育目的之改变乃受学说变迁之影响";而后者则是与体育和教育的关系有关,"体育既入教育之轨道,体育与教育同进退,体育之目的,即随教育目的为转移"。在"体育目的之分析"中,吴氏基于一元论,将体育目的划分为三个方面,即"机体之充分发展、各种技能与能力之培养、品格与人格之陶冶",同时强调因为"身心既不能分开,则体育所达之目的亦属整个,不能分析为数条,此为理论之结果,无容怀疑。但为明显与便利起见,得分为三个方面而论,读者弗以为身心能划然分为数条也"。从上述各点可以看出,吴氏对体育目的的讨论由浅入深,层层剖析,不仅体现了其缜密的思维特点,更反映了其严谨的科学态度。与吴氏的观点相比,当前学界认为影响制定体育目的的依据主要有三个方面,即"社会的发展水平、体育自身的特点、人们的体育需求",并不包含吴氏提到的"教育目的之变迁"。① 究其原因,一是两者认识体育的起点不同,前者是基于大教育观,后者基于大文化观;二是两者所处的体育发展阶段不同,前者主要受制于所处的时空环境及社会的认知水平,后者更多地受益于国内外体育发展的经验和人们的体育需求。此外,两者分析体育目的的方式也有差异,前者注重从学理层面探究,后者主要从现实层面总结。笔者推测,可能也正是因为吴氏对体育目的的分析基于学理层面,带有一种纯粹的或理想化的色彩,故在现实中难以真正落实。

方万邦在其所著《体育原理》之"体育和职业"中写道:"体育的发展,是离不了时代和社会的影响的,各国不相同的背景,促成了体育的互异。""体育的目的在于供给精明能干的领袖、优良合理的环境和适宜运动的机会,使个人或团体,在此情形之下,能获得康健的身体、快活的精神和健全的社性的人格。"②

陈咏声认为"从前体育的目的,只是为促进健康,现在的决不止于此,比较要宽广的多了。现代体育的目的可分为两大类,一为健身的目的,一为教育的目的"。而健身的目的主要体现在:发达身体、矫正姿势、振作精神、医疗疾病。教育的目的有:养成一种支配全身的能力、养成自卫的技能、改变不良的天性、养成卫生的习惯。最后,陈氏指出"上面所列的各条目的,都是生活里无论待人处己、服务社会所必需的条件,缺少一样都不能算是健全的人"。由此可知,一方面,陈氏是从现实生活所需的条件出发,对现代体育的目的进行理解和划分的;另一方面,陈氏想将生活所需的全部条件都通过体育获得,这不仅预示着该目的脱

---

① 杨文轩、陈琦:《体育概论》,高等教育出版社,2021,第68页。应将"学术之进步与科技之发明"列入社会发展水平。
② 方万邦:《体育原理》,第9页。

离实际，难以达到，也说明当时人们对体育的认识不清，期待过高。

三 1940年代：突出社会道德

刘德超虽然在《体育概论》总论中专设一节论述体育目的，论及了目的的基本含义及其与相关概念间的关系，同时也列举了小学、初中、高中、大学体育目标及各国体育目标与各专家体育目标，但是并未给出其自身对体育目的的观点。在刘氏看来，"体育专家之目标，乃各据研究体育学之立场见解而异其主观，盖体育学范围甚大，吾人精力有限，难达完善"，同时说明"因主张潜研之不同，故发为目的不无偏重，然见仁见智，在致力体育事业之士善为观察取舍耳"。进一步分析，可发现刘氏在此问题上的顾虑和矛盾。从纯粹研究的角度，体育目的的阐明和分析应兼顾到一切可能的因素，力争客观；但在实践层面，体育目的多取决于体育专家的立场和见解，难脱主观。所以，刘氏以"体育学范围甚大"和自己精力有限为由，规避了自己的担心，希望体育管理者和决策者根据情况自己选择。平心而论，刘氏的理由虽合理与充分，但从后人研究的角度看，这未免是一个缺憾。更何况，受到体育专家立场和见解影响的领域很多，不单"体育目的"一处，何就偏偏在此避而不谈？可能这就是不同学者的治学风格和研究立场，有所为有所不为，为与不为的标准只有他们自己知道，我们在遗憾之余只能示以尊重。

江良规在"体育之哲学"中，首先说明了保证有效体育目的的条件，如"应该使活动者明其目的之所在""目的与手段应有切实之联系""不宜过于抽象或距离事实太远""不宜固定，应因时制宜""目的须为活动之一阶段"。其次，从不同的立场出发将以往对体育目的的规定划分为三种，即个人主义、社会主义和国家主义，同时指出"目前的中国，体育目的之确立，应基于民族主义之理想"。此处的民族主义，在江氏看来，是个人主义、社会主义和国家主义的综合体。考虑到"过去体育目的之解释，未免太复杂、太抽象、太广泛"，江氏认为"体育的目的应该包括身体、精神与品格三方面的目标"。随后，他选择了以国家主义的德国和个人主义的美国为对象，对两者的体育目的进行了分析。但是，江氏并不赞同或提倡两者，认为"这两种思想各趋极端的理想之影响结果。前者是国社主义的国家澎湃思想，使人民成为武力的狂热崇拜者和牺牲者；后者则为资本主义的个人享受的、变态的、自私的，以金钱、物质的享受为人生的较高理想"。相比之下，对于民族主义的中华民国所需要的体育目的，虽然1932年第一次全国体育会议和1940年在重庆举行的全国国民体育会议中均有说明和意见提出，但是江氏认为两者"均不免失之广泛，而且有抄袭之嫌疑，不合乎实际需要"。在其看来，"中华民国目前最迫切需要者为政治的训练，而不是娱乐的或社会的"，"体育在中国，应该是训练人民的一种政治制度，是项训练，包括身体、思想、精神及道德四方面"。

随之，江氏借用傅大龄在《真正中国人及其病源》一文中所提出的中国人的五种通病，认为中国体育目的应根据"简明实际的原则、中国的需要以及中国人民的通病而予以对症下药"，所以，他将中国的体育目的分为政治的目的、健康的目的和品格的目的三方面。从其对这三方面的具体说明看，与其说它是德国国家主义体育目的与美国个人主义体育目的的折中的结果，倒不如说是德国国家主义体育目的的中国翻版。此外，江氏在"体育之生理学基础（上）"中强调"身体之锻炼"是体育最基本的目的时，说"体育的目的虽然不仅为的是锻炼体格，并且含有较锻炼体格更重要之使命，然身体之锻炼，却为最基本、最重要之工作"。江氏只提及体育目的"含有较锻炼体格更重要之使命"，并未说明其所指为何。但是，结合江氏的体育哲学，不难想到其一定与政治有关。中国几千年根深蒂固的传统文化与当时所处的复杂局势，加之江氏曾在德国留学的教育经历，足以证明江氏的体育目的应该更符合中国国情。当然，用现在的观点审视，最令人难以接受的不是具体内容，而是语言词汇的使用及表达，从"政治""服从""守纪律""牺牲的决心""绝对拥护"，到"兵役义务""合作斗争""控制命运"，无不令今人产生恐惧心理和排斥情绪。很多时候，也正是由于这种不曾经历的陌生体验和无法缩小的时空隔阂，我们缺乏足够的勇气面对真实历史，缺少应有的理性评价历史人物和事件。

王学政认为"体育之目的，亦随社会之状况而变迁，须能伸缩而有弹性"，而且"体育之目的，仅为全部活动历程中之一阶段而已；此种目的的达到之后，尚须向体育更远大之意义进取"。也正是基于此，王氏将体育目的看成"为达到其他更远大的目的之方法或阶段"，或者是"使体育之意义现实时所经之步骤",将体育目的分为四个方面,即机体之发达(生理与卫生方面之目的)、神经肌肉技能之发达、游戏与娱乐兴趣之发达、社会及道德标准之发达。同时,王氏补充说"此为体育一般的目的",关于更详细的分析,他在随后"体育之效果"一节中展开,主要体现在卫生之效果、生理之效果、心理之效果、神经肌肉技能之发达、矫正之效果五个方面。可能因为是同门课程,认识一致且时间临近,俞子箴对体育目的的分析直接复制了王氏观点的全部文字。王氏对体育目的的分析,尤其是从阶段性或过渡性的角度将其归纳为四个方面,似乎与马斯洛需要层次理论的逻辑相似,不知其是否受启于马斯洛。当然,对于每个方面的具体内容,可以认为王氏与吴蕴瑞的认识较为相似,只是王氏胜于吴氏之处在于其分析得更为具体。

第四节 关系论：体育与相关领域的关系

近代以来,由于体育内涵和外延的不确定性以及社会对体育需求的变化,体育的目的及功能定位也随之变化,同时体育与相关领域关系的分析侧重点亦不同。通过对体育与相关领域关系的分析,可以进一步了解不同时期体育内涵与外延的差异,进而阐明不同阶段人们对体育的认知水平。关于不同著作对体育与相关领域关系的分析,可参看表5-4。

表5-4 不同著作对体育与相关领域关系的分析

书名	时间	作者	体育与相关领域的关系	章节
体育学	1924年	罗一东	体育与精神之关系、体育与人生观	总论的第三、四章
体育学	1927年	章凌信 杨少庚	体育与德育、体育与智育、体育与美育、体育与群育	总论的第六章
体育原理	1929年	宋君复	体育与道德、体育与健康、体育与工作、体育与文化	第三章第一、二、三、四节
体育原理	1933年	吴蕴瑞 袁敦礼	社会进化与体育、政治状况与体育、心身关系与体育、人之性质与体育、体育与教育、体育与他种活动(健康教育、军事训练、童子军、国术)之关系	第四、五、八、九章

续表

书名	时间	作者	体育与相关领域的关系	章节
体育原理	1933年	方万邦	体育和职业、体育和群育、心身关系与体育、文野生活和体育的关系	第一、三、五章
体育概论	1933年	陈咏声	体育与卫生	总论的第五节
体育概论	1944年	刘德超	教育与体育、时令运动与人生	总论的第九、十节
体育原理	1945年	江良规	体育与优生、体育与人生观、运动与政治	第五、八章
体育概论	1947年	王学政	体育与生活、体育与人类之本性、体育活动与健康之关系	第一、三、九章
体育概论	1948年	俞子箴	时令运动与人生、体育与教育、体育与德育、体育与群育、体育与美育、体育与卫生、体育与童训、体育与军训、体育与国术、体育与劳动	第十、十三、十四、十五、十六、十七、十八、十九、二十、二十一章

一 1920年代：分析趋于泛化

罗一东在"身体与精神之关系"中，认为"现在一般社会及教育者仍不免忽视其价值，是概因对于精神与身体之关系尚未十分明了"，所以从"身体为精神存在之根本""身体为精神运动之机关""身体能发表精神之状态""身体能增助精神之势力"四个方面简要说明了身体与精神的关系。但是，需要说明的是，罗氏将目录中的"体育与精神之关系"置换成了行文中的"身体与精神之关系"。若从行文的具体内容看，后者的表述更为贴切和准确；从目录的整体安排看，使用前者更具有逻辑性和系统性。事实上，两者虽然相关，但是仍存在较大差异，罗氏为何忽略了两者之间的差异？遗憾的是，书中并未论及，笔者猜测，罗氏不仅对两者的认识不清楚，对体育与身体的关系也不是很明确。这在后面几章罗氏对相关问题的分析中也能得到证明。对于"体育与人生观"的理解，罗氏沿着"目的—欲望—幸福—经济—审美—竞争"的逻辑推理，从幸福与体育之关系、经济与体育之关系、审美与体育之关系、生存竞争与体育之关系四个方面分别展开。在罗氏看来，此处的人生观近似于目的，幸福接近于欲望，而经济、审美、竞争又是构成幸福的三个条件。唯有以此为前提，才能更好地理解罗氏的分析层次。关于罗氏为何要探究"体育与人生观"的问题，很可能受启于当时学术界和思想界正在进行的"科学与玄学论战",受制于当时的社会环境。

章凌信和杨少庚在"体育在教育上之地位"中,认为"体育为身体的教育,基于生物学所成之学科",并指出"昔学者每分教育为德育、智育、体育三种;今之教育家,更推衍之为美、群诸育。故体育在教育上所占之地位,除健康身体、增人生幸福之本能外,更当为德、智、美、群诸育之基础"。在章、杨二氏看来,在德育方面,体育可以养成快乐、顺从、果断、沉着、勇敢、忍耐、规律、协同诸德性;在智育方面,可以养成注意、观察、思考、判断、想象、记忆之精神;在美育方面,可以养成优美曲线、姿势、体型;在群育方面,可以养成敬业乐群的精神。

宋君复在"体育与道德"中强调"运动员之特性"的培养和游戏的运用,认为运动可培养坚强的意志力、公正与诚实的美德、忠诚服务的信念,"倘吾人若以社会与道德之标准观察运动,则知其演进与种族之演进相同",并且指出"作者个人本数年教授体育之经验,确信灌输道德与培养合作之精神,舍运动外(此处的运动包含于体育,指的是具体方法),鲜其他之良法"。在"体育与健康"中,宋氏认为"健康云者,必吾人之各种器官发展得其宜,且不互相抵触之谓也",而"柔弱之身体,如施以适当之操练、合宜之保养,可成健全有力之躯干"。同时,列出了保持健康生活的必需条件,即"须知已、避骤变、重节制";此外,也不能过于疲乏;继之,宋氏又将"清洁适宜之衣服、充足之休息、皮肤之清洁"视为保持健康生活的信条。随后,宋氏指出"锻炼身体,原为解决吾人之健康问题,希减少疾病,延年增寿;惟欲达此目的,除须注重运动外,尚须改善生活与工作,及详细考察个人之身体与其各器官之状况",同时,将普通运动分为改正操、卫生操、教育操、游戏操,以综合运用锻炼身体。

在"体育与工作"中,宋氏认为"运动之要素在使行动满足,工作之要素在求结局","工作能使吾人有程序、有规定及不断之努力,运动能赋予吾人以勇敢、有力及欢悦精神生活",并且得出结论:"运动与工作,实二而一者也。"在"体育与文化"中,宋氏用大量笔墨论述了"以文化之目光视之,体育之价值",以"社会文化之能进步赖有个人相当之教育"推导出"欲借体育教育增进文化程度,当设法增进个人之程度";认为体育教师也应该重视卫生教育,为了培养儿童"应用之态度和成见","必须有一种实验教育法——游戏运动,即为儿童社会性之教育工具";后又分析"游戏与运动所养成之德性"。此外,宋氏还讨论了"体育对于政治之影响",认为"体育教育有增进我国政治程度之可能",建议教育家与体育家合作,共同促进体育进步;并介绍了"体育之德谟克拉西(democracy)之政治精神",同时主要从运动员、裁判员和体育教师的角度提出了实现此种精神应遵守的条件。

以现在的观点看,虽然宋氏的认识较为局限或针对性过强,而有失全面和长远,但是若以他对中西文化的态度看,确是顺理成章的事情。他也与同时代的许多先进人士一样,认为是传统文化阻碍了中国社会走向民主,而体育能在中国民主的道路上发挥积极的作用。从这个角度说,宋氏的认识又是独特的,甚至到今天仍未完全褪色。

二 1930年代:解释较为庞杂

吴蕴瑞认为"体育为社会之产品,何种社会,即有何种体育",在原始社会(渔猎社会),体育是"谋生保种之身体活动";在游牧社会,以圆形或单行式的舞蹈作为消遣活动;在农业社会,人们对体育需要较少;体育是工商社会的自然产物。关于"政治状况与体育",吴氏认为"在政治非共和、人民不平等之国家或时代,则体育受政治之影响,体育之色彩、参加之分子,各有不同"。如在贵族政治中,体育用于训练少数人作战的实用技术,多数民众没有练习体育的机会;民主政治环境中的体育容易在资产阶级中间普及,而难以在无产阶级中间普及;在社会主义政治背景下,体育并不是用于娱乐和消遣,而是用于国防,具有军事训练的性质。在分析"人之性质与体育"时,吴氏主要讨论了"生命之生物学的基础、人类之原始活动、人体发育之事实、体育对于身体发达之影响、本性之意义、性之性质、训练之迁移"等问题。

关于"心身关系与体育",袁敦礼认为"体育无论据何种见解,其设施受心身关系之解释之影响者,至为重大","为欲使体育在教育上有相当之地位,及对于人类有真实之贡献,吾人必须根据各种科学所诏告吾人之身心一元说以设施一切"。在阐释"体育与教育"的关系时,袁敦礼从体育与教育关系的沿革切入,强调了体育与教育的不可分性,认为"体育为发表自我机会最多之学科""体育为培养各种态度最良之学科","欲以体育离教育而独立,标榜其特殊效能,是不知教育,亦不知体育者也"。袁氏还借鉴美国全国教育会所采用的七项目标,即健康、基本工具之运用、良好家庭分子、职业效能、公民、善用闲暇、伦理之品格,讨论了体育对其的直接或间接作用和影响,并指出"体育对于达到健康、善用闲暇、公民与道德四目标有直接广大之贡献;对于其他虽无直接之贡献,然亦有极重要之间接贡献"。此外,袁氏还认为体育者应"尽力发挥体育之新教育精神","体育虽不能尽一切教育之能事,然如无体育,则不成其为教育"。最后建议说"充分发展体育之价值,须一方面不能令之萎缩,而一方面又不能令之有恶性的畸形生长",而"商业化"是袁氏认为的体育"恶性的畸形生长"的典型例子。

在"体育与他种活动之关系"中,吴氏不无惋惜地说"数十年来,能将体育与健康教育分别清楚者,实不可多得",并极力赞同其师的观点,认为"健康之程度不能用体育来增加。从前健康之程度能栽培之说,全无根据"。因为健康的因素"一在遗传,一在生活之方法,并非因从事体育之勤惰"。体育虽然也能发挥一定的作用,但"不能用作为卫生教育之手段",并将健康教育分为"卫生之视察、卫生之料理、卫生之指导"三方面,并指出三者"与体育之程序完全不生关系"。为了阐明"体育不是为健康","健康教育注重健康,而体育目标绝非健康,乃在发达个体也",吴氏不仅引用了其师"高人一等"[①]的见解,而且还根据当时的科学知识和不同学者的理论分析了"体育之功用"。同时,其强调"受体育训练之人而不讲卫生,则其健康之破坏与常人等",因为"健康之维持,全在卫生","体育不能培养一种普通之抵抗力,以抵抗一切疾病。抵抗力乃系属特殊性质,由遗传或后天接种而来,即由健康教育而培养成也。若谓体育之功能,能培养健康,则消极方面之抵抗力,亦假定能养成之矣,岂非谬误";鉴于"健康破坏,体育之成绩亦因病而致退步",所以"欲体育进步,体育之外,尚须有健康教育"。最后,吴氏指出"大多数从事体育者,均不明事理,往往以健康为体育之重要目的",并总结了健康教育与体育的根本差异,即"健康系一种功能,

---

① 关于体育与健康教育的关系,能将其分清的很少,而威廉士提出"健康教育与体育非一事","体育不是为健康",吴氏认为"惟吾师见解高人一等,竟能将其中关系道破"。

亦系一种体质，不能测量，健康非目的，乃是方法"；"体育之目的非健康，体育为教育之活动，须在健康之环境中行之，与他种教育之活动同"；两者"须相辅而行，否则不能达体育之目的"。

整体而言，吴氏对体育与健康教育关系的认识是深刻的、全面的，在引证和举例上体现了中西结合与虚实兼顾。但是，仔细究之，吴氏的部分观点又是难解的、主观的，在说明和分析中夹杂着个人情感，有一定逻辑缺陷。一方面，在区分体育与健康教育的关系时，吴氏直接引入了卫生教育，用卫生教育替代健康教育，在试图说明体育与健康教育的关系时，却混淆了健康教育与卫生教育的关系。① 这在后面的分析中也得到了验证。另一方面，在总括体育与健康教育的根本差异时，吴氏直接使用了"体质"，却并未对其进行解释或说明；这种情况同样出现在对健康教育的分析中。事实上，吴氏用不少篇幅介绍和分析体育与健康教育的关系，确实加深了读者对其的认识和了解，遗憾的是，其尚未真正达到威廉士的那种"稳健而概括"，同时也没能避免因健康的定义不同可能产生的"矛盾之处"。② 此外，在体育与健康教育的界限上，吴氏持有的泾渭分明式的态度、使用的非此即彼式的语词以及断言式的结论，在反映其科学态度的同时，却不可避免地降低了其观点的实效性。毕竟，几乎所有依据的选择和结论的成立，都依赖于特定的时空环境。其实，这也是吴氏在研究问题时反复强调的，可惜在现实问题的研究中未能始终如一地坚持。当然，这不是对吴氏治学之道的一种价值判断，而是对当时学术研究的一种客观描述。这不仅能说明吴氏的认识或学术观点受美国影响之深，更能折射出当时国内学界对体育、健康、卫生之间关系以及对体育目的和价值的认识不清。

关于体育与军事训练的关系，吴氏虽然承认两者"有渊源之关系"，且"从前之体育与军事训练，非常接近而相似"，但是提出"体育与军事训练，各有其范围，各有目的"；同时针对当时以军事训练代替体育的

---

① 事实上，吴氏无形之中又涉及了另一个在当时也不易区分的问题：体育与卫生的关系。并未对其进一步说明的做法，可能意味着吴氏对其没有异议。
② 吴氏在分析饶权斯与威廉士的观点"似有矛盾之处"时，敏锐地指出"不知两人对健康所下之定义，根本不同"，进而化解了在旁人看来可能存在的矛盾；同时认为威廉士的认识较为"稳健而概括"。

主张，分析说"此种徒其名而无实际之举，真正之军训之目的，故不能达，而青年借体育活动以训练身心之机会，乃因之而剥夺尽净，一举两失，殊属可惜"；最后，认为将军训放在暑假寄宿营中，体育设在"学期之内、学校之中"，是"双方顾及，圆满之结果"。关于体育与童子军，吴氏认为，一方面，童子军"在课程之地位，则属课外活动；其训练场所，则为郊外；其实践机会，则为日常生活"，这与体育存在根本的不同；另一方面，在训练效果上，虽然两者都涉及德、智、体、群等方面，但是所影响或养成的具体方面并不相同。所以，两者"为两种之活动，决不能互相替代"。

关于体育与国术，吴氏认为"体育之范围至广，而其所包括之活动亦至多，国术不过其中之一种活动"；因当时各国国术家"以为国术为国粹，既可锻炼身体，又可训练自卫技能，在民族史上有固定之价值，应在各级学校特别提倡，替代体育上他种活动"，吴氏将其归结为"未明体育与国术之内容与性质，及其二者之功能"；随之，吴氏结合日本柔道和欧美体育提出，若将国术"加以根据科学之研究，系统之组织，欧美各国亦将步柔道之后尘，而采用之矣。若其功能不过为体育功能之一部，则中国本国，亦不能因其为国粹以代替体育。况现在国术之材料尚未经科学研究，教学之方法尚未有心理之根据"，以及国术的科学化问题尚未解决，所以认为国术"代替体育之说，为期更远矣"。此番言论，不仅体现了吴氏一贯的科学态度和求实精神，也说明了社会对国术及其科学化问题较为关注，同时也可以推断出：关于国术与体育的讨论，当时虽有不同声音，但在国术及其效果缺少科学支撑这一问题上，社会已达成共识。

关于体育与相关领域关系的认识，方万邦在其著作中的阐述别具一格。在第一章"体育原理的滥觞和内容"中，方氏论及"体育和职业"与"体育和群育"时虽用墨不多，却立意鲜明。即作为教育的一种方法，"体育是教育职业的一种"；[①] 对于群育而言，体育就是"以身体为工具，来发展这种社会道德行为标准的教育"。[②] 在分析"心身关系与体

[①] 方万邦：《体育原理》，第10页。
[②] 方万邦：《体育原理》，第24页。

育"时，方氏指出"人们对于心身关系的观念，常可以影响着对于体育的态度，我们从历史的回溯中，可以证实了这点"。近代科学的发展促使心身一元论逐渐得到理解和接受，正是"因为心身关系观念的变动，体育在现代也有了更重大更广博的意义，现代体育的目的，不仅狭窄地训练身体，他也注重着精神的发展了。因此体育本身也和智识教育同样的被人重视了"。谈到我国古代的心身关系观时，方氏以"劳心"和"劳力"的二分法，批评了这种传统观念的谬误以及女子缠足、士大夫以文弱为风雅的错误审美，认为："在我国，体育是为了心身关系的观念的错误，从来就被社会忽视着，民族的体格，一天天的虚弱，民族的命运也因之而渐渐地走上那可怕的淘汰灭亡的路途！"① 在论及"文野生活和体育的关系"时，方氏通过比较说明了"近代人民寿命率的增高和死亡率的低减，都足以证明文明和健康实有正比的趋势"，"文明能增进健康"。② 反观我国对于体育的传统观念，方氏再次以"劳心者役人""劳力者役于人"为例，指出"一般的学者和平民，都同样地注重着精神，而轻视着肉体"，"这种思想是可以代表了中国人对于心智训练的重视，和对于体育鄙视的态度！"为了国家富强和民族复兴，我们"今后的思想和态度，对于体育应该和心智训练同样的重视，极力地把体育的真义重要性和普通常识，灌输给每个人民；国家社会也要尽量地供给着各种体育的机会、设备和足以激起一般人体育兴趣的鼓励，这样或许还能挽救了民族的危亡，而造成了更生的、健全的、有希望的前途！"继而呼吁："觉悟的现代教育家和体育家，都应该努力的奋起，担负那改造民族、复兴民族的重任！"③

相比之下，在分析体育与卫生的关系时，陈咏声认为两者"是促进人们健康的两种根本要素，缺一不可"，并以足球为例说明"要讲究体育不可不注意卫生"。他还较为详细地介绍了"卫生上最应注意的几项"内容，即运动、睡眠、饮食和清洁，说明了卫生的重要性。

三 1940年代：分析趋于学理化

关于教育与体育的关系，刘德超认为"体育为教育之一种，其目的

---

① 方万邦：《体育原理》，第88~93页。
② 方万邦：《体育原理》，第143~144页。
③ 方万邦：《体育原理》，第150~152页。

即教育目的"，"以往人士对于教育与体育之关系，认识不清，多有误解"，并将其分成宗教派、生活派和超然派三类，认为三者都基于二元论；又分别从生物学、活动、领袖、发达、适应环境、理想的准备、个性主义、民族主义、自然、社团组织等十个方面说明了教育的概念，总结说"体育与教育关系极密，故体育之概念，当亦包括以上十个条文中矣"。刘氏从头到尾都在解释教育，虽指出了体育与教育关系密切，但并未具体给予说明。根据刘氏的观点，因体育包含于教育，所以体育目的就是教育目的；因为两者关系极密，所以体育的概念包括在教育的概念中。乍看之下，刘氏的分析并无矛盾和谬误之处；但细究之后，刘氏不仅没有澄清两者的真正关系，而且用逻辑性的推论取代了学理性的分析。在"时令运动与人生"中，刘氏理解的时令运动是"按照气候、季节、风俗、习惯施行身体锻炼之运动"，并由此产生了民间游戏或乡土运动；随之，刘氏列举了当时较为风行的各种时令运动。

事实上，刘氏所指的时令运动类似现在的民俗体育，刘氏所言的人生等同于现代的生活。从这个角度看，刘氏分析的重点与其说是"时令运动与人生"，倒不如说是"民俗体育与生活"更为简明和贴切。从另一层面看，这充分说明了体育隶属于教育的事实，也反映了当时大多数学者对这一事实持有的"忠贞不渝"的信念。

在《体育原理》第五章"体育之生理学基础"中，江良规出于"中华民族欲期其在民族竞存的比赛中获得地位"，讨论了体育与优生的问题。一个民族的形成取决于生物的遗传、地理的环境、文化的遗业，江氏认为三者中"遗传最为基本，其次是环境，又其次是文化"，但一些"提倡救国口号的人都偏重在文化"，将民族问题归结为"一个文化失调的问题，而忽略了遗传的因素"。于是，江氏相继分析了遗传、运动特性之遗传事实，并从优生学的立场说明了民族复兴与体育的关系。在江氏看来，如果民族缺乏体力、科学能力或研究能力、团结能力和组织能力、社会意识，则"绝不能逃避选择的命运"。中华民族的许多问题"不是环境的问题，而是一个遗传的能力问题"；而"运动对于机体之影响"具有改变遗传的可能，所以"体育的功效，不仅及于本代，而能成为民族珍贵的遗产"。

江氏是出于民族忧患意识，分析体育对优生的价值。某些观点在现在已被抛弃或淘汰，但在当时的历史背景下是值得倡导的，至少它反映了当时社会人士在"救国无门"下的一种尝试和愿望。这又何尝不是体育在当时受到格外重视，而且程度始终不减的一个重要原因呢！在社会动荡、前途未卜的局势下，许多仁人志士怀揣着传统士大夫"天下兴亡，匹夫有责"的立命之道，几经沧桑，百般周折，试图找到一种挽救同胞于水火、挽救民族于危亡的方法或手段，哪怕目光是短浅的，效果是微弱的。体育就是在这种背景下被认识、被发现、被使用的，这也确实曾为体育的发展扫清了思想障碍，赢得了较为宽广的社会空间，但是也埋下了隐患。在某些情况下，解决固有的一个问题很可能会产生一个新问题，"两害相较取其轻"，只要新问题的影响不会更大，便是可以接受的。但该逻辑在现实中实施起来并没有那么简单，一是限于人们对新问题危害的预测，二是新老问题产生的危害难以比较。体育的发展就是一个很好的例子。为了振兴民族而增强体质，为了为国争光而推崇夺标，为了发扬国粹而倡导武术，但最终发现人民的体质越来越差，体育的成绩逐渐下滑，武术的地位并未真正提高。

江氏谈到体育与人生观时，提出"体育活动是建立积极的、快乐的人生观的有效方法"，因为"体育足以矫治悲观主义的思想"，"活动的本能为快乐的主要所在"，体育活动"供给全部的或局部的快乐原质"。江氏用富有激情和哲理的文字分析了体育对人生观的积极作用，不仅用健康和快乐建构了一个令人向往的美好世界，也为现世的人们指出了体育活动可能带来的宝贵财富。事实上，我们不得不承认：体育的价值也是因人而定。体育参与能激发人的情感，昂扬人的斗志，使人具有英雄的品格；但若是一个情感激昂、斗志昂扬的英雄去参与体育，他对体育的理解和定位很可能会超越理性的界限，赋予体育一种过度的价值和内涵。那么，此时的体育已失去了本有的特性，变成了实现个人或国家意志的工具。

关于运动与政治，江氏首先指出"关于体育活动与政治相同的地方"，如"参与运动的人所需要的运动员风度"与"参与政治活动的人所需要的政治家风度"十分相像；"开明公正的政治精神，必须要以公平竞技的运动精神为基础"，"运动场就是政治家的训练所"。对于两者为何会产生如此密切的关系，江氏借用"能力心理学派的形式陶冶说"

和"学习的迁移说"等给出了解释，即相同心理能力可以向不同领域迁移。与吴蕴瑞的"政治状况与体育"相比，江氏是从领袖的立场来分析运动与政治的关系的，从两个领域应遵循原则或精神的相似性，推出两个领域的参与者应有"风度"的相似性，进而证明两者的密切关系，并给出了较为可信的解释。

在《体育概论》中，王学政开篇便是"体育与生活"。基于教育"即是生活"和"体育与教育关系之密切"，王氏认为"应先从教育与生活之关系着手"，逐次说明了教育之适应作用、教育在个人与社会生活中之地位、体育与文野生活之关系，认为体育"在人类生活中之地位"，"即在加强吾人适应之能力"。在"体育与人类之本性"中，王氏首先分析了人类本性与体育的关系，指出体育的实施"应以人类之本性为基础"，而"过去仅以生理学与解剖学为依据，或偏重技能训练之体育方法，多置人类在心理上与社会生活之特质于不顾"，并分析了人类行为之生理基础与身体之构造、心神之关系、一切活动之永久基础、本性之内容、生长与发达、儿童发展之各面观和人类生理之特性。关于"体育活动与健康之关系"，王氏认为体育"为健康发达之主要泉源"，"体育活动不仅有直接促进健康之效，并能启发健康之动机"；而健康是"一种能使吾人对生活之适应力与对人类之贡献俱达顶点之生命素质"，"健康教育之目标，乃在培养一种遵守卫生之规律与事实之自导能力"。在王氏看来，健康"必须具有社会或教育之意义"，这就决定了健康"并非一种目的，而为达到体育或教育的目的之一种手段"。

对于生活在今天的我们而言，王氏的健康观不无借鉴之处。一方面，王氏的健康观是抽象的，因其将健康视为一种生命素质，赋予健康一种社会或教育意义；另一方面，王氏的健康观是具体的，因其认为健康可以通过卫生知识的了解和掌握、良好生活方式与习惯的培养等教育方面的努力，实现和保持。其中，体育活动也成为健康教育的一种主要手段，一种"最有效之培养健康习惯与训练自动遵守健康规律的能力之自然方法"。从这个意义上看，王氏的健康观又是开放的和科学的，因为其非但不突出某一方面的特殊作用，而且强调"无病患或能保持身体正常之状态"只是一种消极意义的健康。当然，根据1970年代世界卫生组织提出的健康观，健康不但是身体没有疾病，而且是在身体上、精神上和社会适应能力方面的完美状态。在理论上，健康被认为是一种完美状态，预示着人格的完善，应奋力追求；在现实中，健康则被看成是一种理想，意味着可以无限接近，却难以实现。

俞子箴在《体育概论》第十章"运动之原理"中，也谈到了"时令运动与人生"，但完全是沿用刘氏的内容，唯在章节安排上比刘氏更显合理，更为科学。俞氏也对体育与多领域的关系进行了简要说明。关于体育与德育，俞氏虽然对道德的理解和界定因过于粗略和通俗而有失全面和准确，但对于体育对道德的积极影响或价值的论述还是较为全面和准确，如俞氏认为良好道德和合作精神的培养，"都非体育运动不可"。关于体育与群育，虽然俞氏的某些说法因过于简单和绝对而显得不太深刻和客观，但其对体育在培养和锻炼儿童或在人们社会生活中的作用方面的认识还是比较客观的。如基于"运动为教育的一部分"和"运动一科，确含有群体生活的元素"，俞氏认为运动可以培养自治的美德，获得久远的友谊，而运动场也是"训练群德的处所"。关于体育与美育，俞氏引用欧美国家的例子以说明体育在人体美和艺术美中的重要性，虽然人体美表现在许多方面，但是"人体美的条件，又非体育不能完成"。

关于体育与卫生，俞氏的基本态度体现了难得的理性和客观，如"体育与卫生各有各的范围，不能混合为一"，"体育是锻炼身体，卫生是保卫身体，同时促进人们健康的根本要素，缺一不可"；并从运动、睡眠、饮食、清洁四个方面分析了卫生的注意事项，在运动方面，其不仅指出"过度的运动，不但无益，而且有害"，同时还列出了判断过度运动的标准。关于体育与童训，俞氏认为从内容来看，童训有体育的成分，且其多由体育教师主导；但整体上，两者各有各的独立性，而且除了"发展儿童游戏的本能"外，两者的不同之处更多。关于体育与军训，俞氏认为两者起点相近，但是"时间愈久，相距更远"，两者各有各的范围和目的，不能彼此替代。关于体育与国术，俞氏认为"国术系体育活动中之一种"。此种认识并非其首创，但相较于以往讨论此问题的学者，俞氏对国术多了一份温情和期望，认为"我国国术的奥妙，还在其（日本柔道）之上，若加以研究与改进，不难成为合理体育活动的方法"。关于体育与劳动，俞氏指出不论是将体育比作劳动还是以劳动替代体育，都是"不知体育与劳动各有各的目的和意义"；并接着分析说

"劳动的目的为生产，体育的目的为教育"；最后总结说"主张以劳动来替体育运动的，是崇拜功利主义者，而忽略体育在各种教育的意义了"。这是难得的，不仅因为当时讨论体育与劳动关系问题的体育学者不多，更在于数十个字竟能针砭时弊，结合体育生存的环境进行深刻剖析。

但是，需要指出的是，根据目录，从第 13 章至第 21 章，俞氏会分别介绍体育与教育、德育、群育、美育、卫生、童训、国术和劳动的关系，但是正文中缺少第 13 章"体育与教育"的内容，而增加了"体育与军训"作为第 19 章。俞氏对于体育与多领域关系的说明，虽然章节数量并未受到影响，甚至在结构上因增加了"体育与军训"显得更为完整，但是内容上缺少了"体育与教育"却是一个缺憾。从章节表述与目录的不一致和其内容的不全，可知俞氏的著作虽然对已有知识的"组合"具有较强的逻辑性，且某些章节也不乏精彩之处，但是只能用"校用讲义"或"校本课程"的标准去衡量其学术价值。

第五节 发展论：对体育发展史的认识

对体育发展史进行梳理，既是时人对体育现状的一种反思，也是基于对体育将来的一种展望。然而，依据不同的方式或基于不同的视角，对体育发展史的认识也不相同。关于不同著作对体育发展史的划分情况，可参看表 5-5。

表 5-5 不同著作对体育演变的分析

书名	时间	作者	体育演变及其主要特征	依据
体育学	1924 年	罗一东	没有体育史学相关知识	
体育学	1927 年	章凌信 杨少庚	没有体育史学相关知识	
体育原理	1929 年	宋君复	上古期：体育源于军事；中古期：英法两国的骑兵制度，产生兵器和骑士盔甲；近古期：军事体育的影响和科学对体育的影响	体育与军事的关系（注重现代体育制度的形成）

续表

书名	时间	作者	体育演变及其主要特征	依据
体育原理	1933 年	吴蕴瑞 袁敦礼	体育与军国民教育（自古希腊起）；有固定形式之体操；有特殊作用之体育（自中世纪起）；竞赛组织（19 世纪）；娱乐组织（19 世纪工业发达后）；健康运动（欧战之后）；教育化的体育（最近数年来）	体育与教育的关系
体育原理	1933 年	方万邦	没有明确涉及体育演变的相关知识，仅在介绍第一章"体育原理的滥觞和内容"之"时代背景"时，简要列举了希腊体育、罗马体育、德国体育、瑞典体育、法国体育、英国体育、美国体育及其特征	时代背景
体育概论	1933 年	陈咏声	1890～1900 年：体育即体操；1900～1910 年：体育即运动；1910～1920 年：体育即游戏；1920～1930 年：体育即健康；1930 年后：体育即教育	体育的意义
体育概论	1944 年	刘德超	1890～1900 年：体育即体操；1900～1910 年：体育即运动；1910～1920 年：体育即游戏；1920～1930 年：体育即健康；1930 年后：体育即教育	体育的意义
体育原理	1945 年	江良规	冲动时期：史前时期，原始人的单纯的内心冲动；宗教时期：黄金（古希腊）时期，宗教祭祀仪式；目的时期：希腊亡至一战，体育思想急转时期；政治时期：一战后，体育发展最高峰	体育与人类的关系
体育概论	1947 年	王学政	原始时期：体育活动为当时唯一的教育工具，寓于日常生活中；上古与中古时期：以军事战争为目的；18 世纪末叶起：人为体育（非自然体育），仍以军事为目的，政治色彩浓厚	体育的目的

续表

书名	时间	作者	体育演变及其主要特征	依据
体育概论	1948年	俞子箴	1890~1900年：体育即体操； 1900~1910年：体育即运动； 1910~1920年：体育即游戏； 1920~1930年：体育即健康； 1930年后：体育即教育	体育的意义

一 1920年代：一种观点

宋君复在《体育原理》开篇"体育之历史"中，按照上古期、中古期、近古期对体育的发展与演变进行了简要的梳理。根据宋氏的分析，上古期的体育以军事为源头，如当时埃及和希腊罗马的体育。中古期，英、法两国的骑兵制度最为突出，与上古期相比，不同之处在于兵器和骑士的装备。近古期，"日耳曼与瑞典的体育制度，全受体育军事情况之影响。一般公民体育之目的，不过在施以军事教育而养成军人……故体育之方式，几常显结对性，而固定形式之个人器械运动，不过居于补充之地位"。随后，"假科学之时期产生"，宋氏指出"以今日之目光视之，自只可作科学之古玩品矣"；接着又提及英吉利和美利坚的体育制度，认为美国新创的体育制度"取法瑞典、日耳曼、英吉利诸国者颇多"，因此"取舍之间，不免发生争议。于是应用近代医学、生物学、心理学等各种科学之体育问题发生"。也正是因为"采用科学方法切实研究"，而并非"沿社会传习之体育制度"，体育才"能有今天之境地"，朝着现代的方向发展。

二 1930年代：两种认识

袁敦礼在"体育与教育关系之沿革"中，首先指出"吾人若更视凡能训练个人以管理及运用其身体之活动为体育活动，则体育活动之优劣，固以其能否有最良好训练个人以管理及运动其身体之方法而定"，且"体育为最古之训练生活之方法"；而后，从体育与军国民教育、有固定形式之体操、有特殊作用之体育、竞赛组织、娱乐组织、健康运动、教育化的体育七个方面，对近代体育趋势的变迁进行了分析，同时说明"七种趋势虽其次序先后或有出入，实可为近代体育变迁之大略。虽在今日体育界对于体育之认识,固仍多有持其一端者。实则吾人如欲不落伍,则足以包含所有各种趋势而予以新解释之最后一种,即教育化的体育,对之不得不有深切之信仰与认识"。由此可知,袁氏认为"教育化的体育"不仅包含了之前各种趋势,而且体现了体育的真正价值。

陈咏声在"体育的意义"中,从体育即体操、体育即运动、体育即游戏、体育即健康、体育即教育五个阶段,对体育演进的过程进行了简要梳理。1944 年,刘德超在其著作中仍沿袭陈氏的模式。

三 1940 年代:三种理解

江良规在"体育之史的考察"中,对"体育发动之各阶段"及其特征进行了分析,认为冲动时期的体育是一种自然现象,如游戏,是单纯的而非自觉的;宗教时期的体育是一种生活现象,如祭祀,是神圣的而非世俗的;目的时期的体育是一种手段,如强健,是分离的而非统一的;政治时期的体育是一种群体教育,如服务国家,是集体的而非个人的。在江氏看来,前两期的体育"并无任何客观的目的,而仅为内心意识之表示",并且"人类从体育活动中所获得之作战技术、健康、美观及遵从等特性,均为自然发展之结果,而不是预期之目的";第三期的体育目的"由未觉的变为已觉的,思想上转变之结果,原有之体育统一性随之消失,形成割据局面。以个人所期望之目的及立场不同而分成各系统",如军队体育、医疗体育、美术体育、教育体育,同时认为"美之单独成为目的,乃体育趋势逐渐发展之结果";第四期的政治体育,因"以民族至上、国家至上以及于世界大同为理想",是体育发展的最高阶段。

王学政在"体育之演进及其制度与背景"中,主要从"体育之起源""上古与中古时期之体育""十八世纪末叶体育之趋势"等方面对体育的演进过程及其基本特征进行了概要性的梳理。在原始时期,体育活动包含于生活中,人类渔猎与保证安全的各种身体活动"为今日体育方法之始祖",同时也是当时唯一的教育工具。上古与中古时期,体育的动机在于保证种族安全,主要以军事战争为目的,且大部分"为个人之决斗",并无"团体之性质"。18 世纪末叶,受战争影响国家主义兴起,此时的体育仍以军事为目的,"政治色彩十分浓厚";同时,这也是"人为体育(又称非自然体育)之沿革"。王学政与江良规虽都强调政治与体育演进的关系，但王氏强调体育参与的阶级性，指出"民主国家之体育，虽云较为普及，然事实上亦仅限于资产阶级。民众体育之推进尚有以努力焉"。江氏突出体育目的的集体性，认为"体育事业，欲期其摆脱浮泛、奢侈、华而不实之桎梏，必须基于为人群服务之理想"。

俞子箴对体育发展史的认识和划分，将"体育之演进"单列一章，但并未发生真正的改变，且字数也无增减。事实上，陈咏声以"体育之意义"（类似含义）为基点，采用十年为一个阶段间隔，同时以一个相关词语为阶段特征，对体育（含义）的演进进行划分与梳理。这种体育演进观，因其简明的特点一直被《体育概论》的作者沿用。以后见之明看，这种认识恰因其简明的特点，使得对"体育之意义"的理解过于粗浅，甚至缺少准确性。一方面，虽然陈氏当时并未限定其适用或针对的时空环境，但是从其整体的认识可发现，其主要针对体育在我国近代的演进轮廓；另一方面，体育含义每隔十年发生一次变化的认识，固然与我国近代社会发展的基本特征吻合，却难脱牵强附会之嫌。正如陈氏所言，"现代的体育应当包含了以上五种时期"，从第一个时期起，此后的每个时期也都应包含于以后的时期中。毕竟，意义或思想的发展与演进不应更不能划分为彼此独立的不同阶段，而是彼此影响、相互渗透、不断累加的过程。

* * *

整体上，不同著作者对体育概念的理解和认识，从其内涵、外延、目的到相关关系与发展史，都存在不同程度的差异。即使在文字表述上相同，解释和分析部分也不尽相同。相比之下，1920年代的体育观，更多基于生理学的教育，借助于自然科学的解释；1930年代的体育观，起始点在教育学，以社会科学为支撑；1940年代的体育观，偏重哲学层面，具有人文科学的趋向。究其原因，不同的时代背景、特定的著书目的和编著者个人的教育经历及知识基础，造成了不同时期出版的不同著作在表述和阐明体育观上的差异。事实上，形成这种差异的根本原因，与体育的发展水平有关。从这个角度看，体育学术反映并受制于体育的发展程度。

第六章　同中求异：同名体育著作内容比较

　　1923年，教育部颁布的《中小学课程纲要草案》正式将"体操"改为"体育"。鉴于此种称谓的改变和随之发生的观念的影响，同时结合体育学术发展的整体状况和已获得的史料，本书选择将1920年代后正式出版和公开使用的体育理论著作作为研究对象，通过对其基本特征和主要内容进行纵横交叉的分析，找出彼此间的内在关系，从而阐明当时体育学术发展的整体样态。

第一节　《体育学》基本内容比较

　　在所查知的近代体育基本理论著作中，有两个版本的《体育学》，分别出版于1924年和1927年，两者在内容上有不同的侧重点。关于两者的主要内容，可参见表6-1。

一　罗氏《体育学》：突出专业性和科学性

　　1924年，罗一东所著的《体育学》由中华书局出版，书前有著者肖像、版权页、著者自序、编辑大意和目次（无相应页码）。全书共147页，分总论和各论两部分。总论主要讨论体育的意义及其与科学、人生的关系；各论分四编，即发育论、运动论、卫生论和实施方法论。从各编内容的选择看，罗氏注重体育的科学性，充分利用生物学、解剖学、生理学等科学知识和成果，从学理层面对体育进行系统分析，正如其在书前"编辑大意"中所言，"本书之取材：以胎生学、生物学、进化论诸原理，为编辑发育论之主宰；引用解剖学、高等生理学，为编辑运动论之重要成分；根据医理及体育原理，为编辑卫生论之主眼；以瑞典式合理之体操及经验之心得，为编辑实施方法论之结晶"。而且在借用相关学科知识的同时，也注重实用性，结合社会和学校中存在的体育问题对

表 6-1 《体育学》基本内容比较

作者	时间	各编内容及比重	增加内容	减少内容	相同内容
罗一东	1924年	总论 　第一章　体育之意义 　第二章　体育为人生要素之一 　第三章　体育与精神之关系 　第四章　体育与人生观 　第五章　体育之划分 　第六章　体育学与他科学之关系 第一编　发育论　48% 第二编　运动论　19% 第三编　卫生论　18% 第四编　实施方法论			体育之意义； 体育之必要； 体育之划分； 运动论； 发育论
章凌信 杨少庚	1927年	第一编　总论　35% 　第一章　体育之意义 　第二章　体育之范围 　第三章　体育之种类 　第四章　体育之必要 　第五章　体育之目的 　第六章　体育在教育上之地位 　第七章　学校体育方法之区分 第二编　运动论　31% 第三编　发育论　34%	体育在教育上之地位； 学校体育方法之区分	体育与精神之关系； 体育学与他科学之关系； 卫生论； 实施方法论	

注：原则上低于10%者不计。下同。

相关知识和理论进行分析和解释。

　　从各编比重和内容看，发育论比重最大，占全书的48%，接近一半，运动论和卫生论比例相近，总论和实施方法论比例较小。发育论不仅详细说明了人体各组织器官的发育，也有针对性地分析了儿童发育的重要方面。该编共包括12章内容，即细胞分裂与身体之发育、个体发生与系统之发生、骨之发育、筋肉之发育、呼吸器之发育、循环器之发育、脊柱之发育、儿童发育之次序、儿童发育之各期所生之影响、儿童游戏之特质、青年期游戏之特质、儿童体重与身长之增加期。其中，脊柱之发育与儿童发育之次序比重最大，共占该编的36%、全书的17%。罗氏对该编内容及比重的安排，不仅表明了其对儿童体育工作的重视，也在某种程度上反映了当时人们对诸多儿童体育问题缺乏正确的态度和科学的认识。相比之下，运动论和卫生论两编就较为简单。前者包括七章内容，分别说明运动生理的分类以及运动对于筋肉、神经系统、血液循环、呼吸系统、消化系统和排泄系统的效果，也就是主要介绍了运动的种类及其对人体生理方面的影响；后者介绍了卫生的概念及其目的的分类方法、卫生学的区分、由外来原因所起之健康妨害、传染病、沐浴及于健康之研究，共五章内容，主要是关于日常疾病的常识，对体育的相关内容涉及并不多，也并未体现出体育或运动的必要性和重要性。在某种程度上，这很可能是章、杨二氏在合编的《体育学》中将此部分删去的重要原因。在实施方法论中，罗氏在对实施方法简要说明的基础上，重点介绍了"十分间体操"这一个人锻炼的方法，但内容不多且较为浅显。

　　从各编结构看，罗氏在总论部分是从体育的内在属性及体育与外部关系的层面说明其对体育的整体认识；在发育论中先是以人体的生理构成为内容，按照从里到外的顺序分析，后又以儿童为对象，介绍了儿童生长和发育的基本知识；在运动论中基于对运动种类的划分，逐一介绍了运动对于人体各部分和系统的作用；关于卫生论，罗氏主要从健康维护的角度，介绍了几种常见疾病及其成因、沐浴的重要性与注意事项；实施方法论独立成编，使得该著作在结构上更为系统和严谨，但是内容简单，篇幅也过于单薄。所以，从各编之间的顺序和关系看，该著作具有一定的逻辑性和系统性；但从各章比重看，发育论和实施方法论各趋极端，使得该著作的结构严重失衡。

二　章、杨二氏的《体育学》：注重实用性和针对性

　　章凌信和杨少庚合编的同名著作《体育学》于1927年作为"素有学社丛书之三"由素友学社出版，书前有素友学社出版丛书介绍、杨荫庆写的序、勘误表和目录。全书共142页，分总论、运动论和发育论三编。从各编内容看，总论包括体育之意义、体育之范围、体育之种类、体育之必要、体育之目的、体育在教育上之地位、学校体育方法之区分，共七章内容；章、杨二氏关于运动论中各章内容的编写与罗氏几乎相同，

唯一的区别在第一章，章、杨二氏用"运动之性质"代替了罗氏的"运动之生理的分类"；在发育论中，基本内容依次为骨之发育、筋肉之发育、呼吸器之发育、循环器之发育、脊柱之发育、人生发育之次序、发育时期内之适当体育和结论，共八章。需要说明的是，从具体内容看，第八章不仅是该编的结论，也是对该书的总结。

由此可见，章、杨二氏不仅注重内容选择的大众化，而且突出体育知识的实用性。从各编比重看，三编所占比例相当，都在30%以上。由此也能说明，章、杨二氏较为重视对体育一般性知识的介绍，这从总论所包含的内容及其比重可窥见一斑。在总论中，"体育之目的"比重较大，不仅占到该部分的38%，也占全书的13%；在运动论中，"运动之性质"的比重较大，不仅占到该部分的近48%，也占到全书的近15%；在发育论中，虽然没有哪个章节如前两编中的较大比重，但相比之下，"人生发育之次序"所占比重较大，次之为"脊柱之发育"和"发育时期内之适当体育"。这也再次反映了章、杨二氏在内容选择和编写上突出实用性的特点。从整体结构上看，由于只有三编，且总论为独立一编，各编之间并无明确的逻辑性。

虽同名为《体育学》，且出版时间相隔不远，但在整体和细节上两书各有不同。从各编内容选择及其比重看，两书的侧重点明显不同。通常内容的选择和比重的分配，除了考虑适用对象外，主要取决于研究的目的。罗氏和章、杨二氏的著作也充分说明了这一点。如为了说明人体健康的关键"惟自育之体育"，达到"延年益寿"和"兴家强国"，罗氏不仅详细阐明了运动和卫生的相关知识，重点分析了人体发育的相关内容，而且介绍了在具体实施过程中的基本常识和方法；而章、杨二氏旨在通过"传播其知识""坚定大多数人之信仰"，以有益于"吾国前途"和"养生强种"，因此对运动论和发育论的介绍和分析更加简明和具体，同时增加了"体育在教育上之地位"和"学校体育方法之区分"两章内容，更注重对体育目的和教育价值的分析。

从全书的结构看，二者存在较大差别。一般来说，写作的结构或模式可简单分为三种，即总分结构、总分总结构、分总结构。其中，前两种较为常用，尤其在图书和教材的编写中。以此观之，罗氏所著的《体育学》类似于总分总式，比较完整，有较强的逻辑性；章、杨二氏合编的《体育学》类似于总分式，欠缺一定的完整性和逻辑性。究其原因，一是两者适用的对象不同。罗氏已在"编辑大意"中对此做了说明，"本书专供体育学校之课本用，及专门或大学之讲义用"，同时"本书又可供教育家、体育家、医学家及为人父母者之研究用"；章、杨二氏虽并未明确指出，但从其书前"序"中可知，其是为一中学①编写的讲义，这也应该是二氏对运动论和发育论的介绍和分析更加具体和简明的主要原因。

此外，从总论看，虽是两书都含有的部分，但在内容选择和章节组织上存在明显的差异。如罗氏倾向于探讨抽象的关系，章、杨二氏则侧重于分析具体内容。细究之，发现这种差异与其所处时代的思想背景有关。罗氏的《体育学》虽出版于1924年，但其"序"写于1923年春，加之"序"通常写于内容完成即将付梓之际，因此罗氏前期准备和具体撰写此书的时间应该在1923年春之前。审视这一时间，正值著名的"科学与玄学论战"（或"科学与人生观论战"）②的肇始阶段，科学的作用和人生的价值及科学与人生观的边界等问题，开始受到社会各界的关注；到1924年底，在近两年的时间里，许多学界名流和先进分子加入讨论，与此有关的文章频频见诸报端。当时在北京大学就职的罗一东不可能不受影响，在其所著的《体育学》中，流露出相关思想或直接就此展开讨论也属正常。这不仅说明记录体育思想和研究体育学术的人会受到历史发展阶段的影响，也反映出体育思想的产生和演变同样受到特定社会背景的制约。

整体而言，相对于上述区别，两书的相同之处更多。从目标看，虽然针对群体或适用范围不同，但两书都强调体育的个人健康的功用和对

---

① 因该"序"是由校长杨荫庆所写，经多方查找，笔者认为其执教学校应是京师第一中学。
② 1920年代，中国思想文化领域发生了一场影响广泛而深远的"科学与玄学论战"，简称"科玄论战"，也称"人生观论战"。该论战自1923年2月开始，起于张君劢在清华大学发表"人生观"的讲演中对"科学万能"的思想倾向提出批评；而后丁文江发表长文《玄学与科学——评张君劢的"人生观"》，称张氏的人生观哲学为"玄学"，并从八个方面给予了严厉驳斥。自此，论战正式展开并逐渐深入，梁启超、胡适、吴稚晖、陈独秀等也参与其中。一直到1924年底基本结束，历时将近两年。其间"科玄论战"曾发展为科学派、玄学派和唯物史观派三大派的思想争论。事实上，这是近代中国开始的一次"科学主义和人文主义"的启蒙，对各个领域都产生了深刻的影响。作为处于探索和倡导阶段的新体育，受到的影响应该会更大。

国家的价值。从内容看，虽然文字表达和组合方式不同，但两书都包含了体育之意义、体育之必要、体育之划分、运动论和发育论。从结构看，虽然部分篇章的次序不同，但两书都是在对待体育的正确态度和科学认知的基础上，逐步展开讨论。从学理依据看，虽然未能逐一阐明，但是两书对于生理学、解剖学、心理学、教育学等知识的应用和受进化论的影响是非常明显的。从学术价值看，罗氏所著《体育学》在体育学术发展史上具有重要意义，不仅内容上具有较强的专业性，结构上具有较强的逻辑性，而且全书体例也较为科学与合理，被视为对中国近代体育进行系统研究的开山之作；相对于罗氏著作而言，章、杨二氏合编的《体育学》虽在专业性和逻辑性上稍显逊色，但是其较强的针对性和实用性值得称道。

三 《体育学》出现于 1920 年代的原因

以民国时期为研究区限，除 1903 年秦岱源辑译日本学者的《体育学》外，较为系统、本土化的《体育学》同时出现在 1920 年代，如罗一东的《体育学》出版于 1924 年，章凌信和杨少庚的《体育学》出版于 1927 年，这不能算是巧合，应是一个比较有趣也值得探究的现象。究其原因，进入 1920 年代，我国政治、经济、教育、文化都发生了巨大的变化；可以说，在当时的历史背景下，《体育学》的出现是体育界内外部多种因素共同作用的结果。

首先，文化思潮的此起彼伏为《体育学》的出现提供了思想环境。纵观我国近代文化思潮的变迁，1920 年代是东西文化和新旧思想论争的一个至高点，不论是论争的形式还是内容，不论是影响的广度还是深度，都可谓空前绝后。如肇始于 1915 年的东西文化论争，[①] 持续了近十年，不仅成为新文化运动的重要组成部分，也直接促成了 1927 年"关于社会性质的大讨论"的爆发与间接促成了 1930 年代初的"中国社会史论战"。其间，既夹杂着"国粹派"和"西化派"的交锋、"国家主义派"

---

① 1915 年底，陈独秀陆续发表《东西民族根本思想之差异》等文，宣称需要"打倒孔家店"，引进西方的民主与科学，因此遭到杜亚泉《静的文明与动的文明》等文章的反驳；而后，章士钊又提出"新旧调和论"，使论战再掀波澜。

和"共产主义派"的较量,① 也包含着始于 1923 年初、止于 1924 年底的"科学与玄学论战"。正是在这种新旧杂陈、东西冲突的背景下，体育界的知识分子积极探索和倡导新的知识和理念，并展开了一场著名的、持续十余年的"土洋体育之争"和"新旧体育之辩"。

其次，形式各异的教育思想和改革为《体育学》的出现提供了现实可能。从 1920 年代初到 1930 年代初的十年间，我国经历了教育史上教育理念和思想最多元、教学实践最先进的时期。在教育思想方面，随着五四新文化运动的持续影响，科学教育思想、三民主义教育思想、公民教育思想和社会教育思想日益深入人心，平民主义教育思想和乡村教育思想逐渐被先进人士实践。如 1923 年，晏阳初和陶行知等人成立中华平民教育促进会；1926 年，晏阳初选定河北定县为"华北实验区"从事平民教育和乡村建设；1927 年，陶行知在南京晓庄创办试验乡村师范学校，并创办第一个乡村幼稚园。同时，1920 年代初美国著名的教育家杜威、孟禄先后访华，不仅举办多次演讲宣扬其先进的理论，而且还亲临教育现场指导。在教育改革方面，1922 年，北洋政府以大总统令颁布了《学校系统改革案》中规定的学制系统，又称"新学制"或"壬戌学制"；从 1923 年起，各高校相继从外国人手中收回教育管理权。上述教育思想和举措不仅推动了新式教育的发展，也促进了现代教育制度的建立。

最后，不断出现的体育新局面以及诸多体育问题，为《体育学》的形成提供了直接资源和动力。清末民初，清政府已规定各级各类学校应将体操作为必修课，自此体操具有了法理上的正当性。其间，虽然许多学校曾实施"双轨制"，但田径和球类项目也只是出现在课外活动中。此种现实层面的设计与安排，必然会影响到人们对体育的普遍认识。尤其是 1922 年新学制的颁布，直接促成 1923 年《新学制课程标准纲要》中正式将"体操科"改为"体育科"。此后，体育的发展空间和条件也

---

① 1919 年 7 月 1 日，北京爱国知识青年成立了少年中国学会。随着五四运动的发展和马克思主义的传播，内部发生了倾向于共产主义和国家主义的激烈争论，组织上产生了分化。随后，国家主义派自创政党和报纸，建构和宣扬自己的理论体系，曾努力掌握国民革命的领导权，但在 1927 年蒋介石发动的"清党运动"中被镇压。

发生了巨大的变化。1920年代初，随着体育权逐渐回归到国人手中，[①]不少学校在教育家和校长的倡导与支持下，将体育视为学校教育的重要组成部分，以培养学生健全的人格和高尚的品德，如南开大学的张伯苓、北京大学的蔡元培就是当时提倡学校体育的典范。在此背景下，学校体育和社会体育获得了较快的发展，尤其在体育竞赛方面，不仅实现了自治，而且运动成绩也进步较大；然而，诸多不良的体育风气和问题也逐渐显现出来，开始引起社会的普遍关注，如"选手体育"或"锦标主义"开始成为众人争论乃至反对的焦点。值得一提的是，罗一东当时就任职于北京大学，章凌信和杨少庚当时同在京师第一中学执教。[②]

此外，从社会背景看，1920年代也是一个社会极度动荡却又发展快速的时期，从持续的军阀割据到誓师北伐，从国共合作到各自为政，从北京政府的倒台到南京国民政府的成立，无一不影响着社会政治、经济、文化的发展。尤其是在1920年代后期，南京国民政府成立后曾实施了一系列改革，使得社会各个方面都获得了较快的发展。各种体育学校和社会组织陆续成立，不仅培养了大量体育专门人才，而且还在各地建立了体育场，这些都为体育的发展提供了重要保证。由此推知，《体育学》出现在1920年代是合乎常理和逻辑的，也绝非偶然。

四 对体育学学科的认识

人们对事物的认识不仅取决于自身的知识和能力，也受制于特定的时代背景。对于体育学的认识，专家和学者也不例外。1920年代，罗氏对体育和体育学的认识也带有那个时代的特征。在分析"体育学与他科学之关系"时，罗氏首先指出了体育学研究的知识论特征，即"以生理学、解剖学、卫生学为三大规范，复摄取生物学、进化论、遗传学、人体形态学（Anthropometry）为基础，以医学之智识为化通"；在此基础

[①] 收回体育权的运动源于教育界收回教育权的运动，直接起因是1923年我国代表团在菲律宾马尼拉参加运动会上的失利表现，通常以1924年武昌举行的第三届全运会为收回体育权的主要标志。

[②] 杨荫庆是该校校长，也是章、杨二氏所著《体育学》序言的撰写人；杨氏早期先后留学于美国和英国，具有先进的教育理念和丰富的教育经历。参见周棉主编《中国留学生大辞典》，南京大学出版社，1999。

上，罗氏认为"体育学为导以方法而训练人体之各器官，促其发育适宜之科学也"。同时，这种认识也体现在罗氏区分卫生学与体育学的观点中。与"卫生学为保全健康、却除疾病之学科"一样，罗氏认为"体育亦属保全健康、却除疾病之学科"。此外，罗氏在《体育学》中用了近一半的篇幅分析发育论，且明确指出"以胎生学、生物学、进化论诸原理，为编辑发育论之主宰"。由上可知，罗氏对于体育的基本认识，在于生理层面；对于体育学的定位，旨在保全健康。正是因为深信"体育使人于勿病"，"防止于患先"，所以罗氏提出"体育为人生唯一重要事业"；正是因为认为体育可以"延年益寿"，进而"兴家强国"，罗氏才"敢以浅知编成此册而贡于社会"。

　　章凌信和杨少庚对体育学的概括性更强。章、杨二氏在其著作中开宗明义，认为"无论何种科学，决不能独立而成，必借许多学识，互相证订，比较之，附丽之，其说始能昌明，其学始能发达"，并随之提出，"体育学者，简言之，即推究体育确实真理之所在，及体育与吾人究有若何之关系者也"。而后，章、杨二氏简要说明了体育学的研究对象和范围，并总结出："体育学者，即根本体育之定义，专研究何以方能达到此种境界，及其有关系之诸理论者也。"由此可知，章、杨二氏对体育学的定位是基于"体育之定义"，这种认识在逻辑上更为严密。关于体育，章、杨二氏认为因其"辅助身体精神，俾获健康"，所以应该研究；而"体育究竟何以重要""应如何提倡"是研究的重点，也是体育学的目的。

　　如果说罗氏的《体育学》重在运用生物学、生理学、解剖学等自然学科的理论和知识，首先分析人体的生理机制，进而研究体育对人体生理的影响及对健康的促进作用；章、杨二氏的《体育学》则在汲取罗氏主要观点的基础上，综合运用教育学、生理学、心理学等学科的理论和知识，首先分析运动对人体生理机能的影响，同时说明人体发育的基本知识。相比之下，刘德超对体育学的认识和定位则融合了两者的观点。[1]

---

[1] 1944年，刘德超氏在其所著《体育概论》第四章"体育史略"中，在分析体育史的意义时，曾说"体育史者，系何意义之课程耶？欲明乎此，须先明体育学之意义"。

一方面，刘氏明确指出了体育的性质，"体育学近始成为独立学科，乃集近代各学科之大成融汇而组成之一种新科学"；另一方面，从不同层面分析了体育学的知识构成基础，"体育学言其本身，乃以生理学、卫生学、教育学、伦理学为主；言其手段，则政治学、经济学、社会科学以辅助之；言其方法，则以心理学、解剖学、物理论理上之智识整顿而组织之一种科学也"。理论上说，刘氏的认识不仅知识上覆盖全面，而且结构上更为系统。但是，将此完善的理论付诸实践，则不是那么简单。对于此，刘氏并不避讳。一方面，强调"体育学之探究，必须遵以上所言进行"；另一方面，坦承"吾人精神有限，焉能完善，故世之研究体育学者，各有偏重"。以此审视罗氏和章、杨二氏的著作，二者虽各有偏重，但主要内容不仅有关于体育之意义、体育之必要、体育之划分等一般性知识的分析，也有包括运动论和发育论在内的专门性知识的介绍。

在时隔半个多世纪的今天，人们对体育的认识更加丰富和全面，从将体育视为教育目的的手段或实现国家意志的工具，逐渐发展到将体育看成一种社会文化现象。体育的内涵越来越丰富，外延也越来越宽泛。相应地，将体育作为研究对象的体育学，也从一门单一的学科逐渐成了一个科目繁多、领域宽泛的知识体系。历时性地看，这种转变的发生和完成，不能排除某一时期专家和学者的努力，也不能忽略行政力量介入产生的影响。但是，这一切都受特定时期社会发展水平的制约，取决于社会不同阶段的需要。从这个意义上说，专家学者们的努力和行政力量的影响又是从属性的，同样受制于特定时期社会的发展水平。毕竟，任何先进观念的倡导和实施，必须考虑所处的实际条件，否则将收效甚微。总的来说，狭义上的体育学是运用科学的理论、知识和成果，探究体育与人和社会的关系的一门学科；广义上的体育学是以体育为研究对象的一个学科门类。

第二节 《体育原理》基本内容比较

本节选择将宋君复所著的《体育原理》、吴蕴瑞与袁敦礼合著的《体育原理》及江良规所著的《体育原理》作为研究对象，主要基于两方面的考虑。一是三者在出版时间上间隔合理。通过对其内容和观点的分析和比较,在一定程度上能获悉不同阶段体育的发展程度和人们对体育的认识水平。二是三者都具有较强的代表性。如1929年宋氏所编著的《体育原理》,从内容选择和观点阐述上都深受当时基督教青年会体育干事麦克乐体育思想的影响;1933年吴、袁二氏合著的《体育原理》虽然也是美国体育思想的代表作,但是其主要以美国体育理论的集大成者——耶西·F. 威廉姆斯的体育思想为指导,同时以此思想作为指导的还有另一本同年出版的《体育原理》,著者也是曾留学美国、师从威廉氏的著名体育学者——方万邦。相比之下,吴、袁二氏合著的《体育原理》曾作为当时大多数体育学校或系科的教学用书,具有更强的代表性,故以其为分析对象。作为留学德国的体育博士,江氏所著的《体育原理》于1945年出版,其可作为深受德国体育思想影响的代表著作(见表6-2)。

表6-2 《体育原理》基本内容比较

作者	时间	各章内容及比重	增加内容	减少内容	相同内容
宋君复	1929年	第一章 25% 体育之历史、制度、目的(15%) 第二章 13% 运动之哲学与理论、运动在体育上之价值 第三章 46% 体育与道德、体育与健康、体育与工作、体育与文化、体育在群众生活中之价值、体育对于心灵之价值、体育对于政治之影响 第四章 16% 儿童之分析、体育材料之选择、体育与教导人材、体育教材之标准、运动员之精神			

续表

作者	时间	各章内容及比重	增加内容	减少内容	相同内容
吴蕴瑞 袁敦礼	1933年	第一章 绪论 第二章 历史的背景 11% 第三章 社会之背景 第四章 心身关系与体育 第五章 人之性质与体育 20% 第六章 体育之目的 13% 第七章 体育上相对之主张 第八章 体育与教育 13% 第九章 体育与他种活动之关系	人之性质与体育； 体育上相对之主张； 体育与教育	运动在体育上之价值； 体育材料之选择； 体育教材之标准	体育的历史； 体育的目的； 体育的学科基础
江良规	1945年	第一章 绪论 第二章 体育之史的考察 10% 第三至第五章 体育之生理学基础（上、中、下） 25% 第六章 体育之社会学基础 14% 第七章 体育之心理学基础 10% 第八章 体育之哲学 13% 第九章 德美两国体育概况 14% 第十章 理想之中国体育行政系统	德美两国体育概况； 理想之中国体育行政系统	体育与他种活动之关系； 体育与教育	

一 宋氏《体育原理》：注重普遍性和实用性

宋君复编著的《体育原理》于1929年10月，作为"体育小丛书"系列由商务印书馆出版。全书共68页，前有作者自序、目录，目录至章节两级标题。从基本内容看，该书共有四章内容，第一章主要介绍体育的历史、制度和目的；第二章主要介绍运动的理论和价值；第三章主要讨论体育与相关领域的关系及其影响；第四章主要分析学校体育教学方面的问题及运动员的精神。通过分析各章的基本内容，发现宋氏在内容的选择和组织上较为注重普遍性和实用性。以第四章为例，从儿童之分析到体育材料之选择和体育与教导人材，从体育教材之标准到运动员之精神，既是学校体育应该关注的重点，也是比较容易或者已经引起不良现象和问题的领域。其中，在谈到"体育与教导人材"时，宋氏认为"不论男女儿童，凡在十岁以下者，体育主任以女性担任为最佳；十岁以上者，亦以女体育教育为体育指导"。关于具体原因，宋氏并未给出，只说"体育精神之兴衰，与体育主任之关系殊切，故无论男女主任，均须受过充分之训练而后可"。类似的论说，在宋氏著作中并不少见。

从各章比重看，第三章比重最大，占全书的46%，宋氏用将近一半的篇幅主要论述了体育与道德、体育与健康、体育与工作、体育与文化之间的关系，以及体育对群众生活、个体心灵与政治的价值和影响；比重居于第二位的是第一章，占全书的25%，而三节中"体育之目的"一节是重中之重，比重约占该部分的65%、全书的15%；第二章和第四章的比重较小，共占全书的29%。从上述章节的安排和比重的分配可知，宋氏的研究重点在于阐明体育与相关领域的关系及其对体育目的的认识。在宋氏看来，伴随着体育快速发展而出现的诸多不良现象，都源于"缺乏正确之体育见识"，[①]而明确体育目的是树立正确体育见识的关键。所以，宋氏用大量篇幅分析和解释体育与相关领域的关系、体育的价值和运动精神，旨在使社会各界，包括体育指导人员和体育选手在内，对体育有一个正确的认识。

此外，宋氏自身丰富的教育经历和体育实践，也使其在对体育问题的认识上更注重现实层面诸多关系的梳理，以及对体育价值和运动精神的正确认识；同时，也使宋氏在分析体育问题时更加灵活，如在谈到学校体育场的管理时，宋氏认为应该在可能的情况下扩大学校运动场，作为公共体育场，因为这样"借以直接使儿童更得竞技之自然兴趣，间接使社会学校化；换言之，使一般社会得与学校接近而生良好之影响也"。

---

① 宋氏在"序"中，将社会上和学校中存在的诸多体育问题皆归因于"缺乏正确之体育见识"。

宋氏提出实现"社会学校化",通过使社会与学校共享运动场馆,从而促进两者的相互影响和良好发展。

从整体结构看,宋氏是根据知识的相关性和实用性,或者是根据已存在体育问题的种类及其原因,组织和整合各章内容,并无明确的原则和标准;而且各章内容又缺少总标题引领,更显得整体结构的系统性和逻辑性不强。此外,宋氏自始至终并未直接说明体育的意义或内涵,只是在分析体育与相关领域的关系时略有提及;同时,也未对体育原理的定义和研究范围等基本问题给予必要的解释,如果有的话,也只是提及"此等问题本不属体育原理之范畴",[①] 究竟体育原理的范畴如何确定以及包括哪些内容并未说明。虽然宋氏对某些体育问题的认识和分析不乏洞见,但是其所著的《体育原理》作为一本体育著作缺少对研究对象逻辑起点的关注,现在看来这是一种缺憾。

二 吴、袁二氏的《体育原理》:突出学理性和专业性

1933年9月,吴蕴瑞和袁敦礼合著的《体育原理》,作为"体育丛书"系列由勤奋书局印刷出版。该书共180页,前有版权页(含有吴蕴瑞所著《体育建筑及设备》一书的简介)、著者照片和小史、著者序、弁言、目录至章节两级标题。从基本内容看,全书分九章,除绪论外,依次介绍历史的背景、社会之背景、心身关系与体育、人之性质与体育、体育之目的、体育上相对之主张、体育与教育、体育与他种活动之关系。

值得一提的是吴氏对第七章"体育上相对之主张"的阐述,该部分包括道家之自然主义或无为主义与法家之法治主义、功利主义及文化主义与体育、兴味主义与努力主义,共三节。在第一节的分析中,吴氏较为推崇道家的无为主义,并提出要使"体育达无为主义之目的",体育教师在选择教材时应注意"教材须有施用教育手段之余地、教材须有教育之价值、体育教员须有感化学生之能力",同时还强调"欲体育有尽量之贡献,须按此主义实施。结果虽不能废除罚则,确能使运动员知耻

---

① 在第四章第三节"体育与教导人材"中,宋氏总结说"本文系体育制度发达之概论,故未能将以科学为标准分类之体育应用法、胜负计算表、标准测验、标准运动、训练转移之制裁,及其他各种体育管理问题等详加讨论;然此等问题本不属体育原理之范畴,亦无讨论之必要"。

而自然不犯规，教育之目的达矣"。

　　作为一个拥有丰富现代知识和先进教育理念的民国人，吴氏对于道家无为主义的推崇，及对将其应用在体育上的可能作用的认识，不仅是吴氏内心深处那种传统士大夫情结的体现，也是对现实社会中过度功利主义的一种反抗。中国传统士大夫多是游离在理想和现实之间，甚至试图超脱现世进而改造现世，这种用理想主义来改造现实主义的价值取向也是民国时期许多知识分子的共有特征。进一步讲，吴氏能将道家的主张和体育的作用结合起来，暂不论实践上是否真能贯彻，单从理论上看确能弥补锦标主义导致的不良风气。反观现代，从费孝通提出的文化自觉到众多学者倡导的中西文化互补，其理念与吴氏并无二致，更不用说以中西文化互补而生发出的许多文章和著作了。从这个意义上讲，吴氏试图用中国文化修正西式体育文化的想法不仅独特，也有超前性和预见性。

　　在第二节中，吴氏指出了依据功利主义确定的体育目标容易导致的三大错误，即"体育对于劳力者实用，劳心者可不习体育；活动之有应用者练习之，无应用者完全摒弃之；功利主义者所设目标太远，在儿童理想之外"。若从当时的社会背景和体育发展看，这三大错误与其说是功利主义对体育目标可能产生的影响，不如说是功利主义在体育领域已经导致的后果。从清末民初的体操到1920年代后普遍盛行的体育，虽然两种活动仅一字之差，但是其蕴含的价值和理念有天壤之别；加之，中国自古重实用的传统取向，"干燥无味、肤浅偏狭之弊，体育之重要目标或反致抛弃"的担忧早已成事实。难怪吴氏要反对这种狭义的功利主义体育观，同时称赞杜威倡导的功利主义旨在"丰富生活"是"何等远大而浑括"。此外，吴氏在评析了德国斯普兰格的文化主义后，指出"体育为陶冶人格之一种工具，既非科学，又非专是技术"，"应用为体育之副产品，并为自然之结果，不必专以之为目的"。对于吴氏此话的理解，务必要结合特定的语境，不可断章取义，更不能从字面揣测。吴氏将体育视为一种既非科学又非技术的工具，不是抽象更不是贬低体育，而是将体育还原到其所坚持的那个位置：教育。体育是教育的一种方法，这是吴氏矢志不渝的信念，也是其从事理论研究和体育实践的基点。

　　最后，吴氏总结说"文化主义与功利主义，互相对立，在体育上不可不两者兼顾。盖不顾功利主义，体育恐蹈空泛无捉摸之弊，不顾文化主义，恐蹈肤浅无意味之弊"。所以，"办体育者，应以文化主义为主要之原则，以广阔远大之功利主义为副原则，两面兼顾，庶无流弊"。

从各章比重看，"人之性质与体育"一章比重最大，占全书的20%，该章主要包括生命之生物学的基础、人类之原始活动、人类发育之事实、生长与发达、体育对于身体发达之影响、本性之意义、性之性质和训练之迁移，共八节内容；其中，相对其他各节，"体育对于身体发达之影响"所占篇幅较大。这不仅说明吴氏的研究重点在"人之性质与体育"，也体现了吴、袁二氏所倡导的认识事物应坚持的"先知后行"[①] 原则。其次是"体育之目的"和"体育与教育"，各占全书的13%。关于前者，吴氏并非如其他著作中对体育目的的介绍，而是从体育目的之推究、体育目的之分析和各种活动对于体育所达之目的三个层面进行较为系统的讨论；关于后者，袁氏遵循同样的思路，分体育与教育关联之沿革、体育与教育之不可分性、体育之教育价值、体育对于改善实际教育之贡献和体育在教育上之地位五节内容进行具体分析，如此详细的解释意在突出体育与教育特殊而重要的关系，强调体育的教育价值。但这样组织内容易让人产生一种冗余之感，袁氏本想以此阐明体育与教育之间的关系，反而将两者的关系复杂化了。

此外，"历史的背景"比重略高于其他各章，占全书的11%。若从该章各节内容看，前两节是一般史学知识的介绍，重在说明从史学角度研究体育的意义和重要性；第三节至第八节则是分析体育在各国近期的发展概况，吴氏先依次介绍德国、瑞典、法国、英国、美国，而后分析中国，除了"他山之石"的用意外，也遵循了各国体育对世界及我国影响的先后顺序。

从整体结构看，吴、袁二氏在按照宏观—中观—微观的顺序，或者说是环境—人—体育的主线，安排各章内容；事实上，它们之间的层次并不是很清晰，而且文字表述也加重了彼此间的模糊性。试想，除绪论外，根据各章涉及的基本内容，是否可将历史的背景、社会之背景、心身关系与体育、人之性质与体育表述为对体育的历史学分析、对体育的社会学分析、对体育的哲学和心理学分析、对体育的生物学和生理学分

[①] 在"序"中，吴、袁二氏指出"先知后行，实为从事万事之自然步骤，不可猎等"。

析？当然，即使替换成如此笼统的表达，仍不能使其与余下各章的逻辑更合。更为明显的是，既然有"体育与他种活动之关系"一章，为何不将"体育与教育"纳入其中？是为了强调体育与教育的关系比其他各种活动更重要，还是担心因将其纳入造成各节内容比重失衡，又或者由于此书为二人合著，如书前"弁言"中所言，"付梓之前，未暇互相校阅，其有重复矛盾之处，尚祈读者谅之？"其实，无论后者是谦辞还是事实，无论是哪一种情况，都是不应该的。毕竟，这不仅与二氏当时在学界的地位不相符，也有损二氏的学术水准。

三　江氏的《体育原理》：注重现实性和逻辑性

十余年后，即1945年1月，商务印书馆于重庆出版了江良规所著的《体育原理》。全书共203页，前有版权页、各章纲目，纲目极为详细（共15页），各章后有结论并附有详细参考书目。从基本内容看，共分十章，主要介绍了体育原理的意义和研究方法、体育的历史、体育的生理学基础（上、中、下）、体育的社会学基础、体育的心理学基础、体育的哲学、德美两国体育概况、理想的中国体育行政体系。其中，绪论是该书的一个亮点，其不仅包含体育原理的界定、重要性及其与相关学科的区别，而且还介绍了研究体育原理的方法。从这个角度看，江氏对该书的考量和设计更为缜密和成熟。

以新增的内容为例，江氏只选择德国和美国为分析对象，重点介绍两国体育情况，一方面可以有针对性地对其进行较为具体而系统的分析；另一方面也与我国当时体育发展模式和体育思想潮流相吻合。在讨论中国体育行政体系时，江氏首先强调了"独立而健全之组织"对体育事业的重要性和作用，并从历史因素和事实需要两个层面分析了中国与欧美各国体育行政机关的差异；接着，又详细列举了中央体育署与其他行政机关的联系；最后，介绍了全国体育行政组织系统。此章内容及标题"理想之中国体育行政系统"，不仅说明了研究内容及其导向，也传递出江氏作为一个现实而又不失理想的学者的浪漫情怀。

从各章比重看，各章差距不大，较为均衡，都在10%左右。若从内容的比重看，"体育之生理学基础"比重最大，因其分上、中、下三章论述，合占全书的25%；若论单章内容的比重，最大者为"体育之社会学基础""德美两国体育概况",但均仅占全书的14%。在"体育之社会学基础"一章中,体育对于人类社会生活的影响和中国的社会及其所需要的体育两节又是重中之重,共占该章内容的83%。关于这两节内容,可将江氏与吴蕴瑞的相关分析进行比较。在视角上,江氏是从体育对人类社会生活的影响进行分析,认为这种影响主要包括健康、良善的家庭分子、提高政治意识、增进娱乐生活、体育与公民训练五个方面;吴氏则基于体育如何促进社会进步,主要从个人与社会、体育对于社会的贡献、体育改造社会三个方面进行分析。江氏突出全面性,吴氏注重层次性。在基本观点上,首先,江氏重视健康,认为健康是教育的第一任务,也是体育最基本的目的之一,而吴氏强调教育,认为健康与体育无关,只是体育活动的副产品,不应以其为目的;其次,江氏注重体育对提高政治意识、增进娱乐生活和培养公民意识的作用,而吴氏强调社会性,认为体育可以移风易俗,培养人的社交能力和群体意识。关于对中国社会的认识,二人的态度基本一致,但是揭露的程度不同。江氏分析得比较全面,认为中国社会尚未脱离农业社会,自然资源不足,弱、贫、愚、私、乱是中国人民的通病,所以中国需要的是以"民族主义为本位"的体育;而吴氏直接指出"中国社会之病根在执政者溺于声色,下者沉于烟赌",认为"中国人若能以体育活动为消遣之品,则恶风自转,社会可从此改良"。由上可知,二人对体育与社会关系的分析视角和基本观点都不尽相同。究其原因,二人所处的时代背景、教育经历和知识结构等方面的差异应是主要因素。

　　从整体结构看,江氏在组织内容和安排各章次序时,都依据相似的思路和模式。具体而言,在内容的组织上,江氏以体育为核心,按照与体育的相关性,采用"由近及远"或"由里向外"的方式将内容进行组合;在各章次序上,江氏也是根据各章内容与体育关系的紧密程度或各章的重要性,从高到低或从大到小辐射性地展开,并依次排序。这种组织使得结构较为严密,层次也较为清晰。此外,江氏虽然在不同章节的具体内容上有所侧重,但在章节布局上较为合理,且各章比重也较为均衡。相较于其他几本同名著作,这也是该书较为成熟的一个标志。总之,从内容、结构及编写体例看,江氏的《体育原理》都堪称是一部成熟和完整之作。当然,若非要寻不足,书前无"序"和纲目过细算是江氏著作的一种遗憾。但是，书前无"序"缺少的信息，可由第一章"绪论"弥补；纲目过细，不仅使内容显示得更为完整，且利于读者快速了解著者的基本观点，从而节省时间。从这个角度看，书前无"序"和纲目过细倒可称得上是该书的一个特点。

通过对上述三本同名体育基本理论著作的分析，发现每本著作虽然由不同的作者出于不同的目的写成，但彼此之间或多或少都存在一些直接的相关性、间接的相似性和根本的差异性。如宋氏编著的《体育原理》和吴、袁二氏合著的《体育原理》相比，在研究态度上，两者都注重实用性，宋氏著作直接针对现实中的体育问题进行分析，较为通俗化，吴、袁二氏则将现实中的体育问题作为反面案例加以论证，较为专业化；在内容选择上，两者都关注社会上存在的诸多体育问题，宋氏注重体育与相关领域关系的区别，吴、袁二氏则注重从学理层面进行深入剖析；在研究重点上，两者都注重体育的基本问题，宋氏重在阐释体育的目的，吴、袁二氏重在分析体育的生物学基础；在结构组织上，两者都对体育的基本问题进行整合，宋氏是按照体育问题的相似性组成不同模块，吴、袁二氏则是根据其与体育关系的相关性形成不同章节；在理论来源上，两者都指出生理学和心理学的重要性，但宋氏只体现在部分章节中，吴、袁二氏则几乎贯穿全书。

四 三者的异同之处及其成因

宋氏的《体育原理》因是应商务印书馆之邀编写的一种普及性读物，在内容选择、结构安排和学术价值方面，都难以与吴、袁二氏的《体育原理》及江氏的同名著作相比，故主要对后两者的异同之处进行比较和分析。

（一）三者的异同点

在编写体例上，两者都具有较好的完整性，吴、袁二氏书前有版权页、著者照片和小史、序、弁言，目录至章节两级标题；江氏书前有版权页、详细目录，每章结束后附详细参考书目或材料。在对体育原理的认识上，两者都阐明其定义和重要性，吴、袁二氏突出体育原理的依赖性，所以还分析其学科来源；江氏探求体育原理的独立性，所以又讨论了其与相关学科的区别及其研究方法。在研究内容及重点上，两者都从历史学、社会学、生理学、心理学、哲学的角度对体育进行了多学科分析，吴、袁二氏注重体育的生物学基础和教育价值；江氏在重点分析体育的生理学基础的同时，也较为重视体育的社会学基础和哲学。在内容的完整性上，前者也逊于后者，对此吴、袁二氏在惋惜之余也并未遮掩，并在"弁言"中给予说明，"关于行政、方法等项，除于必要时略为涉及外，概不讨论。至于与体育原理有密切关系之基础学术，只于引证时提及要点，不能作详细之叙述"。

在对体育发展的认识上，两者都重视他国体育发展经验的借鉴价值，吴、袁二氏推崇美国的做法，注重从个人主义的立场定位体育的发展；江氏倾向于德国的体育观，强调从国家主义或集体主义的立场定位体育的发展。此外，前者视"体育是一种事业"，后者当体育为一种生活。在研究风格上，两者都具有较强的专业性，吴、袁二氏注重从学理层面进行分析，语言平实而深刻，语气较为严肃，表达略带说教的意味；江氏注重从学科层面进行解读，语言通俗易懂，语气较为平和，表达多以说理和倡导的口吻。在整体结构上，两者的章节组织都有较强的内在一致性，吴、袁二氏主要是按照体育与外部的关系逐层深入，江氏主要是依据体育内部的相关性平铺展开。在学术价值上，两者都有较强的针对性，吴、袁二氏的著作重在专业性和教育性，江氏的著作重在系统性和思想性。

（二）关于差异的成因分析

如上所述，三者之间虽有不少共同的特点，但是差异之处更多。究其原因，应该与特定的社会背景、作者自身的教育或学术经历及成书的直接目的或动机有关。

首先，从社会背景看，宋氏和吴、袁二氏的著作均于1930年代前后出版，当时正值"黄金十年"的中期，社会整体处于平稳而快速的发展之中，体育的发展更为快速，而且成绩显著。对此，宋氏在序言中也乐观地说道，"近年来，吾国体育发达甚速，非特学校有运动之设施，工商机关之组织运动队者，亦比比皆是。各地竞设体育场，个人亦多有捐款奖励体育之举"，而且"田径赛、球类、竞技等各地风行。虽尚有不及人处，然就足球而论，称雄亚东者已历时数年；就篮球而论，胜国外者亦常有所闻"。如此惊人的发展速度及其取得的成就，足以使宋氏对我国体育的前途充满信心，进而发出"常为中国前途喜，为体育界同人额手称庆"的肺腑之言。需要补充的是，虽然1930年代初发生了令国人愤怒的九一八事变、一·二八事变，但可能由于图书交稿和出版之间的时间间隔，[①] 又或者由于区域限制，对两事件的关注尚未发展到较为广泛的程度，这也保证了吴、袁二氏在分析体育学理问题时持有的冷静态度和独立思想。对于江氏而言，抗日战争给社会发展造成的巨大灾难及身处民族危亡之际产生的个人体验，间接或直接地为其著作增加了不可忽视的政治色彩和情感元素，甚至为其体育观点和理论提供了一定的合理依据。

其次，从作者的主要教育或学术经历看，宋氏[②]早年留学美国可培大学获理学学士学位，[③] 毕业后入斯普林菲尔德学院（也称春天学院）研究体育；自1926年至该著作出版期间，在沪江大学和东北大学任教；1932年，曾以教练的身份带领刘长春远赴美国，参加第十届奥运会；在篮球方面有较深的研究，1932年其所著的《女子篮球训练法》一书由勤奋书局出版。与宋氏相比，吴、袁二氏的经历更为丰富。吴氏[④]1918年毕业于南京高等师范学校体育专修科，1919~1924年先后在暨南大学、南京高等师范学校、东南大学体育系任教；1925~1927年，曾留学美国并获哥伦比亚大学硕士学位，1927年赴英国、法国、德国考察；回国后至该书出版期间，先后在东北大学、北平师范大学和中央大学任教；在体育理论研究上颇有建树，曾于1930年前后相继编著《运动学》《田径运动》《体育教学法》《体育建筑及设备》等书，并担任由中华教育改进社发行的《体育季刊》的主编。袁氏[⑤]1917年毕业于北京高等师范学校英语部，毕业后留校任教；同时，与麦克乐等推进体育研究工作，出版体育季刊；1922年，全国体育研究会成立，袁氏任首任会长；1923~1927年留学美国；回国后至该书出版期间，曾在浙江大学文理学院和北平师范大学体育科担任主任。相较于上述学者，江氏[⑥]是晚辈，1934年

[①] 吴、袁二氏在"序"中说此书是两人"经一年有半始成"，而该序写于1933年7月，由此可以推知该书的编纂工作始于1932年初。
[②] 参见《学校体育大辞典》，第802页；《体育词典》，第672页。
[③] 任锡训主编《中外体育名人大辞典》，警官教育出版社，1995，第31页。
[④] 体育大辞典编订委员会编《体育大辞典》，台湾商务印书馆，1984，第43页；《体育词典》，第669页。
[⑤] 《体育大辞典》，第55页；《体育词典》第670页。
[⑥] 《学校体育大辞典》，第804页。

毕业于中央大学体育系后，曾任上海东亚体育专科学校教务主任；1936年作为中国体育代表团成员，参加第十一届奥运会并赴欧洲考察；同年，入德国柏林体育研究院，翌年毕业后又入莱比锡大学哲学系学习，获博士学位；1939年回国至该书出版期间，任职于湖南蓝田国立师范学院，担任中央大学体育系教授；在体育理论和技术方面成果颇丰，1930年代至该书出版期间，曾编译和编著《从运动中培养品格》《女子游泳训练法》《足球裁判法》《田径训练图解》等多部著作，因学识渊博且能力强被后人称为"万能博士"。[①]

从成书的直接目的看，宋氏是"应商务印书馆编译所之约，原以此书贡献之于热心体育者。读者若能对体育之效能、目的、应用各方面，得准确而广阔之见地，因而对体育界状况，得以多多改良促进"。吴、袁二氏的用意"在使人知体育"，"又恐人知之不真，知之不深"，最后谦虚地说此书"虽不能担保人之深知，或亦不至令人浅知，更不至于令人假知"，由此可见，二氏是想通过此书来修正当时人们对体育的错误认识，进而建立和深化正确的体育观。因江氏在其书前未附序言，不能了解该书出版的背景，也不能直接获知其著该书的原因；但是从其书出版时间和地点1945年11月于重庆初版及1946年3月于上海再版看，江氏应该是在抗日战争期间的重庆完成准备和撰写此书的工作。鉴于其间"政教合一""建教合一"的趋势，该书不仅适应了抗战的需要，也"使体育能配合军事、政治、经济为抗战之主力、建国之枢纽，挽文弱之颓风，树蓬勃之朝气"。[②]

总之，虽同名为《体育原理》，因出自不同时期的不同作者或同一时期的不同作者，以及出于不同的出版目的或动机，彼此之间在基本内容的选择、具体观点的表达和整体结构的组织方面存在不同程度的差异，不仅体现了时代的特征，也反映了著者的关怀。

五　关于体育原理的研究范畴

随着社会的发展和人们认识水平的提高，体育的功能和价值发生变化，这也必将拓宽和加深人们对体育基础性、规定性和原则性知识与理

---

① 刘维清、徐南强主编《东南大学百年体育史（1902~2002）》，东南大学出版社，2002。
② 吴文忠：《中国近百年体育史》，第369页。

论的理解和认识。如果将体育原理界定为一门探究体育的基础性、规定性、原则性知识和理论的学科，那么对体育基础性、规定性和原则性的知识与理论的认识与界定，至关重要。

　　早在1930年代，吴蕴瑞和袁敦礼在《体育原理》中评价体育理论书籍时指出"关于体育理论之书籍，无论其命名如何，无论为中文西文，其内容率多枝蔓层出，包罗甚广，与其命名之意，时有不符，而读之者亦苦难求其头绪及主旨"。在吴、袁二氏看来，书名与研究内容不符是当时大多数体育理论著作的通病。为避免类似通病，二氏"于着笔之始，即先将全书范围严格规定，则此后落笔或不至过于庞杂，故原理二字之解释，亦未始非作者自范其思想之法也"。可见，二氏用原理二字作为规定该著作的依据，正如其强调"本书之主旨，即以此'原理'之解释，而于作者管见所及之各种科学中之复杂事实，以讨论吾人在体育上应遵守之原理"。关于原理应探讨的内容和范围，二氏指出"其落伍之传统思想、片面理由之信仰、特殊社会及政治情形所造成之迷信等等，曾为人所阿守不渝者，吾人皆得指而出之"。换言之，既要指出陈旧过时的思想、观点和认识，也要倡导先进的、科学的、超前的理论；但需要注意探究和分析的方式和尺度，对于"今日所认为是，明日即或为非，则吾人于科学讨论上，尚未能确定之问题，只能罗列各种学说，申述其疑点，以待来日之证实，万不能为专横之武断"。关于体育原理的研究范围和内容，二氏虽并未直接说明，但从其探讨"体育原理之来源"中也能获知大概，如"解剖学、生物学、生理学、发生学、人类学等学科，供给许多规定体育原理之事实"，"体育原理之研讨，除生物学科外，心理、社会、教育等学科范围内直接及间接之材料，均为吾人所应耕耘之沃野"。

　　相比之下，江氏对体育原理的认识更加明确和系统。在其著作中，江氏首先指出"原理既需要根据事实，故体育原理之创设，也不能脱离事实，须赖其他各项科学及哲学之佐证也明矣"，认为体育原理就是"根据体育的生理学、社会学、心理学及哲学的基础，以阐明体育的真谛，建立体育的规范的科学"。随之，其从"体育原理为个人对于体育的哲学""增进判断体育目的及意义之能力""增进个人对于体育的信仰及兴趣"三个方面说明了体育原理的重要性；从性质、功用和目的上分析了体育原理与体育概论及体育哲学之间的区别。体育哲学"乃以哲学的立场，讨论体育上几种最基本的假定"，其内容大约包括：（1）体育的哲学基础；（2）哲学与体育之关系；（3）体育哲学之意义与研究法；（4）心灵学说与体育；（5）人生哲学与体育；（6）古今哲学家对于体育思想之历史的考察；（7）体育与真善美的人生；等等。而体育概论的"目的在引导初学者入体育之门，予以体育理论及实际之初步介绍"。其内容大约为：（1）体育的需要与认识；（2）体育名词的解释；（3）体育之范围；（4）体育之意义；（5）体育之目的；（6）各国体育之比较；（7）体育与健康教育；（8）运动竞赛；（9）运动力学；（10）体育与军事。体育原理则是以"种种科学之事实为根据，以理想的态度，讨论各种体育上合理的实施原则"。其内容大约为：（1）体育之意义与目的；（2）体育之哲学的基础；（3）体育之生理学的基础；（4）体育之心理学的基础；（5）体育之社会学的基础；（6）体育之史的考察；（7）体育与政治；（8）体育问题之讨论与研究。最后，江氏还介绍了体育原理的研究方法，"必须科学与理想兼备并用，始不至于失之单调偏狭而不切于实际"。

关于对体育原理的认识，吴、袁二氏强调从其他学科中获得直接或间接的素材，作为规定体育活动是否科学的理论或标准；江氏认为从其他学科中获取事实，用以佐证体育原理属于科学的方式。两者都注重科学性，前者的对象是体育活动，后者的对象是体育原理。又因为原理取决于科学或科学研究，而科学常因研究成果或结论的更新或突破而否定自身，所以两者都认为科学具有的暂时性决定了体育原理的暂时性。对于此，吴、袁二氏明确指出"此书之作不过为应时之需要，力求其不落伍已极感困难。故任何原理，其应用之方向，不论如何广泛，其真实之程度，不问如何证实，科学上一有新发现，旦夕之间，可使之完全失其原理之地位。读此书者不可不深加注意及此也"；江氏也同样强调"在科学进步神速之今日，则吾人原理之订定，今日所据以为是者，明日或即以为非。是则有赖于读者运用各人之科学知识，善为判断耳"。两者对各自所著著作的审慎态度及对读者的善意提醒，不仅印证了体育理论图书普遍存在"与其命名之意，时有不符"的现象，也说明了"体育原理之内容，颇难作严格的、永久的限制"的事实。

通过分析吴、袁二氏和江氏对体育原理的认识和讨论，发现前者因过多关注体育，而忽略了体育原理；后者因过多关注体育原理，而忽视了体育。一般来说，体育原理应探讨的主要内容或范围取决于体育的内涵与外延。毕竟，虽然体育原理更加注重基础性、原则性的知识和理论，但其分析对象仍是体育。从这个角度，吴、袁二氏就认为当时出版的许多体育理论著作，书名并不能准确地反映研究的内容。而这种"名不符实"的现象主要与两种因素有关，一种是书名与其所要研究的范围和内容的关系，另一种是书名与所应研究的范围和内容的关系；甚至可以简化为所要研究的范围和内容与所应研究的范围和内容的关系。对比两者，虽然仅一字之差，但所传达的意义却相差甚远。

一般来说，所要研究的范围和内容，突出的是作者的意愿，在研究范围和内容上作者有主动权和决定权；而所应研究的范围和内容，强调的是价值的判断，在研究范围和内容上作者只能被动地接受。其中，后者又涉及"谁有权规定所应研究的范围和内容"这一难题。若是界内学术权威，则此不具有约束力，作者个人有不同的观点不仅正常而且应当；如果涉及道德绑架或是意识形态，则是另一个与学术无关的问题，[①] 没有讨论的必要。当然，如果两者是一致的，即所要研究的范围和内容与所应研究的范围和内容是一致的，那么这就是一种理想状态。事实上，因为不同的作者拥有不同的知识背景和价值取向，这种理想状态很难实现。因此，吴、袁二氏和江氏对体育原理的分析和解释是明智的，虽然各自著作的侧重点各异，但他们都把决定权交给了读者，若有不同之见，读者可自便。从学者自由和学术独立的角度来看，这值得我们后辈学习和借鉴。

第三节 《体育概论》基本内容比较

根据所查资料，至 1945 年共出版《体育概论》5 种，即 1926 年郝更生著的《中国体育概论》（英文本）、1933 年陈咏声著的《体育概论》、1944 年刘德超著的《体育概论》、1947 年王学政著的《体育概论》和 1948 年俞子箴编著的《体育概论》。因郝更生所著的是英文版，且在编写体例和目的上，明显与后几种不同，故只将除其之外的 4 种《体育概论》进行比较（见表 6-3）。

[①] 当时用行政权力替代学术权威、将学术道德化和意识形态化的现象并不罕见。

表6-3 《体育概论》基本内容比较

作者	时间	各章内容和比重	增加内容	减少内容	相同内容
陈咏声	1933年	第一章 总论 35% 第二章 儿童体育 第三章 青年体育 第四章 女子体育 15% 第五章 民众体育 第六章 学校体育 第七章 体育教材 17% 第八章 运动会 第九章 国术			
刘德超	1944年	第一章 总论 18% 第二章 体育课程 第三章 军事体育 12% 第四章 体育史略 18% 第五章 体育与人生 第六章 运动理论 10% 第七章 各国体育概要 第八章 各国青年训练与体育 16% 第九章 体育行政	体育课程； 军事体育； 体育史略； 运动理论； 各国体育概要； 各国青年训练与体育； 体育行政	运动会； 国术	
王学政	1947年	第一章 体育与生活 第二章 体育之意义及其目的 第三章 体育与人类之本性 16% 第四章 体育之演进及其制度与背景 第五章 体育活动之分类及各种活动之分析 10% 第六章 学习心理与体育教学之方法 11% 第七章 体格检查及体育之测验 18% 第八章 运动之基本理论 第九章 健康教育 第十章 体育行政 12% 第十一章 我国体育前途之危机及其挽救方针	体育与人类之本性； 体育活动之分类及各种活动之分析； 学习心理与体育教学之方法； 体格检查及体育之测验	军事体育	

续表

作者	时间	各章内容和比重	增加内容	减少内容	相同内容
俞子夷	1948年	第一章　总论 第二章　体育之范围 第三章　体育之目的 第四章　体育之定义 第五章　体育之分类 第六章　体育之演进 第七章　体育之学说 第八章　各国体育之比较 第九章　体育教材之分类　15% 第十章　运动之原理　12% 第十一章　儿童之身心发育状态与体育之设施　11% 第十二章　体育之科学基础　11% 第十三章　体育与教育（书中无此章内容） 第十四章　体育与德育 第十五章　体育与群育 第十六章　体育与美育 第十七章　体育与卫生 第十八章　体育与童训 第十九章　体育与军训 第二十章　体育与国术 第二十一章　体育与劳动	体育之科学基础； 体育与美育； 体育与童训； 体育与军训； 体育与卫生	健康教育； 体格检查及体育之测验	体育目的； 体育意义； 体育分类； 体育与相关领域的关系

一　陈氏的《体育概论》：注重应用性和针对性

1933年12月，陈咏声所著的《体育概论》由商务印书馆以"百科小丛书"的形式出版。全书共65页，书前有版权页、作者自序、目次至章节两级标题。从基本内容看，分总论、儿童体育、青年体育、女子体育、民众体育、学校体育、体育教材、运动会和国术等九章。从各章比重看，总论所占比重最大，占全书的35%，包括体育的意义、体育的目的、现代体育的原则、体育与德育、体育与卫生，主要是一些体育的基本知识。

陈氏之所以将总论作为全书的重点，可能有以下两个原因：一方面，当时虽然已有《体育学》和《体育原理》，但两者对体育的探讨和研究学术性较强，难以大众化；另一方面，当时社会上锦标主义盛行，已出现的诸多体育问题令人担忧。正如书前序所言，"现在的学校体育几乎仅成为少数运动选手的训练，但图运动场的荣誉，而置多数学生于不顾，这种畸形发展，完全将体育的本旨失去了"；"近年来已有人发觉我国体育已往的错误，于是有'体育要大众化'的呼声喊了出来……现代体育的目的，不仅是要养成强健的身体，并且要养成健全的心理，二者必须同时训练的"。

从基本内容看，可能是由于时间较早或篇幅有限，该著作的内容较为简单和浅显。相比之下，陈氏对于"女子体育"和"体育教材"的分析较为充分。究其原因，可从书中获得一些信息和相关说明。关于女子体育，陈氏开始便说其"发达得很迟并且也极慢。以前并没有什么特殊的指导，只不过是跟着男子们在同一条道路上走。直至最近几年才有人渐渐注意到，女子体育是有和男子体育分别的必要"。所以，陈氏不仅分析了女子参与体育的重要性，也指出了"女子运动应注意的几点"要求与女子训练的"三个重要的目标"，同时还介绍了古代斯巴达及现代英国、美国、日本女子体育开展的情况。对于体育教材，陈氏首先指出"从前的体育多侧重不自然运动，所以收不到好的效果。现代体育鉴于以往的错误，特建立了八项自然活动的课程"，随后分别对自然运动和不自然运动的纲目进行了较为详细的介绍，并在此基础上，结合实际逐一分析了选择教材的八项标准，即教材要有吸引力、要适应学生的年龄、要适应学校的环境、要适应国情、应多采用自然活动、要适应气候、应切合实际、应分别等级。这充分说明了在内容选择和具体分析上，陈氏较为注重知识的针对性和应用性。

此外，运动会和国术两章内容，是陈氏所著《体育概论》独有的。究其原因，一方面，自1924年我国从在华的外国人手中收回管理体育的权力，相继参加并承办了数次国内外重要体育赛事，不仅积累了大量经验，同时也产生了诸多问题，并引起了国内各界的广泛关注和讨论；[①] 加之，

[①] 1920年代收回体育权和参加远东运动会失利，以及1930年代参加洛杉矶奥运会都曾在社会上引起轩然大波并在媒体上引发多次公开争论。

陈氏本人也认同运动会"可以产生伟大的团结力,以为他种团体事业的动力,这于社会、国家都是间接有很大的影响力",同时也希望中国的体育成绩"以后更将突飞猛进,以为国际比赛的准备,为民族争光荣"。另一方面,中央国术馆于1927年成立后,为了在全国范围内有效地推广和普及国术,不仅从中央到地方借助行政权力建立了许多国术组织和社团,举办各种等级的国术比赛,而且还召集和组织一些著名的武术专家编写了大量理论著作,同时将国术纳入学校的必修课。正如陈氏所言"最近几年经过张之江、褚民谊等先生一提倡,在南京设立中央国术馆、各省设立许多分馆,作大规模的国术比赛,国术又重新恢复,渐渐盛行起来"。在此背景下,陈氏将国术作为单独一章进行讨论是极自然的事情。进一步看,很可能也是出于上述原因,刘氏在其著作中将运动会和国术两章删去。

从整体结构看,除绪论外,各章之间的次序或关系并无明确的逻辑性和系统性。这可能与陈氏著书的目的有关,陈氏只是想"把现代体育的真义、目的和实施的方法,很简要的叙述出来,使大家对于体育有一个清楚的概念,不致再走错路",并未想针对体育展开深层次的系统研究。更何况,此前并未有专门的《体育概论》正式出版,缺少可以直接参考或借鉴的资源,陈氏基本上是从个人认识和现实需要出发谋篇布局。陈氏著作的大部分内容是压缩式的,分析多是点到为止,但在时间上所处的领先地位则注定了其具有的学术地位。

二　刘氏的《体育概论》:注重全面性,忽略逻辑性

1944年11月,刘德超所著的《体育概论》作为"新中学文库"系列由商务印书馆出版。全书共245页,前有版权页,目录至章节两级标题,每章后附练习题和中西文参考书目。从基本内容看,包括以下九章内容:总论、体育课程、军事体育、体育史略、体育与人生、运动理论、各国体育概要、各国青年训练与体育、体育行政。值得一提的是,在总论中,除了简短的绪言,刘氏还分别讨论了体育之目的、体育之意义、体育之学说、游戏原理及其学说、健全青年与健全公民应有之体育、运动君子精神之解释、运动员与体育家之区别、教育与体育、时令运动与人生,共十节内容。查看各节的具体内容,彼此间并非逻辑一贯,尤其

是名称使用上时而体育时而运动,但是整体都属于一般性的、大众化的体育知识。暂不论内容妥当与否,仅以标题分析为参照,该书不乏独特之处。如将体育在培养健全青年和公民方面的作用分别罗列,突出两者的独立性和差异性;用自创的运动君子精神,取代体育界内已习惯使用的运动员风度,体现了其带有本土化的色彩;将运动员与体育家这两个难以区分甚至常被混用的名称区分开来,明确了各自的特征和边界;将时令运动与人生联系起来,富有吸引力。

从各章比重看,总论和体育史略所占比重较大,均占全书的18%;各国青年训练与体育和军事体育等章内容次之,分别占全书的16%和12%;其余各章的比重相当,均占全书的10%左右。这说明该著作各章内容的安排和分配较为均衡和成熟。关于各章内容的组织,刘氏应该是按照自己对"体育业务上重要问题"①的理解创作了该书。毕竟,其已有多年的体育实践和理论知识积累,同时前人对某些重要体育问题也形成了较为合理和成熟的观点,促使刘氏的著作在内容上更为丰富,结构上更为合理。从增减内容看,其增加了体育课程、军事体育、体育史略、运动理论、各国体育概要、各国青年训练与体育、体育行政等章节,同时删去了运动会和国术两章内容,体现了内容取舍的侧重。

从整体结构看,各章之间虽有关联,但逻辑性和系统性不强。关于各章内容的选择和组织,刘氏在绪言中说明了自己的考虑。如就"体育史略"而言,因"一事之来,必有其因。体育为民族之原力,亦属建国之条件,故研究探讨,据事实,尚科学,于历史背景、环境促成等项,尤为注重,夫如此,始可鉴已往而窥将来,则体育史同焉";关于军事体育,刘氏似乎更加重视,因"今世界风云,变幻莫测,然细考之,不外国家民族争生存,军国主义之倡导,阶级利益之获得,所采方法原则,均不外强种建国、民族优生、体育普及,寓军事于体育之中,故军事与体育关系,须为述及";又因"各国既重民族优生与体育普及,青年为国家未来主人翁,教导训练,自极重要",所以卫生习惯、练习方法、作息饮食,"均不可忽,尤其各国体育概要、青年与体育训练情况,他山之

---

① 在总论的"绪言"中,刘氏开宗明义道:"体育概论,乃讨论有关体育业务上较重要问题之课程也。"

石，可以攻玉，颇值吾人之借镜与参考"。由此可见，刘氏从内容的选择和增减到章节的组织和安排，始终着眼于实际问题，从学理层面分析。虽环顾当下，但着眼于将来，即使在分析和讨论具体问题时，也会传递出真切的现实感和强烈的使命感，正是这种具有鲜明表现力和感召力的体育观成为他个人的一种风格。

1943年，国民党以蒋中正的名义出版了颇具理论色彩的著作《中国之命运》。①从该著作的出版背景和基本内容看，如果说对于刘氏是否受此影响尚难确定的话，那么对于不久后出版的由王学政所著的同名著作而言，难以确定的不是影响可能性的大小，而是影响程度的深浅问题。

三 王氏的《体育概论》：注重实用性和针对性

1947年，商务印书馆以"复兴丛书"系列出版了王学政所著的《体育概论》。全书共312页，前有自序、章节目次、附表目次。从基本内容上看，王氏主要讨论了体育与生活、体育之意义及其目的、体育与人类之本性、体育之演进及其制度与背景、体育活动之分类及各种活动之分析、学习心理与体育教学之方法、体格检查及体育之测验、运动之基本理论、健康教育、体育行政和我国体育前途之危机及其挽救方针，共11个方面的问题。可以看出，在刘氏著作的基础上，王氏增加了体育与人类之本性、体育活动之分类及各种活动之分析、学习心理与体育教学之方法、体格检查及体育之测验等四章内容，删去了军事体育一章。

从各章比重看，"体育与人类之本性"和"体格检查及体育之测验"两章，不仅是新增内容，也是王氏分析和关注的重点，其比重分别占全书的16%和18%。个中原因，从书前"序"中能了解一二。王氏指出"在今日社会生活中，流弊丛生，骚动时起，实由道德文化之发展不能与物质文明相调和所致。今日物质文明虽已有惊奇之发展，而人类之原始禀赋却无何改变。欲谋社会进步，或欲达教育目的，则对于人类本性之启发与道德人格之训练，须益加注重"，而"体育为一种最适宜之身心整个教育之教材，对于人类本性之发达有最大之效用，已为举世教育体

---

① 全书分8章，包括中华民族的成长与发展、国耻的由来与革命的起源、不平等条约之深刻化、由北伐到抗战、平等互惠新约的内容与今后建国工作的重心、革命建国的根本问题、中国革命建国的动脉及其命运决定的关头和中国的命运与世界的前途。

育权威所公认",遗憾的是,"我国一般人,甚或不少体育教育专家以及社会领袖,对体育在教育上之意义,至今仍无充分认识,辄视体育之功能以身体之训练为限"。因此,王氏依据生理学和解剖学的知识,对"体育与人类之本性"进行系统的分析;运用卫生学和测量学的知识和方法,对"体格检查及体育之测验"进行认真的介绍;结合心理学和教育学的理论,对"学习心理与体育教学之方法"和"体育活动之分类及各种活动之分析"进行详细的讨论。如此广泛的涉猎和详细的分析,使得该著作内容上更加丰富和全面。

在写作风格上,相较于刘氏,王氏少了一些对现实问题和基本史实的分析和介绍,多了一些对相互关系和具体方法的梳理和探讨;在个人态度上,少了一些情感,多了一些冷静。如果说刘氏关注现实问题和基本理论,那么王氏则更关注现实问题的解决和基本理论的应用。究其原因,一是两人的教育经历不同;二是所处的社会背景不同,刘氏是抗日战争末期,王氏是国共内战前期。虽不能断定哪个因素更重要,但是两者共同作用的结果,很可能影响了王氏和刘氏对各自所处环境的关切方式,以及对体育现状的基本判断和认知态度。正如王氏所说,"我国体育积弊甚多,亟需改革。过去即使有所改革,大都为零碎皮相变动,结果反足以为害。当前体育改革之要务,除阐扬体育之理论、促使国人认识体育、注重体育外,尚有检讨体育之积弊与其原因,及其与他种环境之相互关系",希望从中获得有益的启示或为今后的改革提供理论依据。正是基于此,王氏对体育"主要之各方面作简明之叙述",希望"使读者明了各项问题之主要关系,盖如此始能获得完整之认识,一洗以往片面侧重之弊"。

在整体结构上,虽然部分章节之间具有紧密的内在关联性,但是从各章之间的逻辑次序和系统关系看,该著作研究的主要内容之间并未形成一个逻辑严密或层次清晰的系统。这除了与该著作涉及相关知识范围过宽有关外,很可能也与王氏对该著作的研究定位有关。王氏最后说"兹编所述为笔者一己之独见,自维学识谫陋,原无发表之价值,惟其间一得之愚,借此拙作之流行,可收抛砖引玉之效,并就正于当世宏达,则不胜大愿"。对于王氏的此番谦辞,暂不论是出于形式之需,还是真实所感,以此解释其著作的内容组织和结构安排,确实更容易理解和接受。

值得一提的是，王氏在最后还讨论了"我国体育前途之危机及其挽救方针"。在王氏看来，"我国体育之推行，漫无标的，莫衷一是，一味盲从他人；而且体育界人事复杂，妄立门户，各快其私者比比皆是，对异己者辄加排斥。又往往缺乏熟诚，不务实际，仅重形式，敷衍从事。加以国民健康或素质低劣，运动道德败坏"，致使我国体育前途危机重重。暂不论王氏所言是否有将当时体育界乱象扩大化，单凭其匹夫之勇和赤子之心将我国体育发展存在的危机和隐患全盘托出，已非常人能比，也足以令人心生敬畏。对于体育发展面临的可怕处境，相关人员和机关仍未能觉察，王氏劝勉说"推行事业之成败关键，物质、方法、学识、经验均属次要，首要者乃在诚"。虽然王氏的观点不完全正确，但从上可知，当时体育界从业人员普遍缺乏真诚和敬业精神。此外，王氏针对体育界"盲从他人""漫无标的"的情况，提出应该从"治标治本"两种途径解决，即治标之法，"在于普及国民体育，厉行健康运动，以及强制推行高中以上学校之体育"；治本之法，"实行强迫儿童体育"。虽然王氏认为"不量力而行，盲从他人，重形式，不务实际"，是我国体育趋于畸形发展的主要原因，但是，其中任何一个问题的解决并非体育界凭一时之力所能实现，需要社会长久而有效的努力。

以"盲从他人"而言，从移植日本到学习瑞典，从借鉴美国到效仿德国再到照搬苏联，我国近代体育及其制度的建立和发展，确实是在学习他国理论和实践中逐步前行的。对此，王氏所言并不夸张。但是，作为一个体育后进国家，如何摆脱他国的羁绊开创出自己的道路，不仅在以前，包括现在甚至未来，也都是我们必须面临的挑战。更何况，学习、移植、模仿、照搬、借鉴之间的界限并非泾渭分明，实践中的具体分寸很难把握，更难判断。如果认为美国派过分注重品性、态度或社会适应，而德国派过分偏重健康、体格与技能训练，两者都不适合我国；那么按照王氏的建议及其对"蒋主席有关体育之训示"的引介，取而代之的应该是，"根据我国国情设立三民主义之体育教育"，"除儿童、青年用治本之法，各方并重外，当前之急务，厥为生理或体格与技能等方面"。事实上，基于我国当时的社会背景和基本条件，王氏在指出按照美德两国的做法不可行的时候，已把自己的方案放入其中了。退而言之，可行或不可行、成功或不成功都是相对而言的，也都是事后的一种反思。一个理论家或实践者，不会轻易将一种不成熟的方案或计划付诸实施。整体而言，这算是王氏发表的一篇关于体育发展的檄文，针砭时弊，系统剖析，用语尖锐但不刻薄，态度严肃又不失诚恳，其言拳拳，对国家之情和对体育之爱可见。

四 俞氏的《体育概论》：前人研究的整合

1948年，俞子箴也编著了《体育概论》。因其是"省立专师体育科讲义"，故不能对其内容的选择和结构的安排过于苛责。俞氏的著作仅74页，不及王氏的1/4，书前既无版权页、序或弁言，各章后也未附练习题或参考书目，仅有目次，且至章节两级标题。但是，该著作所含内容的宽度和章节的数目，都是上述三书难以相比的。从基本内容看，该著作共涉及了21个方面的内容，即总论、体育之范围、体育之目的、体育之定义、体育之分类、体育之演进、体育之学说、各国体育之比较、体育教材之分类、运动之原理、儿童之身心发育状态与体育之设施、体育之科学基础、体育与教育、体育与德育、体育与群育、体育与美育、体育与卫生、体育与童训、体育与军训、体育与国术、体育与劳动。从增减内容看，与王氏相比，俞氏增加了体育之科学基础、体育与美育、体育与童训、体育与军训、体育与卫生，删去了健康教育和体格检查及体育之测验两章。

在各章比重上，涉及内容多而总体篇幅少，不仅使俞氏在对各章内容进行介绍和分析时只能泛泛而谈或点到为止，也使得各章所占全书的比重都较为接近。从整体结构看，相较于上述三书，俞氏著作虽然每章内容较少，甚至三两句话便自成一节甚至一章，但是其章节安排和结构布局却更加简明，具有更强的逻辑性。这可能与俞氏编著此书的方式或原则有关。从各章节所涉及的主要内容和具体分析看，该著作多是沿用或复制前人已有的相关研究成果，而后根据需要对其进行编辑和整合。这不仅大大降低了该著作的原创性，而且也导致了一些不该出现的低级错误和漏洞。① 但该书只是一本手抄后刊印的讲义，且考虑到俞氏编辑

---

① 最明显的有两处：一是目录中有"体育与教育"一章，但书中并无此章内容，却出现了"体育与军训"一章内容；二是目录与原文中的标题表述不一致，如目录中是"体育与德育"，正文中是"体育之道德"。

该书更多的是出于现实的教学需要，所以对其过分苛责或将其与同类著作进行比较，似乎都有失公允。自然，作为形成于1940年代末的教学讲义，该著作也有自己的特色和在某些方面的突破，如标题的表述更加简明；将每个基本问题独立成章，虽因章节过多显得系统性稍弱，但逻辑性和实用性更强；关于体育与劳动的讨论也简洁而深刻。

整体而言，上述四部体育基本理论著作，时间上起于1933年，临近"黄金十年"的末端，可谓处在由盛及衰的前期；止于1948年，时值国共内战即将结束、黎明即将到来之际。这种随着时间变化的特殊社会背景，不仅引起了四位作者对国家前途和命运的高度关注，也影响了他们对体育的价值取向和认知态度。这一切或隐或显地体现在他们对诸多体育问题的现实关怀和具体分析中，也直接或间接反映在各自对内容选择和结构布局的差异上。四书虽然在页码上不等，甚至差距较大；在内容选择上各异，甚至结论完全相反。但是，它们都基于相关社会背景，聚焦体育的基本理论问题；都针对具体的实际问题，旨在促进人们体育态度的转变和认识水平的提高；都努力从学理层面分析，强化体育存在和发展的科学依据。从学术价值看，陈氏的《体育概论》贵在时间之早和思想之先，最早致力于对体育进行概要式的说明，最先正式讨论"体育的真义"和较早使用"体育概论"的名称；刘氏的《体育概论》贵在最先将其定位于课程并给予明确界定，在绪论中对选择研究内容的原因逐一说明，并在针砭时弊式的讨论中饱含激情；王氏的《体育概论》贵在从外部环境或相互关系的角度分析体育，并融合体育学科已有的观点与成果进行组织和建构；俞氏的《体育概论》虽承前辈之成果，较少创新，但其简明的标题表述和严密的逻辑结构对于教科书的编写体例具有良好的示范作用。

五　关于体育概论学科的认识

体育概论，顾名思义，是指对体育现象或问题进行概要性的讨论。[①]由于不同时期或历史条件下，体育现象或问题的性质、表现方式及其产生原因不尽相同，所以体育概论的研究范围和主要内容也随之发生相应

[①] 此说法成立的前提是对体育的认识较为明确且理解基本一致。

的变化。通过对上述四本同名著作的分析，发现不同时期的不同著者和同一时期的不同著者，基于对体育问题的认识或对体育概论的定位不同，在各自的著作中所讨论的主要内容也存在明显差异。

陈咏声认为"随着学校的发达"，我国的体育虽在进步，但是"多半只是步着西人的后尘，由机械式的体操训练进化到运动竞技的训练"；鉴于当时学校体育沦落为少数选手的训练的畸形发展趋势，面临着体育宗旨丧失的局面，不仅社会呼吁"体育要大众化"，而且陈氏以"身体的教育"为出发点，反复强调体育是教育的一种方法，是"以身体活动为方式的整个机体之教育"。陈氏试图通过"把现代体育的真义、目的和实施的方法，很简要的叙述出来"，希望能"使大家对于体育有一个清楚的概念，不致再走错路"。由此可知，陈氏对体育及体育概论的认识直接源于对当时体育现象的思考和体育问题的解决，注重对体育意义、目的、原则、分类等一般性知识的介绍。

相比之下，刘德超对体育与体育概论的认识和解释较为全面和深入。刘氏在正文部分开宗明义，指出"体育概论，乃讨论有关体育业务上较重要问题之课程也"，而"体育内涵，本极实阔"，所以"本书所述，乃举其大者、显者择要论及，故名体育概论"。又因"体育乃随人生以俱来，自有人类，体育活动却随之暗自潜长。善用之则进德修业，有助个体、国家之兴隆，不善为用，则损伤衰亡，报偿甚为显明"，所以，"体育之业务，亟为广大，关心民族前途、国家兴替者，未可漠然忽视也"。可见，刘氏是从人类历史的长度和体育业务的宽度两个维度系统认识和全面解读体育。这两个维度的结合，一方面体现在刘氏对体育内涵的理解中，其认为体育是"根据自然之活动，直接锻炼吾人之身心，间接增进德、智、体、群、美诸育，乃以身体活动为方式之整个机体教育也"；另一方面反映在该书的内容组织和结构安排上，即不但从总体上分析了体育之目的、体育之意义、体育之学说、游戏原理及其学说、健全青年与健全公民应有之体育、运动君子精神之解释、运动员与体育家之区别、教育与体育、时令运动与人生等问题，而且还详细介绍了体育课程、军事体育、体育史略、体育与人生、运动理论、各国体育概要、各国青年训练与体育、体育行政等内容。虽然刘氏声明"本书所述，乃举其大者、显者择要论及"，但事实上，该书所涉猎的内容几乎涵盖了体育的各个方面，只不过有些介绍得详细，有些较为简略而已。当然，由于时代的不同和著者对体育问题中"大者、显者"的理解有别，各自的研究范围和问题在广度和深度上也各有不同。如在增加的内容中，体育课程、军事体育和各国青年训练与体育三章内容的出现与当时战时需要和特殊背景密切相关，具有典型的时代特征。

王学政指出"我国体育积弊甚多，亟需改革。过去即使有所改革，大都为零碎皮相变动，结果反足以为害。当前体育改革之要务，除阐扬体育之理论、促使国人认识体育、注重体育外，尚有检讨体育之积弊与其原因，及其与他种环境之相互关系，俾自其中获得改革之理论根据，然后加以根本之改进"。王氏此言不仅提及了当时我国体育发展的境况，也说明了成书的主要目的。但是，考虑到"体育范围甚广，加以抗战期间，参考资料缺乏"，王氏坦言"仅能就主要之各方面作简明之叙述"，希望"使读者明了各项问题之主要关系，盖如此始能获得完整之认识，一洗以往片面侧重之弊"。正是基于存在的诸多体育问题及对此书写作目的的良好期望，王氏从体育与生活的关系开始，接着对体育的意义与目的、体育与人类的本性、体育的演进及其制度与背景等问题进行概要性的分析，随之又讨论了体育活动的分类及各种活动的目的、学习心理与体育教学的方法、体格检查及体育测验、运动的基本理论、健康教育和体育行政，最后深刻且尖锐地指出当时中国体育发展面临的种种危机及应对之策。

江良规认为"体育概论的功用为介绍而非研究，故其内容虽广泛而肤浅，其主要的目标在求学生对于体育之认识及印象之获得"，[①] 而且还指出"体育概论，认识过浅，观念难免错误"。若以此评价王氏所著的《体育概论》，尤其是王氏对"我国体育前途之危机及其挽救方针"的分析并不合适，但以此评价俞子箴的《体育概论》则勉强可以。毕竟，俞氏本人也认为"体育概论，乃是略述有关体育上，一切比较重要而显著的问题；它的功用，为介绍而非研究，所以内容上虽然广泛肤浅，主要的目标，是在求学生对于体育学理上之认识及印象的获得。其内容大约

[①] 1945年，江良规在所著的《体育原理》中讨论体育原理、体育哲学与体育概论之间的关系时，表达了自己对体育概论的认识。

为目的、意义、范围、类别及有关各科之原理与原则、关系……"

综上所述，四部不同年份出版的《体育概论》，在研究内容上虽然各有侧重且时有增减，但都包括体育目的、体育意义、体育分类、体育与相关领域的关系，注重对体育基本问题的分析和讨论。在成书目的上，四书虽然各执其说且背景有别，但是都紧密联系实际，注重知识的针对性和实用性。从这个角度看，江氏对体育概论的认识和定位是基本准确的。从名称上看，《体育概论》确实重在"介绍而非研究"；从内容上看，除对"介绍而非研究"的理解和判定尚需讨论外，《体育概论》的内容也多随社会背景的变化时有调整。由上可知，除了几个体育基本问题外，《体育概论》的其他内容会因作者认识和成书目的的不同而存在较大差异。若认为在内容的选择上多引用已有研究成果，或者在结构组织上将已有研究成果按照一定的目的或逻辑关系重新整合，以这种方式写成的《体育概论》属于"介绍而非研究"的范畴，则俞氏的著作最具代表性。严格意义上，另外三部著作都不能归入"介绍而非研究"之列。因为从内容选择和结构组织来看，三者都各具特点，即使在使用已有研究成果时，它们也都几乎并未照搬或移植，而是以之为论据证明自己的观点。当然，若江氏的"研究"定位在学理层面深入分析或基于哲学高度的抽象讨论，那么《体育概论》的名称就决定了其距离"研究"很远。整体而言，江氏对体育概论的定位有盖棺定论之嫌，有些简单化了。若将其调整为"体育概论的功用重在介绍而非研究"，应该更为严谨和客观。

* * *

现在，我们常羡慕民国时期的学者，居于动乱年代，仍勇于追求真理，捍卫权利；甚至以之为典范，学着理性地表达个人对政治的敏感，及对其介入教育和干预学术的厌恶和抗议。事实上，身处动乱年代的许多专家和学者对政治的态度，比我们现在了解和想象得更为激烈。当抗日战争突然爆发，而后社会逐渐陷入瘫痪时，为适应抗战需要，国民政府的执政理念和政策急剧改变，不仅直接将坚定政治立场的培养融入教育，也明确提出教育应该服务于战时的特殊需要和"建国"的宏大目标。就体育而言，当一切都服务于国家利益和民族情感时，对于一个正确体育观念尚未确立且一切体育建制并未完善的政府来说，体育政策的制定和体育功能的定位也必将直接服务于政府的需要。自此，不仅体育被迫成为国家机器的重要组成部分，同时体育人也自愿肩负起国家建设和民族复兴的伟大使命。在"被迫"和"自愿"之间，本应该有很长的距离，但是在国将不保和尊严受损的情况下，跨越两者之间的距离可以瞬间完成。至少，中国近代体育的发展和体育目的的骤然改变都曾经历了这样的过程。

民国时期，社会的新旧交替和文化的东西融合，更容易唤起知识分子心中那份传统士大夫的家国情怀。也正是因为这份情怀，那个激荡年代的知识分子几乎都曾参与并热心于政治，或游走在政治和学术之间。在某种程度上，为了救亡图存，知识分子自觉地把体育作为一种工具，积极倡导国家主义和集体至上，甚至主动地为体育披上政治的外衣，使体育成为社会各界配合抗战工作的共享资源，也使体育以复杂的身份顺应了国民政府开展抗战工作的需要。因为需要，体育得到了非常的重视；因为非常的重视，体育挣得了较多的资源；因为获得了较多的资源，体育逐渐对其产生了依赖。也因同样的逻辑，体育人逐渐失去了独立性和自主性，最终为体育学术的发展埋下了隐患。这虽然促进了体育短时的快速发展，但体育为之付出的代价是巨大的。

从原创性上来说，任何研究他人作品的作品都不比被研究的作品更好；从学术价值来说，任何评价他人学术成果的成果，也不会比被评价的成果更有价值。然而，对于学术的发展而言，它们却同等重要。

第七章　异中求同：不同体育著作内容比较

早期的《体育学》、《体育原理》和《体育概论》因著者的出版动机不同，在内容选择和组织上存在较大差异。从体育学术发展的角度看，比较和分析三者之间的异同之处，以及梳理和归纳各自的发展特点，不仅能了解体育学术发展的基本脉络，也能获悉人们对于体育认识的变迁，进而发掘体育思想史的价值。为了更加全面和深入地了解三者的基本情况，增加其可比性，笔者主要从出版背景、基本内容和编写特点三个方面，试图找出彼此之间的异同之处并对其进行分析。

第一节　《体育学》与《体育原理》比较

1924年罗一东所著的《体育学》，因出版时间最早和结构系统性较强，在我国近代体育学术发展史上具有重要的地位和意义。而1933年吴蕴瑞与袁敦礼合著的《体育原理》，因著者的学术影响力和深刻而严谨的论证，同样在我国近代体育学术发展史上具有不可替代的作用和价值。通过两者的比较，我们不仅能直接了解它们在出版背景、基本内容、编写特点等方面的相同点和不同点，而且也能间接获悉不同时代和著者对体育的影响和认知。两者的比较信息，请参见表7-1。

一　不同点：侧重点、学科基础和逻辑结构

一般来说，出版背景决定了研究的直接动机或目的，同时在不同程度上影响着作者对内容的选择和结构的组织。从出版背景看，罗氏主要是以体育的功用为基点，认为"体育者乃药剂之绝对立也"，体育"使人于勿病""防止于患先"，而药剂"治人于已病""救济于患后"；两者比较，"防止为重，救济为轻"。因此，罗氏提倡保证人们健康的关键，"惟自育之体育"，希望能"以浅知编成此册而贡于社会"。吴、袁

表 7–1　1924 年出版的《体育学》与 1933 年出版的《体育原理》的比较

书名	出版背景	基本内容	编写特点	相同点	不同点
体育学	人民健康日衰；不明体育功用	总论 体育之意义；体育为人生要素之一；体育与精神之关系；体育与人生观；体育之划分；体育学与他科学之关系 第一编　发育论 第二编　运动论 第三编　卫生论 第四编　实施方法论	前有自序、编辑大意，目录至编章两级标题，无对应页码，系统性和逻辑性较强，部分章节内容较少；第一编"发育论"比重较大，使用图表较多，生物学术语后附英文，语言半白话，标点"。"使用频繁；多使用演绎和推理进行说明和论证，举例生活化、形象化，语言平实	(1) 体例相似，都有自序，目录至两级标题，有图表，术语后附有英文； (2) 内容选择都具有较强的针对性和实用性，注重对体育基本认识和问题的分析和解决； (3) 语言平实简练，举例贴近现实，分析和论证具有较强的专业性且易于接受	侧重点不同：《体育学》注重科学性，反映出体育的生理功能，"发育论"一编比重大，以说明为主；《体育原理》注重学理性，突出体育的教育价值，"人之性质与体育"一章内容比重大，以论证为主。 学科基础不同：《体育学》以生理学为核心的自然科学为主，以哲学为辅；《体育原理》以教育学为核心的社会科学为主，以史学、文化学为辅。 逻辑结构不同：《体育学》从总论到各编是按照从特殊到一般的顺序组织内容；《体育原理》的各章是遵循从一般到特殊的顺序组织内容
体育原理	我国体育理论书籍少，对体育原理认识不精，语言不详，学者没有专门的参考书	第一章　绪论 何为原理、体育原理之重要、体育原理之来源、体育之意义 第二章　历史的背景 第三章　社会之背景 第四章　心身关系与体育 第五章　人之性质与体育 第六章　体育之目的 第七章　体育上相对之主张 第八章　体育与教育 第九章　体育与他种活动之关系	前有著者照片和小史、自序、弁言，目录至章节两级标题；第五章"人之性质与体育"内容比重较大；各章每节标题及次标题分别用不同的符号标示、人名和国名则用线条标示，外国人名和部分体育术语后附有英文，有图表；内容较为翔实，论证多结合国内外以往和当时的体育热点问题，观点鲜明、语言简练、表达严谨		

二氏主要从体育研究的立场出发，认为"我国出版体育理论书籍至少"，"学者苦于无纯粹之参考书"，所以，"本书编辑之用意，在使人知体育"。从基本内容看，《体育学》在阐明了体育及体育学与相关领域的关系后，从发育论、运动论、卫生论和实施方法论四个方面对体育进行了系统的分析和讨论，重点在于介绍发育论；《体育原理》先对体育原理和体育进行简要说明，又分析了体育发展的历史与社会背景，随后探讨了体育与心身发展、人的性质、教育和他种活动之间的关系，同时也阐明了体育的目的和几种主要的体育观点，重点在于解释人的性质。从编写特点看，《体育学》前有自序、编辑大意，目录至编章两级标题，无对应页码，部分章节内容较少，但系统性和逻辑性较强；"发育论"一编比重较大，使用图表较多，生物学术语后附有英文，语言半白话，多使用"。"断句；多使用演绎和推理进行说明和论证，举例生活化、形象化，语言平实。《体育原理》前有著者照片和小史、自序、弁言，目录至两级标题；"人之性质与体育"一章的内容比重较大；各章每节标题及次标题分别用不同的符号标示、人名和国名则用线条标示，外国人名和部分体育术语后附有英文，有图表；内容较为翔实，论证多结合国内外以往和当时的体育热点问题，观点鲜明，语言简练。

但是，两者的差异更为明显。其一，两者的侧重点不同，《体育学》注重科学性，"发育论"一编比重大，通过生物学科知识的介绍说明体育对人体生理方面的重要影响和健康功能；《体育原理》注重学理性，"人之性质与体育"一章内容比重大，通过多学科知识和理论的借鉴突出体育的教育价值。其二，两者的学科基础不同，《体育学》以生理学为核心的自然科学为主，以哲学为辅；《体育原理》以教育学为核心的社会科学为主，以史学、文化学为辅。其三，两者在逻辑结构上也不同，《体育学》从总论到各编是按照从特殊到一般的顺序组织内容；《体育原理》的各章是遵循从一般到特殊的顺序组织内容。

二 相同点：编写体例、内容特点和语言风格

通过比较发现，两者的相同点主要表现在编写体例、内容选择的特点和语言风格方面。首先，编写体例相似，都有自序，目录至两级标题，有图表，术语后附有英文；其次，内容选择都具有较强的针对性和实用性，注重对体育基本认识和问题的分析和解决；最后，语言平实简练，举例贴近现实，分析和论证具有较强的专业性且易于接受。

影响两者异同之处的因素有很多，但是主要与特定的时代背景、著者的教育经历及其对体育的认知有关。以时代背景而言，1920年代前后爆发的各种文化思潮，尤其是1923～1924年掀起的"科学与人生观论战"，对罗氏所著的《体育学》产生了重要影响；1930年代初国内较为稳定的社会环境和体育发展的状况，为吴、袁二氏所著的《体育原理》提供了重要的现实条件和思想资源。同时，著者各自的教育经历和知识结构也体现在具体的体育认知和内容选择上。相较于罗氏的理学知识背景，吴、袁二氏的求学经历在体育研究上更具优势。此外，吴、袁二氏不仅专业知识深厚、体育教育经历丰富，且当时身居学术组织或社会团体及政府体育机构的重要职位，为其研究和论证奠定了坚实的专业基础，并为其成果的推广提供了必要的学术平台和行政资源。这也是《体育原理》作为当时大多数体育专科学校或体育系教材的一个重要原因。

第二节 《体育学》与《体育概论》比较

作为中国近代第一本系统研究体育问题的重要理论著作，《体育学》具有的学术价值难以替代；而体育概论类著作，尤其是相隔不久出版的英文版《中国体育概论》（1926，郝更生），因研究对象和受众群体的差异，不适合作为比较对象。因此，笔者认为选择1924年出版的《体育学》和1933年出版的《体育概论》进行比较，虽然科学性和逻辑性并非最强的，但仍具有一定可比性（见表7-2）。

第七章 异中求同：不同体育著作内容比较

表7-2 1924年出版的《体育学》与1933年出版的《体育概论》的比较

书名	出版背景	基本内容	编写特点	相同点	不同点
体育学	人民健康日衰；不明体育功用	总论 体育之意义；体育为人生要素之一；体育与精神之关系；体育与人生观；体育之划分；体育学与他科学之关系 第一编 发育论 细胞分裂与身体之发育；个体发生与系统之发生；骨、筋肉、呼吸器、循环器、脊柱之发育；儿童发育之次序；儿童发育之各期所生之影响；儿童游戏之特质；青年游戏之特质；儿童体重与身长之增加时期 第二编 运动论 运动之生理的分类；运动及于筋肉之效果；运动及于神经系统、血液循环、呼吸系统、消化系统、排泄系统之效果 第三编 卫生论 卫生之定义及其目的和方法；卫生学之区分；由外来原因所起之健康妨害；传染病；沐浴及于健康之研究 第四编 实施方法论 实施方法之类别；自育实施之方法；十分间体操	前有版权页、自序、编辑大意，目录至编章两级标题，无对应页码，系统性和逻辑性较强，部分章节内容较少，"发育论"一编比重较大，使用图表较多，生物学术语后附英文，语言半白话，标点"。"使用频繁；多使用演绎和推理进行说明和论证，举例生活化、形象化，内容易懂	（1）体例相似：都有版权页、自序、目录至两级标题，专有名词后多附英文；（2）内容针对性和实用性较强，都注重对体育意义、目的及其与其他领域相互关系的基本认识；（3）语言平实，较为口语化，分析和表达浅显通俗，易于接受	侧重点不同：《体育学》体现专业性，以说明为主；《体育概论》突出大众化，以介绍为主。结构不同：《体育学》的结构严密，具有较强的系统性和逻辑性；《体育概论》的结构系统性和逻辑性不强
体育概论	选手体育盛行；体育宗旨丧失；呼吁"体育大众化"	第一章 总论：体育的意义、体育的目的、现代体育的原则、体育与德育、体育与卫生； 第二章 儿童体育； 第三章 青年体育； 第四章 女子体育； 第五章 民众体育； 第六章 学校体育； 第七章 体育教材； 第八章 运动会：运动会的沿革、意义、组织； 第九章 国术	前有版权页、自序，目录至章节两级标题，部分章节内容较少而"总论"一章内容比重较大，国名和人名用竖线标示，体育机构和多数体育名词或术语后附英文；说理通俗，表达平和		

227

一　不同点：研究重点和结构安排

从出版背景看，《体育学》基于对人民健康状况的担忧，并将其归因于不明体育的功用；《体育概论》针对选手体育和锦标主义的盛行，旨在普及体育知识，匡正体育风气。从基本内容看，除总论外，《体育学》主要以生物学知识为基础，分析体育的功能和实施方法；《体育概论》主要以现实体育问题为重点，介绍不同类型体育的相关知识和注意事项。从编写特点看，《体育学》的写作体例、整体结构、分析与论证都更为严谨和规范，但是各章比重极不均衡；《体育概论》的写作体例较为完整，介绍与说明通俗易懂，各章比重的分配基本合理，但整体结构缺乏一定的逻辑性和系统性。

相比之下，两者的不同之处主要反映在研究的侧重点和结构上。关于侧重点的不同，《体育学》体现专业性，以说明为主，《体育概论》突出大众化，以介绍为主；关于结构的差异，《体育学》的结构严密，具有较强的系统性和逻辑性，而《体育概论》的结构系统性和逻辑性则不强。若进一步对其分析会发现，一方面，出版背景对著作的影响至为关键，它不仅决定了著作的研究动机或目的，也关系到具体内容的选择和组织；另一方面，在分析体育现象或问题的方式上，两者都使用了平易通俗的语言，同时各自的整体风格与构成著作的知识类型也较为吻合，这很可能与当时社会的学术风气有关。

作为研究体育现象和问题的基本理论著作，《体育学》、《体育原理》与《体育概论》各有特点。然而，随着体育的不断发展和人们对体育认识的逐渐深入，虽然《体育学》、《体育原理》和《体育概论》之间的差异仍然存在，但是三者在内容和结构上的相似之处也日益增多，呈现相互渗透和影响的发展趋势，进而使彼此间的独立性逐渐弱化，边界趋于模糊。从知识发展的角度看，这是三者经历知识由分化到综合的必然结果；从学科发展的角度看，这也是体育学科发展趋向成熟的标志。

二　相同点：编写体例、内容特点和语言风格

整体而言，两者的共同点主要表现在：首先，体例相似，如都有版权页、自序，目录至两级标题，专有名词后多附英文；其次，两者在内

容选择上具有较强的针对性和实用性,都注重对体育意义、目的及其与其他领域相互关系的基本认识;最后,两者多使用较为平实、较为口语化的语言,且分析和表达浅显通俗,易于接受。

第三节 《体育原理》与《体育概论》比较

由于 1930 年代和 1940 年代有多种《体育原理》和《体育概论》出版,为了比较更有针对性,笔者按照时间对其进行比较和分析。

一 1930 年代《体育原理》与《体育概论》的比较

1929 年,宋君复所著的《体育原理》出版。1933 年,吴蕴瑞与袁敦礼合著的《体育原理》出版;同年,陈咏声所著的《体育概论》也问世。从时间的角度看,几部体育理论著作集中出版,不仅反映出体育发展具有良好的社会环境,也能说明体育的相关研究开始受到较为普遍的关注。从结构的完整程度和研究的深度看,吴、袁二氏合著的《体育原理》较宋氏所著的《体育原理》更具代表性和学术性。因此,将其与陈氏所著的《体育概论》相比,在出版背景、基本内容和编写特点上可能更具典型意义,主要信息详见表 7-3。

从出版背景看,吴、袁二氏主要出于当时体育理论书籍较少,现有的书籍"内容亦类多庞杂不堪,对于真正之原理,择焉而不精,语言而不详",且体育界缺乏专门的理论参考书,所以二氏"略将近代体育之意阐明";陈氏认为当时社会对体育缺乏"一个正确的概念",才使得选手体育盛行、体育宗旨丧失,所以在社会呼吁"体育大众化"的背景下,"把现代体育的真义、目的和实施的方法,很简要的叙述出来,使大家对于体育有一个清楚的概念,不致再走错路"。从基本内容看,吴、袁二氏先阐明了对体育原理和体育的基本认识,后分析了近代体育发展的历史背景和社会背景,随之探讨了体育与人的性质、心身发展、教育等相关领域的关联,并诠释了体育的目的和几种基本体育观点;陈氏则先明确了对体育及其与相关领域的基本认识,随之说明了不同种类和范畴的体育工作,最后介绍了运动会和国术的相关内容。

表 7-3　1929 年出版的《体育原理》与 1933 年出版的《体育概论》的比较

书名	出版背景	基本内容	编写特点	相同点	不同点
体育原理	我国体育理论书籍少，对体育原理认识不精，语焉不详；学者困于没有专门的参考书	第一章　绪论　何为原理、体育原理之重要、体育原理之来源、体育之意义　第二章　历史的背景　第三章　社会之背景　第四章　心身关系与体育　第五章　人之性质与体育　第六章　体育之目的　第七章　体育上相对之主张　第八章　体育与教育　第九章　体育与他种活动之关系	前有版权页、著者照片和小史、序、弁言，目录至章节两级标题；"人之性质与体育"一章内容比重较大，有一定的逻辑性；各章每节标题及次标题分别用不同的符号标示，人名和国名则用线条标示，外国人名和部分体育术语后附有英文，有图表；内容较为翔实，论证多结合国内外以往和当时的体育热点问题，观点鲜明、语言简练、表达严谨	（1）体例相似，都有版权页、自序，目录都至章节两级标题，文中专有名词处都有醒目符号标示；（2）内容选择都有较强的针对性和实用性，都注重对体育基本问题的介绍和分析，且都注重联系实际；（3）各章内容的组织和安排都缺乏严谨的逻辑性和系统性	侧重点不同：《体育原理》注重体育与相关领域的关联，主要按照递进式的关系组织结构；《体育概论》注重体育的划分，按照平行式的种类或区域介绍内容。"绪论"的研究重点不同：《体育原理》主要阐明对于体育原理的基本认识；《体育概论》主要阐明对于体育的基本认识。语言和表达方式不同：《体育原理》的语言简练，说理深刻，表达严谨，以学理性的分析为主；《体育概论》的语言平实，说理通俗，表达平和，以大众化的介绍为主
体育概论	选手体育盛行，体育宗旨丧失，社会呼吁"体育大众化"；社会对体育缺乏"一个正确的概念"	第一章　总论　体育的意义、体育的目的、现代体育的原则、体育与德育、体育与卫生；第二章　儿童体育　第三章　青年体育　第四章　女子体育　第五章　民众体育　第六章　学校体育　第七章　体育教材　第八章　运动会　第九章　国术	前有版权页、自序，目录至章节两级标题；部分章节内容较少，而"总论"一章内容比重较大，逻辑性不强；国名和人名用竖线标示，体育机构和多数体育名词或术语后附英文；内容选择较为大众化，分析贴近现实，语言简练，说理通俗，表达平和		

从编写特点看，《体育原理》的体例更为规范，不仅前有版权页、著者照片和小史，而且有序、弁言，目录至章节两级标题；"人之性质与

体育"一章内容比重较大，有一定的逻辑性；各章每节标题及次标题分别用不同的符号标示、人名和国名则用线条标示，外国人名和部分体育术语后附有英文，有图表；内容较为翔实，论证多结合国内外以往和当时的体育热点问题，观点鲜明、语言简练、表达严谨。《体育概论》也有版权页、自序，目录至章节两级标题；"总论"一章内容比重较大，但部分章节内容较少，且逻辑性不强；国名和人名也用竖线标示，体育机构和多数体育名词或术语后也附有英文；内容选择较为大众化，分析贴近现实，语言简练，说理通俗，表达平和。

通过比较发现，两者在体例、内容特点和结构上有一定的相似之处。如在体例上，两者都有版权页、自序，目录都至章节两级标题，文中专有名词处都有醒目符号标示；在内容选择上，两者都有较强的针对性和实用性，都注重对体育基本问题的介绍和分析，且都注重联系实际；在结构上，两者关于各章内容的组织和安排都缺乏严谨的逻辑性和系统性。相比之下，两者的不同之处主要表现在三个方面。其一，两者的侧重点不同，《体育原理》注重体育与相关领域的关联，主要按照递进式的关系组织结构；《体育概论》注重体育的划分，按照平行式的种类或区域介绍内容。其二，"绪论"的研究重点不同，《体育原理》主要阐明对于体育原理的基本认识；《体育概论》主要阐明对于体育的基本认识。其三，两者的语言和表达方式不同，《体育原理》的语言简练，说理深刻，表达严谨，以学理性的分析为主；《体育概论》的语言平实，说理通俗，表达平和，以大众化的介绍为主。

二 1940年代《体育原理》和《体育概论》的比较

伴随着我国近代社会局势的变迁，人们对体育的需求与认识也或多或少地发生改变。这种变化同样反映在十余年后出版的体育基本理论著作中。1940年代的中国，既经历了第二次世界大战和抗日战争的双重考验，也度过了艰难的国共内战。1940年代的中国体育学术，注定会具有特殊的意义。1944年，刘德超所著的《体育概论》出版。1945年，江良规所著的《体育原理》由商务印书馆于重庆初版。1947年，王学政所著的《体育概论》也由商务印书馆出版。这些著作的问世不仅体现出当时社会对体育的思考和需求，也反映了体育学术的发展水平。考虑到时间上的相邻性，1944年刘氏所著的《体育概论》和1945年江氏所著的《体育原理》，在时代背景、基本内容和编写特点等方面可能更有可比性，其相关信息请参阅表7-4。

从时代背景看，两者都经历了抗日战争和第二次世界大战，并深受影响。作为一个特殊的阶段，1940年代中期的社会背景和世界局势，必定影响到体育的发展和人民对体育的认知和定位。正如刘氏在绪言中所言"方今世界风云，变幻莫测，然细考之，不外国家民族争生存，军国主义之倡导，阶级利益之获得"；对于体育之价值，"善用之则进德修业，有助个体、国家之兴隆，不善为用，则损伤衰亡，报偿甚为显明"；因此，"关心民族前途、国家兴替者，未可漠然忽视也"。从基本内容看，刘氏先总体介绍了体育的一般性知识，而后讨论了体育课程、军事体育、体育史略、体育与人生、运动理论、各国体育概要、各国青年训练与体育和体育行政等问题；江氏则先阐明了体育原理的定义、重要性、与相关学科的关系和研究方法，而后分析了体育的历史和体育的生理学、社会学、心理学基础和哲学，最后介绍了德美两国的体育概况和理想的中国体育行政体系。从编写特点看，《体育概论》前有版权页，目录至章节两级标题；每章后有练习题和详细中英文参考书目，外国人名、理论和主张后附英文；内容参阅和梳理中外相关研究较多，以介绍和说明为主；结构系统性不强；语言通俗、表达平和，分析贴近生活，知识选择突出基础性和普适性。而《体育原理》也有版权页，目录至四级标题，较为详细；每章后有结论并附有详细的中西文参考书目或资料，外国人名、理论和主张后常附有英文；内容注重结合中外已有相关理论和成果，以分析和阐释为主；结构具有较强的逻辑性和系统性；语言平实、表达富有激情但不失理性；分析基于现实，知识选择体现实用性和时代性。

通过比较发现，两者的相似之处可以归结为以下几点。首先，体例相似，两者都无"序"或"前言"，各章后都附有详细参考书目；其次，内容翔实，两者都注重参阅已有研究成果，均包含体育历史、他国体育概况和体育行政；再次，两者的结构较为完整，各章所占比重都较为均衡；最后，两者的语言表达都较为口语化和生活化，易于理解和接受。同时，两者在研究的侧重点、"绪论"的研究重点和结构的严密程度上

表 7-4　1944 年出版的《体育概论》与 1945 年出版的《体育原理》的比照

书名	背景	基本内容	编写特点	相同点	不同点
体育概论	正值抗日战争和第二次世界大战，体育的作用和价值更为凸显，"关心民族前途、国家兴替者"应重视"体育之业务"	第一章　总论 绪言；体育之目的；体育之意义；体育之学说；游戏原理及其学说；健全青年与健全公民应有之体育；运动君子精神之解释；运动员与体育家之区别；教育与体育；时令运动与人生 第二章　体育课程 第三章　军事体育 第四章　体育史略 第五章　体育与人生 第六章　运动理论 第七章　各国体育概要 第八章　各国青年训练与体育 第九章　体育行政	前有版权页，目录至章节两级标题；每章后有练习题和详细中英文参考书目，外国人名、理论和主张后附英文；内容参阅和梳理中外相关研究较多，以介绍和说明为主；结构系统性不强；语言通俗、表达平和，分析贴近生活，知识选择突出基础性和普适性	(1) 体例相似，都无"序"或"前言"，各章后都附有详细参考书目； (2) 内容翔实，都注重参阅已有研究成果，均包含体育历史、他国体育概况和体育行政； (3) 结构较为完整，各章所占比重较为均衡； (4) 语言表达较为口语化和生活化，易于理解和接受	侧重点不同：《体育概论》体现知识范围的宽度，以介绍和梳理为主；《体育原理》注重学科基础的深度，以学理分析为主。"绪论"的研究重点不同：《体育概论》主要介绍体育的目的、意义、学说及其他相关性认识；《体育原理》主要阐明体育原理的含义、重要性、与相关学科的区别及其研究方法。结构不同：《体育概论》各章间的相关性不强，结构较松散；《体育原理》的逻辑性和系统性较强，结构较完善
体育原理	正值抗日战争和第二次世界大战的末期，体育的作用和价值更为凸显	第一章　绪论 何谓体育原理；体育原理之重要；体育原理与体育概论及体育哲学内容之区别；研究体育原理的方法 第二章　体育之史的考察 第三章至第五章　体育之生理学基础（上、中、下） 第六章　体育之社会学基础 第七章　体育之心理学基础 第八章　体育之哲学 第九章　德美两国体育概况 第十章　理想之中国体育行政系统	前有版权页，目录至四级标题，较为详细，每章后有结论并附有详细的中西文参考书目或资料，外国人名、理论和主张后常附英文；内容注重结合中外已有相关理论和成果，以分析和阐释为主；结构具有较强的逻辑性和系统性；语言平实、表达富有激情但不失理性；分析基于现实，知识选择体现实用性和时代性		

也存在一定的差异。如在研究的侧重点方面，《体育概论》体现知识范围的宽度，以介绍和梳理为主；《体育原理》注重学科基础的深度，以学理分析为主。在"绪论"的研究重点上，《体育概论》主要介绍体育的目的、意义、学说及其他相关性认识；《体育原理》主要阐明体育原理的含义、重要性、与相关学科的区别及其研究方法。在结构的严谨性方面，《体育概论》各章间的相关性不强，结构较松散；《体育原理》的逻辑性和系统性较强，结构较完善。

* * *

通过比较 1930 年代和 1940 年代出版的《体育原理》与《体育概论》发现，虽然背景和著者不同，但是两者在体例、内容选择和研究侧重点方面却保持着稳定的相似性。首先，在体例上，1930 年代出版的《体育概论》和《体育原理》前都有版权页、自序，目录都至章节两级标题，文中专有名词处都有醒目符号标示；而 1940 年代的《体育概论》和《体育原理》都无"序"或"前言"，各章后都附有详细参考书目。其次，在内容选择上，1930 年代出版的《体育概论》和《体育原理》内容选择都有较强的针对性和实用性，都注重对体育基本问题的介绍和分析；1940 年代出版的《体育概论》和《体育原理》在内容上都注重参阅已有研究成果，均包含体育历史、他国体育概况和体育行政。最后，在侧重点上，1930 年代和 1940 年代的《体育概论》和《体育原理》都保持各自的侧重点，《体育原理》注重对体育原理一般性知识的介绍，体现专业性和学术性；而《体育概论》注重对体育一般性认识的说明，突出普及性和广泛性。此外，在研究对象和内容上，1940 年代的《体育概论》和《体育原理》出现融合与交叉的趋势更加明显。

结　语

第一，中国近代体育图书业的发展，担负着传播现代体育知识、观念和思想的重任，不仅反映了社会的体育需求和体育的发展水平，也折射出不同时代的学术诉求和体育学术的发展趋向。

第二，鉴于不同年代出版体育图书内容与数量的变化以及编著群体和体育实践的特征，中国近代体育图书业经历了孕育、萌生、奠基、衰落与稳定的发展过程。

第三，体育图书内容的变化直接受制于当时颁布的方针政策，间接受制于社会发展的阶段性需求；体育图书作者群由人员和机构组成，不同时期，两者发挥的推动作用和产生的学术影响不同；体育图书出版机构主要有教会出版机构、官办出版机构和民营出版机构，不同时期，三者对体育图书出版的贡献也不同。

第四，从所选择的体育基本理论著作看，不同时期具有不同的体育观；不同性质的著作对体育范畴的界定不同；社会背景、出书目的和作者个人的教育经历及知识基础，是造成体育基本理论著作差异的主要原因。

近代出版的1500余种体育图书不仅满足和反映了当时体育教育及学术发展的需要，也为当代体育事业的发展提供了思想资源和重要经验。

1. 大力倡导多元化、个性化的语言表达

语言的使用和表达方式的选择不仅受制于作者，更取决于读者。不同文本内容的特点和读者群体的需求应是内在一致的，毕竟可接受性才是两者始终追求的。近代体育图书的语言风格带有鲜明特点，即措辞口语化、说理生活化，具有较强的代入感，容易让读者产生共鸣。事实上，问题分析是否充分或观点论证透彻与否，不是也不应根据语言的使用和形式的规范进行判断和衡量。笔者不是推崇现在应使用民国时期著书立作时的文体风格，而是觉得应将其视为当前风格的一种，倡导文体风格个性化和多元化，文字应该带有作者的情怀和温度。反观当下，暂不论其他学科的现状，仅从已公开出版和发表的体育著作和论文看，如果说体例或形式上的统一已难以避免，那么就不应再将语言使用的学术化和表达方式的正规化视为必须遵循的"八股"教条。纵观中国近代体育学术发展，通俗易懂的语言、平和民主的说理和个性化的表达，对于当时体育知识普及和体育观念传播产生了重要的推动作用，这也应该成为构建中国特色体育哲学社会科学体系的重要参考。

2. 积极营造健康的体育学术氛围

民国时期的体育工作者，尤其诸多专家和学者不仅在认识层面上视体育为一种事业，而且在实践中更是将体育当成一种志业，满怀激情和责任感地去分析体育现象、研究体育问题、商讨体育对策。这种氛围的形成离不开当时特殊的历史背景，更需要通过鲜活的模范、榜样引领或者充满人性的价值观指引。

3. 重新审视体育基本理论著作

不同年代出版的《体育学》、《体育原理》和《体育概论》，虽然都将体育作为教育的一环，但是在分析视角和划分方式上存有不同，成为推动当时和现代体育学科发展的重要基本理论著作。迄今，学科性质相似而内容不同的上述几种体育基本理论著作，仅有《体育概论》经过形式与内容上的几次更新仍在使用。从学科史的角度看，这是值得体育学界深思的现象。

4. 努力构建中国特色体育哲学社会科学体系

当前我国体育科学体系的构建和形成始于1980年代后期，以陆续出版的"现代体育科学"丛书为标志。虽然这一体系经过几次调整，但多是基于人才培养层面进行的整合，并未针对体育学科知识体系做出较大的改变。对于体育学科的发展而言，这一现状固然受到宏观层面因素的影响，但是体育学人未能从顶层设计上进行探索，尤其是未明确并论证不同阶段体育的功能定位和体育学科的发展定位，是产生上述情况的不可忽视的原因之一。在体育需求更加多元和学术资源日益丰富的背景下，要真正实现中国体育事业的可持续发展，开创体育图书业及学术发展的良好局面，体育界同人仍需秉持初心，践行使命。一方面基于体育学科的社会认同，明确自己的学术信念，形成自己的体育学术思想并善于表达；另一方面，明确和形成新时代体育学科的功能定位和学术流派，构建具有中国特色、中国气派的体育哲学社会科学体系。

参考文献

著作

北京出版史志编辑部编《北京出版史志》第5辑，北京出版社，1995。

北京师范大学体育与运动学院编《北京师范大学体育学科九十年发展史（1917～2007）》，北京师范大学出版社，2007。

毕苑：《建造常识：教科书与近代中国文化转型》，福建教育出版社，2010。

蔡祯雄：《日据时代台湾初等学校体育发展史》，台北：师大书苑有限公司，1997。

陈平原：《当代中国人文观察》，北京大学出版社，2010。

陈平原：《中国现代学术之建立——以章太炎、胡适之为中心》，北京大学出版社，1998。

陈旭麓：《近代中国社会的新陈代谢》，上海人民出版社，1992。

成都体育学院体育史研究室编著《中国近代体育史简编》，人民体育出版社，1981。

程瑞福：《台湾百年体育人物志》第3辑，台北：台湾身体文化学会，2008。

崔乐泉、罗时铭：《中国体育思想史》，首都师范大学出版社，2008。

邓正来：《研究与反思：关于中国社会科学自主性的思考》（修订版），中国政法大学出版社，2004。

方汉奇：《中国近代报刊史》，山西教育出版社，1995。

〔美〕费正清编《剑桥中华民国史（1912～1949年）》上卷，杨品泉等译，中国社会科学出版社，1994。

耿志云：《近代中国文化转型研究导论》，四川人民出版社，2008。

顾准：《从理想主义到经验主义》，光明日报出版社，2013。

国家体委体育文史工作委员会、全国体总文史资料编审委员会编《中国近代体育议决案选编》，人民体育出版社，1991。
国家体委体育文史工作委员会、中国体育史学会编《中国近代体育史》，北京体育学院出版社，1989。
〔美〕何凯立：《基督教在华出版事业（1912～1949）》，陈建明、王再兴译，四川大学出版社，2004。
黄兴涛主编《新史学（第三卷）：文化史研究的再出发》，中华书局，2009。
蒋廷黻：《中国近代史》，武汉出版社，2012。
金观涛、刘青峰：《观念史研究：中国现代重要政治术语的形成》，法律出版社，2010。
金观涛、刘青峰：《中国现代思想的起源：超稳定结构与中国政治文化的演变》，法律出版社，2011。
〔美〕李怀印：《重构近代中国：中国历史写作中的想象与真实》，岁有生、王传奇译，中华书局，2013。
李喜所：《中国近代社会与文化研究》，人民出版社，2003。
李泽厚：《批判哲学的批判：康德述评》，三联书店，2007。
李泽厚：《中国古代思想史论》，三联书店，2008。
李泽厚：《中国近代思想史论》，三联书店，2008。
李泽厚：《中国现代思想史论》，三联书店，2008。
梁启超：《中国近三百年学术史》，岳麓书社，2009。
刘斌：《清末民国中小学体育教科书研究》，湖南师范大学出版社，2014。
刘兰肖：《中国出版史论》，中国书籍出版社，2015。
刘师培：《刘申叔遗书·国学发微》，江苏古籍出版社，1997。
刘维清、徐南强主编《东南大学百年体育史（1902～2002）》，东南大学出版社，2002。
楼嘉军：《上海城市娱乐研究（1930～1939）》，文汇出版社，2008。
罗时铭主编《中国体育通史》第3卷，人民体育出版社，2008。
罗志田：《二十世纪的中国思想与学术掠影》，广东教育出版社，2001。
罗志田主编《二十世纪的中国：学术与社会·史学卷》（上、下），山东人民出版社，2001。
罗志田：《国家与学术：清季民初关于"国学"的思想论争》，三联书店，2003。

罗志田：《激变时代的文化与政治：从新文化运动到北伐》，北京大学出版社，2006。

罗志田：《裂变中的传承——20世纪前期的中国文化与学术》，中华书局，2003。

罗志田：《权势转移——近代中国的思想、社会与学术》，湖北人民出版社，1999。

〔英〕梅尔文·里克特：《政治和社会概念史研究》，张智译，华东师范大学出版社，2009。

乔克勤、关文明编著《中国体育思想史》，甘肃民族出版社，1993。

秦晖：《共同的底线》，江苏文艺出版社，2012。

全国政协文史资料委员会编《文史资料存稿选编·文化（23）》，中国文史出版社，2002。

申伟华：《毛泽东体育思想概论》，湖南人民出版社，2009。

舒新城编《中国近代教育史资料》上册，人民教育出版社，1981。

苏竞存：《中国近代学校体育史》，人民体育出版社，1994。

谭华主编《体育史》，高等教育出版社，2005。

王汎森：《中国近代思想与学术的系谱》，吉林出版集团有限责任公司，2010。

王云五：《商务印书馆与新教育年谱》，江西教育出版社，2008。

吴文忠：《中国近百年体育史》，台北：商务印书馆，1967。

吴文忠：《中国体育发展史》，台北：三民书局，1981。

伍绍祖主编《中华人民共和国体育史（1949~1998）·综合卷》，中国书籍出版社，1999。

徐元民：《中国近代运动竞赛》，桃园："国立"体育学院，1996。

徐元民：《中国近代知识分子对体育思想之传播》，台北：师大书苑有限公司，1999。

许义雄：《我国近代体育报刊目录索引》，台北：师大书苑有限公司，1994。

许义雄、徐元民编著《中国近代学校体育》（上、下），台北：师大书苑有限公司，1999。

许义雄等：《中国近代体育思想》，台北：启英文化有限公司，1996。

薛文婷：《中国近代体育新闻传播史论（1840~1949）》，北京体育大学出版社，2010。

杨念群、黄兴涛、毛丹主编《新史学：多学科对话的图景》（上、下），中国人民大学出版社，2011。

杨文轩、陈琦：《体育概论》，高等教育出版社，2005。

叶再生：《出版史研究》第2辑，中国书籍出版社，1994。

〔英〕伊安·伊普歇尔-蒙克：《比较视野中的概念史》，周保巍译，华东师范大学出版社，2010。

余三定：《中国新时期学术热点研究》，北京大学出版社，2012。

余英时：《文史传统与文化重建》，三联书店，2012。

余英时：《现代危机与思想人物》，三联书店，2012。

张立文主编《中国学术通史》，人民出版社，2004。

周东启：《近代科学与中国社会》，中国社会科学出版社，2007。

朱汉国、宋亚文等：《一本书读懂民国》，中华书局，2011。

朱联保编撰《近现代上海出版业印象记》，学林出版社，1993。

朱维铮：《近代学术导论》，中西书局，2013。

期刊论文

陈日升、刘斌：《争锋与反思：近代中国军国民体育及其价值的再读》，《伦理学研究》2020年第4期。

陈万妮、潘华：《试论徐一冰对近代体育传播的贡献》，《四川体育科学》2008年第3期。

傅荣贤：《近代图书分类西方化及其对传统知识体系的重建》，《图书馆建设》2014年第11期。

胡泓：《当代中国体育史研究的回顾与展望》，《成都体育学院学报》2001年第1期。

匡淑平、虞重干：《上海近代体育报刊发展研究》，《体育文化导刊》2009年第8期。

匡淑平、虞重干：《吴蕴瑞之普及体育思想》，《上海体育学院学报》2009年第1期。

拉·英·斯卓姆:《体育与政治》,徐刚生译,《体育文史》1987年第1期。

李凤梅:《中国近代体育图书发展之管见》,《体育科学》2016年第5期。

廖建林:《社会变迁与近代体育的发展——对旧中国第三届全国运动会的历史考察》,《求索》2004年第4期。

刘帅兵、赵光圣:《北京体育研究社对民国时期武术教育的历史贡献》,《南京体育学院学报》2017年第4期。

罗时铭:《近代中国留学生与近代中国体育》,《体育科学》2006年第10期。

罗时铭、苏肖晴:《蔡元培体育思想研究》,《体育学刊》2008年第7期。

马进、田雨普:《麦克乐对中国近代体育的推广及其历史贡献之研究》,《南京体育学院学报》2009年第3期。

马睿:《当学术史遭遇社会史:论民国文化与中国现代学术体制之建立》,《广东社会科学》2010年第6期。

马小侠:《西方传教士与中国近代图书出版业的发展》,《青年记者》2019年第17期。

马彦:《我国体育思想史书写形态的逻辑脉络与重构》,《体育学刊》2010年第9期。

彭援军:《张伯苓:中国奥运的先驱者》,《北京档案》2008年第2期。

盛克庆:《体育,促进生命力的教育——从严复的"体育第一"到当今的"过度教育"》,《体育科学》2005年第1期。

苏朝纲:《抗战时期陪都重庆出版业的发展变化及其特点》,《出版史料》2004年第2期。

苏竞存:《三十年代的体育军事化思想》,《体育文史》1987年第4期。

苏竞存:《我国近代体育中的自然体育学派》,《体育文史》1983年第1期。

汤俊霞:《徐一冰体育思想研究》,《山西师大体育学院学报》2009年第12期。

唐永干、王正伦:《国民政府体育体制的社会化及其启示》,《天津体育学院学报》2004年第3期。

王荷英:《健全人格教育宗旨的形成及其对近代学校体育的影响》,《中国体育科技》2020年第3期。

王建台：《麦克乐对中国近代体育的影响》，《体育文史》1994年第3期。

王细荣：《中国近代图书馆图书出版的书业性质》，《出版发行研究》2018年第1期。

王玉立：《蔡元培的妇女体育思想》，《中国体育科技》2002年第3期。

吴庆华：《强国之道教育之本——徐一冰体育思想评述》，《武汉体育学院学报》2002年第5期。

吴群：《我国近代早期体育报道和"临时会报"》，《体育文史》1996年第1期。

吴贻刚、王瑞平：《论吴蕴瑞体育思想的当代价值》，《上海体育学院学报》2008年第1期。

吴在田：《中国当代体育史如何分期刍议》，《体育文史》1998年第6期。

肖冲：《我国最早的柔道译书——〈日本柔术〉》，《体育文史》1987年第2期。

谢凌宇：《试析中国三十年代土洋体育之争》，《体育科学》1989年第2期。

许义雄：《近代中国民族主义体育思想之形成》，《体育学报》1989年第9期。

许义雄：《我国近代体育目标的检讨及其对策》，《国民体育季刊》1975年第3期。

杨铁犁、张建华：《关于体育思想史研究若干理论问题的探讨》，《北京体育师范学院学报》1990年第2期。

姚颂平、肖焕禹：《身心一统　和谐发展——上海体育学院首任院长吴蕴瑞体育思想论释》，《上海体育学院学报》2005年第5期。

姚晓南：《关于学术史研究几个理论问题的辨识——兼谈世界华文文学学术史研究有关的学理现象》，《华南师范大学学报》2008年第3期。

张成云、瞿静：《严复体育思想研究》，《体育文化导刊》2008年第4期。

张庆新、毛振明：《中国近现代体育教材发展的回顾与展望》，《体育学刊》2009年第6期。

张苏萌、张丹红：《近代以健康教育为书名的著作评述》，《中华医史杂志》2003年第1期。

张天白：《我国近代出版体育教科书的早期概况》，《体育文史》1990年第1期。

张兆才：《中国近代体育思想产生的时代特征》，《体育科学》2005年第5期。

章亮：《清末民初日本体育书籍的译介与西方近代体育的传入》，《浙江体育科学》1994年第3期。

赵晓阳：《强健之路：基督教青年会对近代中国体育的历史贡献》，《南京体育学院学报》2003年第2期。

赵蕴、黄玉舫：《中国早期体育报刊》，《体育文化导刊》2002年第5期。

郑志林：《对我国中小学体育教材建设的历史回顾与展望》，《浙江体育科学》1994年第5期。

郑志林、俞爱玲：《洗刷"东亚病夫"耻辱的号角——读〈国民体育学〉》，《浙江体育科学》2001年第2期。

钟瑞秋：《徐一冰体育思想初探》，《上海体育学院学报》1985年第2期。

周其厚：《传教士与中国近代出版》，《东岳论丛》2004年第1期。

朱萍华：《中国近代体育报刊考》，《中国体育科技》1998年第10期。

学位论文

包星晖：《江良规体育思想研究》，硕士学位论文，浙江师范大学，2019。

蔡政杰：《基督教青年会与中国近代体育之发展》，硕士学位论文，台湾师范大学，1992。

程瑞福：《清末女子体育思想的形成》，硕士学位论文，台湾师范大学，1994。

程文广：《近代以来中国体育思想及体育教育发展研究》，博士学位论文，北京体育大学，2006。

程心怡：《民国时期上海体育类书籍的出版与传播（1927～1937）》，硕士学位论文，上海体育学院，2019。

戴伟谦：《抗战时期民族精神教育体育思想之形成（1937～1945）》，硕士学位论文，台湾师范大学，1992。

党挺：《延安体育之研究（1935～1948）》，博士学位论文，上海体育学院，2009。

樊甜:《俞子箴学校体育思想研究》,硕士学位论文,浙江师范大学,2020。

古雅辉:《近代以来我国学校体育思想演变及其发展研究》,硕士学位论文,西北师范大学,2006。

何瑶琴:《中华书局中小学教科书出版研究(1912~1937)》,硕士学位论文,南京大学,2012。

黄宝忠:《近代中国民营出版业研究——以商务印书馆和中华书局为考察对象》,博士学位论文,浙江大学,2007。

李浩波:《抗战时期中国三大区域的体育发展探析》,硕士学位论文,湖南师范大学,2009。

李鸿鹄:《民国时期中共根据地的群众性体育活动研究(1931~1945)》,硕士学位论文,东北师范大学,2008。

李远辉:《民国体育家金兆均体育思想研究与启示》,硕士学位论文,浙江师范大学,2020。

李兆旭:《民国时期体育学校研究》,博士学位论文,中国社会科学院研究生院,2020。

梁娅红:《"建国"与"救亡"大格局下的体育思潮(1927~1937)》,硕士学位论文,华中师范大学,2013。

刘弟娥:《对我国近代以来女子体育教学从"化大众"到"大众化"发展历程的研究》,硕士学位论文,贵州师范大学,2007。

刘鹏:《从南高师到南师大:体育专业教育的历史演变》,硕士学位论文,南京师范大学,2008。

刘涛:《抗日战争时期〈新华日报〉对中国近代体育发展的影响》,硕士学位论文,苏州大学,2005。

牟艳:《民国时期实用主义体育思想研究》,硕士学位论文,苏州大学,2005。

任雪艳:《中国近代体育思想的发展演变及特点》,硕士学位论文,东北师范大学,2008。

王栋:《民国时期江西体育教育问题研究(1912年至1945年)》,硕士学位论文,江西师范大学,2009。

王荷英:《北洋政府时期不同教育宗旨下的学校体育研究》,博士学位论文，苏州大学，2017。

王华倬：《论我国近现代中小学体育课程的发展演变及其历史经验》，博士学位论文，北京体育大学，2003。

王建台：《麦克乐对中国近代体育的影响（1913~1926）》，硕士学位论文，"国立"体育学院，1993。

王猛：《民国时期绥远学校体育教育》，硕士学位论文，内蒙古师范大学，2012。

王琪：《西方现代体育科学发展史论——基于知识图谱视角的实证分析》，博士学位论文，福建师范大学，2011。

王细荣：《清末民初新型知识分子科学中国化实践研究——以虞和钦为中心》，博士学位论文，上海交通大学，2012。

徐元民：《战前十年中国体育思想之研究（1928~1937）》，硕士学位论文，台湾师范大学，1990。

荀娟：《〈勤奋体育月报〉研究》，硕士学位论文，北京体育大学，2008。

杨昌美：《麦克乐体育思想研究——以壬戌学制的形成为中心》，硕士学位论文，浙江师范大学，2012。

于海娟：《苏州近代体育发展史研究》，硕士学位论文，苏州大学，2009。

余碧玉：《精武体育会之研究（1910~1928）》，硕士学位论文，"国立"体育学院，1992。

岳虹妍：《上海〈勤奋体育月报〉研究》，硕士学位论文，吉林大学，2011。

曾高：《民国时期广州社会体育初探（1912~1938）》，硕士学位论文，暨南大学，2010。

曾瑞成：《新文化运动时期之体育思想（1919~1927）》，硕士学位论文，台湾师范大学，1991。

张宝强：《体育专业留学生与中国体育发展研究（1903~1963）》，博士学位论文，福建师范大学，2011。

张娟：《西式体育在近代中国的传播》，博士学位论文，中山大学，2010。

郑建源：《论毛泽东的体育思想》，硕士学位论文，台湾师范大学，1994。

周成：《民国时期（1912~1937）体育家群体研究》，博士学位论文，湖南师范大学，2015。

周坤:《1903~1949我国体育师资的培养》,硕士学位论文,北京体育大学,2017。

周阳:《民国体育文献搜集研究》,硕士学位论文,南京体育学院,2016。

朱姝:《晚清民初体育期刊的肇始与发源——以〈体育界〉及〈体育杂志〉为例》,硕士学位论文,西北大学,2010。

其他

北京图书馆编《民国时期总书目(1911~1949):教育·体育》,书目文献出版社,1995。

《辞源》,商务印书馆,1984。

"教育部"体育大辞典编订委员会编《体育大辞典》,台北:台湾商务印书馆,1984。

刘彩霞主编《百年中文体育图书总汇》,北京体育大学出版社,2003。

《民国体育期刊资料汇编》(75册),全国图书馆文献缩微复制中心,2007。

任锡训主编《中外体育名人大辞典》,警官教育出版社,1995。

世界体育大事典编辑委员会编《世界体育大事典》,中国致公出版社,1993。

体育词典编辑委员会编《体育词典》,上海辞书出版社,1984。

吴永贵编《民国时期出版史料汇编》(共22册),国家图书馆出版社,2013。

吴兆祥主编《体育百科大全·书刊、情报、体育场馆》,安徽人民出版社,2010。

(汉)许慎撰,(清)段玉裁注《说文解字注》,上海古籍出版社,1981。

学校体育大辞典编委会编《学校体育大辞典》,武汉工业大学出版社,1994。

张大为编《一九〇三年~一九八四年中文体育书目》,西安体育学院学报编辑部,1985。

周棉主编《中国留学生大辞典》,南京大学出版社,1999。

附录　中国近代体育图书目录

书名	作者	出版者	时间	地点	页数、开本	内容简介	备注
幼学操身	庆丕、翟汝舟	广学会	1890年	上海		第一本体育理论图书，其中尚未出现"体操"一词。该书由国人翟汝舟和英国人庆丕合著，前有盛宣怀作序	译作
湖北武学	冯锡庚等	湖北武备学堂	1900年			湖北武备学堂体操教材	译作，〔德〕瑞乃尔、斯泰劳口译，冯锡庚、王肇铉等译
日本普通体操概要	王肇铉	湖北武备学堂	1900年				译作
国民体育学	杨寿桐	文明书局	1902年	上海		共六章，首论结婚，二论婴儿之体育，三论幼时之体育，四论少年之体育，五论青年之体育，六论少女之体育，于儿童发育康健之机、教养之方皆三致意焉	译作，〔日〕西川政宪著
游戏法	董瑞春	文明书局	1902年				译作
蒙学体操教科书（初等小学堂学生用书）	丁锦	文明书局	1903年	上海	74页	先于《奏定学堂章程》出版，基本是日本的《小学普通体操教学法》的中文版，尚有日文序。主要内容包括4章，一共37课，含整顿法、矫正身体术和两套徒手体操	译作，〔日〕坪井玄道、田中盛业著
日本普通体操学	王肇铉	六艺书局	1903年				译作

续表

书名	作者	出版者	时间	地点	页数、开本	内容简介	备注
孙唐体力养成	钟观光	科学仪器馆	1903年	上海	74页	又名《国民新体操》，记德国人孙唐训练体力的方法和他在欧美兴行斗狮等事；卷末附年龄表、练习法等	译作
高等小学游戏法教科书	丁锦	文明书局	1903年	上海			译作，〔日〕山本武著
德育与体育	广智书局	广智书局	1903年				译作，〔日〕久保田贞则著
普通体操学教科书	王肇铉	文明书局	1904年	上海		内容分哑铃体操第一演习及第二演习、棍棒体操第三演习等	译作
体育图说	姚受庠	广学会	1904年	上海		前有自序，分上、下卷，上卷为徒手体操，下卷为哑铃体操。每一动作均有详细图解和练习要求	译作，〔美〕罗克斯著
普通体操法	作新社	作新社	1904年	上海		参阅体操传习所刊行的新撰体操书和新撰体操法编成	编
绘图蒙学体操实在易	嵩炅	彪蒙书室	1905年	上海			
新撰普通体操法教科书	陈采南、陈天球		1906年			全书分学校体操和家庭体操两编，学校体操分为准备法、徒手运动、器械运动三章，家庭体操分徒手运动和器械运动两章	译作，日本体育学会编
瑞典式体操教科书（中学）	范迪吉	时中书局	1906年	上海			译作
新撰高等小学体操教科书	金匮、蔡云	文明书局	1906年	上海		按学年排列教材，分为4学年，每学年3个学期，教材内容交叉排列；教材的呈现先是总体内容，后是详细解说。兵士体操内容不突出	编译，〔日〕川濑元九郎、手嶋仪太郎著

续表

书名	作者	出版者	时间	地点	页数、开本	内容简介	备注
订正小学校体操法	李春农	留学体育同志社	1906年			扉页上有学部审定的语录，有编译者序，内容包括寻常小学校教程和高等小学校教程。每个教程包括4个学年，每学年包括3个学期，教材主要内容包括徒手体操、器械运动和游戏	编译
瑞典式体操初步（小学）	李春农	新学会	1906年	上海			译作
新撰小学校体操法（初小）	李春农	文明书局	1906年	上海	186页	该书由序、译例、目次、教材四部分构成。其中，教材是按照学年、学期进行分配，包括寻常小学校教程和高等小学校教程。前者包括3个学年，每学年3个学期；后者包括4个学年，每学年3个学期	译作
最新体操图	商务印书馆	商务印书馆	1906年	上海		为了适应学堂操练需要，该套书包括兵士徒手体操、器械体操（3册）、器械体操应用、普通基本体操寻常科、普通基本体操高等科（2册）、普通徒手体操连续运动、哑铃体操、球类体操（2册），共12册	编译
幼学体操法	图书课	保定学武排印局	1906年	保定			编撰
初高等小学体操范本	徐傅霖	中国图书公司	1906年	上海			
普通体操法教科书（小学）	作新社	作新社	1906年	上海			

续表

书名	作者	出版者	时间	地点	页数、开本	内容简介	备注
小学体操范本		商务印书馆	1906年	上海			
高等小学游戏法	董瑞椿	文明书局	1906年	上海			译作，〔日〕山本武著
初等小学体操教科书	黄元吉	商务印书馆	1907年	上海			译作
音乐体操	江苏师范生	苏属学务处	1907年	南京		全书分音乐和体操两个部分，两者相对独立，较少关联	编
体操教范	两江督练公所教练处	南京教练处印刷所	1907年	南京	166页，50开	分3编，介绍徒手、器械、应用体操，为军队体操教范	编
瑞典式疗病体操	徐傅霖	中国图书公司	1907年	上海		全书使用"体育"字样共有5处。主要内容列举便秘、弹丸、胃病、痔疾、肺结核、贫血、失眠、神经衰弱、肥胖、手足寒冷等治疗法，并附插图	译作，〔日〕川濑元九郎著（由英文书转译而来）
初等小学体操教授书	学部编译图书局	学部编译图书局	1907年	上海		共8册，是我国最早的自编、统编体育教科书，有详细的教学进度安排。虽经过改编，但内容上与日本体操教科书基本一致	编译
日本初等小学体操教科书	郑宪成	新民书局	1907年	上海			
舞蹈游戏	王季梁、孙揆	商务印书馆	1907年	上海		内分上、下卷，上卷为舞蹈名称，下卷为舞蹈的分类、姿势动作等	编
女子小学体操范本	徐傅霖	中国图书公司	1908年	上海	200页		编

续表

书名	作者	出版者	时间	地点	页数、开本	内容简介	备注
体操教科书兵士教练	徐傅霖	中国图书公司	1908年	上海		本书供中学和师范用，包括7章，内容类似军队训练，分别为各个教练、枪、部队教练、中队教练、斥候教练、步哨教练、警备和附录	编
表情体操法（唱歌游戏）	孙揆、徐绍曾	上海科学书局	1908年	上海		全书内容军事色彩浓厚，将体操与音乐有机结合，共50个目次，主要有体操、快枪、运动会、轻气球、祈战死、春游、出军、送春归、决战死、练兵、海战、雪中行军等	编，强国丛书
体操上之生理	徐傅霖	中国图书公司	1909年	上海		这是中国近代体育史上第一部关于体育自然科学方面的论著。该书较早论述了人体运动器、骨骼、躯干及头的运动、上下肢运动、运动的强弱、运动的性质、体操的基本形式等内容	著
剑武术（武道根本）	汉魂	南洋官书局	1911年	南洋	60页	介绍日本武士道剑术。包括七生、弃儿行、尔灵山、咏日本刀等8章	译作，〔日〕日比野雷风著
达摩易筋经	西竺达摩祖师	勤益号	1911年	上海	100页，25开	分内壮论、图势、图说三部分，介绍强身壮体的易筋经的各种功法和练习姿势。附：《洗髓经》	著，般刺密谛译，穆耀枢辑
拳艺学初步	朱鸿寿	商务印书馆	1911年	上海	123页	分两编：第一编为绪论，分拳艺沿革概要、拳艺与体操等7章；第二编为拳艺演习法，分桩手、操手、空手等3章。有编者序	著

续表

书名	作者	出版者	时间	地点	页数、开本	内容简介	备注
体育之理论与实际	徐福生	商务印书馆	1912年	上海	258页	绪论、本论、体育史和余论	译作
共和国教科书兵式教练（中学）	徐傅霖	商务印书馆	1912年	上海		主要内容包括7章，即各个教练、枪、部队教练、中队教练、斥候教练、步哨教练、警备和附录，几乎都是士兵训练的内容	编译
共和国教科书普通体操（中学）	徐傅霖	商务印书馆	1912年	上海		包括徒手体操和器械体操，分节介绍	编
共和国新教科书体操（初小）	徐傅霖	商务印书馆	1912年	上海	439页	民初最完备的体育教科书，分4册，即初小、高小、中学体操以及中学用的兵式教练。19页的目录，体操教材部分动作名称较为繁杂，较早从解剖的、生理的、心理的角度解释体操的功能	编
共和国新教科书体育（高小）	徐傅霖	商务印书馆	1912年	上海			编
中华初等小学体操教授书	徐傅霖	中华书局	1912年	上海			
网球射击法图解	〔美〕黎察士	上海青年协会书局	1913年	上海	22页	包括网球射击姿势图14幅并附规则摘要	著
高等小学新体操	徐傅霖	中国图书公司	1913年	上海			编
民国新教科书体操（中学）	徐傅霖	商务印书馆	1913年	上海			编
新制中华体操教授书（初小）	徐傅霖	中华书局	1913年	上海			

续表

书名	作者	出版者	时间	地点	页数、开本	内容简介	备注
中华高等小学体操教授书	徐傅霖	中华书局	1913年	上海		全书共3章，分别为各个体操、连续体操、兵士教练	编
拳术教科书	徐愚忻	中华图书馆	1913年	上海	112页	分5章，讲授拳术列队法、姿势与方法、单击拳术分类、对击拳术总则及分类。适合中等学校、师范学校做教本。有图示说明。有孙畦陆序	编
兵式体操教科书	黄元吉	商务印书馆	1914年	上海	142页		编译
体育图说五种	上海基督教青年会	编者刊	1914年	上海	30页，25开	内有健康体操图说、手巾体操图说、五分时之体操、女子室内体操及简易体操图说5种。书前有弁言	编
单级体操教授案	孙揆	商务印书馆	1914年	上海			编
初等小学新体操教科书	徐傅霖	中国图书公司	1914年	上海	134页		编
普通体操	徐傅霖	商务印书馆	1914年	上海	439页		编撰
新体操参考书	徐傅霖	中国图书公司	1914年	上海	162页		编
新体操教授书	徐傅霖	中国图书公司	1914年	上海	146页		编
单级体操法	赵光绍	商务印书馆	1914年	上海			编
江苏省立学校第一次联合运动会汇编	江苏巡按使公署	编者刊	1914年	南京	296页，23开	包括图表26幅、章程规则46个、会议录、决议案83个函牍66个以及文艺、演讲多篇。有卢殿虎序	编
对球规则	远东运动会	基督教青年会	1914年	上海	24页，36开	对球是两队人员拍球往返的一种游戏。包括14章，中英文对照	订定

续表

书名	作者	出版者	时间	地点	页数、开本	内容简介	备注
因是子静坐法/续编	蒋维乔	商务印书馆	1914年	上海			编
少林拳术秘诀	尊我斋主人	中华书局	1914年	上海	134页	内分气功阐微、五要说、技击入手法、通行裁手法、解裁手法之真诀、身法示要、拳法历史与真传等13章	著
麻雀牌谱（绘图）	沈一帆	时务书馆	1914年	上海	58页	封面题：（游戏奇书）麻雀牌谱	著
儿童游戏	王伍、屠元礼	商务印书馆	1914年	上海	70页		编
（百战百胜）麻雀经	诸应验	广南书局	1914年	上海	39页，36开	介绍麻将牌的打法及规则。文言体，无标点。附《临阵要诀》	著
柔软体操	胡贻谷	基督教青年会	1915年	上海	20页，32开	介绍柔软体操20节，包括分解动作、部位及效果等。中英文对照，有图示说明。书名原文为 Calisthenic Drill	译订，〔美〕柯洛克（H. Crocher）、麦克乐著
体操教授新论	王秋如	商务印书馆	1915年	上海	82页	分7章，包括体操科之目的、运动、口令、管理法、教授法、改正法等。书前有无光祖序、编者序。附：对于改革今后学校体育之意见	编
马术	项聪	陆海军日报馆	1915年	北京	164页，23开	研究乘御方法及马术改革事项。分御术、水勒教练、大勒教练、野外骑弃、特别马匹御法等8章。附：水马演习、骑兵教育次序表，新马调教顺序表。书前有绪言及题词	编译

续表

书名	作者	出版者	时间	地点	页数、开本	内容简介	备注
实用体操讲义（师范讲习所用）	徐傅霖	中华书局	1915年	上海	244页，24开	师范讲习所讲义。内分体操之目的、基本形势、姿势、运动及动作、讲授上注意之事项等章。附：初等小学四年、高等小学三年教材	著
篮球规则	郭毓彬、高宝寿	基督教青年会全国协会书报部	1915年	上海	49页	共25条，书前有场地图。中英文对照	译作
网球规则	郭毓彬、高宝寿	基督教青年会全国协会书报部	1915年	上海	44页		译作
足球规则	郭毓彬、高宝寿	基督教青年会全国协会书报部	1915年	上海	27页	中英文对照	译作
对球规则	基督教青年会	编者刊	1915年	上海			译作
运动规则纲要	基督教青年会	编制刊	1915年	上海			译作
运动会	浙江省立第一师范学校校友会	浙江省立第一师范学校校友会	1915年	杭州	164页		著
垒球规则	中华基督教青年会组合编辑部	译订者刊	1915年	上海	48页	共37条款，中英文合刊	译订
形意拳学	孙福全	编者刊	1915年		(21+154)页	分形意混沌辟开天地五行学和形意天地化生十二形学两编。书前有赵衡等人序3篇，有编者自序	编

续表

书名	作者	出版者	时间	地点	页数、开本	内容简介	备注
拳艺学进阶	朱鸿寿	商务印书馆	1915年	上海	105页	分桩手、操手、空手3章。书前有编者序。附：闲云山人易筋十五段经	著
体操释名	北美体育干事会	基督教青年会全国协会书报部	1916年	上海	164页	该书是对柔软体操、器械体操、垫上运动与翻斤斗动作、木棒运动等专业术语的解释，有图示说明、例言。附索引。英汉对照	译述，〔美〕麦克乐译
足球	国民体育社	商务印书馆	1916年	上海	134页，50开（1916年版）/96页，32开（1930年版）	分上、下编：上编9章，主要介绍足球守门、后卫、前卫、中锋、左右边锋等位置的技术方法；下编为足球规则，共17章	编，〔美〕麦克乐订正，体育丛书第1集第2编、万有文库第1集第745种
分级器械运动	麦克乐	基督教青年会全国协会书报部	1916年	上海	322页，50开	分初、中、高三级，介绍双杠、高低杠、吊环等器械体操的动作、方法及其要领。有译者序	编译
端艇游泳术	郑绍皋	商务印书馆	1916年	上海	159页	端艇是划船比赛所用的划子。该书分端艇术和游泳术两章。端艇术介绍船舶操纵术，端艇种类、名称及船体构造等；游泳术介绍游泳之理、应注意的问题及初学者陆习说明等。有编者序	编
江苏省教育会附设体育传习所报告书	江苏省教育会体育传习所	编者刊	1916年	南京	44页，16开	包括该所章程、师生名录、教务及会务概况、经济支出与预算、来往函牍等24则	编

续表

书名	作者	出版者	时间	地点	页数、开本	内容简介	备注
少林棍法阐宗	（明）程宗猷	尚文书店	1916年	上海	162页		著
八段锦（订正版）	王怀琪	中国体操学校/商务印书馆/中国健学社	1916年	上海	36页/60页/56页	八段锦是我国练身旧法，共8节。编者融合体操动作将旧八段锦加以注解并附图遂成本书。该书包括第1段至第8段的术语、口令及练习方法等。书前有题词、唐文治等6人序、编者自序及八段锦原图	编，中国健学社体育丛书
拳术	向恺然（逵）	中华书局	1916年	上海	104页	介绍外家拳的步法、掌、手法、演武、功劲，以及第1～16式。附：拳术见闻录	著
拳术精华	颜殿雄	中华书局	1916年	香港			著
扑克指南	乐于时	新中华图书馆	1916年	上海	56页	介绍扑克牌的知识及牌戏方法，共有66项。书前有序、凡例、特别章程等。有眉批	著
国耻纪念象棋新局	潘定思、谢宣	商务印书馆	1916年	上海	82页，23开	介绍国耻象棋20局。每局制定字形，述其国耻史并附题咏，引发下棋者爱国之思。附：时事新局10局。文言体，无标点	著
小学游技	谭竞公、蒋维乔	商务印书馆	1916年	上海	109页		编
实验拟战游技	王怀琪	中国健学社	1916年	上海	32页		编
器械运动	基督教青年会	编者刊	1916年	上海			编
西洋拳术	陈霆锐	中华书局	1917年	上海	107页	分上、下卷：上卷为拳术学初步；下卷为拳术学入门。有图解说明。附：拳家训练要则、拳场决斗规则2种	译作

续表

书名	作者	出版者	时间	地点	页数、开本	内容简介	备注
网球	国民体育社	商务印书馆	1917年	上海	150页/102页	分21章。介绍网球的各种击法、战术等。附：《网球之重要》一文	编，〔美〕麦克乐订正，体育丛书第1集第3编、万有文库第1集第741种
田径赛运动	李德晋	商务印书馆	1917年	上海	220页，64开	分赛跑、跳栏、远跳、高跳、铅球、铁饼、链球、掷枪及跑径之测量、建筑法等19章	译作，〔美〕麦克乐著，体育丛书第1集第1编
体操步法撮要	上海中华基督教青年会	商务印书馆	1917年	上海	79页	包括教授细则、步法、单排走步之法、双排走步之法、分开与并拢之法共5节，介绍兵操步法和通用体操步法。有译者弁言	译作，〔美〕麦克乐著
网球术	孙揆	中国图书公司	1917年	上海			编
行进游技法	汪应钧	商务印书馆	1917年	上海			编纂
新制体操教本	徐傅霖	中华书局	1917年	上海		遵照最新《中学校令施行规则》标准编成，共3编，即方法编：准备及排列、体操、游戏；教师之准备编：教材之选择及配当、教授之形式、教程之编法、教授之注意和体操之设备；体操编：徒手体操和器械体操	编
日本柔术	徐傅霖（卓呆）	中华书局	1917年	上海	138页	介绍日本柔术之起源、作用并图解其操作法	译述，拳术丛刊
运动技术概要	远东运动会中国委员会	编者刊	1917年		222页	收远东运动会章程及各项运动成绩、报告，以及体操、球类、游泳、田径等运动方法。附第三届远东运动会报告	编

附录 中国近代体育图书目录

续表

书名	作者	出版者	时间	地点	页数、开本	内容简介	备注
体操教授细目（甲、乙编）	赵光绍	商务印书馆	1917年	上海	244页/322页	全3编。国民学校体操教材	编
少林拳术精义	达摩大师	大声图书局	1917年	上海	90页		著
基本拳术潭腿图说	何光锐	中华图书馆	1917年	上海	40页		编
八段锦图解	濂浦、铁崖	商务印书馆	1917年	上海	31页，50开	图解岳式穆八段锦的动作。附：王怀琪八段锦体操	编
拳术学教范	陆师凯、陆师通	商务印书馆	1917年	上海	(25+258)页	分绪论、基本教练、连续教练、应用教练等4编，介绍拳术步法、掌法、肘法、肩法、臀法的练习，以及徒手、操手、器械等拳术练法。附图解说明。书前有徐治文等7人序。附：拳术宜普及说、拳术歌等	编纂
中华新武术率角科（上编）	马良	商务印书馆	1917年	上海	103页	分上、下编：上编为初版教材，讲进攻各法；下编为高级教材，讲进攻、防御、逆袭各法。该书为上编，包括基本单人团体教练、角胜法、角衣及腰带、节录步兵操典并添矮步教练等7章	著
中华新武术拳脚科（初级教科上编）	马良等	商务印书馆	1917年	上海	(72+112)页	该编分上、下课：上课3章讲述单人、团体教练；下课3章，讲述对手教练，并逐项说明各种基本功的练法，附图说明。书前有黎元洪、冯国璋等人的题词，靳云鹏、徐世昌等人序3篇	编，万有文库第1集

续表

书名	作者	出版者	时间	地点	页数、开本	内容简介	备注
八卦拳学	孙福全	个人刊	1917年	北京	82页	介绍游身八卦连环掌的打法。分无极学、太极学、四象学、乾卦狮形学、坤卦麟形学、次卦蛇形学等23章。有陈曾则等人的序3篇	编
女子拳法	滕学琴	中华书局	1917年	上海	126页	分两编，介绍女子拳的步法、手法、步位、姿势以及桩手、操手和空手的演习方法。书前有刘元群序及编者序	编
易筋经二十四式图说	王怀琪	商务印书馆	1917年	上海	42页，50开	原名易筋经八段锦，编者融入体操动作，分三部二十四式，故名为易筋经廿四式。附图示说明	编
易筋经十二势图说	王怀琪	商务印书馆	1917年	上海	56页，50开	编者依易筋经原文原图融进体操动作，重新变成易筋经十二势。分三部分：练习须知、原图十二势及易筋经十二势原图。书前有编者自序及原序	编
实验拳法讲义	朱鸿寿	中华书局	1917年	上海	60页，24开	第一部分讲述"三星"的打法（桩手、操手、空手）并附图39种；第二部分讲述"奎星打斗"，附图64种	编
体育界汇刊	孙揆	中国体操学校校友会	1917年	上海	140页，24开	收论著、体操资料、杂俎共60余篇。书前有蒋维乔的《体育界汇刊叙言》	编，论文集

续表

书名	作者	出版者	时间	地点	页数、开本	内容简介	备注
篮球	国民体育社	商务印书馆	1918年	上海	93页，50开	分15章，介绍篮球计算法、篮球之伦理、篮球队须具之性质、训练篮球队之要点及篮球游戏法等	编，〔美〕麦克乐订正，体育小丛书
台球架罅	洁宫斋主人（青云阁）	译者刊	1918年	北京	122页	分绪论、本论、中竿、偏竿、高竿、低竿、戳竿及练习例题8章。介绍台球技术。书前有王灿序、译者序及汉英用语对照表等。该书原名"玉突术"。此为节译本	译作，〔日〕小川文雄著
北京中学第一次联合运动会次序单	北京中学第一次联合运动会	编者刊	1918年	北京	26页，18开	内收大会职员、运动团体、运动员名单、大会秩序及各项运动秩序	编
江苏省立学校第二、三、四次联合运动会成绩汇编	江苏教育厅	江苏教育公报处	1918年	南京	198页，23开	分甲、乙、丙三篇：甲编事务部，包括开会地点、事务所之组织、会场布置等；乙编技术部，包括大会编配、陈设、评判及褒奖等；丙编附录，包括规则、训话、函牍及记事等	编
精武	精武体育会	编者刊	1918年		(25+19)页	内收该会章程、宣言、精武会之概况及创办人霍元甲遗像遗事	编
浙江中等学校第二次联合运动会报告	浙江中等学校联合运动会	编者刊	1918年	杭州	228页，24开	包括各种图表32个、规则15种、文牍97篇以及会议录、评语、纪事等。有何邵韩序	编
石头拳术秘诀	郭粹亚、金一明	中华书局	1918年	上海	(28+94)页		著

续表

书名	作者	出版者	时间	地点	页数、开本	内容简介	备注
北拳汇编	陆师通、陆同一	商务印书馆	1918年	上海	144页	分绪论、基本教练、应用教练3编，介绍拳术宗旨、目的、宗派、南北派优势比较、拳术效验、箴言、演习概要及潭腿练习法。书前有刘章钦序。附：《述拳术初步之无味及最后极大之利益》	编，国术丛书
中华新武术剑术科（初级教科上编）	马良等	商务印书馆	1918年	上海	300页	分上、下课；上课为剑术基本教练及连贯教练；下课为连贯对手教练	编
达摩剑	赵连和、陈铁生	商务印书馆	1918年	上海	94页，32开	介绍达摩剑的八路套术。附击剑图69幅	著，技击丛刊第1种、万有文库第1集第749种、体育小丛书
普及游戏运动	教育会体育研究会	江苏省教育会体育研究会	1918年		41页，23开	包括体育之目的、教材、儿童各时期教授之要点及游戏教授之要点等	译作，〔美〕麦克洛著
游戏与游戏场	麦克乐	全国青年会协会体育学校	1918年	上海			编著
童子军自由车队训练法（童子军用书）	张亚良	商务印书馆	1918年	上海	102页，50开	分11章。介绍自由车队之组织法、野外行动、紧急派遣、骑队露营等	译述，〔英〕阿特琴孙·休兹著
体育研究会会刊	体育研究会	编者刊	1918年				编
中国体育史	郭希汾	商务印书馆	1919年	上海	139页	分古时之体操、角力、拳术、击剑、弓术、舞蹈、游戏等10编。书前有朱亮、范祥喜、叶绍钧等人的序各1篇	编著，史地小丛书

续表

书名	作者	出版者	时间	地点	页数、开本	内容简介	备注
田径赛练习必携	杜鉴辉		1919年				著
台球	刘大绅	商务印书馆	1919年	上海	259页	包括台球的起源、各种练习法等42章	编译，万有文库第1集第6编
童子军体操（童子军用书）	魏鼎勋	商务印书馆	1919年	上海	70页，50开	讲解童子军手操和木棍操，按照标准动作照片教授。附：童子军游戏15种。版权页原著者为美国卜拉德赉。书名原文：Scout Exercise	译述，〔英〕卜拉德赉（A. Bradler）编著，顾果校订
精武本纪	陈铁生	精武体育会	1919年	上海	(250+23)页，16开	分言论、事实、技击、兵操、文事、游艺、文苑等十部分。收介绍该会概况及论述其武功的文章百余篇；其中有陈铁生的《大精武主义》，陈公哲的《精武之真精神》，霍东阁的《沪城分会纪》等。有孙中山、朱执信序文，胡汉民弁言。背面书名：精武十周年纪念	编
江苏省立学校第五次联合运动会成绩报告	江苏教育厅	编者刊	1919年	南京	66页，23开	包括会场图、运动顺序、成绩、纪事、奖励等	编
京师小学校第二次联合运动会报告书	王继根		1919年		251页，25开	内收各种报表、公文、书函、纪事及评论等。有编者序。附会场临时新闻	编
小学联合运动会组织概要	王小峰	南京共和书局	1919年	南京		对运动的种类、组合方法、分组、审查、裁判员等进行了介绍	编

续表

书名	作者	出版者	时间	地点	页数、开本	内容简介	备注
潭腿	精武体育会	商务印书馆	1919年	上海	109页，50开	介绍十二路拳术，有图示说明。书前有吴敬恒等4人序。附：卢炜昌的《八年来技击杂谈》	编辑，技击丛刊第2种、万有文库第1集第748种、体育小丛书
形意拳初步	李剑秋、黄方刚	六合社	1919年	上海	44页，64开	介绍形意拳术的功用、基本五行拳、进退连环拳以及形意拳的特长等。附：岳武形意拳术要论	编
中华新武术棍术科（初级教科上编）	马良	商务印书馆	1919年	上海	203页	介绍棍术的基础知识及其练习方法，综合各门棍术、枪法定为十八式，绘图立说。内分棍的产地、种类、形式、单人基本教练、团体基本教练、团体连贯对手教练等7章。有段祺瑞、梁启超序	创编
潭腿十二路全图	上海精武体育会	商务印书馆	1919年	上海	1页，8开	潭腿十二路的各个分解动作示意图	编
双人潭腿图说	王怀琪、吴志青	中华图书馆	1919年	上海	72页	介绍中国武术中双人潭腿十二路的双手演练方法，有134幅图示，并加说明。卷首有吴志青序和中华图书馆出版部序	著
内外功图说辑要	席裕康		1919年				编辑
（真本）易筋经	中华图书集成编辑所	编者刊	1919年	上海	88页	内容与勤益号出版的《达摩易筋经》相同	编辑
童子军追踪术（童子军用书）	张亚良	商务印书馆	1919年	上海	93页，50开	简述什么叫追踪术，童子军为什么要学它，以及追踪的办法等	编译，〔英〕A "P.B." O Scut 著

续表

书名	作者	出版者	时间	地点	页数、开本	内容简介	备注
象棋围棋新谱（世界游戏场之十）	中华图书集成编辑所	中华图书集成公司	1919年	上海	55页	包括围棋新谱及象棋新谱。封面题张澹如、谢侠逊编；卷首又题潘定思、谢侠逊编	编
童子养成法附刊	中华基督教青年会全国协会	中华基督教青年会全国协会	1919年	上海	40页		编
学校体育行政	黄祥霖	广州青野书店	1920年	广州	197页	全书共8章，主要有学校体育行政的意义和精神、研究教员修养、体育管理法、发育论、体育卫生、体育统计法、学校体育视察等内容	编
体育之新研究	江苏省教育会体育研究会	江苏省教育会体育研究会	1920年	上海		包括女子体育原理、中小学当注重课外活动等内容	编
体育教育系统之基础论	麦克乐、许雅丽	全国青年会体育学校	1920年	上海			编著
童子军体操图说	柴润之	中华书局	1920年	上海	51页	共10章，分述排操、对操、棍操、柔软体操等做法	译作，童子军1
课外运动法	李戛声	商务印书馆	1920年	上海			编著
女子手巾体操	王怀琪	商务印书馆	1920年	上海	42页	分13节，包括臂、胸、腿、肩背、腰等运动	译作，〔美〕克罗密·威廉著
手巾体操法	王怀琪	商务印书馆	1920年	上海	101页		编
柔术入门	殷师竹	武侠社	1920年	上海	158页	分12章，介绍柔术的目的、对打之准备、破敌体势之法、技术说明等	译作，〔日〕竹田浅次郎著

续表

书名	作者	出版者	时间	地点	页数、开本	内容简介	备注
米勒氏十五分钟体操	张谔、吴澄	商务印书馆	1920年	上海	99页	分7章，介绍米勒氏小传及运动论，15分钟体操运动的目的、方法、用处、实际和详说。附图示说明。有译者序。本书据著者手订英译本转译，英译书名：My System	译作，〔丹麦〕米勒（P. Muller）著
仿效体操	赵光绍	商务印书馆	1920年	上海	51页		编
浙江体育学校同学录	浙江体育学校	编者刊	1920年	杭州	54页	包括教职员及1~8期毕业生名录。书前有吕公望题词，王卓夫、孙振涛序	编
剑法图说（上下卷）	宋赓平	大东书局	1920年	上海	70页	介绍武术中十三剑法、廿四剑法、剑学腿法及对击交手等。附：记双剑法源	编
剑术基本教练法	周烈	中华书局	1920年	上海	52页	介绍剑术基本动作的教练方法，共有基本动作24种。有姿势图	编
象棋秘诀（知己知彼百战百胜）	（明）空空道人	云记书局	1920年	上海	56页，27开	象棋谱。目录前有《韬略元机》象棋谱	著，曲阿山人重订
最新行进游戏	李秉	中国体操学校	1920年	南浔	76页		编
圈球游戏	王小峰	商务印书馆	1920年	上海	22页，50开	分5章，介绍适于小学生的圈球游戏的球场、器具、规则、练习法等。有沈恩孚序	编
体育上肌肉动作应用表	麦克乐、焦湘宗	青年协会干事养成部	1920年	上海	8页，9开	体育上肌肉动作名词表，有拉丁文名及中译名	编，体育基础科学
体育践行笔录		天津劝学所	1920年				

续表

书名	作者	出版者	时间	地点	页数、开本	内容简介	备注
健康学	江孝贤	中华书局	1921年	上海		内容分运动、饮食、淋浴、睡眠、衣服等20章	译作，〔美〕沙井特（Sargent）著
行进游技法讲义	孙网球	浙江体育专门学校	1921年	杭州	114页，23开	徒手操之一种。主要介绍行进技法的排列、姿势、手法及步法，以及环式、圆式、列式等14种组合和进行曲（4种）。有王卓夫序。附：行进游技教授上之注意	编，浙江体育专门学校教材
福建全省学校联合运动大会报告	福建教育厅	编者刊	1921年	福州	204页	介绍1921年11月福建全省中等以上学校联合运动大会的情况，包括会歌、章则、职员一览、运动项目及其成绩，以及各项工作报告等	编
香港南华体育会年报	南华体育会	编者刊	1921年	香港	178页，20开	包括题词、影照、论说、会务、大事记、各项成绩及该会章程等。孙中山题写书名	编
第五届远东运动大会报告	钱江春		1921年		29页，23开	该运动会于1921年5月30日至6月4日在上海举行。该书包括《第五届远东运动会的报告和对于中国运动事业的建议》及《经济报告》	译作，〔美〕葛雷著
长枪法图说	（明）程冲斗（宗猷）	大东书局	1921年	上海	36页	分长枪说、六合原著并注及长枪图式三部分。有图解。书前有马纯序	著
形意拳术抉微	刘殿琛	京师第一监狱	1921年		86页	分2卷，介绍丹田、练气、拳、剑、枪等理论及练法。有王道元等人的序共3篇。著者刘殿琛即刘文华	著

续表

书名	作者	出版者	时间	地点	页数、开本	内容简介	备注
拳术见闻录	向恺然（逵）	泰东图书局	1921年	上海	90页		著
太极拳势图解	许禹生（霝厚）	体育研究社	1921年	北平	66页	分上、下编：上编5章，介绍太极拳之意义、由来及流派；下编5章，就太极拳路各姿势绘图说明，并附推手诸法。书前有向恺然等4人的序各1篇及著者自序	著
叠罗汉团体游戏合刊	吴志青	编著者刊	1921年	上海	66页，36开	儿童游戏教材。收叠罗汉游戏10种、团体游戏10种	编著，教育游戏丛书
体育研究	南高体育科辛酉级	商务印书馆	1921年	上海	148页，16开	收入论文、教材、杂俎、纪事共49篇，书前有发刊词，附有本刊职员表	编，论文集
普通操	张英毂	新民图书馆兄弟公司	1921年	上海	284页		编
女子篮球	黄斌生	南京教育厅	1922年	南京			编著
游泳新术	李石岑	商务印书馆	1922年	上海	117页	分游泳注意事项、游泳各术及游泳教授及游泳场设备，共3章12节。附：游泳练习日记样式	著，体育小丛书、万有文库第1集第740种
槌球运动法	倪灏森	商务印书馆	1922年	上海	84页，64开	分槌球之优点、游戏要点、击球姿势、球色、球场、槌球规则、英国槌球规则、任意选用之规则等16章。书名原文：*Croguet*	译作
棒球	潘知本	商务印书馆	1922年	上海	46页，50开	介绍棒球之场地选择、界线划法、应用器具、游戏员之分派与地位、裁判员之地位、在场员之练习等	编，体育丛书第1集第8编、万有文库第1集第744种、体育小丛书

附录　中国近代体育图书目录

续表

书名	作者	出版者	时间	地点	页数、开本	内容简介	备注
国旗体操	王怀琪	商务印书馆	1922年	上海	88页	介绍国旗体操的三种走法及其行进曲谱。有孙揆序	编
体操新教案	徐傅霖	商务印书馆	1922年	上海			著
发达肌肉法	张寿仁	商务印书馆	1922年	上海	91页，64开	介绍发达肌肉的震动体操、各种操练及其练习要点等	编译，〔美〕求利克（L. H. Galick）著，体育丛书第1集第7编
足球规则	远东运动会、中华基督教青年会	青年协会书报部	1922年	上海	30页	中英文合刊	编
最新注释三十种球戏规则	中国体育社	三民公司/三民图书公司	1922年	上海	168页/178页	包括手球、鸡毛球、单垒棒球、跳滨球、滚手球、高尔夫球等30种球戏规则。附：毽子比赛规则。新2版书名后题：增刊美国最新羽毛球规则	编译，新时代体育丛书
工力拳	陈公哲	中央书局	1922年	上海			编
八段锦	王怀琪	商务印书馆	1922年	上海			编
应用武术中国新体操	吴志青	上海中华武术会	1922年	上海			编
实验教室竞争游戏	戴标	醒弱编辑所	1922年	无锡	64页		编著
幼稚游戏	胡君复	商务印书馆	1922年	上海			编
游戏运动	金兆均、许卓云	浙江省教育会	1922年	杭州	56页		校，〔美〕麦克乐编著
踢毽术	沙涛	商务印书馆	1922年	上海	42页，64开	介绍毽子种类、取材、基本踢法及规则。有王小峰等人序	编

续表

书名	作者	出版者	时间	地点	页数、开本	内容简介	备注
体操游戏	沈镜清、奚萃光	商务印书馆	1922年	上海	142页		编纂
作战游技法	孙挾	商务印书馆	1922年	上海			编
唱歌游戏	王季梁	商务印书馆	1922年	上海			编
设计的模仿操	杨彬如	商务印书馆	1922年	上海	69页	包括设计的题目及模仿动作,有图照说明	编
游戏教材	朱士方	上海能强学社	1922年	上海	76页		译作
射技图说	大东书局	大东书局	1923年	上海	25页	介绍射箭技艺的各种姿势,附图说明	编
杖球	潘知本	商务印书馆	1923年	上海	110页,64开	分8章,介绍杖球历史、场地划法、人员之组织、基本练习、规则及犯规之处罚法。附:杖球规则(英文)	编译,体育丛书第1辑第9编
初级体育教练法	钱江春、戴昌凤	中华书局	1923年	上海	122页	体育问题发端、基本练习步法、各项练身运动、教室运动及分行之标准、体操课之标准等6章。附24种游戏	译作,〔美〕葛雷(H. Gray)著
业余运动法	王怀琪	商务印书馆	1923年	上海	82页,50开	辑各家数分钟体操,其中有思梅氏(5分钟、3分钟、60秒)、奥国式和美国式(2分钟)、赫宁氏(5分钟简易体操)、格兰克氏(10分钟)、米勒氏(5分钟呼吸体操)和克罗密氏(8分钟室内体操)等。有编著者序和箴言录	编著
国民体育宝鉴	大陆图书公司	大陆图书公司	1923年				编

续表

书名	作者	出版者	时间	地点	页数、开本	内容简介	备注
精武内传	罗啸敖	中央精武会	1923年	上海	158页，25开	介绍精武体育会武术团体的筹备经过及北上表演之盛况。有江亢虎、罗伯夔序各一篇。该书与陈铁生的《精武本纪》、罗啸敖的《精武外传》为一整套	著
国际运动会特刊	小吕宋中华基督教青年会	编者刊	1923年	菲律宾	32页，16开	记述在菲律宾举行的第一次中华青年会国际运动大会情况，内有参赛团体、选手小史和大会记事。还有潘承福的《体育与国家的关系》、王岳的《参见美国独立节中华青年会国际运动会之感言》、虞永容的《一年来本会运动场之回顾》等5篇文章。书前有颜文初序、林赖余绪言。附：郑汉淇跋	编
笼球规则	中华基督教青年会全国协会	青年协会书报部	1923年	上海	26页	内分笼球的构造、笼球场、比赛大概的组织及禁例等7章。中英文合刊	订定
垒球规则	中华业余运动联合会、远东运动会、中华基督教青年会	青年协会书报部	1923年	上海	51页	中英文对照	订定
中华武术秘传	独孤子人	中国第一书局	1923年	上海	72页	分上部强壮法、全体筋脉强壮法、左手强壮法、血脉调和法、两肩强壮法、精神健全法、元气充足法、齿龈发展法等36节。	编

续表

书名	作者	出版者	时间	地点	页数、开本	内容简介	备注
						有编者序及神工教长序。封面题：力敌万人中华武术秘传	
十二路潭腿新教授法	王怀琪	中华书局	1923年	上海	106页	分两编：上编介绍各个动作口令；下编讲述连贯动作。附图说明	编
国技大观	向恺然、陈铁生等	振民编辑社	1923年	上海	863页，25开	分拳师言行录、国技名论、杂俎、国技专著等四部分。内收《子母三十六棍》《拳术传薪传》《武术的研究》《少林宗法》《少林拳术图说》《潭腿精义》等文章。书前有黎元洪等19人题词，马良等15人的序文	著，武术丛刊
棍球		商务印书馆	1923年	上海			编
西湖风景叠罗汉	王怀琪		1923年				编著
正反游戏法	王怀琪	商务印书馆	1923年	上海	29页		编著
运动生理	程瀚章	商务印书馆	1924年	上海	286页，32开	我国历史上第一部关于运动生理的著作，详细讨论了"人生与运动、运动的生理本态、运动生理学的分类、运动对于血液循环器、呼吸器、消化器的影响、疲劳"等问题。其分总论和各论，介绍体育锻炼、功能状态、生长发育的重要性，以及体育对人体各器官的生理影响	著，新知识丛书（1924年，286页）、万有文库（1929年，270页）、体育小丛书（1939年，270页）

续表

书名	作者	出版者	时间	地点	页数、开本	内容简介	备注
运动卫生	程瀚章	商务印书馆	1924年				著
体育学	罗一东	中华书局	1924年	上海	147页	分总论与各论。总论专述体育研究的目的、科学与人生的关系;各论分述发育论、运动论、卫生论及实施方法论	著
体育哲学管理	庞醒跃	东亚体专	1924年	上海		分上、下两编。上编讨论了体育范围、目的、意义,游戏与体育,人生发育秩序,瑞、德、美体操之比较等问题;下编讨论了具体体育教材及运动会、体育场管理办法等。共178页,体育哲理讨论现代体育之趋向、体育与教育之关系;体育管理介绍体育教学法、测验法、运动会组织法及体育场管理法等两篇	编著,东亚体专出版丛书
体育行政	孙和宾	东亚体专	1924年	上海			编,东亚体专出版丛书
女子美容运动法	陈咏声		1924年				编
实验健身术	李之龙	中华书局	1924年	上海	40页	健身操24式。附图45幅。有编者序	编
田径赛初步	南汇瞿秋白	苏州中华体育专门学校	1924年	江苏苏州			编著
田径赛运动初步	瞿秋白	中华体育专门学校	1924年	苏州	24页		编,体育丛书1
小学体育设备法	王小峰	商务印书馆	1924年	上海	88页		编,教育丛书第69种
体操教材	赵光绍	商务印书馆	1924年	上海			编

续表

书名	作者	出版者	时间	地点	页数、开本	内容简介	备注
第二届华中运动会报告书	第二届华中运动会	编者刊	1924 年		138 页，16 开	该会于 1924 年 5 月在湖南长沙举行。内收会章、纪事、会场布置及各种比赛表格等。附：湖南全省运动会纪要及田径赛规则	编
乒乓规则	林泽苍	上海乒乓球联合会	1924 年	上海	32 页，36 开	内分 14 章 22 条款。中英文合刊。有编者序	编，上海乒乓联合会订正
女子篮球游戏	王怀琪、吴洪兴	大东书局	1924 年	上海	62 页		编译，中国健学社丛书
服气图说	（明）程宗猷	大东书局	1924 年	上海	64 页	介绍气功中服气 64 式共吞气 87 口的练法。有服气图说 64 幅，为入门第一段功夫	编
棍棒	国民体育社	商务印书馆	1924 年	上海	60 页		编译
拳意述真	孙福全	江苏省政府国术分馆	1924 年		84 页	分 8 章，介绍形意、太极、八卦三种拳术的原理，拳家小传，拳谱，以及三家之精意等	著
太极拳学	孙福全	中华书局	1924 年	上海	122 页/114 页	分太极拳和太极拳打手用法两编。书前有陈曾则、吴心谷及编者序各 1 篇	编
设计式的游戏操	崔唐卿	北京师大附属小学	1924 年	北平	36 页		著，北京师范大学丛书
合群游戏大全	女青年会全国协会编辑部	女青年会全国协会	1924 年	上海	234 页，23 开	分动的游戏和球戏及豆囊游戏两部分，介绍集体游戏 400 余种。附索引	编译，〔美〕Bancroft 等著
绘图麻雀牌谱	上海游艺社	编者刊	1924 年	上海	60 页	介绍麻将牌的名称、牌数及各种玩法。版权页题：麻雀秘诀全书	编

续表

书名	作者	出版者	时间	地点	页数、开本	内容简介	备注
最新女子篮球游戏	王怀琪、吴洪兴	大东书局	1924年	上海	62页	内分17章，介绍游戏规则、计分法、违规及惩罚游戏方法等	编译，中国健学社丛书
游戏专论	治永清	商务印书馆	1924年	上海	147页		著，北京师范大学丛书
体育丛刊	体育研究社，北京体育学校 编	体育研究社	1924年	北京	400页，16开	分论说、名著、译述、研究、教材、传记、调查、成绩、杂俎、专件、纪事等有关文章74篇	编，论文集
气候与健康	顾寿白	商务印书馆	1924年	上海			著
健康与卫生	胡贻谷	上海青年会	1925年	上海			著
体育之进行与改造	李石岑等	商务印书馆	1925年	上海	80页，50开	教育杂志16周年会刊。收李石岑的《全国体育进行计划》、杨彬如的《新学制小学体育科教学法》、徐傅霖的《学校体操改善案》3篇文章	著，教育丛书第68种
救急法及卫生法大意	杨鹤庆	商务印书馆	1925年	上海			
体育与人生	张信孚等	上海青年协会书局	1925年	上海		该书着重讨论体育与人生健康的关系、体育与身心发展、体育与社会等问题	著
游泳术	顾拯来	商务印书馆	1925年	上海	152页	分游泳练习的时期与时间、地点、设备、卫生注意事项、胸游、背游、侧游、立游和潜游等12章。书前有张伯苓、顾树森题词	编
教室柔软体操	李浮梦	商务印书馆	1925年	上海	55页，64开	室内体操，分12部。附图14幅。书前有弁言。书名原文：In door Gymnastic Exercise	译作，〔美〕波登（C. R. Borden）著，体育小丛书

续表

书名	作者	出版者	时间	地点	页数、开本	内容简介	备注
保哲氏哑铃体操	李培藻	商务印书馆	1925年	上海	105页		译作
布兰岛成组木棍体操	李培藻	商务印书馆	1925年	上海	75页	该操以2人为一组，手持54英寸木棍进行操练。书前有弁言	译作，〔美〕Brandau著
田径游泳竞技运动法	刘郭桢等	商务印书馆	1925年	上海	106页，50开	分绪论、陆上竞技运动、游泳等4章。附：美国司派亚初级中学之游戏运动（秦之衔）	著，教育杂志16周年汇刊，教育丛书第70种
走步体操游戏三段教材	王怀琪	中华书局	1925年	上海	12页		编
体育测验法	王怀琪、邹法鲁	中国健学社	1925年	上海	76页	各种体育运动成绩测验标准及方法，包括球类测验法、运动测验法、体操类测验法、体格测验法及体育分数计算法等	编，中国健学社体育丛书
田径赛专论	治永清	求知书社	1925年	北京	90页，16开	分关于田径赛论说、跑部、跳栏赛跑、跳部、力部、五项及十项运动等7章。有曾绍兴序、焦莹序	著，北京师范大学丛书
山东武术传习所一览摘要	程文翰、张沐远		1925年				编
第七届远东运动会全国预选大会特刊	第七届远东运动会全国预选大会编	编者刊	1925年	上海	68页	包括预选大会节目单及6篇论文。其中有沈嗣良的《我国体育之现在与将来》、郝更生的《我国参加本届远东运动会之希望》、蒋湘青的《远东运动会之概况》、吴邦伟的《田径赛运动练习概要》	编

附录　中国近代体育图书目录

续表

书名	作者	出版者	时间	地点	页数、开本	内容简介	备注
运动员指南	李培藻	商务印书馆	1925年	上海	106页	初学者之针砭、田径赛练习总论、善良赛跑员之养成、训练法初步、体育卫生等17章，图43幅。附E. Hiertberg氏各种径赛逐日练习法	编译
精武粤传	罗啸敖	精武体育会	1925年	广州	158页，28开	为纪念精武体育会创办16周年出版。内收罗啸敖的《十六年来之精武略史》，卢炜昌的《我之拳术意见百则》，陈铁望的《技击与新世界》，苏守洁的《精武公坟记》等38篇文章。有陈铁生、苏守洁序。附：该会教职员表及章程	著
太极拳术	陈微明	致柔拳社	1925年	北京	72页	介绍太极拳源流、十要、拳式、拳论及太极拳合老说，并有合步、顺步、活步推手等各式照片250幅。有徐思允等3人序及著者自序	著
南北各派基本拳法拳术教范	金铁盦	武侠社	1925年	上海			编
华佗五禽戏	王怀琪	中国健学社	1925年	上海	70页，36开	五禽戏即仿效虎、鹿、熊、猿、鸟五禽动作的医疗健身操。全书共5节。附：演示照片说明。再版本末附《五禽戏新体操》	编，中国健学社体育丛书5
拳艺指南	朱鸿寿	中华书局	1925年	上海	(10+198)页	分20节，介绍各种拳术	著

续表

书名	作者	出版者	时间	地点	页数、开本	内容简介	备注
少林拳法图说	朱鸿寿	大东书局	1925年	上海	68页	分8章，介绍少林拳法的渊源、沿革、戒约、修养、基本练习法、排列法及各个演习和连续练习等	编
同棋	不辰子	优游社	1925年	上海	95页	分12章，介绍天九牌（牌九）游戏的用器、名称、入局之梗概、步骤、摊牌法、法规等。有胡君复序。附：平常和数计算表、抬头牌抬数计算表	记录
笼球游戏	王怀琪、吴洪兴	大东书局	1925年	上海	60页，64开	分8章，介绍笼球的起源、玩法、规则（10条）、笼球的制造法、各种笼球的游戏法（20种）、水中笼球游戏法和规则（9条）。有图示说明	编译，中国健学社丛书2
最新象棋秘诀	张汝霖	棋学研究会	1925年	上海	120页，27开	象棋谱	编
同棋指南	知新室	宏文图书馆	1925年	上海	58页	牌九游戏。分12节，介绍入局、分牌、理解法及搭配法。书前有《同棋说略》	编
中国体育概论（英文）	郝更生	商务印书馆	1926年	上海			著
篮球攻守方法论	牛炳鉴	商务印书馆	1926年	上海	101页	分投篮和运球的基本技术、步法、个人防守及全队防守、个人进攻及全队进攻、篮球训练方法等7章。有译者序及引言	译作，〔美〕马尔飞（C. Murphy）著、〔美〕特露西（K. C. Tracy）绘图，体育小丛书
柔软体操教学法	朱士方	能强小学社	1926年	上海	98页	分11章。中小学教材	编

续表

书名	作者	出版者	时间	地点	页数、开本	内容简介	备注
天津同文书院体育计分法	同文俱乐部	同文书院	1926年	天津	80页，25开	内收各项运动详解、运动员须知、该校作息制度时间表和各项运动成绩计分表。书前有谢希云序	编
手球规则	中华基督教青年会、远东运动会	青年协会书局	1926年	上海	15页	系1926～1927年手球规则，共16章34条。中英文对照	订定
上海万国足球中苏决赛特刊	中华全国体协会	中华全国体协会	1926年	上海	20页		发行
武艺精华	汤鹏超	浙江第一中校	1926年		94页	介绍一字步、十字手、十字拳、十字腿、大洪拳、点穴法、猴棍、凳花、钯爪、流星锤、七星单刀等30余种国技武艺	著
达摩派拳诀	汤鹏超（显）	商务印书馆	1926年	上海	99页	介绍少林拳的正式行礼式、摆马式、脚步法、拳手握式、手式、腿式和肘式，以及外家龙拳、内家虎拳、易筋经、黄龙拳、鹤拳、猴拳、岳家拳等	编著
分级八段锦	王怀琪	中国健学社	1926年	上海	(44+101)页	分初、中、高、特四级，介绍八段锦操。附图百余幅。书前有唐蔚之等6人序、编者自序及《八段锦中兴之沿革》一文	编，中国健学社体育丛书
南拳入门	许太和	苏州第一师范附属小学校	1926年	苏州	118页		创编
象棋梅花谱	（明）王再越	文明书局	1926年	上海	199页，42开	象棋谱。有吕思勉识语。卷端题：梅花谱	著

续表

书名	作者	出版者	时间	地点	页数、开本	内容简介	备注
克罗密氏药球运动	王怀琪、吴洪兴	大东书局	1926年	上海	44页		编译，中国健学社丛书6
器械叠罗汉	王怀琪、吴洪兴	商务印书馆	1926年	上海			译作
东瀛围棋精华	张澹如等	学生书局	1926年	上海	60页	前有张澹如序、王咸熙序。影印日本原文，附：中文说明	评定
运动与卫生	葛绥成	中华书局	1927年	上海	120页	包括自医学方面观察体育的真相、证明运动效益的要点、体育运动在医学上的特征、适应体育运动的年龄、学校教育对体操的注意事项等8章	编，初中生文库
新学制体育教材	麦克乐、沈重威	商务印书馆	1927年	上海	528页	分总则、教材。总则讲述体育的意义、需要和价值、教育目的、教材内容及选配、组织概要等；教材分步法、游戏、个人和团体武的竞争、垫上运动、运动、机巧运动、柔软体操、敏捷运动及舞蹈等	著
新体育	谢似颜	北平中华乐社	1927年	北平			编
体育学	章凌信、杨少庚	北平素友学社	1927年	北京	142页		编，素友学社丛书
儿童设计仿效体操	蔡雁宾	新中国书局	1927年	上海	66页		编，中国健学社体育丛书
篮球术	董守义	青年协会书局	1927年	上海	122页，25开	内分20章，讲述篮球运动之目的、指导员与队员应持之态度、心理与篮球运动之关系、篮球队之选择、运动员之卫生及各项技术方法等。有徐民辉、张伯苓、章辑五的序言	著

续表

书名	作者	出版者	时间	地点	页数、开本	内容简介	备注
儿女强身法：家庭体操	王怀琪、吴洪兴	中国健学社	1927年	上海	66页		译编，中国健学社体育丛书18
户内棒球术图解	王怀琪、吴洪兴	大东书局	1927年	上海	70页，36开	内分掷球、接球、掷球与接球的练习、击球、驰垒、进攻方面的团体游戏、防御方面的团体游戏、团体练习、暗号及球员须知等10讲	编译，中国健学社丛书
跑冰术	王怀琪、吴洪兴	商务印书馆	1927年	上海	65页，48开	内分11节，介绍旱冰的基本训练方法、旱冰游戏及规则等	编，体育小丛书第1集第14种
初中柔软体操教材	吴圣明	中国健学社	1927年	上海	528页	内容一共有24部分，教材按照初中学生身体发育的顺序编写，在浙江第十一中学等地进行了试验。教材分为6学期，每学期4部分	编，中国健学社丛书15
田径赛的理论与实际	谢似颜	开明书店	1927年	上海	236页	分上、下两编。上编为训练方法、场地设备、运动会的组织与管理等9章；下编为短跑、长跑、跨栏、投掷、混合竞技（全能）等11章。内分两编共20章，介绍国际竞技会的历史、组织及管理，运动选手的资格和服装，以及田径赛规划等。书前有著者的"发刊前告读者的话"	著

续表

书名	作者	出版者	时间	地点	页数、开本	内容简介	备注
南洋怡保精武体育会二周年纪念特刊	阮原	南洋怡保精武会	1927年		210页，16开	分史略、言论、文事、武功、游艺、文苑、会务、记载等8类，收入颂扬精武精神及其武功文章97篇。其中有林星桃的《怡保精武会史略》、陈公哲的《精武之真精神》、苏守洁的《精武会与义和团》、冯子成的《鸟瞰十七年的精武》等。有孙中山、胡汉民题词	编
排球规则	远东运动会订定、中华全国体育协进会	编译者刊	1927年	上海	19页	共12条。中英文对照	编译
四川西北军学联合秋季运动会纪实	运动会编纂处	编者刊	1927年		144页，16开		编
对球游戏规则	中华基督教青年会、远东运动会	青年协会书局	1927年	上海	28页	规则分12条。中英文对照	订定
中华全国体育协进会年刊	中华全国体育协进会	编者刊	1927年	上海	280页，28开	介绍世运会、远东运动会、全运会及华中、华北、华南、华东等运动会的成绩和章程。有王正廷、张伯苓等人的序及蒋湘青的"编辑小言"等。附"中华全国体协经济报告"等17种	编
单刀法图说	（明）程冲斗	大东书局	1927年	上海	43页	单刀指双手用一刀。该书介绍单刀刀法的各种姿势。有图解说明。卷首有马纯序。著者程冲斗即程宗猷	著

附录　中国近代体育图书目录

续表

书名	作者	出版者	时间	地点	页数、开本	内容简介	备注
太极拳浅说	徐致一	太极拳研究社	1927年	上海	84页	分9章，介绍太极拳的源流、优点，太极拳与心理学、生理学、力学的关系，以及练习法等。有陆鸿吉序	著
铜棋辑谱	吴葆诚		1927年		40页，48开	铜棋系一种扩大的牌九（105张骨牌），俗称"王和"牌。该书分12条介绍打牌的方法。书前有序、绪言等	编
象棋谱大全	谢宣	中华书局	1927年	上海		共3集，每集4册，共12册。辑有《适情雅趣》（残局部分）、《橘中秘》、《梅花谱》、《竹香斋》等古谱，及残局新作、棋史逸话、名手对局等	编著
中华全国体育协进会年刊（一）	朱锦堂		1927年	上海			编
田径赛ABC	蒋湘青	世界书局	1928年	上海	133页	分总论、练习法、怎样做一个运动员、怎样筹办田径赛运动会、田径裁判法等5章	著，ABC丛书
足球	李惠堂	乐华体育书报社	1928年	上海	142页，16开	内分足球之渊源、我国足球在远东大会之历史、我国足球外征感言，1923年南华澳行记、1928年乐华征菲记、上海中葡国际赛记、女界足球实况、国外球队探华记、足球阵法谈、球员七诫等37章。书前有冯少山、张伯苓、卢炜昌等5人序言	编

续表

书名	作者	出版者	时间	地点	页数、开本	内容简介	备注
家庭体操	汤家桢	商务印书馆	1928 年	上海	142 页		编译
青天白日庆祝体操	王怀琪	中国健学社	1928 年	上海	34 页,36 开	该操即集合百人以上走成青天白日国民党党徽后操练,供国庆、总理诞辰等纪念日表演	编
庆祝体操	王怀琪	文明书局	1928 年	上海	34 页		著
圆阵联络体操	王怀琪	中国健学社	1928 年	上海	37 页,36 开	包括准备动作操及圆阵联络体操两部分。书前有编者序和上海私立澄衷中学表演该操摄影 4 幅	编,中国健学社体育丛书
乘马刍言	严寿民	文明书局	1928 年	上海	50 页	骑兵应用乘马术。包括骑马注意事项、养马法等。附:指挥刀应用法、武装敬礼法。封面书名:简易乘马术	编
初级平民学校体操教学书	殷祖赫	商务印书馆	1928 年	上海		分教者须知、基本练习、徒手体操 3 编	编
吉黑奉中等以上学校联合运动大会记录	冯庸大学	编者刊	1928 年	沈阳	53 页,25 开	包括该运动会纪事、田径赛职员表、大会简章及运动程序等。书前有照片、题词等。附运动会成绩表	编
世界运动会足球特刊	蒋槐青	体育评论社	1928 年	上海	32 页		编
京师学务局中小学联合运动会秩序册	京师学务局	京城印书局	1928 年	北京	33 页,25 开	该运动会于 1928 年 4 月 28~29 日在北京西什库第四中学操场举行。该书包括大会筹备会职员名册及运动会比赛秩序表	编
上海市小学第一、二、三次联合运动会纪念刊	上海市教育局	上海教育局	1928 年	上海			

附录 中国近代体育图书目录

续表

书名	作者	出版者	时间	地点	页数、开本	内容简介	备注
星球规则	王怀琪	中国健学社	1928年	上海	60页	星球即三寸小橡皮足球。该书介绍星球运动的设备及其规则。书前有球场布置图8幅	编
少林棍法图说	（明）程冲斗/宗猷	大东书局	1928年	上海	62页	分2卷：卷上介绍明棍源流、小夜叉第一、二、五路棍谱，大夜叉一路棍谱及图；卷下介绍棍式一图及歌诀等。有汪以时等5人序	著
太极剑（附太极长拳）	陈微明	致柔拳社	1928年	苏州	80页，24开	内有太极剑53式图说、太极长拳37式及太极拳名人轶事、太极拳与各种运动之比较。有钱崇威等序3篇及著者自序。出版年月为写序时间	著
奔纳氏返老还童术	雷通群	台北远东书报社	1928年	台北			
国术教范七星剑	吴志青	大东书局	1928年	上海	96页	分6章，介绍单剑八法、七星剑、十三剑、二十四剑的剑法及剑的制造法。书前有张之江的弁言及编者自序	编
六路短拳	吴志青	大东书局	1928年	上海	78页		编
内功拳的科学的基础	章乃器	新评论社	1928年	上海	81页	论述国术内功拳的本质及锻炼身心的功效等	著
象棋谱大全（1～3集）	邓云龙（潘定思注）	中华书局	1928年	上海			著
民间游戏	嵇宇经	商务印书馆	1928年	上海	134页		编
堆砌图案	王怀琪	商务印书馆	1928年	上海	105页		著

续表

书名	作者	出版者	时间	地点	页数、开本	内容简介	备注
团体游戏心理学	王倘	商务印书馆	1928年	上海	108页，44开	分专论、游戏之意义、游戏之学说、游戏之种类、人类之游戏、游戏之时期、有组织的团体游戏心理学等7章。有译者例言。书名原文：The Psychology of Organized Group Games	译作，〔美〕李莱（Reaney）著，师范小丛书
都门钓鱼记	于照	晨报出版社	1928年	北京	32页	分4篇，介绍北京地区池塘鱼类、钓鱼工具、钓法及珍闻	著，北京丛刊、晨报丛书第30种
中国女子体育专门学校二十周年纪念册			1928年				
康健指南	褚民谊、吴鉴泉	上海九福公司	1929年	上海			编
体育之科学的基础	郭人骥	斜桥医院	1929年	上海	138页	体育解剖学，前5章为总论，讲述身体之支柱、运动器官、内脏、末梢传达装置、中枢神经等，后5章为各论，讲述体型与体格、姿势、体质、人种改善与国民体育等	译作，〔日〕冈本规矩著
体育原理	宋君复	商务印书馆	1929年	上海	68页	体育的历史、制度、目的，体育与道德、健康、文化等方面的关系，体育材料的选择和教材的标准	编著，体育小丛书、万有文库
运动学讲义	吴蕴瑞	中央大学	1929年	南京	253页	与《运动学》基本相同	著

附录　中国近代体育图书目录

续表

书名	作者	出版者	时间	地点	页数、开本	内容简介	备注
田径赛术	董守义	北平利华公司	1929年	北平	144页	分15章，介绍接力赛跑、跳高、撑竿跳、跳远、三级跳远、铅球、标枪、铁并（饼）等项运动技术及其训练方式。有图示说明。有著者序	著
国耻纪念体操	王怀琪	中国健学社	1929年	上海	97页，25开	包括纪念体操、表情体操和五九旗操3种，附：国耻游戏10种，适于初中学生。有赵禅庄、钱玉孙序及编者序	编，中国健学社体育丛书
手杖自卫术	王怀琪、吴洪兴	中国健学社	1929年	上海	35页，50开	分初步练习、防卫法、进攻法、双人练习法等七部分，介绍手杖练习方法。适于学校教学、运动会表演，不适于比赛。该书取材于美国宾夕法尼亚大学克罗密所著 Singlestick Drill 一书	编译，中国健学社丛书
三民主义体操教本	杨彬如	世界书局	1929年	上海			
体操教范草案（民国十八年校订）			1929年			分基本体操和应用体操两部分。有附录。与1931年南京军用图书社出版内容基本相同	编
江苏省国术馆年刊（第1期）	江苏省国术馆宣传科	编者刊	1929年	镇江	110页，16开	为该馆成立一周年年刊。收入成立宣言、组织法、大事记、章则、公牍及人名录等，还收入孙禄堂的《拳术述闻》，郝月如的《太极拳义》，张希渠的《运动、生理、国术》等文章5篇	编

续表

书名	作者	出版者	时间	地点	页数、开本	内容简介	备注
学校学生健康检查规则	教育部、卫生部	教育部、卫生部	1929年	上海			
上海特别市国术分馆民国十八年第二届征求特刊	上海特别市国术分馆	编者刊	1929年		38页	内收该馆章程、第二届征求会员简章、会员一览表、一年大事记等	编
田径赛裁判法	王复旦	勤奋书局	1929年	上海	70页	分筹备田径赛运动会之组织法、田径赛裁判法等内容。书前有著者小史和丛书序	著，体育丛书
乒乓指南	吴茂卿	光明书局	1929年	上海	136页	介绍乒乓室的布置、乒乓练习法、乒乓队组织法、比赛方法及我国乒乓队与日本队历次比赛情况。有李惠堂等4人的序及李传书的《东渡杂记》等	著
暑假卫生教育讲习会演讲	袁敦礼等	浙江印刷公司	1929年	浙江			编著
棒球规则	远东运动会	上海青年协会书局	1929年	上海			编译
篮球规则	中华基督教青年会、远东运动会	青年协会书局	1929年	上海	127页	包括规则（15条）、本规则释义及篮球规则上的问答（73条）三部分。中英文对照	订定
田径赛规则	中华基督教青年会、运动运动会	青年协会书局	1929年	上海	101页	共30条。中英文合刊。书前有广州岭南大学选手梁无羔像	订定
中央国术馆民国十七年度财政收支报告书	中央国术馆经理股	编者刊	1929年		19页，24开	收入1929年度预算、经费收支、捐款收支和考试费收支等报告	编
坐功图说	（宋）陈抟	大东书局	1929年	上海			著

续表

书名	作者	出版者	时间	地点	页数、开本	内容简介	备注
太极答问（附单式练法）	陈微明	致柔拳社	1929 年	苏州	88 页，24 开	以问答形式介绍太极拳的基本知识，以及单式练法和单式图。有李井（景）林题词。附：致柔拳社社员名录	著
太极拳图	黄楚九	九福公司	1929 年	上海	56 页	包括太极拳论、十三势歌、打手歌、太极拳经、太极拳姿势之名称及其次序、太极拳图次序等七部分。有黄楚九序、褚民谊序。封面书名：强身补体康健指南。附：急救法	编著
六合枪	金一明	益新书社	1929 年	上海	50 页	介绍六合枪之缘起、秘诀、三十六姿势图以及六合枪之枪法。附：春秋刀法歌诀、黄金铜法歌诀	著，沈鸿声绘图
十八般武艺全书（附软工十二段锦）	尚武体育学会	编者刊	1929 年		228 页，24 开	介绍弓箭、弩、长枪、大刀、白猿剑、长矛、盾牌、板斧、钺、戟、钢鞭、双铜、钯、棉绳套索、白打等 18 种器械的由来、构造、功能、使用及练习法	编
武术汇宗	万籁声	商务印书馆	1929 年	上海	339 页，25 开	分三编：上编"外功"，论述少林外功基本功练法；中编"器械学"，讲述刀、枪、剑、戟、棍术、暗器之使用及点穴、轻功、马术、泅术和军队应用拳术等；下编"内功"。附：《跌打治法》《弹弓谱摘要》等 4 篇。书前有著者自序、编辑	编著

续表

书名	作者	出版者	时间	地点	页数、开本	内容简介	备注
						大意和武术概言。书后有赵鑫洲、杜心五等七人的像及小传（均为著者的老师）	
室内八分钟健身术	王怀琪	中国健学社	1929年	上海	26页		编译，〔美〕克罗密著，中国健学社体育丛书10
形意拳谱五纲七言论	靳云亭	大东书局	1929年	上海	60页		编
国术教范潭腿	吴志青	大东书局	1929年	上海	116页		著
国技论略	徐震（哲东）	商务印书馆	1929年	上海	81页	分上、下编，包括征古、考异、辨伪、近师、存疑、源流、类别、器械等11篇。书前有顾树森序。附：《寓一些在国技论略的后面》（宋更新）	编
形意拳术讲义	薛颠等		1929年				编
形意六合拳撮要	朱国福	上海武学会	1929年	上海	84页，50开	分4篇，介绍五拳、五行生尅、五行合一连环拳及六合长拳。有拳式照片75幅	著
少林护山子门罗汉拳图影	朱霞天	中华书局	1929年	上海	71页	介绍罗汉拳的准备式、起点式、第一手到第八手、终点式及反原式整套拳式的分解动作	著
最新游戏法	黄斌生	商务印书馆	1929年	上海	437页	介绍600余种游戏方法。内分14章，前8章为总论及按学生年龄大小分述，后6章按游戏种类分述。有麦克乐的导言和原叙、自叙等。附：游戏译名的中西对照表	译作，〔美〕施退力（S. C. Staley）著

续表

书名	作者	出版者	时间	地点	页数、开本	内容简介	备注
舞蹈入门	沈明珍	勤奋书局	1929年	上海		主要包括舞蹈姿势、动作、步、颠趾等30多种动作	
新舞术	孙绪君、吕淑安	中国健学社	1929年	上海	120页		编，中国健学社体育丛书
女子技巧运动堆砌图案	王怀琪	商务印书馆	1929年	上海	105页	分3编，介绍简易女子叠罗汉运动，以图为主，说明辅之。上编为各女校表演成绩；中编解释堆砌图案的30个部位；下编为51个图案的堆砌方法	编
小学游戏科教学法	王怀琪	商务印书馆	1929年	上海	128页	分上、下两编，上编专述游戏的理论和一切设备，下编备载各种游戏教材	著，万有文库第1集
鞭打游戏	王怀琪、邹法鲁	中国健学社	1929年	上海	88页		编，中国健学社体育丛书
围棋入门	徐去疾	编者刊	1929年		198页，25开	分总论、各种死活棋式、胜负之计算、对局、弈品等10章。附：有关弈棋诗文、故事等。有图谱35幅。该书有英、意文译本	编
歌舞游戏	朱士方	能强学社	1929年	上海	48页	教材共20个部分，均将音乐和舞蹈结合在一起	编译
健光（体育格言）	王怀琪	中国健学社	1929年	上海	114页，64开	收古今中外名人关于体育格言500余则，分健可贵、乐有益、体育功、节性欲、慎起居等11类	编，论文集，中国健学社体育丛书
爱国女学体育科第十六届纪念刊		编者刊	1929年				

续表

书名	作者	出版者	时间	地点	页数、开本	内容简介	备注
竞技游戏比赛支配法	钱一勤	上海青年协会书局	1929 年	上海	34 页		著，体育小丛书
初级、高级小学体育教材（12 册）	胡绍之、崔作山	并州新报社	1930 年	太原		1~8 册为初级小学体育教本，小学 1~4 年级每学期 1 册；9~12 册为高级小学体育教本。这套书是特为新制小学体育编写的	编
体育组织与实施	佟振家	百城书局	1930 年	天津	62 页	包括近代体育发展趋向、体育方面行政组织与其他行政组织的比较、各种运动效果及影响表、大学及专门学校之体育课程组织法、体育教师管理及主任之资格、体育管理原理、学校运动、关于体育行政上之常识等 18 章。有黄金鳌、金复庆序及编著者序	编著
运动学	吴蕴瑞	商务印书馆	1930 年	上海	253 页	分应用力学和运动两篇。应用力学分运动学的定义、运动之种类等 33 个小题；运动分器械体操、游泳、田径运动 3 节	著
运动	丁潜庵	医学书局	1930 年	上海	86 页	竞赛运动员如何训练、赛跑的姿势与方法，并介绍远东运动会和中国运动会的日程、设施、规则等，附：世界运动会和远东运动会的各项运动纪录	编
个人与团体之竞技运动	王毅诚、金兆均	国立中央大学体育科/人文印书馆（印）	1930 年	上海	310 页，25 开	分 15 章，介绍个人与团体竞技运动项目以及 11 种比赛方法。有著者序。附：中英名词对照索引	编译，〔美〕S. C. Staley 著，国立中央大学体育丛书

续表

书名	作者	出版者	时间	地点	页数、开本	内容简介	备注
徒手体操教材	余永祚	江西力学书店	1930年	南昌	84页		主编（江西省立体育场暨附设高中体育师范科合编）
小学最低限度体育设备法	张钟英	南京书店	1930年	南京	18页，25开	分田径赛类、球类、跳舞场建筑法、器械类4章。有张子含序	编，首都教育丛刊第3种，首都中区实验学校编印丛书
体操教材续编（小学）	赵光绍	商务印书馆	1930年	上海			编
第四届华中运动会特刊	第四届华中运动会	编者刊	1930年		167页，16开	分35节，介绍大会筹备经过、秩序表、各项运动锦标、总成绩、优生运动员小史、体育论文等。有程天放序	编
第四届全国运动会总报告	第四届全国运动会	第四届全国运动会	1930年	上海			编
江苏省中等学校第三届联合运动会、江苏全省运动大会民众预选会纪念刊	江苏省中等学校第三届联合运动会	编者刊	1930年		82页，16开	包括两会的组织、会议记录、大会秩序、开幕概况及田径、球类比赛成绩等。有陈和铣序	编
女子户外垒球规则	教育部体育委员会	正中书局	1930年	上海	63页，64开	共11条。书前有比赛大意及球场图	审定
游泳规则	教育部体育组	正中书局	1930年	上海	6页		审定
乐华南征史（附李惠堂日记）	林放东	新时代书社	1930年	印尼吧城	306页，25开	记述乐华足球队1929年旅行南洋各地及比赛经过。附：九年来各国球队到南洋莫荷二属比赛成绩表等	编

续表

书名	作者	出版者	时间	地点	页数、开本	内容简介	备注
全国运动大会总报告	全国运动大会	编者刊	1930年	杭州	764页，16开	介绍1930年4月在杭州召开的第四届全国运动会的情况，包括开幕词、各项运动项目、比赛规则及其成绩等。有张人杰、何应钦序	编
全国运动大会要览	全国运动大会宣传组	编者刊	1930年	杭州	80页，16开	收第四届全运会章程、筹备经过和竞赛规则，还收入朱家骅的《全国运动会之意义》、周象贤的《全国运动大会之使命》、马巽的《对于全国运动会的感想》、吴琢之的《运动与自卫》等文章。附：大会办事通则，各部细则	编
全国运动会总报告	全国运动会大会	编者刊	1930年	上海	400页		编
精武年报	上海精武体育会	编者刊	1930年	上海	(30+18)页，16开	收1929年该会收支账目报告、职员题名录以及1930年会历等。前有"名人对于精武会及国技之言论"及"最近五年会员人数比较表"等	编
江苏省立南极光公共体育场简章及细则	省立南京公共体育场	编者刊	1930年				制定
"我能比呀"世界运动会丛录	宋如海	商务印书馆	1930年	上海	158页	编者1928年观看第九届奥运会的记录。内收《"我能比呀"运动会之历史》《世界我能比呀运动会之组织》《记参与第九次世界运动会之盛况》	编

续表

书名	作者	出版者	时间	地点	页数、开本	内容简介	备注
						并述我见》等。书前有王正适（廷）等人的序。"我能比呀"是 Olympic 的译音	
世界运动会丛录	宋如海	商务印书馆	1930年	上海	89页		编
苏州成烈娱乐体育研究会特刊	苏州成烈娱乐体育研究会	编者刊	1930年	苏州	36页		编
浙江国术游艺大会汇刊	浙江国术游艺大会	编者刊	1930年		296页、16开	分序文、摄影、题词、言论、图表、演词、会务、公牍、杂载9类	编
浙江省国术馆年刊	浙江省国术馆	编者刊	1930年		280页、16开	包括5篇宣言、5篇演讲、2篇大事记、13种法规、13篇公牍及《国术与国家》《太极拳之练习谈》《武当剑法大要》等文章13篇。有张人杰序。附：教职员一览表等	编
惠中体育	郑法	福建惠安县初中	1930年	福建惠安			编
网球规则	中华基督教青年会、国际运动会采用，青年协会书局校	青年协会书局	1930年	上海	83页	共35条。附：比赛秩序布置法、循环比赛秩序分配法、球场划线法等7条。中英文合刊	校
乒乓球新规	中华全国乒乓联合会	大众书局	1930年	上海	16开	内分5章45条款。附："规则附录"（12章19条款）。该规则于1927年2月22日由中华全国乒联召集国际代表在上海共同议定，曾在第八届远东大会上施用	订定

续表

书名	作者	出版者	时间	地点	页数、开本	内容简介	备注
第九届远东运动会特刊	中华全国体育协进会	编者刊	1930年		43页，18开	该会于1930年5月在日本东京举行，包括筹备会职员表、筹备经过、大会纪事和运动会纪录等。并有张伯苓的《感想与感谢》、马约翰的《第九届远东运动大会中华队之我见》、董守义的《远东运动大全》、郝伯阳的《参见第九届远东运动大会筹备经过之大概》、周家骥的《训练所之设立》等文章。书前有胡适的《健儿歌》、赵晋卿的序	编
中央国术馆民国十八年度财政收支报告书	中央国术馆经理股	编者刊	1930年		18页，24开	收入1929年度预算、经费收支、捐款收支等报告	编
汉口市第二次市民运动会秩序册		武汉印书馆	1930年	汉口	40页	内收开会仪式、职员和运动员一览表，以及田径赛、团体操次序表等。附：分组标准、报名须知、运动项目等	编
龙形八卦掌	黄柏年	武学书局	1930年	上海	(20+78)页	分练习总纲、变化飞走八门之三十二掌用途与动作图、单势练习说明、角抵图说等4章。有孙科等人的题词及序文4篇	编，尚武进德会国术丛书第1种（黄介梓编）
写真拳械教范	黄柏年	世界书局	1930年	上海	78页	分3编，讲述徒手教练、持器械教练和劈剑初步要则。有图示照片44幅	编，写真术丛书，写真尚武丛书（上海尚武进德会编）

续表

书名	作者	出版者	时间	地点	页数、开本	内容简介	备注
写真拳械教法	黄介梓	世界书局	1930年	上海			
武侠奇人传（2册）	姜容樵	振民书局	1930年	上海			著
写真八卦奇门枪	姜容樵	世界书局	1930年	上海	76页	分枪法八诀、札拿封守与撑法、八母枪之总则、八门枪分类等7章。有陈微明等人序及自序	编，写真国术丛书
写真鞭枪大战	姜容樵	世界书局	1930年	上海	123页	分9章，介绍鞭枪大战的历史、特点、用法及要领、战略战术、64式图解及国术名人小传。有张占魁等3人的序各1篇及编者自序	编，写真国术丛书、写真尚武丛书（上海尚武进德会编）
写真昆吾剑	姜容樵	世界书局	1930年	上海	163页	分9章，介绍内功、剑学基础及该剑64趟73个动作的图解。附动作姿势图109幅。书前有何应钦、孔祥熙题词	编，写真国术丛书、写真尚武丛书
写真秘宗拳	姜容樵	世界书局	1930年	上海	230页	分10章，介绍秘宗拳的拳法。有各种姿势照片140幅。附：秘宗名人轶事。卷首有王子平等人序3篇及自序	编，写真国术丛书、写真尚武丛书（上海尚武进德会编）
写真青萍剑	姜容樵	世界书局	1930年	上海	154页	青萍剑为江西龙虎山天府潘元圭所发明，计6趟，共364剑。该书分6章，介绍青萍剑的源流、秘诀、剑术名称、练习方法及第1趟的72个动作图解。附：青萍第一剑释义	编，写真国术丛书、写真尚武丛书

续表

书名	作者	出版者	时间	地点	页数、开本	内容简介	备注
写真少林棍法	姜容樵	世界书局	1930年	上海	210页	分11章，介绍棍法之源流、要诀、动作名称、棍进枪开门式及少林棍法等。有动作图50余幅。书前有韩慕侠等3人序及编者自序	编，写真国术丛书、写真尚武丛书
写真太师虎尾鞭	姜容樵	世界书局	1930年	上海	107页	总名太师鞭，分虎尾、太师水磨、鞭法进枪、鞭法对击4种。该编为太师鞭第1，又名虎尾鞭。书前有蒋介石等人题词、李显谟等人的序	编，写真国术丛书、写真尚武丛书（上海尚武进德会编）
写真太师水磨鞭	姜容樵	世界书局	1930年	上海	100页	水磨鞭为太师鞭之一种。内分鞭法之沿革、手法、左右逢源、顺水推舟、黄龙卧道、攻守用法歌诀等6章。有李蠡等人序	编，写真国术丛书、写真尚武丛书（上海尚武进德会编）
写真形意母拳	姜容樵	世界书局	1930年	上海	212页	讲述形意拳的历史、系统、优点、理论、练习等	编，写真国术丛书、写真尚武丛书
形意杂式捶八式拳合刊	姜容樵	武学书局	1930年	上海	166页	《形意杂式捶》分7章，介绍形意拳历史、名称、要诀、路线图及各种拳式图解。《形意八式拳》介绍拳式八式、图解47幅。书前有序4篇、张之江等人题词及张兆东小传	编，尚武进德会国术丛书第2种
太极拳讲义	姜容樵、姚馥春	武学书局	1930年	上海	(30+375)页	分10章，介绍太极拳源流、秘诀、各式技法以及太极拳谱释义等。有李景林、姜容樵等7人序各1篇	编，国术丛书

续表

书名	作者	出版者	时间	地点	页数、开本	内容简介	备注
六通短打图说	金一明	大东书局	1930年	上海	94页	书前有吴承煊等3人的题词和序、编者小言。末附跋；分宗旨、各路细目及附篇3部分。讲述拳术的手、眼、身、心、步五法，并介绍少林拳术闻名的原因，六路短打之来源、打法、全路姿势及其用途等，均有图解说明	著
拳术初步	金一明	沪江国术出版社	1930年	上海	28页	介绍拳术第六路至第十二路的招式、口令等。附：本篇结论。据版权页载，该书全6册	编著
三十二势长拳	金一明	中华书局	1930年	上海	138页	包括拳术发源、内外功分解、练内壮功法及外壮功法、长拳要旨、三十二势长拳图及练功图解等。有插图100幅	著
武当拳术秘诀	金一明	中华书局	1930年	上海	(10+88)页	介绍武当派之源流，内家拳与外家拳之不同，以及拳术打法、点穴法、练步法、练拳秘诀等。有郭庆等3人序各1篇及跋	著
三义刀图说	金一明、郭粹亚	大东书局	1930年	上海	122页	三义刀创始于少林，是我国武器中的一种单刀使用法。内分4路计48个动作，均做了动作变动说明，附图解。书前有郭粹亚、金一明序	著

续表

书名	作者	出版者	时间	地点	页数、开本	内容简介	备注
少林武当考	唐豪（范生）	中央国术馆	1930年	南京	(28+94)页，25开	分少林考和武当考两编：上编考证少林寺的所在地、创建、达摩与《易筋经》、明代少林及少林之兴废；下编考证武当山之山名与神话、张三丰与所谓内家拳法、明太祖与陈也先较武等。书前有蒋介石、蒋梦麟等人的题词，张之江、张人杰等人的序及作者自序。书后有朱国福的跋	著，中央国术馆国术丛书
太极拳与内家拳	唐豪（范生）	上海武学会	1930年	上海	44页，27开	包括太极拳之史的研究、明史中之张三丰、太极拳家妖妄之逸事、太极拳理论之批评与质疑等	著
实验深呼吸练习法	王怀琪	商务印书馆	1930年	上海	74页		编
脱战拳挂图	王怀琪	国光书店	1930年	上海			编
十分钟简易强身术	王怀琪、吴洪兴	大东书局	1930年	上海	23页，50开	有图17幅	编译，中国健学社丛书5
护身术精义（武道正宗）	吴瑞书	中西书局	1930年	上海	186页	介绍日本武士道护身术。内分神传护身术之概念、灵机之概念、气海丹田之概念、身心锻炼法、灵机应用之妙术、神传护身术密钥等12章。有图示说明。封面书名题：武道正宗神传护身术	编译，〔日〕中泽苏伯、小胁国秀著
国术教范查拳	吴志青	大东书局	1930年	上海	52页		编

续表

书名	作者	出版者	时间	地点	页数、开本	内容简介	备注
科学化的国术	吴志青	大东书局	1930年	上海	46页	该书依据生理、心理及教育学原理,编成动作(四肢、改正、上肢、腰胯、快速、舒缓、呼吸运动等),并附图解。书前有再版弁言。附:各界评论摘录。有沈思孚等5人序	编,尚武楼丛书第9编
少林正宗练步拳	吴志青	大东书局	1930年	上海	(16+48)页	取材于少林正宗五拳之龙拳,编者更名为练步拳。内分2章,详解该拳九段三十六式的术名、用法、说明、术解及图式。书前有编者自序	编,尚武楼丛书第2编
技击准绳	薛巩初	精武体育会	1930年	上海	94页	分4编,介绍拳术、器械、对手法和拳谱。有编者自序	编,精武体育会经售
罗汉拳图形	朱霞天	中华书局	1930年	上海	71页	介绍少林获山子门拳十八式的打法。有图解	著
太行拳术	朱霞天	益新书局	1930年	上海	37页		著
游戏法	胡贻谷	青年协会书局	1930年	上海	70页	收室内游戏法100种、室外游戏法10种、室内外通用游戏法30种及科学游戏法20种,共计160种。有胡贻谷弁言	编
游戏与教育	王国元	中华书局	1930年	上海	136页		编,教育丛书
三段教材补编:走步体操游戏	王怀琪	中华书局	1930年	上海	554页	分走步、体操、游戏三段教材及补充教材、附录等部分	编撰
徒手游戏三百种	王怀琪	中国健学社	1930年	上海	414页		编

续表

书名	作者	出版者	时间	地点	页数、开本	内容简介	备注
个人竞技游戏教材（第1辑）	余永柞	江西力学书店	1930年	南昌	84页		编，江西省体育场附设高中体育师范科合编，国民体育丛书16
菲律宾体育与华侨	陈掌谔	菲律宾体育编纂社	1930年		160页，16开	分菲岛体育、华侨体育、体育界名人小史、体育言论等类，介绍菲律宾的华侨选手和华侨学校体育情况	著
田径赛规范	程登科、袁浚	集益合作书局	1930年	杭州	188页	分田径赛史略、种类、场所以及各种田径练习法等16章	编
人体测量学	蒋湘青	勤奋书局	1931年	上海	158页		编著，体育丛书
公共体育场	王庚	浙江省立图书馆印行所	1931年	杭州	130页	分8章，介绍社会体育的理论、体育场的实际问题以及编者在民教院的实验性工作	著
体育场指南	王壮飞	勤奋书局	1931年	上海	120页	分学校体育与社会体育、公共体育场与社会问题、公共体育场的工作等8章。有著者弁言及张伯苓的《体育丛书序言》	著，体育丛书
世界体育史略	章辑五	勤奋书局	1931年	上海	60页	分导言、中西体育历史的概况、二十年来中国之体育等3章。有著者小史及丛书序	著，体育丛书
足球术	董守义	北平利华公司/利生体育用品公司	1931年	北平	122页	主要包括足球技术的训练、队员选择、进攻、防守法、规则问答	著

续表

书名	作者	出版者	时间	地点	页数、开本	内容简介	备注
德人之新生活写真	归鸿	自然书局	1931年	上海	140页	介绍德国实行裸体锻炼的方法，如做柔软体操和深呼吸等	译作，〔法〕萨纳丁（R. Salardenne）、罗亚逸（L. C. Royer）著
海伦文锐女士游泳术图解	怀灵	青年协会书局	1931年	上海	20页	收入美国女游泳家海伦文锐游泳照片11幅，附文字说明。附：上海中国青年会初级游泳教程、游泳须知和上海西人青年会用科学方法教授儿童游泳	译述，〔美〕海伦文锐（Helen Wainwring）著
网球训练法	马德泰	勤奋书局	1931年	上海	25页	分网球握拍方法、单双人比赛法、比赛之要点及态度、球员训练要点及临阵方针、胜球的秘诀等10章。书前有著者小史	著，体育丛书
个人田径赛运动成绩之测量	麦克乐	商务印书馆	1931年	上海	278页	分运动成绩分数表的研究、按年龄身高体重分组比赛之标准及田径赛之标准测验3篇。附：运动成绩分数表	著，中华教育改进社丛书
游泳训练法	钱一勤	勤奋书局	1931年	上海	164页	主要包括游泳概说、游泳术、跃水术及救生术等内容。书前有著者小史	著，体育丛书
黎察士的网球射击法图解	青年协会书局	青年协会书局	1931年	上海	20页	介绍网球的各种打法、附图40幅加以说明。卷首页书名题：黎氏网球射击法图解	译作，〔美〕黎察士（V. Richards）著

续表

书名	作者	出版者	时间	地点	页数、开本	内容简介	备注
排球训练法	阮蔚村	勤奋书局	1931年	上海	102页	分排球常识、基本技术、攻击、防御、分工合作法、球队之组织及人选、排球队之训练、指导员之责任等11章。附：球员临场须知、排球名词解释、排球记录法。书前有著者小史	著，体育丛书
越野跑训练法	王复旦	勤奋书局	1931年	上海	34页	分越野跑与马拉松之区别、越野跑之本来面目、二次检查、装束、比赛之方法等14章。有丛书序	著，体育丛书
篮球训练法	吴邦伟	勤奋书局	1931年	上海	154页	分篮球游戏简说、基本技术、联合防守法、联合进攻法、篮球队之组织及管理、训练和特殊阵式图解等7章	著，体育丛书
足球训练法	吴邦伟	勤奋书局	1931年	上海	136页	分踢球、停球、顶球、盘球、夺与撞、发球、角球、守门员带球行走、罚十二码球、球员之资格及常识、足球游戏训练大纲等15章。书前有著者小言	著，体育丛书
体操教范草案	训练总监部	军用图书社	1931年	南京	216页，64开	分基本体操与应用体操两篇。末有游泳、团体竞技等附录	编
考而夫训练法	姚苏凤	勤奋书局	1931年	上海	66页	内分导言，名称之定义，游戏之规则，相对比赛用之特殊规则，三人球赛、最好球赛与四人球赛之规则，击球竞赛之特殊规则，定分竞赛之特殊规则，小考而夫球等9章。书前有陈蛰	编著，体育丛书

续表

书名	作者	出版者	时间	地点	页数、开本	内容简介	备注
						龙的《这样的苏凤》一文及编者小引。封面题姚赓夔著	
乒乓训练法	俞斌祺	勤奋书局	1931年	上海	44页	内分乒乓赛史略、训练法、比赛方法、万国乒乓规则及上海乒乓联合会会章等5章。有洪尊三序	著，体育丛书
田径赛训练法	张恒	勤奋书局	1931年	上海	152页	介绍短距离、中距离和长距离赛跑、接力赛跑、跳栏等训练要点	著，体育丛书
白虹田径队纪念刊	白虹田径队	神州国光社	1931年	上海	139页	收《白虹队史略》《急行跳远》《组织田径赛之意义》《体育家之决心》《运动家之决心》《中国体育不发达之原因和今后补救的方法》等45篇文章。书前有沈嗣良弁言	编
第十五届华北运动会总报告	第十五届华北运动会	编者刊	1931年		260页，16开	该运动会于1931年5月27~30日在济南举行。该报告分大会之部及筹备会之部，介绍筹备过程、大会章则、大会日志、花絮、开幕式及闭幕式情况等。有韩复榘、张绍棠、何思源三人序	编
暨南健儿菲征专刊	国立暨南大学体育部	编者刊	1931年		82页，16开	民国二十年暨南大学足球篮球队应菲律宾体育协会的邀请，参加慈善会及嘉年华会比赛。本书为纪念刊并报告该校体育情况	编

续表

书名	作者	出版者	时间	地点	页数、开本	内容简介	备注
江苏省镇江公共体育场开幕纪念刊	江苏省镇江公共体育场	编者刊	1931年	镇江	107页，16开	内收发刊词、评述、论著、专载及章则共43篇。其中有孙鸿哲的《运动会应保持业余精神主义的精神》、张志常的《田径赛之论理》、《国民政府颁行体育课程标准》等	编
篮球裁判法	彭文余	勤奋书局	1931年	上海	62页	前10章介绍篮球裁判员的资格、赛前准备、职业道德及双裁判制等，第11章为"篮球裁判法撮要"，系吴邦伟编著	译作，〔美〕麦克尔著，体育丛书
网球规则	全国运动会	全国运动会	1931年	上海			
国立北平师范大学民国二十六年春季运动会秩序册	师大春季运动会筹备会	和平印书局	1931年	北平	38页		编
清华大学暑期体育学校演讲及讨论会纪录	涂文、余永祚	清华大学	1931年	北京	68页	书前冠：编辑弁言，书末附：民国二十年第三届清华体育暑期学校开学典礼记……书中有吴蕴瑞、陈奎生、马约翰等6篇演讲。附：开学典礼纪要等2种	编辑
田径赛及游泳纪录	万国体育协会	中华全国体育协进会	1931年		15页		审定
运动场建筑法	王复旦	勤奋书局	1931年	上海	96页	分7章，介绍田径、网球、户外运动、足球、排球、棒球等场地的建筑法，以及各种用具及看台之设备等。有著者小史	著，体育丛书

续表

书名	作者	出版者	时间	地点	页数、开本	内容简介	备注
足球规则问答	吴邦伟	勤奋书局	1931年	上海	33页	包括120个问答。书前有体育丛书序言及著者的编辑小言	著，体育丛书
中华民国二十年双十节宿迁军民联合救国运动大会纪念刊	宿迁军民联合救国运动大会筹备委员会	编者刊	1931年	江苏宿迁	120页，18开	内收照片、题词、宣言、会歌、论著、演词、大会组织、会议记录、职员一览、重要文件及章程。书前有张华棠的《救国运动大会纪念刊序》	编
田径赛全能运动规则	远东运动会订定，中华全国体育协进会编译	编译者刊	1931年	上海	81页	共计63条。附：中等学校田径赛项目。中英文合刊	编译
国术考试要览	张之江		1931年		68页	内分名人言论（蒋介石、冯焕章、戴季陶等7人）、国术考试的意义、国考的庄严、宣言、告国术同志、警告民众等6章。书前有著者的卷头语。附：《关于国术考试的法令》	编著
最新注释篮球规则	中国体育社	三民图书公司	1931年	上海	126页	分篮球概说、现行男子规则两编。附：篮球规则（旧规则）。另收特载5篇	编，新时代体育丛书
最新注释足球规则	中国体育社	三民图书公司	1931年	上海	68页/90页	分上、下编：上编"足球概说"，介绍足球之目的、足球的过去现在和将来、足球的世界观、中国的足球观、球员的训练等；下编"足球规则"，共17条。特载《足球大王李惠堂足球经验谈》一文。新2版和新3版比1934年版本增收了小足球规	编译，新时代体育丛书

续表

书名	作者	出版者	时间	地点	页数、开本	内容简介	备注
						则6条。封面书名下题：增刊小足球规则	
业余运动规则	中华全国体育协进会、民国二十年全国运动会	民国二十年全国运动大会	1931年		6页		合订
中央国术馆十九年度财政收支报告书	中央国术馆经理股	编者刊	1931年		18页，24开	收入1930年度预算、经费收支、捐款收支等报告	编
工力拳	陈铁生（赵连和授）	商务印书馆	1931年	上海	130页，50开	以图解形式介绍工力拳的各项动作方式。有图102幅。附：卢炜昌"疏"	述，精武丛书102，技击丛刊第3种
大梨花枪图说	程人骏	大东书局	1931年	上海	98页	分3编：第1编为概论，介绍大梨花枪的沿革、秘诀；第2编为"八母"，介绍通沈枪、吞吐枪、凤点头等的步法；第3编"谱式"，介绍六套十九路枪法。附图解说明。书前有褚民谊等6人序及著者序	著
太极操	褚民谊	大东书局	1931年	上海	152页	太极操脱胎于太极拳而较简易。内分9节，论述著者发明的太极操之原理、作用、操练法等。有图解、口诀。书前有蔡元培等人的题字、李煜瀛等6人序跋。附：著者论体育运动及太极拳等短文8篇	著

续表

书名	作者	出版者	时间	地点	页数、开本	内容简介	备注
捷拳图说	傅秀山	大东书局	1931年	上海	34页	分2节，介绍捷拳的十二字诀、五要、论拳、论捶，以及捷拳表演的48式。有于右任等人题字、谌祖安序及编者序	编
拳术基本练习法（4册）	郭粹亚	益新书社	1931年	上海			编
武当剑法大要	黄元秀（李芳宸口授）	商务印书馆	1931年	上海	44页	分18节，介绍武当剑法十三势、对剑三角法、阴阳剑圈法和各套对练法等。有李景树等6人题词	编著
君子剑	金一明	百新书店	1931年	上海	48页	内收君子剑歌诀、初习六法及君子剑24势全路图解。有编者自序。目录页书名下题"国术丛编第1辑之四"。	编，国术丛编5
拳术教材	金一明	百新图书公司	1931年	上海	49页	该书为势法40图解，其中解述20图、普通运用姿势绘解20图。"势法"包括手、眼、身、腰、步五法	编，国术丛编
太极剑图说	金倚天	武侠社	1931年	上海	62页	包括太极剑的起式、三环套月、回头盼月、仙人指路等49段图解。书前有夏明志序	编
少林拳术选编	刘钰	商务印书馆	1931年	上海	208页，50开	选收少林长拳、少林插拳、洞宾剑、提篮剑、黄天霸应战刀、少林派六合力等6套，计320个动作。有摄影101幅	编著，体育丛书第1集第16编
潭腿精义	卢炜昌	大东书局	1931年	上海	27页		著

续表

书名	作者	出版者	时间	地点	页数、开本	内容简介	备注
梅花刀图说	吕光华、李元智	大东书局	1931年	上海	104页	分3章，介绍刀术的种类、形式，梅花单刀源流、教授法，梅花刀三节十二段四十八式的术名、口令、动作及用法。有张之江序	著
太极拳术	马永胜	著者刊	1931年	苏州	98页	包括96个拳势的照片及文字说明	著，中央国术馆审定，国术丛书
中华国术脱战全拳图	王怀琪	中国健学社	1931年	上海	32页		编制
国术论丛	翁国勋、朱国福	大东书局	1931年	上海	42页	论文集。收孙文的《精武本纪序》、张之江的《中央国术馆与竞武场的使命》、胡异军的《国术与时代背景》、唐范生的《柔道击剑选手和其他竞技选手的死亡率比较》等11篇。书前有序2篇	编
科学化的国术太极拳	吴图南	商务印书馆	1931年	上海	126页	分国术概论、太极拳总论、太极拳史略传、太极拳势说明、太极拳打手法总论、太极拳打手法说明6章。有褚民谊、赵润涛序及著者自序	著
教门潭腿图说	吴志青	大东书局	1931年	上海	(17+116)页	介绍教门潭腿方法十路，有图解说明。附：少林宗法阐微。封面题：教门潭腿图说。书脊及版权页题：教门弹腿	编，尚武楼丛书第8编
六路短拳图说	吴志青	大东书局	1931年	上海	78页	包括六路短拳拳谱、拳歌及图说。适于女子练习	编

附录　中国近代体育图书目录

续表

书名	作者	出版者	时间	地点	页数、开本	内容简介	备注
赵门拳法炮拳图说	吴志青	大东书局	1931年	上海	(18+78)页	介绍长拳之炮拳。分两章：第1章绪论，介绍宗派之起源、异同和对长短拳界说的研究；第2章图说，介绍该拳18段72式的术名、用法、图说等。书前有题字和编者序	编，尚武楼丛书第4编
燕青拳法写真	许遇青	广益书局	1931年	上海			著
国术与国难	张之江		1931年		74页	收《警告同胞积极炼修共赴国难》《近战制胜之要诀》《中央国术馆五周年纪念宣言》等9篇。附：《天津大公报社评今后之国民体育问题》等2种。有李济深等5人题词及钮惕生序	著
张之江先生国术言论集	张之江	中央国术馆	1931年	南京	118页	收《中央国术馆缘起》《国术家融化门派为今日之第一要着》《提倡国术的要点》《劝勉女同胞应注重体育国术》《武术丛刊序》等24篇	编
形意连环拳图说	章启东	中华书局	1931年	上海	1页，8开	有39个拳式图一幅，包括术名、口令和动作。有章明序	编
合战	赵连和授、陈铁生述	商务印书馆	1931年	上海	144页	合战为少林著名拳术五战之一。该书介绍合战第1路至第6路动作，附图说明	述，技击丛刊第4种
少林拳术秘诀	中国精神研究社	开通书局	1931年	广州	78页		

续表

书名	作者	出版者	时间	地点	页数、开本	内容简介	备注
初级腿法	中央国术馆（教育部审定）	大东书局	1931年	上海	54页	介绍我国国术腿法。均为简易动作，供初学之用。有张之江题字和序言	编
三段教材正编：走步体操游戏	王怀琪	中华书局	1931年	上海	525页		编撰
交谊会游戏	王毋我	商务印书馆	1931年	上海	79页	内分集会须知、各种游戏法及杂论3编	编
球戏	朱士方	能强学社	1931年	上海	98页	包括足球、排球、篮球等球类游戏50种。译自彭克劳夫（H. Bancroft）所著《游戏运动》中的球类游戏。书前有殷之像、陈鲲序各1篇	编译
女运动员临阵以前	刘家壎	勤奋书局	1931年	上海	122页	内分两篇：运动场战术，介绍参赛前练习、休养、临场准备、服装与礼仪、卫生等；技术，译述短距离跑练习法及跳远等。书前有译者言、人见娟枝女士简历（马崇淦）等。附：奥林匹亚之起源与近世之奥林匹克。著者为日本女子田径赛各项纪录保持者	译作，〔日〕人见娟枝著，体育丛书
各国体育概况	章辑五	勤奋书局	1931年	上海			著
少林拳图解	金一明（金佳福传授）	中西书局	1931年	上海			著
英文体育读本讲义	乐患知	东亚体专	1931年前后	上海			东亚体专出版丛书
田径教学法	董承康	东亚体专	1931年前后	上海			东亚体专出版丛书

续表

书名	作者	出版者	时间	地点	页数、开本	内容简介	备注
急救法图解	孙移新	少年用品供应社	1931年前后	上海			编,东亚体专出版丛书
游泳初步练习法	孙移新	少年用品供应社	1931年前后	上海			编,东亚体专出版丛书
球类田径赛用表汇编	孙和宾	东亚体专	1931年前后	上海			编,东亚体专出版丛书
欧美土风舞	沈明珍	勤奋书局	1931年前后	上海			
小学体育之理论与方法	陈奎生	勤奋书局	1932年	上海	343页	包括小学体育的重要,游戏的来源,田径、走步、体操、跳舞、武术等的概说与教法,小学运动会组织概要等18章	著,体育丛书
运动救急法	阮蔚村	勤奋书局	1932年	上海	68页		编著,体育丛书
运动卫生	阮蔚村	勤奋书局	1932年	上海	68页	包括绪论、运动之生理教育分类、运动于生理上之效果、运动与年龄关系、男女运动差别、学生与运动卫生、运动之体格研究、饮食研究、运动卫生常规等10章	著,体育丛书
体育教学法	孙和宾	东亚体专	1932年	上海	144页	包括总论、步伐、柔软操、游戏、舞蹈、器械操、国术、田径、球类、游泳教学法10章	编
儿童体育心理	萧百新	新中国书局	1932年	上海	104页	分儿童体育原理、小学儿童的特性、个人差别、体育对儿童精神上得到的效果及体育上的检查等5章	译作,〔日〕松井三雄著,新中国教育丛书

续表

书名	作者	出版者	时间	地点	页数、开本	内容简介	备注
早操与课间操	陈奎生、金兆均	勤奋书局	1932年	上海	49页、36开	分3章，简述早操与课间操的意义、主旨、要点等，可供讲授体育学、体育行政学等参用。附：早操16例	著，体育丛书
最新篮球术	董守义	体育周报社/商务印书馆	1932年	天津/上海	311页	分篮球小史、篮球场及队员应用品、训练的时期、队员的资格与攻守术、接球法、传球法、拍球法、掷篮法、比赛情形的观察等12章。商务出版本改为8章，据书前著者序介绍，该书是对1932年天津体育周报社版的再修订	著，体育丛书第1种
儿童仿效操	黄一德、马志超	儿童书局	1932年	上海	48页		编著
摔角法	金子铮（中央国术馆编）	大东书局	1932年	上海	116页	分8章，介绍摔角之定义、起源、目的、胜负之理论、方法之种类名称、摔法、固法及12点穴法等。该书以日本横山作次郎、大岛英助合著的柔道教本为范本，参照其他柔道专书编译。封面题：教育部审定，中央图书馆主编	编译
竞走训练法	陆翔千	勤奋书局	1932年	上海	61页、36开	分14章，介绍竞走的历史、沿革、兴趣、定义、资质、服装及训练方法等。书前有上海中华竞走会教练史友惠序、著者小史。附：《中华竞走队简史》《中华竞走队四健将简史》《上海万国竞走会规程》	著，体育丛书

续表

书名	作者	出版者	时间	地点	页数、开本	内容简介	备注
实用网球术	彭绍纲	青年协会书局	1932年	上海	94页，24开	分正手击法、发球、反手击法、劈击等8章。有插图16幅。书名：How to Play Lawn Tennis	译作，〔英〕C. Parke 著
世界网球名家获胜秘诀	吴福同	勤奋书局	1932年	上海	47页	收马迪的《网球锦标赛》，海伦·雅各白的《尔比网球时之错误何在》，威廉·铁尔登的《如何造就——网球家》3篇论文	译作，〔美〕马迪、雅各白、铁尔登著，体育丛书
田径运动	吴蕴瑞、〔德〕步起（Bocher）	勤奋书局	1932年	上海	168页	分竞技运动之重要、径赛、田赛3章。书前有吴蕴瑞序	著
游泳术	袁访赉	青年协会书局	1932年	上海	82页	分游泳术、入水法及救生术3编。附：正确游泳比赛规则（1920年全美女子夏令营总指导联合会通过采用）	译作，萨列文（F. Sullivan）著
体育科开始教学法	浙江教育厅	浙江高小实小	1932年	浙江		分一年级游戏活动的普遍描述、一年级开始一星期的教学等4章。低年级体育教学法	编
体操教范	中央陆军军官学校	编者刊	1932年		(46+24)页，24开	分徒手、刺枪两部分，分别介绍徒手操训练和刺枪近战技术。附：决斗演习分别等级标准表及裁判方法	编译
运动规则摘要	第十六届华北运动会竞赛部	第十六届华北运动会竞赛部	1932年		34页		编
学生体育指导	蒋槐青	光华书局	1932年	上海	497页	包括体育指导总论、体育大意、运动理论、田径、游泳、球类等11章内容	编著，学生指导用书

续表

书名	作者	出版者	时间	地点	页数、开本	内容简介	备注
两江女子体育师范学校一览	两江女子体育师范学校	编者刊	1932年	上海	30页，23开	包括该校校史略、宗旨、投考资格、修业年限、考试科目、学绩考查及奖惩条例	编
女子篮球规则	美国女子业余篮球联合会原订、中华全国体育协进会	编译审定者刊	1932年		(47+34)页，36开	中英文对照	编译审定
南平县联合运动大会专刊	南平县公私立学校联合运动大会编辑部	编者刊	1932年	福建南平	83页，16开	收大会筹备公牍、规程、大会纪略、体操教材及成绩报告等。书前有顾访白的发刊词。附：孙承烈的《由国难当前说到健康教育》、王敬舆的《运动上的道德观》等5篇	编
女子篮球训练法	宋君复	勤奋书局	1932年	上海	210页	分19章，介绍女子篮球的历史、篮球基本动作、个人和集体的进攻与防守、球员的运动人格及男女篮球规则之异点等。有著者序	著，体育丛书
香港体育学校特刊	香港体育学校	编者刊	1932年	香港	78页，16开	内有体校缘起、改革、学制及历年教员学生名录。有题字及师生照片	编
汉口精武体育会第一分会周年纪念特刊	谢怡然	精武体育会第一分会	1932年	汉口	28页，16开	收姚熙初的《发刊词》、谢芝寿的《国人对于体育应有之认识》、朱茂燧的《精武体育嵌字词》等篇	编
最新注释棒球规则	中国体育社	三民公司	1932年	上海	146页	分两编：上编棒球概说；下编棒球规则。附：棒球训练要诀、棒球规则专门名词中英文对照表	编译，新时代体育丛书

续表

书名	作者	出版者	时间	地点	页数、开本	内容简介	备注
最新注释排球规则	中国体育社	三民公司	1932年	上海	60页	分排球概说、排球规则两编。附：排球纪录表等5种	编译，新时代体育丛书
最新注释乒乓球规则	中国体育社	三民图书公司	1932年	上海	48页，36开	分乒乓概说、乒乓规则两编。附：乒乓击球十法等。书前有国际乒乓球比赛规则及补充规则	编，新时代体育丛书
最新游泳规则	中华全国体育协进会	勤奋书局	1932年	上海	14页，36开	规则14条	审定
业余运动规则	中华全国体育协进会	勤奋书局	1932年	上海	6页	由全国运动会筹备处与中华全国体育协进会于1931年4月制定公布，共22条	编，审定
实用按摩术与改正体操	陈奎生、金兆均	勤奋书局	1932年	上海	388页	主要包括按摩术和体操的历史、瑞典式疗病体操、各种按摩术和体操	译作，哈特·维尼逊著，体育丛书
陈氏世传太极拳术	陈子明	中国武术学会	1932年	上海	72页，24开	包括陈氏太极拳家列传（24人）、太极拳义以及要点、十三势术名及其演练法等内容	著，中央国术馆、河南省国术馆审定
虎头钩	郭梓亚	新亚书店	1932年	上海	97页	虎头钩系武术中短武器之一种，分4路，共78个动作。该书介绍钩法之运转、方向之变换、身步动作之行进等。有曹云章序及著者序	著
静坐三年	华文祺	商务印书馆	1932年	上海	244页		译作，〔日〕岸本能武太著
点穴法真传秘诀	金佩庵	武侠社	1932年	上海	168页	分点穴概说、经脉总名、穴道总名、各经所属穴道及其部位、点穴之练习、救活等章	编

续表

书名	作者	出版者	时间	地点	页数、开本	内容简介	备注
擒拿法真传秘诀	金倜生（徐畏三口述）	武侠社	1932年	上海	123页	介绍擒拿法的创始、擒拿与点穴的区别、擒拿与治伤、指功的关系，以及擒法、拿法的要旨和身体各部位的擒拿法等。有弁言。附：应用验方六则	记
单戒刀	金一明	新亚书店	1932年	上海	92页	介绍刀之源流、形状、来源、舞法、练法并有单戒刀全路54式的图解。卷首有芮禹成序	著
风波棍	金一明	新亚书店	1932年	上海	102页	介绍风波棍之名称、棍法、练习要点及全套姿势图。书口书名题：少林棍法图解。书前有常子田序	著
龙形剑	金一明	新亚书店	1932年	上海	102页	介绍龙形剑的来源、名称、剑法等。附：龙形剑全路姿势图解。书前有吴治、董文华、童耀宗的序和作者自序	著
少林拳	金一明	新亚书店	1932年	上海	60页	介绍少林派之源流、打法、手法、步法及少林拳之第一路（全套共四路）	著
国术史	李影尘	集益合作书局（浙江省国术馆）	1932年	杭州	72页	分9章，介绍国术支派、剑术、器械、摔角及图考等	著
国术教本	缪省飞	大众书局	1932年	上海	138页	介绍短拳。全套六路，共分94个动作，每路前有歌诀、拳谱及图解。书前有徐震、张春帆等人的序	编

续表

书名	作者	出版者	时间	地点	页数、开本	内容简介	备注
八卦掌简编	青岛市国术馆（尹玉章演述、黄芹塘编）	著者刊	1932年	青岛	45页，16开	分八卦掌源流、八卦掌总论、文王八卦方位及八卦掌图解等4章。书前有引言及胡若愚等3人的序3篇	著
单练潭腿图解	王怀琪	中国健学社	1932年	上海	83页，50开	潭腿系黄河流域派拳术（北拳）的基础，共二十四路，分单练、双打两种。该书专述十二路单练法。附图149幅	编
对打潭腿图解	王怀琪	中国健学社	1932年	上海	69页，50开	该书为单练潭腿的进阶——十二路双打潭腿法，附图134幅	编
查拳图说	吴志青	大东书局	1932年	上海	52页	分2章：第1章介绍行拳方位图及四路查拳；第2章介绍单练，共12段48式，附图解。有张之江的"国术教范弁言"及王用宾的"国术教范序"	编
三才剑学	徐士金	南华公司	1932年	汉口			著
罗汉行功法	许禹生（靇厚）	北平国术馆	1932年	北平	80页	诠释罗汉行功法18式的口诀、动作，并附图示。书前有吴佩孚题字及著者自序。封面题：许禹生编	编
国术与体育	张之江		1932年		48页	论述国术与体育之异同，提倡普及国术增强国民健康。有序。附：《关于土体育与洋体育之辩论》	著
少林刀法阐宗			1932年				
优美拍掌操	黄沧一、杜卓光	晨曦体育研究社	1932年	广州	106页		编

续表

书名	作者	出版者	时间	地点	页数、开本	内容简介	备注
张之江东游感想录	张之江		1932年				著
实用体育会话	朱士方、胡尚新	上海体育书店	1932年	上海	147页		编
复兴体育教本（高小）	蔡雁宾、束云逵	商务印书馆	1933年	上海		体育实施日历，每周教材包括正副教材，每种教材采取单元教学，并有附录。共2册，每册使用一学年	编
体育概论	陈咏声	商务印书馆	1933年	上海	65页	分总论、儿童体育、青年体育、女子体育、民众体育、学校体育、体育教材、运动会（沿革、意义和组织）、国术等9章	著，万有文库，百科小丛书（1934年）
体育原理	方万邦	京华印书局	1933年	南京	272页	包括体育原理的滥觞和内容、心身关系与体育、体育的目的及目标、体育教材及教学法的选取标准、体育的测验及测量体育实际问题的解答等10章。现代体育原理、体育的真正价值、体育在教育和社会生活中的重要地位等10章	著
新体育教学法	方万邦	立达书局	1933年	南京	354页	分通论和个论两编。通论8章：体育教学法、教学之要素、教育上的问题、自然体育与非自然体育、技能的训练等；各论5章：竞技、器械、舞蹈、游戏与游泳等	著，有著者序和小史

续表

书名	作者	出版者	时间	地点	页数、开本	内容简介	备注
体育革命	刘慎旃	拔提书店	1933年	南京	97页	前有孙中山、蒋介石的代序；主要内容有体育的意义与目的，体育革命的背景、需要、理论与实际，体育革命与其他革命的关系等	著
复兴体育教本（初小）	束云逵、蔡雁宾	商务印书馆	1933年	上海		体育实施日历，每周教材包括正副教材，每种教材采取单元教学，并有附录。共4册，每册使用一学年	编
民众体育实施法	王庚	勤奋书局	1933年	上海	296页	民众体育之意义与目的、民众体育场的组织与行政、民众体育事业举例等7章。书前有著者小史（怀琴著）及著者序	著，体育丛书
体育场	吴邦伟	正中书局	1933年	重庆/上海	124页	分创立与发展、方针与目标、组织与人员、行政与经费、建筑与设备、指导与训练及推广事业等7章。卷首有社会教育辅导丛书序。附：重要法令及参考书目	编著，社会教育辅导丛书3
体育建筑及设备	吴蕴瑞	勤奋书局	1933年	上海	157页，25开	分建筑历史、各国体育建筑状况、运动场建筑、各种球场及各级学校体育建筑面积之标准等4章。有著者序及小史。未见下卷	著，体育丛书
体育教学法	吴蕴瑞	勤奋书局	1933年	上海	155页，24开	分通论和各论两编。通论包括导言、学习心理、教学要素与组织等4章，各论包括器械运动、游戏教学法、田径运动教学法、游泳教学法、舞蹈教学法等5章。有著者序、再版序	著

续表

书名	作者	出版者	时间	地点	页数、开本	内容简介	备注
体育原理	吴蕴瑞、袁敦礼	勤奋书局	1933年	上海	180页，25开	绪论、历史的背景、社会之背景、心身关系与体育、人之性质与体育、体育之目的、体育上相对之主张、体育与教育等之关系	著，体育丛书
男女的竞技和卫生	薛德熿、顾恒德	新亚书店	1933年	上海	68页	身体怎样运动、竞技与心脏、竞技与呼吸、疲劳与恢复等8章	编译，科学知识普及丛书（薛德熿主编）
不用器械的小学体育新教材	张能潜	儿童书局	1933年	杭州	106页		编著
体育之训练与健康	赵竹光	商务印书馆	1933年	上海	266页	包括三方面的人生、为什么要练成一个强健的体魄、体格上的缺点之改正、运动家的心、乐观的人生、自我救护等24章	译作，〔美〕伯卡（H. E. Parker）著
乒乓	曾乃敦	商务印书馆	1933年	上海	36页	分绪言、平时训练、抵敌要诀、射击新术及结论5章。附：万国乒乓规则	著，万有文库第1集第322种、体育小丛书
小学器械运动（高年级）	陈奎生	勤奋书局	1933年	上海	34页		编著，体育丛书，新课程标准小学体育脚本（25种）
小学足球（中高年级）	陈奎生	勤奋书局	1933年	上海	33页		编著，体育丛书，新课程标准小学体育脚本（25种）
林宝华网球成功史	蒋槐青	勤奋书局	1933年	上海	43页		编，体育丛书
刘长春短跑成功史	蒋槐青	勤奋书局	1933年	上海	42页		编著，体育丛书

续表

书名	作者	出版者	时间	地点	页数、开本	内容简介	备注
邱飞海网球成功史	蒋槐青	勤奋书局	1933年	上海	30页		编
现代小学健康教育实施法	梁士杰	儿童书局	1933年	上海	87页	包括健康教育的重要、设备、原则、设施及怎样指导儿童研究卫生，并附有集美小学实施健康教育的进行纲要	编，集美小学教育丛书1
德国复兴早操	裴熙元、陆翔千	勤奋书局	1933年	上海	42页	共84节。有译者提要、译者序和原书序。原文书名：德国早操训练	编译，〔德〕阿托尔·霍治著，体育丛书
晨操教材	彭礼南	勤奋书局	1933年	上海	133页	分晨操教法、晨操教材、呼吸操法及医疗操法4章。有序及编者小史	编，体育丛书
铁尔登网球术	阮蔚村	勤奋书局	1933年	上海	69页	介绍世界著名网球家铁尔登的抽球、发球、截击、杀球、高球、横切、低截击等各种网球击法和战术。有译者言	译作，〔美〕波鲁斯（Burns）著，体育丛书
五项十项训练法	阮蔚村	勤奋书局	1933年	上海	205页	分上、下篇：上篇介绍跳远、投标枪、二百米、掷铁饼、一千五百米等5项运动的个别练习法和混合练习法；下篇介绍跳高、高栏、撑竿跳、投标枪等10项运动练习法。书前有编者序、总述。附：五项、十项运动记分表。该书多取材于远东运动会五项、十项运动健将佐藤信一所著《五种十种竞技》一书，并加入当时欧美最新训练方法	编著，体育丛书

续表

书名	作者	出版者	时间	地点	页数、开本	内容简介	备注
小学篮球（中高）	阮蔚村、陆礼华	勤奋书局	1933年	上海	64页		著，体育丛书，新课程标准小学体育脚本（25种）
小学排球（中高）	阮蔚村、秦醒世	勤奋书局	1933年	上海		主要内容有排球的沿革、设备及用具、游戏方法概要、技术训练、指导法、指导方案等	著，体育丛书，新课程标准小学体育脚本（25种）
小学田径运动（高中年级）	阮蔚村、孙和宾	勤奋书局	1933年	上海	39页，东亚体育专科教授	分5章，介绍田径运动要义、分组的标准、项目等	编著，体育丛书，新课程标准小学体育脚本（25种）
小学游泳（高年级）	阮蔚村、俞斌祺	勤奋书局	1933年	上海	33页		编著，体育丛书，新课程标准小学体育脚本（25种）
小学准备操（低中高）	邵汝干	勤奋书局	1933年	上海	48页		编著，体育丛书，新课程标准小学体育脚本（25种）
柔软操基本动作图	孙和宾	东亚体育专科学校	1933年	上海			编
小学体育教学法	屠镇川	世界书局	1933年	上海	172页	主要包括教授小学体育的目的、体育教师的人格、儿童各时期身心发展程序及所应施的体育训练等16章	编著，世界新教育丛书
网球要诀	吴邦伟	勤奋书局	1933年	上海	116页	分22章，介绍网球握拍秘诀、击球要领、步伐与动作、单双打战略、竞赛与心理学等。著者为美国著名女子网球运动员。有译者的"译余小言"	译作，〔美〕布朗（Maryk Browne）著，体育丛书

续表

书名	作者	出版者	时间	地点	页数、开本	内容简介	备注
游泳成功术	吴福同	勤奋书局	1933年	上海	72页	分9章，介绍爬泳、俯泳、仰泳、跃水、水中游戏、救生术、游泳比赛及全能游泳与花式游泳等。有阮蔚村序	译作，〔英〕海杰（S. G. Hedges）著，体育丛书
足球成功术	吴福同	勤奋书局	1933年	上海	50页	著者为英国著名足球运动员。该书主要介绍足球基本练习法以及作战策略。全书分6章，包括球员须知、守门、后卫、前锋与中坚等。书前有蒋湘青序	译作，〔英〕亨脱（K. R. G. Hunt）著，体育丛书
小学姿势训练（低中高）	项翔高	勤奋书局	1933年	上海	60页		编著，体育丛书，新课程标准小学体育脚本（25种）
排球	萧百新	商务印书馆	1933年	上海	80页	分两章，介绍排球的竞技、起源及训练要领	著，万有文库第1集第742种、体育小丛书
柔软体操与步法	萧百新	商务印书馆	1933年	上海	119页	包括柔软体操纲要和步法纲要两部分	著，万有文库第1集第321种、体育小丛书
晨操新教材	徐一行	儿童书局	1933年	上海	121页	该书依据现代体育标准，参照瑞典和美国式的程序编辑而成。共30个次序。可供小学、初中教学使用	著
马术教范	训练总监部	军用图书社	1933年	南京	322页，64开	1933年2月公布。包括御术之要领、教育、调教、强健法及使役法、水马演习、马术之褒赏等六部分。附：乘马一般之心得等	公布

续表

书名	作者	出版者	时间	地点	页数、开本	内容简介	备注
美国篮球新术	张国勋、钱一勤	勤奋书局	1933年	上海	40页	著者为美国NEA通讯社体育记者。该书内收关于篮球规则的解说及1932年全美各地篮球锦标赛情况的记述，共40篇。其中优胜队之阵法均附图说明。有译者前言	译作，〔美〕白尔凯（C. Burchy）著，体育丛书
运动姿势图	中华民国卫生署	卫生署	1933年	南京	9页，8开	包括起跑、达到终点、中距离跑、跳远、跳高、撑竿跳、掷标枪、掷铅球、掷标枪等9幅	国民政府行政院内部绘制
马术教范草案	中央陆军军官学校	编者刊	1933年		160页，24开	分通则、骑马术、新马教练及新马教育之原则等4章。附：骑马教练必要之练习、马之卫生	编
庞权氏哑铃操教材	朱士方	体育书店	1933年	上海	84页	分上、下编：上编男子适用，9个次序；下编女子适用，12个次序。有卷首语及编译者略历（邵汝幹写于1933年10月10日）	编译
成烈体育师范学校概况	成烈体育师范学校出版委员会	编者刊	1933年	苏州	172页，16开	内有该校校史、组织系统、规程、教育纲要、童子军概况及教职员一览表。附：成烈校刊第一期（为师范科廿九届毕业生纪念）	编
吴县成烈体育师范学校概况	成烈体育师范学校出版委员会	编者刊	1933年	江苏吴县	136页，16开		编

续表

书名	作者	出版者	时间	地点	页数、开本	内容简介	备注
第十六届华北运动会总报告	第十六届华北运动会筹委会	编者刊	1933年	上海	350页，16开	该运动会于1932年10月10~13日在开封举行。该报告分大会之部和筹备会之部两部分。有序言、摄影、场图、题词。附第十六届华北运动会筹委会招工承包各项工程授标	编
鄂西秋季运动大会汇刊	鄂西秋季运动大会宣传股	中西印刷公司	1933年	汉口	60页，16开	介绍开幕与闭幕典礼盛况、各项竞赛成绩。书前有徐源泉的序	编著
广西大学第一次运动会特刊	广西大学第一次运动会筹备委员会	编者刊	1933年		58页，16开	内有本届运动会筹备经过、比赛秩序、各项运动成绩一览，以及夏仲三的《体育与民族关系》、梁玉璋的《体育的社会化》、梁明政的《中国最近田径赛纪录》	编
华北运动会总报告	华北运动会总报告筹备委员会	编者刊	1933年	青岛	400页		编
江苏第二行政督察区第一届全体运动会纪念刊	江苏省第二行政督察专员公署	编者刊	1933年		128页，16开	包括筹备经过、会议记录、大会情形，以及各项比赛成绩和经济报告等。有蔡元培的《发刊词》。附：江苏省、全国及世界田径最高纪录等	编
江苏省第三届全省运动会手册	江苏省第三届全省运动会	编者刊	1933年		136页	介绍大会章则、秩序以及田径、国术、球类各项比赛情况等	编
国民体育实施方案	教育部公布	勤奋书局	1933年	上海	24页，36开	目标、行政与设施、推行方案、考核方法及分年实施计划等5节。其于1932年10月18日颁布施行	编，公布

续表

书名	作者	出版者	时间	地点	页数、开本	内容简介	备注
第五届全运专集	梁中铭	文华美术图书公司	1933年	上海	149页，16开	有照片和文字两部分，介绍该运动会田径、游泳、国术比赛成绩。有王世杰题字及大会委员、选手签名等	编
南华体育会两年来工作	南华体育会	编者刊	1933年	香港	141页，16开	该会1931~1932年章程、职员一览、会员征求及各部门工作纪要。有陆霭云《卷首辞》。附女子部章程及编后语（曾靖侯，1933年12月30日）	编
二十二年全国运动大会竞赛规程	全国运动大会	编者刊	1933年	南京	16页	为第五届全运会规程，分15章35条，由该次全运会及中华全国体育协进会审定	编译，世界运动会订
业余运动规则	全国运动大会	编译者刊	1933年		6页	共22条	编译，世界运动会订
二十二年全国运动会秩序单	全国运动会	编者刊	1933年	南京	347页，16开	是工作手册，包括大会委员会名单、日程安排、运动员编号、各项运动记分单等。有褚民谊序	编
棒球训练法	阮蔚村	勤奋书局	1933年	上海	149页	3篇：上为准备篇，分棒球游戏法述要、棒球比赛法解释、棒球记录法等5章；中为攻击篇，分打球次序、击打、击球与落点等5章；下为守备篇，分各场员之资格与职务、投球之方法与技术、联合防御之战策等5章	编，体育丛书

附录　中国近代体育图书目录

续表

书名	作者	出版者	时间	地点	页数、开本	内容简介	备注
远东运动会历史与成绩	阮蔚村	勤奋书局	1933年	上海	124页	上下两篇，介绍远东运动会的经过与历史、纪录与成绩，并有远东运动会第1~9届大会照片资料。书前有丛书序及编者序	编，体育丛书
白虹田径队第二届年刊	上海白虹田径队	上海太平洋印刷公司	1933年	上海	139页，25开	收《一年来往事》《与队员谈谈田径赛》《跳远》《标枪ABC》《一千五百米练习之经过》《民国二十一年全国十杰表》等26篇文章。有"卷头语"。附：本队职员表及经济报告	编
第十届世界运动会	沈嗣良	勤奋书局	1933年	上海	113页，16开	前有郝更生序、编者序。内有奥运会史略、行政概况、该届奥运会筹备情形、中国参赛动机及成绩，以及第十届奥运会摘要、国际田径赛协会会议记等。附：塔夫脱纪事原文、世运会历届优胜运动员表	编
田径赛全能运动规则	世界运动会订，民国二十二年全国运动大会编译	编者刊	1933年		54页	共62条。附：五项及十项运动记分表。封面题：田径赛及全能运动	编译
国术规则	世界运动会订，民国二十二年全国运动会编译	编者刊	1933年		36页	内分总则、拳术比赛细则、摔角、器械、射箭、弹丸、踢毽子、测验体力等9章	编译

续表

书名	作者	出版者	时间	地点	页数、开本	内容简介	备注
男子篮球规则	世界运动会原订,民国二十二年全国运动大会编译	编译者刊	1933年		44页	共15章,由1933年全国运动大会、中华全国体育协进会审定	编译
网球规则	世界运动会原订,民国二十二年全国运动大会编译	编译者刊	1933年		14页	分单、双打两章,共35条	编译
排球规则	世界运动会原订,民国二十二年全国运动会编译	编者刊	1933年		16页	共计14章	编译
怎样办理公共体育场	孙和宾	南京书店	1933年	上海	110页	分9章,论述公共体育场和民众体育的关系,公共体育场和主管机关的关系,公共体育场的经费、设备、组织、规程、事业,以及民众运动会的组织法等	编,东亚体专丛书
天津体育协进会年刊(4集)	天津体育协进会	天津体育协进会	1933年	天津			编
中学运动会指南	王复旦	勤奋书局	1933年	上海	68页	运动会举行之时间、经费来源、运动会经费预算、竞赛方法、规程、运动员须知、用具、团体表演安排等11章,有著者序和体育丛书序	著,体育丛书
小学运动会指南	项翔高	勤奋书局	1933年	上海	95页	举办小学运动会的目的、种类、运动材料、竞赛及一校独办或联合举办运动会等问题	著,体育丛书

附录　中国近代体育图书目录

续表

书名	作者	出版者	时间	地点	页数、开本	内容简介	备注
第五届全运会图画专刊	张沅恒	良友图书印刷公司	1933年	上海	72页，8开	该届全运会1933年10月在南京举行，内收反映该会状况的照片、说明文字，并收有《历届全国运动会之回顾》、《中国体育之前途》（王世杰）等文章及各种统计	编
最新注释棒球规则（赠刊美国最新垒球规则）	中国体育社	三民图书公司	1933年	上海	162页	共71条。附：棒球训练要诀、棒球规则专门名词中英文对照表等。有"写在卷首"。本书为增订胜利版	编译，新时代体育丛书
最新注释女子篮球规则	中国体育社	三民公司	1933年	上海	89页	内分两编：上编"女子篮球概说"；下编"女子篮球规则"。附：男女篮球规则的不同要点、女子篮球员个人成绩表、女子篮球规则专门名词中英文对照表	编译，新时代体育丛书
最新注释田径赛全能规则	中国体育社	三民公司	1933年	上海	118页	上编田径赛概说；下编田径赛全能规则；附编收业余运动规则、全国男女田径全能最高纪录表、田径新纪录记入表、田径赛各种记分表及田径赛规则专门名词中英对照表	编译，新时代体育丛书
最新注释网球规则	中国体育社	三民公司/三民图书公司	1933年	上海	88页/100页	分网球概说及网球规则两编。特载《美国职业网球专家理查士网球击法14种》《最近全国运动会网球重要会议要点》。附：六十四人点将比赛的秩序表等8种。新2版本增加美国最新网球规则	编译

续表

书名	作者	出版者	时间	地点	页数、开本	内容简介	备注
最新注释游泳规则	中国体育社	三民公司	1933年	上海	42页	分上、下编：上编为游泳概说，包括游泳的由来、游泳的世界性、与人生的关系及应注意的事项等；下编为游泳规则，共14条。有编者的卷首语。附：各种游泳式经验谈、美国体育协会教练森马利世界游泳最新方法谈等4种	编译，新时代体育丛书
田径全能赛规则	中华基督教青年会、国际运动会	青年协会书局	1933年	上海	84页		订定，体育丛书
垒球规则	中华全国体育协进会	勤奋书局	1933年	上海	27页	系将世界垒球规则译成中文正式公布。封面书名题：最新垒球规则。分球场、用具、投球规则、记分规则等	审定
最新各项运动规则	中华全国体育协进会	体育书局	1933年	上海			审定
最新男女排球规则	中华全国体育协进会	勤奋书局	1933年	上海	16页		审定
最新男子篮球规则	中华全国体育协进会	勤奋书局	1933年	上海	40页	分15章，附：篮球场图。1932年及1933年中华全国体育协进会将美国篮球规则译成中文，并做修正	审定
最新女子篮球规则	中华全国体育协进会	勤奋书局	1933年	上海	48页	译自美国女子业余联合会所订的《女子篮球规则》	审定

续表

书名	作者	出版者	时间	地点	页数、开本	内容简介	备注
最新田径赛全能运动规则	中华全国体育协进会	勤奋书局	1933年	上海	46页	该规则由全国运动会筹备处与中华全国体育协进会于1931年4月将第9届远东运动会修正的田径赛及全能运动规则译成中文公布，共58条。附：中等学校田径赛项目、女子田径赛项目2种及五项、十项运动记分表	审定
最新网球规则	中华全国体育协进会	勤奋书局	1933年	上海	13页	该规则是1931年4月由全国运动会筹备处与中华全国体育协进会将最新世界网球规则译成中文正式公布，分单、双打两章，共35条。附：单双打场地图	审定
最新足球规则	中华全国体育协进会	勤奋书局	1933年	上海	18页	该规则系英国足球协会订定，由中华全国体育协进会译成中文，共17章	审定
最新各项运动规则（合订本）	中华全国体育协进会	体育书局	1933年	上海	332页	收入最新田径、游泳、球类等12种规则，附：《业余运动规则》《国民体育实施方案》等5篇	编，审定
最新适用男女篮球记分簿		勤奋书局	1933年	上海	50页，16开	中英文对照	
最新万国乒乓规则		勤奋书局	1933年	上海	19页，36开	包括万国乒乓球规则（5章45条）和上海乒乓联合会章程（12章19条）。附：职员会议细则（8条）	
陈氏太极拳图说（4卷）	陈鑫	开封开明书局	1933年	开封		卷首加三卷	著

续表

书名	作者	出版者	时间	地点	页数、开本	内容简介	备注
毽子运动	褚民谊	大东书局	1933年	上海	40页，48开	内分毽子运动式样及毽子运动法两篇。有吴敬恒、戴传贤、张治中等人的序和引言。末有附录	编
太极操之说明及口令	褚民谊	大东书局	1933年	上海	38页	共6段动作，述其要令及口令。有李煜瀛序、编者序	编
心身修养冈田式静坐法	蒋维乔	商务印书馆	1933年	上海	72页		译作，〔日〕冈田虎次郎著
国术名人传	金警钟	天津书局	1933年	天津			
太极拳图说	金倜庵	武侠社	1933年	上海	113页	分6节，介绍太极拳之源流、总名、各势之诠释（93势94图）、太极拳推手、练拳之准备等	著
练功秘诀	金一明	大东书局	1933年	上海			著
太极拳详解	彭广义、张思慎等	编者刊	1933年		110页	分10章，介绍太极拳源流、释名、太极八门五步法、十三式行动心解等，并对太极拳各式、太极四正推手和四隅推手做了图示说明。有吴佩孚等7人题词。有编者序、跋	编
大洪拳	汤吉	第一国术教练所	1933年	杭州	116页		编
汤式拳术	汤鹏超	杭州市第一国术教练所	1933年	杭州	112页		编
八段锦舞	王怀琪	商务印书馆	1933年	上海	42页		编著
脱战拳图解	王怀琪	国光书店	1933年	上海	46页	以图解的方式介绍脱战拳八路操练的动作姿态，附文字说明	编著，大众化的国术丛书

续表

书名	作者	出版者	时间	地点	页数、开本	内容简介	备注
内家拳太极功玄玄刀	吴图南	商务印书馆	1933年	上海	81页	介绍玄玄刀法101式,每式附图说明。书前有蔡元培等8人题词、褚民谊序及自序	著,国术丛书
毽赛	徐震池	商务印书馆	1933年	上海	74页,50开	分踢毽法、方形竞赛、矩形竞赛、小竞赛等6节,有杜定友序。附:《与友人论毽赛书》	著,体育小丛书
灵空禅师点穴秘诀	薛颠	天津国术馆	1933年	天津			著
国术丛刊	中国国民党浙江省执行委员会	编者刊	1933年	杭州	238页	分总理关于国术的遗教、关于国术的法规、国术之史的叙述、国术与科学的关系、国术的功用、重要国术举隅等10章	编
中华武术单练潭腿全图	中国健学社	编制者刊	1933年	上海	2页	该图共12路149个姿势。图内题1932年11月出版	编制
六合潭腿图说	朱国福、吕光华、	大东书局	1933年	上海	280页	介绍1~49段188式的术名、口令、动作及用法,有图示说明。前有张之江序	著
少林拳法	朱鸿寿	益明书局	1933年	上海	68页		著
游戏新教材	陈志超等	中华书局	1933年	上海	80页		编
乡土游戏	邓庆澜（天津市东区教学研究会）	儿童学会	1933年	天津	100页		编
博史——附乐客戏谱	杜亚泉	开明书店	1933年	上海	83页	分博棋及博塞、小博与琼、骰子与双六、晚宋象棋、西洋象棋、西洋纸牌、默和牌与马将牌等14章。书前有序。附:《乐客戏谱》,专介绍西洋一种类似桥牌的纸牌游戏	著

续表

书名	作者	出版者	时间	地点	页数、开本	内容简介	备注
小学土风舞	杜宇飞	勤奋书局	1933年	上海	61页		编著，体育丛书，新课程标准小学体育脚本（25种）
学校娱乐	范铨	世界书局	1933年	上海		包括娱乐设备、娱乐指导、娱乐组织等3章内容	编著
学校舞蹈教材	高少是	中华书局	1933年	上海	131页		编译
舞蹈新教本	郭佩英等	勤奋书局	1933年	上海			编
体育教材	杭州市政府教育科	杭州市政府教育科	1933年	杭州	100页	包括25种小学体育游戏教材	编，杭州市初等教育辅导丛刊
唱歌游戏（乙种）（低年级）	胡敬熙	勤奋书局	1933年	上海	99页		编著，体育丛书，新课程标准小学体育脚本（25种）
听琴动作（低年级）	胡敬熙	勤奋书局	1933年	上海	61页		编著，体育丛书，新课程标准小学体育脚本（25种）
唱歌游戏（甲种）（低年级）	潘伯英	勤奋书局	1933年	上海	74页		编著，体育丛书，新课程标准小学体育脚本（25种）
小学远足登山（低中年级）	阮蔚村、邵汝干	勤奋书局	1933年	上海	32页		新课程标准小学体育脚本（25种）
模仿运动（低年级）	邵汝干	勤奋书局	1933年	上海	66页		编著，体育丛书，新课程标准小学体育脚本（25种）

续表

书名	作者	出版者	时间	地点	页数、开本	内容简介	备注
竞技游戏（低高年级）	王庚	勤奋书局	1933年	上海	78页		编著，体育丛书，新课程标准小学体育脚本（25种）
竞争游戏（中高年级）	王庚	勤奋书局	1933年	上海	55页		编著，体育丛书，新课程标准小学体育脚本（25种）
摹拟游戏（低年级）	王庚	勤奋书局	1933年	上海	21页		著，体育丛书，新课程标准小学体育脚本（25种）
摹拟游戏（中年级）	王庚	勤奋书局	1933年	上海	14页		著，体育丛书，新课程标准小学体育脚本（25种）
体育游戏教材	王庚	中华书局	1933年	上海	125页	分穿花跑、技巧游戏、球类、预备游戏、器械游戏、竞技等8类	编著
乡土游戏（低中高年级）	王庚	勤奋书局	1933年	上海	61页		编著，体育丛书，新课程标准小学体育脚本（25种）
追逃游戏（低中年级）	王庚	勤奋书局	1933年	上海	59页		编著，体育丛书，新课程标准小学体育脚本（25种）
三段教材三编	王怀琪	中国健学社	1933年	上海		分上、下两册。上册分走步教材和体操教材，下册分游戏教材、补充教材，并附体育设备图解、体操动作与口令图解	编撰

续表

书名	作者	出版者	时间	地点	页数、开本	内容简介	备注
故事游戏（低）	项翔高	勤奋书局	1933年	上海	64页		编著，体育丛书，新课程标准小学体育脚本（25种）
象形拳法真诠	薛颠	天津县国术馆	1933年		170页，25开	分上、下编：上编介绍象形拳初学规矩及九要、八论、四梢、六合、八卦等象形拳法原理；下编介绍飞、云、摇、晃、旋五法及五法合一五行等。书前有吴家驹等4人序各1篇及自序	著，国术丛书
小学机巧运动（中年级）	邹吟庐	勤奋书局	1933年	上海	33页		编著，体育丛书，新课程标准小学体育脚本（25种）
儿童游戏（小学教材）		湘赣省儿童局	1933年	上海			
前导体育专号	郭雅熊	军政学校	1933年	广东			编
中国体育图书汇目	于震寰、李文裪	青梅书店	1933年	北平	56页	收入1933年前出版体育图书千余种	编
中国田径赛小史	阮蔚村	天津体育周报社	1933年	天津			
小学准备体操	邹吟庐	勤奋书局	1933年	上海	33页		编著，体育丛书
国民健康快乐指南	林润涵		1933年				著
分级体育活动教材	凌陈英梅等	中华基督教青年会全国协会	1934年	上海	359页		编

续表

书名	作者	出版者	时间	地点	页数、开本	内容简介	备注
儿童健康之路	任一碧	商务印书馆	1934年	上海		分前后两卷。主要内容有健康之基础、卫生身心发达与健康、运动与健康、儿童的家庭体操、儿童身体卫生营养、精神卫生等	编著
标准运动实施法	孙樵	勤奋书局	1934年	上海	41页	分导言、体育成绩考查、学生能力分组、运动标准测验、设备、比赛等6章。附：旧历虚岁推算国历实足年龄表	著，体育丛书
复兴初级中学体育教本（3册）	王复旦	商务印书馆	1934年	上海		共3册，分总论、早操、正课、课外运动4章。总论包括目标、点名方法、秩序、编配教材原则等7节。第2册增加行政，第3册增加早操和行政。正课分为上下学期列举。课外运动包括时节支配、指导方法、课外运动规程、课外比赛、节假日体育设计5节内容	编著
体育教本（2册）	王复旦	商务印书馆	1934年	上海	178页/194页		编
复兴高级中学体育教本（3册）	王毅诚	商务印书馆	1934年	上海		共3册，第1册分为绪论、标准教程和高中体育教程3章；第2册分为通论、训练要点和第二学年上学期教程，教程有18课；第3册分为教程和球类运动等备评判述要，教程有12课	编著

续表

书名	作者	出版者	时间	地点	页数、开本	内容简介	备注
新课程体育教本	张天白	世界书局	1934年	上海		书封面有"新课程编制世界小学教本",包括每年每学期体育教材分配表、体育教学法概论、成绩考查、课外运动、教学实例、体育设备、各种教材,共8册;根据教育部1932年最新颁布的小学课程标准编辑,供小学4年之用,每学期1本,初级小学教员用。该教材取材,一部分根据编者过去的教学经验,一部分采自国内外体育专家的作品。采取分类编辑,每册前附有教材分配表,之后附有教学实例。可供教师参考和自由灵活选用	编
健康之路	赵竹光	商务印书馆	1934年	上海	179页	主要包括脊骨、呼吸、胃口、食、洗浴、衣服等11章内容	译作,〔美〕麦佛登著
田径赛训练法	白水	大众书局	1934年	上海	80页	介绍姿势、短距离跑、中距离跑、跳高、跳远、跨栏等训练方法及要点	译作,〔英〕特开脱著
网球术浅说	陈岳洲	商务印书馆	1934年	上海	77页	内分15编,介绍网球基础、握拍法、供球法、撞击法和其他打法之研究。书前有著者小史及高夫等人的序共5篇	译作,〔美〕梵恩思(H. E. Vines)著,体育小丛书

续表

书名	作者	出版者	时间	地点	页数、开本	内容简介	备注
网球新术	陈岳洲	商务印书馆	1934年	上海	164页	分8编，介绍第一、二、三级球术及练习法，并论述比赛经验、网球用具、各国专家人才、选手的身体保护等。书前有原序及美国保斯域等人的序共4篇	译作，〔美〕海伦·杰谷斯（H. H. Jacobs）著，体育丛书
女子游泳训练法	江良规	勤奋书局	1934年	上海	107页	分游泳在体育上之价值、最有效之游泳方法、游泳之初步练习、游泳陆上练习法、美国式爬泳、仰泳术、俯泳术、花式跳水术等13章。附：游泳问答	编译，〔美〕海莱特（L. B. Handlley）著，体育丛书
基本体操	金陵女子文理学院体育系	勤奋书局	1934年	上海	148页	分9章，介绍基本体操的价值与目标、特征及教学法，柔韧性、坚韧性、合作能力的训练等。有图示说明。有杨效禛的弁言	编译，〔丹麦〕步克（N. Burk）著，体育丛书
高尔夫	玫夷	大众书局	1934年	上海		主要内容有球场和游戏的方法、球和球棒、击球、比赛种类、比赛规则等	译作
网球	茜茜	大众书局	1934年	上海	117页	包括世界网球的近况、击球法、比赛秩序表的制法、循环比赛秩序的分配法、网球规则等32章	译作
健美的训练（6）	上海良友图书公司	良友图书印刷公司	1934年	上海	46页	介绍健美训练的意义。附：女子健美姿势照片30幅	编，万有画库
国防做学教（小学教育参考书之一）	松江女中实验小学全体教职员	松江女中实验小学	1934年	江苏	128页，24开	讲述如何向儿童进行国防体育和国防知识的教育	编

续表

书名	作者	出版者	时间	地点	页数、开本	内容简介	备注
女子垒球训练法	宋君复	勤奋书局	1934年	上海	112页	分垒球小史、球场之布置、训练女子垒球之要点、守卫方法图解及垒球记分方法等20章。有著者序	著，体育丛书
田径赛运动	王复旦	商务印书馆	1934年	上海	74页	分12章，介绍短跑、中距离跑、长距离跑、跳栏、跳远、撑竿跳等项运动的练习方法。附图说明。书前有绪论	著，体育小丛书
哑铃与短棒	徐一行	儿童书局	1934年	上海	50页		编
篮球战术	俞杰	商务印书馆	1934年	上海	194页	分15章，介绍篮球的个人及全队的进攻战术和防守战术，比赛临阵前后及中锋跳投布阵法等。有编者序、郝更生序	编
肌肉发达法	赵竹光	商务印书馆	1934年	上海	179页	分12章，介绍颈、胸、肩、臀、背等肌肉发达的训练方法。附表2种。本书原名：*Muscle Building*	译作，〔美〕利得曼（E. E. Liederman）著
早操教本	朱士方	体育书店	1934年	上海	72页	分两编：第一编为教学法，详述各级学校早操之设施与教材的配置；第二编为早操教材	编
中学技巧运动	邹吟庐	勤奋书局	1934年	上海	(17+62)页		编，体育丛书
两年来安徽省立公共体育场	安徽省立公共体育场	编者刊	1934年	安庆	154页，16开	介绍该场自1932年7月建场两年来行政管理、设备、组织竞赛及推广宣传体育工作的概况	编

附录　中国近代体育图书目录

续表

书名	作者	出版者	时间	地点	页数、开本	内容简介	备注
察哈尔省二十三年中等学校秋季运动大会总报告	察哈尔省二十三年中等学校秋季运动大会筹备委员会	察哈尔省教育厅秘书室	1934年	张家口	82页，16开	分筹备部分、大会部分、工作报告三部分。卷首有宋哲元等10人题字。附：大会各项章则	编
第五届华中运动会要览	筹委会宣传部	编者刊	1934年	上海	110页		编
二十二年全国运动大会总报告	大会筹委会	中华书局	1934年	上海	400页		编
第十八届华北运动会各项运动规则	第十八届华北运动会筹委会	编者刊	1934年	天津	350页		编审
第十八届华北运动会秩序册	第十八届华北运动会筹委会	商业储蓄银行	1934年	上海	143页，18开	该运动会于1934年10月在天津举行，内有大会比赛秩序、开会仪式、运动记录和比赛成绩等	编
二届马华运动会特刊	二届马华运动会筹委会	编者刊	1934年	新加坡	142页，16开	该书是1933年12月在吉隆坡举行的第二届马来亚华侨运动大会特刊。其中有大会竞赛规则、章程、比赛成绩记录等。书脊书名：第二届马来亚华侨运动大会特刊	编
赣南军民联合二次运动大会特刊	赣南军民联合二次运动大会	编者刊	1934年		168页，16开	介绍大会筹备经过、会场纪实、竞赛成绩和规程等	编
教育学院体育科选课指导书（修订版）	国立中央大学	国立中央大学出版组	1934年	南京	112页		编

续表

书名	作者	出版者	时间	地点	页数、开本	内容简介	备注
第十七届华北运动会总报告	华北运动会筹委会	编者刊	1934年		600页，16开	该运动会于1933年7月在青岛举行。书内收宣言、组织、章则、会场建筑、成绩记录、国术比赛与表演、闭幕式等。书前有沈鸿烈等人序、林森等人题词、华北运动会史略、历届大会时地表等。附华北体育联合会会刊	编
中央国术馆六周年纪念特刊	金一明	中央国术馆	1934年	南京	66页，16开	分纪要、名言汇编、公牍函电、专著、议案章则、笔记文艺等10类，收89篇文章。有蒋介石、戴传贤等4人序	编
中央国术馆体育专科学校行政章则汇编	阚文瓛	中央国术馆体育专科学校	1934年	南京	64页，16开	内收该校组织系统表、组织大纲、组织章程、办事细则、议事规则、学则简章等17种	编，国体专校刊物
第五届全国运动大会总报告	全国运动大会筹备委员会	中华书局	1934年	上海	663页，16开	分4编：筹备部分，包括筹备经过、会议记录、文件、职员录；大会部分，包括开幕典礼、参加单位、运动秩序、成绩记录、会场花絮、大会日记；各组工作报告，包括文书、招待、警卫等组织报告；附录。书前有序	编
上海市运动场体育馆游泳池奠基纪念	上海市图书馆、博物馆、体育场筹备委员会	编者刊	1934年	上海	40页，16开	包括建筑设计及各场馆工程概要	编

附录　中国近代体育图书目录

续表

书名	作者	出版者	时间	地点	页数、开本	内容简介	备注
冰球规则	田秩曾（华北体育联合会审定）	天津利生体育用品公司	1934年	天津	26页		译作
排球裁判法	吴邦伟	勤奋书局	1934年	上海	54页	分3章，介绍裁判员、检察员、记录员及司线员的职责，并介绍观察、判别犯规的方法	著，体育丛书
手球规则	吴澄	体育书店	1934年	上海	34页	系我国第一本手球规则	编译
南华体育会嘉露东山运动场馆落成纪念专刊	香港南华体育会	编者刊	1934年	香港	55页	介绍该场馆建设史略。附：建筑图照。英汉对照	编
第一届全港学界水陆运动会专刊	远东体育报	编者刊	1934年	香港	76页，16开	包括田径、游泳比赛情况及各项运动成绩。书前有"学界运动大会史略"	编，远东体育报第2种刊物
田径赛及全能运动规则	中华全国体育协进会	勤奋书局	1934年	上海	37页		审定
远东世界全国田径及游泳纪录一览	中华全国体育协进会	编者刊	1934年		13页，16开	收录7个纪录：全国田径最高纪录、世界田径最高纪录、世界女子田径最高纪录、远东运动大会田径最高纪录、全国游泳最高纪录、远东运动大会游泳最高纪录及世界男女游泳最高纪录	编
中华全国体育协进会	中华全国体育协进会	中华全国体育协进会	1934年	上海			编

续表

书名	作者	出版者	时间	地点	页数、开本	内容简介	备注
中央第二届国术国考专刊	中央国术馆编审处	编者刊	1934年	南京	282页，16开	内收该届国考开幕典礼及各省市代表队的图照（636幅）、言论（22篇）、公牍（32件）、议案（10件）、章则（12种），以及应试学科试卷、考场记事和成绩表等。附：第一届国考公牍、考讲演辞、职员录及考试人员录等	编
厦门精武特刊	周家森	厦门精武体育会	1934年	厦门	80页	内收介绍该会史略及有关武术文章共25篇。其中有《中国国技之源流及其它》《女子体育与国家关系》《谈谈精武》《医我者精武》等。有董寿源的发刊词、苏警予的再版序及霍元甲传略	编
毽子比赛法	周柱国	勤奋书局	1934年	上海	50页	分10章，介绍毽子运动的优点、花样、比赛规则和比赛法。有著者小史	著，体育丛书
体育成绩考查标准	庄文潮	集美师范	1934年	集美	38页		著，集美师范丛书2
风筝	陈泽凤	正中书局	1934年	南京	106页	分7章，介绍风筝的来源、原理、制作法、种类，以及放风筝的技术等。有褚民谊序	著
顺手拳术	黄宝亭	中北印刷局	1934年	北平	94页/70页	顺手拳术共360式，10式为一序，30序为一册，全书共2册。第1册介绍顺手拳第1至第3序的30式练法，第2册介绍第4至第6序的30式练法，均有图解。有蔡元培、宋哲元等人题词，张之江等人的序	著

续表

书名	作者	出版者	时间	地点	页数、开本	内容简介	备注
少林七十二艺练法	金警钟		1934年				编
北拳入门及潭腿图谱	金倜生	中西书局	1934年	上海	152页	分拳术之源流、南北拳划分之时期、南北拳之异点、北拳兴盛之原因、练习北拳之初步、分式排练法、拳法各种定势图说、潭腿图谱等章。书前有吴印泉序	编著（上海武侠社校）
八卦拳真传	孙锡堃	道德武学社	1934年	天津	150页，25开	分八卦拳术及其练习法、太极拳论、五行拳论、点穴秘法、道功修法等5章。有著者小传及自序、林森等16人题词、李昭华等7人序言	著
双人潭腿	吴琪、杨焕章	商务印书馆	1934年	上海	135页		著
少林十二式	许禹生	北平市国术馆	1934年	北平	46页		著
武当真传太极拳全书	于化行	叔恭浙版社	1934年	济南	146页，16开	内分太极拳源流、太极拳论、十三势歌、太极拳真义、太极拳各势注解、推手法等章。有韩复榘等3人序各1篇	著
弓箭学大纲	张唯中	南京印刷公司	1934年	南京	350页，25开	分3篇：上篇为总论，论述射箭的理论、原理、射法的研究等；中篇叙述中国弓箭的发生、发展及衰落，并介绍历代神射手传记及射法名著；下篇为未来的弓箭，提出未来弓箭的意义、内容及发展趋势	著

续表

书名	作者	出版者	时间	地点	页数、开本	内容简介	备注
儿童技巧和机巧运动	蔡雁宾	大东书局	1934年	上海	62页	分上下两编：上编技巧运动，如打秋千等；下编机巧运动，如滚翻运动等	编
小学歌舞	杜宇飞、郁兹地	勤奋书局	1934年	上海			著，新课程标准小学体育脚本（25种）
智慧图	潘霖	中华书局	1934年	上海	100页，50开	拼版游戏图。介绍用智慧板拼成的象形图案100种。说明文字有英译文。该书随智慧板合售	著
全图百局象棋大观	沈鹤记书局	编者刊	1934年	上海	138页，50开	象棋谱。封面书名题：百战百胜百局象棋谱。卷首序写于1934年仲春，由"句章小楼氏"辑集	编
叠罗汉大全	王怀琪	中国健学社	1934年	上海	406页	分序幕、叠罗汉之史的发展、叠罗汉本论三部分，介绍徒手、童棍、平均台、椅子、半桌、跳箱、鞍马、交叉梯、铁杠等14个类别。有图示说明	编
儿童游戏与竞技	萧百新	商务印书馆	1934年	上海	114页		编，师范小丛书
新编象棋谱（卷4）	谢宣	大成书店	1934年	上海	84页	内收《世界战棋》《烂柯丛话》，分编为新编象棋谱第七、第八两种	编著
新编象棋谱（卷1）	谢宣	大成书店	1934年	上海	90页	内收《橘中佳趣》和《梅花谱》两种	编著
不用器具的游戏教材	杨彬如	商务印书馆	1934年	上海	179页		编
少队游戏（小学教材）	中央总队部训练部	少队中央总队部	1934年				

续表

书名	作者	出版者	时间	地点	页数、开本	内容简介	备注
新编象戏钩玄	周德裕、李善卿	东兴承印	1934年	香港	130页/90开	分上、下册，介绍象棋术。有全局研究、李庆全遗局集、南北名手以及周德裕对局选、新残局和橘秘精华等部分	编
全图百局象棋谱		普及书局	1934年	上海	132页	象棋谱。封面、书脊书名题：全图百局棋谱大全。卷首目录页刊有"韬略无机目录"字样。序写于1934年	
运动要素	陈掌谔	竞强体育会	1935年	厦门	47页		
健康教育原理	端纳氏	南京卫生署	1935年	南京		包括学校卫生沿革，健康教育的意义、原则、规定，以及健康教育材料的分类等	著
体育（上册）	方万邦	商务印书馆	1935年	上海	352页	分总论、正课、早操、课外运动等4章	编
体育行政	金兆均	勤奋书局	1935年	上海	206页	体育部组织与学校组织之关系、体育行政依据的重要原则、课外活动早操及课间操管理法、教材之分类及选配、教师、建筑与设备等15章	著，体育丛书，附《国民体育法》
课外活动的组织与行政	李相勋、陈启肃	商务印书馆	1935年	上海		主要包括定义与分类、课外活动的行政原理、课外活动的组织、课外活动的行政、课外活动的指导5章内容	译作，迈尔那著
体育设备图解	王怀琪	中国健学社	1935年	上海	100页/204开		编，三段教材分订本37
体育实施所得	王怀琪	中国健学社	1935年	上海	264页		主编，三段教材分订本39

续表

书名	作者	出版者	时间	地点	页数、开本	内容简介	备注
体育史	王健吾	天津环球印书局	1935年	天津	99页		编
体育原理（讲义）	谢似颜	北京市体育专科学校	1935年				编
运动的生理	赵竹光	商务印书馆	1935年	上海			编著
小学体育实施法	郑法	商务印书馆	1935年	上海	236页	书前冠：自序。分通论、小学体育之理论与教学法、课外作业实施法3篇18章，内容有小学体育的重要性、目的、运动分类和功效等	编
实用妇女医疗体操	陈韵兰	勤奋书局	1935年	上海	104页		译作，芹尼乐著，体育丛书
撞球术	傅贯如	上海华亭书屋	1935年	上海	243页	介绍撞球术的沿革、各种撞球法等	编译
短期小学课间操教材	国立编译馆	商务印书馆	1935年	上海	24页	分教室内外5分钟课间操两个教程及说明	编
体操教范草案（各省保安团队及壮丁训练适用书籍）	国民政府军事委员会委员长南昌行营	中华书局	1935年	上海	246页、56开	分基本体操、应用体操两篇。与1931年南京军用图书社出版内容基本相同	编
田径训练图解	江良规	勤奋书局	1935年	上海	100页	介绍田径训练的初步方法、练习要点，以及力学运用和竞赛策略等。著者为第十届世运会著名田径教练。图照均为当时各国著名田径选手的姿势照片	译作，〔美〕罗勃逊·沙琪著，体育丛书
德国新体操	金兆均、〔德〕葛乐汉	勤奋书局	1935年	上海	112页		著，体育丛书

附录　中国近代体育图书目录

续表

书名	作者	出版者	时间	地点	页数、开本	内容简介	备注
小球艺	李逸民	小球协会	1935年	上海	74页，42开	包括小足球发源及演进、小球队养成法、小球员进攻法、裁判员修养法、小足球竞赛记录及小足球规则等10章	编，徐遒主编
足球成功法	林长茂	大众书局	1935年	上海	61页	英国亨特（K. R. G. Hunt）的《体育成功术》的另一种译本	译作
乒乓术	毛骏民		1935年				著
儿童健身操	强济昌	乐华图书公司	1935年	上海	46页		著，新儿童生活丛书
手球训练法	阮蔚村	勤奋书局	1935年	上海	51页	分手球之沿革、单壁手球与四壁手球之训练、手球之改进、手球规则等10章。有编者序	编，体育丛书
田径新术	阮蔚村	勤奋书局	1935年	上海	119页	分22章，介绍跑、跳、投技术及田径基本训练。书前有方万邦序、编者序及丛书序	编著，体育丛书
女子田径赛运动	沈明珍	上海爱国女校	1935年	上海	142页	包括跑、跨栏、跳跃、投掷等内容	译作，F. A. Webster著，爱国女学丛书
中国摔角法	佟忠义	中国摔角社	1935年	上海			编
女子律动体操	万蓉	商务印书馆	1935年	上海	178页	主要包括女子体操教材的选择与冬季体操教授两章，共119节，附简图说明。有译者序	译作，〔日〕长田博著

续表

书名	作者	出版者	时间	地点	页数、开本	内容简介	备注
篮球指导	汪剑鸣	励志体育会	1935年	上海	108页	分10章，介绍篮球的主要技能、传球的秘诀、关于防守进攻的研究以及进攻时的阵法与暗号等。附：最新男子篮球规则	著，励志体育丛书
足球新术	汪剑鸣	上海体育书局	1935年	上海			著
足球指导	汪剑鸣	励志体育会	1935年	上海	96页	内分踢球要诀、风势地质、防守与夺抢、任意球总论、球员修养与道德等10章。另收1932年最新足球规则	著，励志体育丛书
单杠运动法	王怀琪	中国健学社	1935年	上海	30页		编，三段教材分订本33
垫上运动	王怀琪	中国健学社	1935年	上海	78页		编，三段教材分订本29
木马运动法	王怀琪	中国健学社	1935年	上海	30页		编，三段教材分订本34
轻器械体操（上、中、下册）	王怀琪	中国健学社	1935年	上海			编，三段教材分订本11~13
手杖术	王怀琪	中国健学社	1935年	上海	28页		编，三段教材分订本
双杠叠罗汉	王怀琪	中国健学社	1935年	上海	48页		编，叠罗汉大全分订本6
体操动作口令图解	王怀琪	中国健学社	1935年	上海	100页		编，三段教材分订本36
田径赛运动	王怀琪	中国健学社	1935年	上海	50页		编，三段教材分订本31
徒手体操（第1~5册）	王怀琪	中国健学社	1935年	上海	126页	为第二段体操教材。包括初、中、高、特级八段锦；中国体操易筋经十二势、二十四势；瑞典、德国式柔软体操和美国徒手体操等8种	编，三段教材分订本5~9

续表

书名	作者	出版者	时间	地点	页数、开本	内容简介	备注
中国轻器械体操	王怀琪	中国健学社	1935年	上海	34页		编，三段教材分订本10
走步	王怀琪	中国健学社	1935年	北京			编，三段教材分订本2
游泳之理论与方法	王文麟	勤奋书局	1935年	上海	148页		著
德国室内体操	吴钦泰	商务印书馆	1935年	上海	70页，64开	德国滑伊兹式徒手体操，共9式。有图示说明	编译，体育小丛书
怎样踢足球（体育指导）	席灵凤	大中华书局	1935年	上海	85页	内分17章，介绍足球的规则及训练方法。附：小足球指导	编著
最新健美体操大全	萧百新	商务印书馆	1935年	上海	220页	分15章，介绍初、中、高各级体操及民众体操，每种之下又分男、女体操。附图解。有编者序	编
撑竿跳高	萧忠国、程登科	南京共和书局	1935年	南京			编
游泳救护之一：岸上	萧忠国、程登科	体育书局	1935年	上海	14页		编，体育丛书
游泳训练图解	俞斌祺	勤奋书局	1935年	上海	52页	以插图解释游泳技术与方法。分陆上练习、爬泳、背泳、名家游泳技术、花式跳水等8章。有例言及编者小史	编，体育丛书
小学垒球训练法	俞子箴	勤奋书局	1935年	上海	50页	分10章，介绍小学垒球的球场用具、游戏方法、基本练习、姿势训练等	编，体育丛书
晨间操教材与教学法	张伯清	百城书局	1935年	天津		包括三编，甲编是晨操意义、实施中小学教材；乙编是间操意义、中小学教材；丙编是教学法	编

续表

书名	作者	出版者	时间	地点	页数、开本	内容简介	备注
徒手体操教材	张伯清	百城书局	1935年	天津	172页		编述
和缓运动	张汇兰、孙征和	勤奋书局	1935年	上海	149页	有体操、游戏和韵律活动，适于矫正小学生不良姿势的教学用。有吴蕴瑞序、著者序。附：参考书目	著，体育丛书
游泳学教程	彰莱文（彭莱父）	南华书店	1935年	上海	157页	分游泳的价值、各种游法、潜水比赛规则、跳水比赛规则、溺水者之施救及救生术等7编27章。有图58幅	编译，日本教育部编著
足球世界		大方书局	1935年	上海	80页，16开	介绍当时中外足球名将、足球比赛经验以及中外足球发展的历史等	
北平市民国廿四年春季运动观摩会体育表演评判报告	北平市社会局体育委员会	编者刊	1935年	北平	54页，16开	包括总意见，以及对中等、初等各学校体育表演的评判意见	编
第二届全国铁路网球比赛大会章程	第二届全国铁路网球比赛大会	编者刊	1935年		36页	该书系大会秩序册与规章的合刊本。内有大会简章、章程、报名须知、筹委会组织大纲以及比赛程序、闭幕仪式等	编
国术规则	第六届全国运动大会	第六届全国运动大会	1935年		26页	分比赛职员、通则、拳术及器械、摔角、射箭、弹丸、踢毽子、测力等	审定
第六届全国运动大会筹备工作报告与通告（第一至五号）	第六届全国运动大会筹委会	编者刊	1935年	上海			编

续表

书名	作者	出版者	时间	地点	页数、开本	内容简介	备注
广东省立体育专科学校概况	广东省立体育专科学校	编者刊	1935年	广州	23页，16开	包括该校筹备经过及建筑计划、章程择要、学校行政系统表和教职员学生一览表。书前有许民辉的发刊词、校徽、校训、题词及照片等	编
广东省体育委员会之沿革与历年会务概况	广东省体育委员会	编者刊	1935年		119页	包括该会沿革、历届委员及职员录、历年会务及比赛简章等。附各项规程	编
贵州省第一届全省运动会总报告	贵州省第一届全省运动会筹备委员会	贵州省政府教育厅	1935年	贵州	118页，16开	内有大会筹备经过、规程、开幕典礼、竞赛项目及秩序、成绩记录等。有叶元龙序。附：经费报告、时论选载等	编
网球规则	国际草地网球协会原订，第六届全国运动会、中华全国体育协进会编译审定	第六届全国运动会	1935年		11页	共36条	编译审定
田径赛成绩记分表	国际体育协会原订，中华全国体育协进会编译审定	中华全国体育协进会	1935年		99页，36开	该表由芬兰体育会所拟，经1934年国际体育协会议决采用。书前有"用法示要"（英汉对照）	编译审定
田径及全能运动比赛规则	国际体育协会原订，第六届全国运动大会和中华全国体育协进会编译审定	第六届全国运动大会	1935年		45页	共计60章	编译审定

续表

书名	作者	出版者	时间	地点	页数、开本	内容简介	备注
国民体育实施计划	行政院核准		1935年		10页	自1935年起实施，为期5年。主要针对学校体育、社会体育、体育师资训练及体育行政等。共19条	编，核准
第六届全国运动会画报	胡伯洲、马崇淦	勤奋书局	1935年	上海	44页		编
江西省立体育场实施工作报告	江西省立体育场		1935年	南昌	198页		编
女子篮球规则	美国女子业余篮球联合会原订，第六届全国运动会、中华全国体育协进会	第六届全国运动会	1935年		42页	分12章	审定
女子篮球规则（二十三~二十四年）	美国女子业余篮球联合会原订，中华全国体育协进会	编译审定者刊	1935年	上海	90页	中英文合刊	编译审定
男子篮球规则	美国全国篮球委员会原订，第六届全国运动会、中华全国体育协进会	第六届全国运动会	1935年		33页	共计15章	编译审定

续表

书名	作者	出版者	时间	地点	页数、开本	内容简介	备注
女子户外垒球规则	美国体育女子规则编辑委员会原订,中华全国体育协进会、第六届全国运动大会译订	中华全国体育协进会译订	1935年		92页	包括设备、比赛用语、掷球规则、击球规则等,共11条。中英文合刊	译订
篮足排球裁判法	倪则舜	大东印书馆	1935年		108页	分3编,介绍篮球、排球、足球的裁判方法。有著者绪言及编辑大意	著,体育丛书
第六届全运始末记	平报社体育部	编者刊	1935年	北平	190页	收王世杰的《祝第六届全运会开幕》、郝更生的《全运会之历史与意义》、吴铁城的《欢迎词》、《第六届全运会开幕记》及全运会日记(10月10~21日)以及各项比赛程序、成绩等	编
比赛方法	钱一勤	勤奋书局	1935年	上海	53页	介绍升降制、淘汰制和轮流制3种比赛方法,有吴蕴瑞序	著,体育丛书
第六届全国运动大会画报	勤奋书局	勤奋书局	1935年	上海	52页,16开	均为照片并配有文字说明。图画编辑为胡伯洲,文章编辑为马崇淦等	编
青岛市参加第六届全国运动会专号	青岛市体育协进会出版委员会	编者刊	1935年	青岛	26页,16开	收宋君复的《对六届全运之评述》、宋玉泉的《男子田径赛计详》、谷源容的《足球》等11篇。有编者前言及赵庶常的《对共同发展青岛市体育之意见》	编

续表

书名	作者	出版者	时间	地点	页数、开本	内容简介	备注
青岛市体育协进会两周年工作总报告	青岛市体育协进会出版委员会	编者刊	1935年	青岛	170页，16开	收入报告、章则及训练办法、会务概况、大事记等共35篇。有沈鸿烈等4人序	编
全国运动大会规则	全国运动大会	全国运动大会	1935年	上海			
第六届全国运动大会秩序册	全国运动大会注册编配股、宣传组	编者刊	1935年	上海	400页，16开	记述运动会各项运动的编排及其情况等	编
第六届全国运动会卫生特刊	全国运动会卫生组	编者刊	1935年	上海	66页	分四部分：前两部分介绍大会的卫生组织及卫生设施；第三部分为专著，收文14篇；第四部分为有关卫生规则	编
第六届全国运动大会特订比赛规约	全运会竞赛委员会		1935年	上海	12页，64开	分总则、田径赛、全能运动、游泳及球类5章，共37条	编
竞强体育会游泳池开幕典礼、全厦游泳竞赛大会特刊	厦门竞强体育会	编者刊	1935年	厦门	106页	合刊本。收入《厦门竞强体育会展望》《竞强游泳池建设之动机及经过》《游泳池开幕典礼大会秩序》《香港男女选手画虎录》等。有蒋鼎文的《发刊词》及蒋介石等20余人题词	编
福建全省运动会纪念刊	厦门市政府第二科	编者刊	1935年	厦门	68页，16开	分重要文牍、大会职员录、开幕礼中训词、论文及评论、成绩记录等十部分。有"刊首语"。附：大会筹备委员会组织章程、竞赛办法及全场花絮录等	编

续表

书名	作者	出版者	时间	地点	页数、开本	内容简介	备注
上海东亚体育专科学校毕业纪念特刊	上海东亚体育专科学校	编者刊	1935年	上海	120页，16开	包括该校本科第29届毕业生、师范科第11届毕业生及童子军教练班教职员名录，同学通讯录。有陈梦渔等4人序，张居正等12人题词等。附：编后语	编
第六届全国运动大会纪念册	申报报社	上海申报馆	1935年	上海	70页	包括该运动会筹备过程、开幕典礼、比赛秩序表、会歌、儿女英雄点将录等。该书以正页排列，背页均为广告图	编
户外垒球规则	师大体育系	和平印书局	1935年	北平	26页		编
第十届世界运动会各国著名田径赛选手电影姿势图	宋君复	中华全国体育协进会	1935年	上海	50页，8开	书前有译者序	编译，霍姆斯著
普及运动标准计分法	王怀琪	中国健学社	1935年	上海	12页	各种跳远、短跑、长跑、足球踢远、篮球掷远、引体向上和握力等25项运动的标准计分法	编
体育表格	王怀琪	中国健学社	1935年	上海	3页/16页/28页		三段教材分订本38
第六届全国运动会指南	亚东出版社	亚东出版社	1935年	上海	64页	包括大会会歌，田径、全能运动、游泳等项秩序表，大会竞赛规程、举行办法及参赛单位情况等。有王正廷、吴铁城、张伯苓等人照片及题词。中英文对照	编

续表

书名	作者	出版者	时间	地点	页数、开本	内容简介	备注
苏州银星体育会概况	杨善进	吴县制版社	1935年	苏州	11页,16开	该会概况、章程、会歌,以及所属乒乓、篮排球、田径、游泳、越野跑各队概况	编
排球规则	远东体育协会原订,第六届全国运动会、中华全国体育协进会编译审定	第六届全国运动会	1935年	上海	18页	包括正文14章,附属规则2条	编译审定
中华全国体育协进会暑期训练、讲习、讨论会专号	赵庶常	中华全国体育协进会	1935年	青岛	30页,16开	包括训练经过、讨论会详记及大会论文。其中有章辑五的《中国体育目标之商榷》、尚树梅的《民众体育教材之商榷》及张汇兰的《舞蹈之改善》等	编
浙江省第四届全省运动大会秩序册	浙江省第四届全省运动大会	编者刊	1935年	杭州	90页,16开	介绍开幕典礼男女田径赛,全能锦标赛,足、篮、排、网球赛,毽子比赛的情况,以及器械操、集合操的表演情况。书前有会歌、场地图等。附:运动员、新闻记者须知及全国和本省田径、游泳最高纪录表等	编
举重规则	中华全国体育协进会	勤奋书局	1935年	上海	6页,36开	该规则系国际举重协会订定,中华全国体育协进会于第六届全国运动会时审定,译成中文正式采用。共10章18条款。附:1932年世运会举重成绩表	审定

续表

书名	作者	出版者	时间	地点	页数、开本	内容简介	备注
女子户外垒球规则	中华全国体育协进会	勤奋书局	1935年	上海	40页	美国体育会女子规则编审委员会订,中华全国体育协进会于第六届全国运动会时审定,译成中文正式公布。封面题:最新女子户外垒球规则。附:中英术语对照表	审定
田径及全能运动比赛规则	中华全国体育协进会	中华全国体育协进会	1935年	上海	208页		审定
田径赛全能运动规则	中华全国体育协进会	勤奋书局	1935年	上海	42页	该规则于1935年第六届全运会时审定公布。封面题:最新田径赛全能运动规则	审定
万国乒乓规则	中华全国体育协进会	勤奋书局	1935年	上海	19页	内容与《最新万国乒乓规则》相同	审定
业余运动规则	中华全国体育协进会	中华全国体育协进会	1935年	上海			审定
游泳规则	中华全国体育协进会	中华全国体育协进会	1935年	上海			审定
中华全国体育协进会暑期讲习训练讨论会会员录	中华全国体育协进会	编者刊	1935年	南京	40页,16开	该会于1935年7月15日在青岛山东大学举行暑期讲习训练讨论会,此为讲习会、训练会及讨论会的会员、教职工名录	编
棒球规则	中华全国体育协进会、第六届全国运动大会	译订者刊	1935年		124页	中英文合刊	译订

续表

书名	作者	出版者	时间	地点	页数、开本	内容简介	备注
足球规则	中华全国体育协进会、第六届全国运动大会	中华全国体育协进会、第六届全国运动大会	1935年	北平	16页		审定
田径赛及全能运动比赛规则	中华全国体育协进会审定	中华全国体育协进会	1935年		208页，21开	收《男子篮球规则》《女子篮球规则》《足球规则》《网球规则》《棒球规则》《女子户外垒球规则》《游泳规则》《举重规则》《业余运动规则》等，共12个规则	编，审定
裁判员手册（足球专号之一）		中华运动裁判会	1935年	上海	36页，50开	内有该会简史、裁判员须知、足球问题、足球答案、越位图解等	
精武学校旅行团内功国术游艺特刊			1935年		50页，16开	收文17篇，介绍该团赴越南金边表演内功气学等，有罗抱一的《精武传言录》，友山的《金钟罩内功启秘》，任景星的《本会到棉表演之目的》等	编？
青岛市第三届国术市考总报告			1935年		92页，16开	包括开幕闭幕式、职员录、训词、章则、会议记录、考务、表演、录取各员记录等。有沈鸿烈序及李烈钧等3人题词	编？
万历武功录	（明）瞿九思	文殿阁书庄	1935年	北平	208页/199页	重印，书末附：武功录目序	著，国学文库
陈氏太极拳汇宗	陈绩甫	青年会仁声印书局	1935年	南京	178页，25开	分太极拳入门总解、太极拳入门七十四运动图解、太极拳图画讲义初级拳谱及太极拳规矩等五部分。有郑济川等人序及著者自序共12篇	著

续表

书名	作者	出版者	时间	地点	页数、开本	内容简介	备注
吴鉴泉氏太极拳	陈振民、马岳梁	康健杂志社	1935年	上海	120页，42开	分7章，介绍太极拳小史、特色、练法、重要基本动作等，均有图示说明。有徐致一序及著者序。附：太极功系统表	编著
国术理论概要	侯敬舆、吴志青等	大东书局	1935年	上海	102页	分国术与社会道德、国术发生之原因、国术颓废之原因、国术改进之方略等7章。书前有吴志青、于右任的说明	编，尚武楼丛书第1编
（真本）岳飞八段锦	金倜盦	武侠社	1935年	上海	28页	为岳武穆所创，属北派。该书据原抄本加按语刊行，介绍八段锦的各式练法	编
飞刀、飞镖、飞剑真传合刊（秘传暗器三种）	金倜生（金铁盦）	武侠社	1935年	上海	104页	介绍飞刀、飞镖、飞剑三种武器的练习法。版权页书名题为：飞刀、飞镖、飞剑暗器三种合刊	著
金钟罩、铁布衫真传合刊	金铁盦	武侠社	1935年	上海	72页	介绍卫身功功夫之原理、练习步骤、练功与年龄，并介绍金钟罩和铁布衫两种卫身功之来源、用具及练习法	编
一指禅、红砂手真传合刊（阴手功夫）	金铁盦	武侠社	1935年	上海	70页	介绍阴功（即手足不接触对方而致以伤害的功夫）的练习步骤、药物、原理，以及练习一指禅和红砂手的用品、方法等	编
昆吾剑谱	李凌霄	北平文化学社	1935年	北平	82页	分10段77式，有定式照片，以歌辞讲述该式之用法，并绘有步法路线图。书前有殷景纯序及著者序	著

续表

书名	作者	出版者	时间	地点	页数、开本	内容简介	备注
无极拳谱图说全集	廖璜、吕一素	大东书局	1935年	上海	(174+26)页	内收128幅无极拳图像及说明。附：无极拳通论。书前有抱道氏序	著，唐福堃、吕崇红摄
弄丸健身术图说	吕文蔚	大东书局	1935年	上海	128页		著
新太极剑书	马永胜	著者刊	1935年	苏州	64页	介绍太极剑的八卦路线、方位、五种要领、歌诀、十三势用法及新太极剑64式的图解。书前有陈玉甲序及著者序	著，剑术丛书
内家拳	唐豪	中国武术学会	1935年	上海	45页	介绍内家拳的源流、打法、传布区域及拳家小传等。附：黄梨洲《王征南墓志铭》、黄百家《内家拳法》、曹秉仁《宁波府志·张松溪传》等5篇文章。书前有著者感言及《内家拳祖张三丰的研究》一文	著，武艺丛书第1辑3
国技	王怀琪	中国健学社	1935年	上海	44页		编，三段教材分订本27
国术	王怀琪	中国健学社	1935年	上海	166页		编，三段教材分订本28
毽子谱	王健吾、金铁盦	武侠社	1935年	上海	99页	介绍踢毽子之由来、技巧、利害及各种踢法。有褚民谊、郝更生序。封底印有上海大通图书社编印字样	编
太极拳谱	武汇川	汇川太极拳社	1935年	上海	16页	分太极十三势长拳论、山右琮岳先师太极拳论、十三势歌、十三势行功心解、打手歌、太极拳势、太极刀势等章	校阅

续表

书名	作者	出版者	时间	地点	页数、开本	内容简介	备注
穿拿拳	胥以谦	商务印书馆	1935年	上海	(31+61)页	介绍沙大川所创造的穿拿拳的术名、口令及动作。此拳原有三十式，经编者加工合成五十五式。书前有张之江等人题字、金一明序及自序。附：《太极元功之源流》《沙大川轶事》《穿拿拳图说五十五势术名》等	著，国术丛书
四式拳图解	徐士金	武学书局	1935年	汉口	40页		著
国术归宗（第1集）	朱国福、刘浩然	个人刊	1935年	长沙	92页、64开	分6章，介绍单掌、单拳、单肘、单腿及初级对拳教练法。书前有编者自叙、导言和总纲	编
狩猎学	李英贤	新东会社	1935年	上海	174页		编
狩猎要览	申屠	上海均益利国联合印刷公司	1935年	上海			编著
唱作游戏（2册）	王怀琪	中国健学社	1935年	上海	74页、28页		编，三段教材合订本23、24
叠罗汉	王怀琪	中国健学社	1935年	上海	16页		编，三段教材分订本30
非正式球戏	王怀琪	中国健学社	1935年	上海	62页/24页/16页		编，三段教材分订本22
拟战游戏	王怀琪	中国健学社	1935年	上海	66页		编，三段教材分订本19
设计的模仿操	王怀琪	中国健学社	1935年	上海	44页		编，三段教材分订本14
梯子叠罗汉	王怀琪	中国健学社	1935年	上海	80页		编，叠罗汉大全分订本7
体育游艺景	王怀琪	中国健学社	1935年	上海	32页		编，三段教材分订本40

续表

书名	作者	出版者	时间	地点	页数、开本	内容简介	备注
跳舞场游戏	王怀琪	中国健学社	1935年	上海	14页		编，三段教材分订本18
童军棍叠罗汉	王怀琪	中国健学社	1935年	上海	30页		编，叠罗汉大全分订本4
徒手叠罗汉	王怀琪	中国健学社	1935年	上海	3册		编，叠罗汉大全分订本3
徒手游戏（上、下册）	王怀琪	中国健学社	1935年	上海			编，三段教材分订本15、16
舞蹈	王怀琪	中国健学社	1935年	上海	2册（34页、78页）		编，三段教材分订本25、26
用器游戏	王怀琪	中国健学社	1935年	上海	43页/22页/18页		编，三段教材分订本21
园阵游戏大全	王怀琪	中国健学社	1935年	上海	103页/49页		编，中国健学社体育丛书16
正反游戏	王怀琪	中国健学社	1935年	上海	22页		编，三段教材分订本17
正式球戏	王怀琪	中国健学社	1935年	上海			编
追逐游戏	王怀琪	中国健学社	1935年	上海	52页		编，三段教材分订本19
桌椅叠罗汉	王怀琪	中国健学社	1935年	上海	53页		编，叠罗汉大全分订本5
（百战百胜）中华国手象棋谱	魏瘦髯	大通图书社	1935年	上海	178页	分两编：上编为"全局着法"，下编为"局势着法"	编
最新小学游戏	武锡魁	大北书局	1935年	北平	48页		编，北平市小学体联会丛书1
小学团体游戏教材	张熙廉	山东省国术馆	1935年	济南	100页		编

续表

书名	作者	出版者	时间	地点	页数、开本	内容简介	备注
波兰国民体育之新设施	郭有守	中波文化协会	1935年				著
女运动员	裴顺元、沈镇潮	上海体育书报社	1935年	上海	69页		编
体育史（讲义）	黄传霖	北平市立专科学校	1936年	北平	298页		述
军队体育指南	卢永丰	军学编译社	1936年	南京	312页		编著
体育馆之建筑与设备	阮蔚村	勤奋书局	1936年	上海	84页	分体育馆之建筑、室内跳道、室内运动、室内游泳池等20章。版权页题的"修正出版"是指在原书基础上又加入有关中国的资料。封面著者题为：安田嗣宏	译作，〔日〕安田嗣宏著，体育丛书
铁尔登网球成功术	陈岳洲	商务印书馆	1936年	上海	199页	分15章，介绍网球入手法、美国东方式正手击势、反手击势、供球、撞球、网球战术、网球心理学及今日之网球术等。书内有当时世界各国优秀网球手之各种击球姿势照片56幅。书名原文：*Tennis*	编译
课外运动——球类	方万邦	中华书局	1936年	上海	70页	主要有球类游戏概说、篮、排、足、垒球练习法	编著，初中学生文库
课外运动——田径	方万邦	中华书局	1936年	上海	66页	主要包括田径价值、田径与体格的关系、田径练习法、练习须知等内容	编
中学体育测验	龚以恂	勤奋书局	1936年	上海	272页		编著，体育丛书

续表

书名	作者	出版者	时间	地点	页数、开本	内容简介	备注
初中男生体育教授细目	教育部	商务印书馆	1936年	上海		共6册，教材以单元为单位，每单元20分钟，每课时50分钟教两个单元的内容。内容有游戏、球类、田径、器械	编
初中女生体育教授细目	教育部	商务印书馆	1936年	上海		共6册，供一、二、三学年使用。内容包括游戏、球戏、韵律运动、田径运动、垫上运动、机巧运动、体操及附录内容之和缓运动与游戏9类	编
课外运动	李相勖、徐君梅、徐君藩	商务印书馆	1936年	上海		主要包括课外活动史略、它的组织与行政、学生自治会的目的和历史、课外活动的经费管理等	编著，大学丛书
男子健美体操集	马济翰等	康健书局	1936年	上海	65页	包括体操之实施、纠正姿式法与矫正姿式操、锻炼身体的几种运动、适用医药的体操及三分钟的健身法等8节	编
女子健美体操集	马济翰等	康健书局	1936年	上海	39页	包括貌美与体美、妇女健康的运动、中年妇女的美容操、增进肉体美五分钟美容操及女子健康柔软操5节	著，康健丛书
高尔夫	茜茜	大众书局	1936年	上海	88页	介绍高尔夫球的打法和比赛规则	译作
翻滚运动图解	王毅诚	商务印书馆	1936年	上海	398页	前有马丁富施序、著者序和译者序。介绍翻滚运动的个人动作、二人同一动作、三人翻滚式、集群运动、滑稽动作和技巧动作等。有图解说明。另收论翻滚之保护法、翻滚练习、杂论等	译作，〔美〕麦克劳（L. L. MeClow）等著

续表

书名	作者	出版者	时间	地点	页数、开本	内容简介	备注
小学体育教材及教法	杨彬如	新亚书店	1936年	上海	128页	包括儿童体育的原则、小学体育教材、小学体育教学法、体育测验和成绩考查法、环境布置和体育设备等5章	编，小学教师进修丛书
国花图案健身操实验教材	俞子箴	勤奋书局	1936年	上海	36页		著，体育丛书
游泳	袁浚、程登科	商务印书馆	1936年	上海	75页	分游泳常识、游泳初步训练法、游泳种类、起跳训练、转弯训练、救生术训练法等8章	编，体育小丛书
近代德式体操理论与实际	周鹤鸣	商务印书馆	1936年	上海	344页		编著
丹麦体操图说	朱重明、花素珍	商务印书馆	1936年	上海	187页	包括基本动作、男女基本体操、应用体操以及男女体操的优美姿势等6卷。有图例说明。有朱重明序	编
北平市立体育专科学校概览	北平市立体育专科学校	编者刊	1936年	北平	88页，25开	包括校史、组织大纲、学则、办事细则、管理规则、课程教学时数表及教务、国术、训育实施方案和操行成绩考核办法等。有许禽厚的序	编
北平青年会围棋社特刊	北平围棋社编辑委员会	北平青年周刊社	1936年	北平	42页，16开	内有谈社缘起、简章、社员录等，另收《原弈》（皮日休遗稿）、《弈林漫谈》（过旭初）、《北平老棋馆》等短文数篇。卷首有舒文谦的《编辑之余》、张畏苍的《发刊词》及宋明轩、王辑堂等人的题词	编，北平青年会青年周刊特刊第1种

续表

书名	作者	出版者	时间	地点	页数、开本	内容简介	备注
第六届华中运动大会总报告	第六届华中运动会筹备委员会	编者刊	1936年	长沙	156页，16开	该届运动会于1936年10月在长沙举行。分筹备、大会及报告三部分，汇集该会的重要文件、各项规章、竞赛日程、各项成绩及宣传、招待等部门的工作报告。书前有朱经农序、林森等人题词。附：论著及演词和各项会议记录	编
第十一届世界运动大会画报	方雪鸪、阮蔚村	勤奋书局	1936年	上海			
第十一届世运会特刊	斐顺元	体育书报社	1936年	上海	77页，16开	介绍1936年柏林奥运会比赛经过，大会活动报道及奥运会史略	编
最新各项运动规则	胡林	上海体育书局	1936年	上海			编
湖北省党政军学体育促进会会刊	湖北省党政军学体育促进委员会	编者刊	1936年		67页，16开	论文5篇和体育实施报告2份，其中有：陈继承的《对推进国民体育的感想》、孟广澎的《〈体育〉与〈新生活〉》、刘雪松的《国难严重时期国人对于体育应有之认识》、刘昌合的《民族复兴声中我国体育应取之途径》、陈奎生的《评论体育价值之意见及配合多种运动之重要》等。书前有蒋介石题词。附：有关运动章程的训令、公牍等	编

续表

书名	作者	出版者	时间	地点	页数、开本	内容简介	备注
十一届世运运动会足球	蒋槐青	上海体育评论社	1936年	上海			
高中男生体育教授细目	教育部	商务印书馆	1936年	上海		共6册，每学期1册。教材以周为单位，高中阶段每周2小时，每课时50分钟，每课时教2个单元的内容。内容主要有田径、游泳、健身操、游戏、垒球、器械操、篮球、手球、举重、攻守法等	编
小学体育教授细目	教育部	勤奋书局	1936年	上海		共6册，这套中小学体育教科书以美国和德国学校体育教材为蓝本编写，按学生的年龄、性别、每学期、每周分单元排列教材，有一定的系统性、科学性，是中国第一部较完整的中、小学体育教科书。这套中小学体育教科书的出版，使中国学校体育在教材方面初步有了可遵循的标准	编，主编吴蕴瑞、编辑陈英梅和陈奎生
游泳手册	金永光（沪江大学）	个人刊	1936年	上海	74页	分初学方法的理论和实施、游泳基本各式、基本式的变化和游戏、自由式等6章。有彭三美等3人序	著
驻闽第三绥靖区军民运动大会纪念册	陆军第九师政训处	编者刊	1936年	厦门	178页，16开	包括大会筹备过程、开幕及闭幕典礼、竞赛情况、大会成绩一览及花絮等。有陈肇英等人的演讲词。附：李延年的《纪念碑落成典礼纪事》及《编辑后记》	编

续表

书名	作者	出版者	时间	地点	页数、开本	内容简介	备注
全国男子田径名将录	勤奋书局	勤奋书局	1936年	上海			编
上海市国术馆第八届征求特刊	上海市国术馆	编者刊	1936年	上海	19页	内有该馆馆长暨董事台衔、教员履历表、章程、征求队职员一览表、征求特载及授课时间表等	编
网球规则	世界运动会原订,中华全国体育协进会编译	编译者刊	1936年		12页		编译
义商运动场第二周年特刊	天津义商运动场	编者刊	1936年	天津	114页、16开	英汉对照。介绍天津回力球场经营两周年的情况,包括大事摘要、记录一览等	编
怎样做体育督学	俞子箴	浙江体育	1936年	杭州	44页		编
怎样做一个小学体育教师	俞子箴	勤奋书局	1936年	上海	202页	包括小学体育教师应有态度和方针、小学体育实施、体育卫生标准、怎样促进家长注意儿童体育等19章	著
第六届华中区运动大会	詹新吾		1936年	长沙	53页		编辑
第十一届世运会中华代表团出国须知	中华全国体育协进会	中华全国体育协进会	1936年	上海			审定
国术规则	中华全国体育协进会	中华全国体育协进会	1936年	上海	24页		审定
男子篮球规则	中华全国体育协进会	勤奋书局	1936年	上海	36页	系中华全国体育协进会公布的最新规则。11月出版,书名前题有"最新"二字	审定

附录　中国近代体育图书目录

续表

书名	作者	出版者	时间	地点	页数、开本	内容简介	备注
女子篮球规则	中华全国体育协进会	勤奋书局	1936年	上海	44页	1935年全运会时订正公布，1935年冬重新修订。该规则为修订本	审定
世界、远东、全国田径、游泳、举重最高纪录表	中华全国体育协进会	中华全国体育协进会	1936年	上海			审定
远东、世界、全国游泳、田径、举重最高纪录一览	中华全国体育协进会	编者刊	1936年		15页，16开	全国田径纪录、世界田径纪录、全国举重纪录、世界举重纪录	编
最新棒球规则	中华全国体育协进会	勤奋书局	1936年	上海	66页	共计71条	审定
运动会大全	朱影波	世界书局	1936年	武昌	178页	11章：运动会的意义、组织、筹备、经费、用具、刊物，以及大会规程和大会操教材等，有编者小史及序言	编
柏林世运会		良友图书印刷公司	1936年	上海	68页	第十一届奥运会摄影集	编，万有画库
苌氏武技书	（清）苌乃周	正中书局	1936年	南京	6卷		著
国技概论	卞人杰	正中书局	1936年	南京	85页	内分历史之传述与考证、兵仗之制作与研究、宗派之类别与精要、技术之练法与修养等4篇，介绍各家武术流派、兵器，习武者常识、卫生、五戒等	编著
国术初阶	卞人杰	康健书局	1936年	上海	37页	分国术概论、国术的基本练习法及十三式图解3章。附：习拳的常识	著，康健丛书

续表

书名	作者	出版者	时间	地点	页数、开本	内容简介	备注
少林宗法图说	陈铁生	国术统一月刊社	1936年	上海	135页	宗法及图说取自卢炜昌藏本，有少林拳181式图，并收入《林秋生先生欢送世运会中华武术队归国演讲》一文及武术通信研究	编订，国术统一月刊社丛书第1集第4册（姜侠魂主编）
褚民谊先生武术言论集	褚民谊	国术统一月刊社	1936年	上海	(20+66)页	内收《太极拳推手器械之说明》《国术与体育》等论文5篇，《郭人骥体育科学序》《潭腿全书序》等序跋5篇，《改良体育以保健康案》等提案3个。书前有蒋介石的《救国治川之大方针》一文	著，国术统一月刊社丛书第1集第2册（姜侠魂主编）
国术源流考	褚民谊	正中书局	1936年	南京	68页	考证黄帝至周秦、汉魏至隋唐、宋元至明清三个时期的拳术，以及国术的分派和器械。有吴敬恒序	编著
太极操特刊	顾舜华	永祥印书馆	1936年	上海	41页，16开	包括太极操之认识、太极操运动法及太极操讲义三部分。有吴稚辉（晖）等人题词、发刊词和编辑旨趣。附：太极拳推手器械之说明、太极拳十三式、太极拳推行概况补记等	编
武术偶谈（杨家太极拳各艺要义）	黄文叔	国术统一月刊社	1936年	上海	106页	该书为《武术偶谈》及《各艺要义》之合刊。《武术偶谈》包括练武之目的、练拳十则、推手十则、武当剑名称等。附：历代剑侠名人表等5篇。《各艺要义》包括十三势行功心解、	著，国术统一月刊社丛书-改革号（姜侠魂主编）

续表

书名	作者	出版者	时间	地点	页数、开本	内容简介	备注
						太极拳名称、太极长拳名称及太极剑歌等。书前有谭梦贤等5人序、编者自序	
子母三十六棍	姜侠魂	民光印刷所	1936年	上海			编
岳式意拳五行精义（下册）	李存义述、董秀升编		1936年	太原	169页		编
八级拳	缪诠杰		1936年				著
初级拳术讲义	史中美	国民体育学校速成班	1936年		52页，48开	初级拳术由中央国术馆杨松山所创。该书分为基本姿势图解、单练图解、对练图解3章。封面题：初级拳	编
戚继光拳经	唐豪	上海市国术馆	1936年	上海	41页	收唐豪的《戚继光的研究及其评价》及戚继光的《拳经》两篇。有刘蔚天的感言。附：戚继光拳经图势	著，武艺丛书第1辑
王五公太极连环刀法	唐豪	中国武术学会	1936年	上海	20页	介绍王五公太极连环刀法的刀式、歌诀、连环刀母、行刀母八法、六刀诀和诱敌三式等。书前有编者的《王五公是怎样的一个人物》	编，武艺丛书第1辑1
王宗岳太极拳经、王宗岳阴符枪谱	唐豪	中国武术学会	1936年	上海	79页	该书为王宗岳的《太极拳经》及《阴符枪谱》的合订本。书前有编者的《于"武艺丛书"的感言》及《王宗岳考》	编，武艺丛书第1辑4
中国古佚剑法	唐豪	上海市国术馆	1936年	上海	22页，36开	分古文献中的剑理剑法剑诀、中国古佚剑法两部分。有刘蔚天的《于"武艺丛书"的感言》及编者自序	编，武艺丛书第2辑1

续表

书名	作者	出版者	时间	地点	页数、开本	内容简介	备注
国术战绩（第1册）	田弘毅、马志然	求是月刊社	1936年	济南	116页	论文集。收当时女国术家栾秀云与山东省国术馆教务长田镇峰等人争论国术问题的文章47篇，并介绍青岛、济南国术界开展笔战的始末	编，国术革命丛书1
风筝谱	王健吾、金铁盦	武侠社	1936年	上海	133页	介绍风筝的类别、制作，放风筝的技巧，放风筝与美术、运动、学理、卫生、疾病和民间习俗的关系等。有褚民谊序。附：扎法举要，介绍风筝的12种扎法	编
太极剑	吴图南	商务印书馆	1936年	上海	138页	介绍太极剑124式，每式有图说明。有谭孟（梦）贤及著者序	著，国术丛书
太极正宗	吴志青	大东书局	1936年	上海	286页	分上、下编：上编"太极拳理论与实际"，介绍武当正宗太极拳论及太极拳各个练习法（附图）；下编"各家太极拳论著"，收入《胡朴安先生论太极拳在体育上之价值》《姜容樵先生注王宗岳先生太极拳论》《杨澄甫先生太极说十要》《陈微明先生教授太极拳之经验谈》等10篇论文	编著（胡朴按、陈微明评定）
子母三十六棍	向恺然	国术统一月刊社	1936年	上海	76页		著，国术统一月刊社丛书第1集

续表

书名	作者	出版者	时间	地点	页数、开本	内容简介	备注
拳术传薪录、潭腿精义	向恺然等	国术统一月刊社	1936年	上海	115页	内收向恺然的《拳术传薪录》和卢炜昌的《潭腿精义》。另收有姜侠魂的《欢迎世运武术团归国和感言》、徐哲东的《太极拳源流记目录与序文》、谭梦贤的《太极拳概说》等文章	著，国术统一月刊社丛书第1集第3册
拳经	张孔昭（曹换斗注）		1936年				著
科学的内功拳	章乃器	生活书店	1936年	上海	116页	内分绪论、内功拳的本质、内功拳的效用及结论4章。该书是《内功拳的科学的基础》一书的改版，作者对原书做了部分修改。书前有初版自序和再版序	著
身心强健要诀		佛学书局	1936年	杭州			编
橘中秘象棋谱（金鹏十八变）	（明）朱晋桢	中国文学书局/棋学研究社	1936年	上海	190页/105页	前两卷为全局，后一卷为残局	编
童子军游戏的理论与实际	黄敦涵	二二五童子军书报用品社	1936年	上海	262页	包括游戏原理、拟战游戏、侦察游戏、课程游戏、遣兴游戏等5编	编
跳绳游戏百种	阮蔚村	勤奋书局	1936年	上海	80页	包括跳绳游戏概述、各种跳绳训练法等5章	译作，〔日〕平岩勇一著
国防训练的小学游戏教材	姚家栋	商务印书馆	1936年	上海	131页		编
欧洲各国及日本之青年训练	陈柏青	正中书局	1936年	南京/上海	295页		编，国防教育丛书

续表

书名	作者	出版者	时间	地点	页数、开本	内容简介	备注
全国足球名将	勤奋书局	勤奋书局	1936年	上海			编
儿童健康检查	冯公智	江苏镇江体育场	1937年	江苏镇江			
大学体育	刘德超	重庆大学体育科	1937年			分上、中、下3编。上编为学校体育的意义与重要、目的之分析等；中编为组织系统、教材教法等；下编为体育主任、教师、改进之希望等，共18章	著，重庆大学体育科讲义
国民体育	庐山暑期训练团军训组	编者刊	1937年		74页	共4章：国民体育的目的、范围及其分类，以及推进国民体育的实际方法等	编
健美常识	任一碧	商务印书馆	1937年	上海			译作，〔日〕石原忍梦著
体育场	邵汝干、江良规	商务印书馆	1937年	上海	144页	分7章，介绍体育场的功能解剖、组织、建筑与设备、管理，公共体育场的工作，乡村简易体育场设施，以及上海市大体育场行政计划纲要草案、组织规则及办事细则等	编著，社会教育丛书
德国国民体育教范	吴光杰	中华书局	1937年	上海	386页	该书为德国国防部颁定的陆海军体育教范。分四编：一编为总论，叙述教育主旨与方法、场所、器械之设备与管理；二编讲述各种柔软体操与器械体操动作；三编讲述田径赛、各种球戏与游泳动作；四编讲述近战方法与刺、枪、击剑、拳术及搏斗动作。附：图解	译作，国民军事常识丛书

续表

书名	作者	出版者	时间	地点	页数、开本	内容简介	备注
小学体育	俞子箴	康健书局	1937年	上海		分上、下两篇，上篇为体育行政，下篇为教学的方法，共19章	编著
非常时期之国民体育	章辑五	中华书局	1937年	上海	86页	纠正对体育认识不正确的信念、改善并调整现行组织之弱点、确定推行体育的步骤、适应当前急需充实固有的体育内容等六部分。有中国新论社总序和著者序	著，中国新论社非常时期丛书，雷震等主编
高尔夫新术	陈掌谔	竞强体育会	1937年	厦门	48页	分棍之选择、初步三则、发球击法、界内击法等10章。有"卷头语""高尔夫小史"与序言	著，厦门竞强体育会体育丛书
复兴体操	胡子霖	康健书局	1937年	上海	22页	主要包括呼吸器官运动、消化器官运动、肌肉运动三部分，共11个动作，有图示说明	著，康健丛书
田径场之建筑与设备	阮蔚村、王复旦	勤奋书局	1937年	上海	110页		译作，〔日〕安田嗣宏著，体育丛书
学校体操之原理与其实际	新谷弥平	"满洲"文化普及会	1937年	奉天	214页	沦陷区出版物。分学校体操之教材、学校教练等4章。附：各学年教材配当表	著，新兴教育丛书第3辑
小学体育教育实施法	姚家栋	正中书局	1937年	南京	412页	包括绪论、教材研究、教学方法、体育设备、运动卫生、体育行政、体育成绩考查法、实际问题总讨论等8章	编著

续表

书名	作者	出版者	时间	地点	页数、开本	内容简介	备注
肌肉控制法	赵竹光	商务印书馆	1937年	上海	115页	分4章，记述著者发现肌肉发达法之经过以及得了冠军的情况，介绍意志力与肌肉控制的方法，附图说明。有译者序、著者序	译作，马识（Maxick）著
力之秘诀	赵竹光	商务印书馆	1937年	上海	232页	分12章，讲述先天与后天的力、肌肉发达与力、身体平均发达与力、力之锻炼法等。有译者序、原书序及引言。书名原文：Secret of Strength	译作，〔美〕利得曼（E. E. Liederman）著
臂部锻炼法	赵竹光、王学政	商务印书馆	1937年	长沙	52页，36开	分臂部的构造及其功能、臂之质与量、臂部锻炼法及你的臂部不能练大的原因等5章	编著，健与力小丛书
竞技练习法	周荣一		1937年	香川县			译作，〔日〕都村有为堂
女子丹麦体操	朱重明、花素珍	正中书局	1937年	南京	136页，16开	包括30个教程，附图解说明。书前有蒋湘青、陈咏声、朱重明的序各1篇	编著
国术教员讲习会会刊	北平市国术馆	北平市国术馆	1937年	北平	80页		编
第七届全国运动大会筹备委员会公报（第二期）	大会筹委会	编者刊	1937年	上海	54页		编
全国运动大会小史	董启俊		1937年		40页，16开	该书是图书展望月刊的抽印本。介绍1～7届全运会情况及各项比赛成绩。附：世界运动会史的回顾（董启俊著）	编

续表

书名	作者	出版者	时间	地点	页数、开本	内容简介	备注
佛山精武体育会第十八届征求特刊（附第一期建筑会所征信录）	佛山精武体育会	编者刊	1937年	佛山	27页	包括征求会员宣言、简章、发刊启示，以及倡建佛山精武体育会会所碑记等	编
游泳及入水比赛规则	国技游泳协会原订，中华全国体育协进会审定	中华全国体育协进会	1937年		106页	包括游泳、入水比赛两个规则，以及跳板入水种类及难度表。有入水图解。附：英文规则	审定
举重规则	国际举重协会原订，中华全国体育协进会审定		1937年		16页	共11章，19条。中英文对照	审定
水球规则	国际游泳协会制定，中华全国体育协进会审	中华全国体育协进会	1937年	上海	15页/10页		审
中小学体育课程标准	教育部	勤奋书局	1937年	上海			公布
考察东欧各国体育实施报告	李洲	北平市社会局	1937年	北平	88页，25开	编者于1936年秋季随中国体育团赴柏林参加第11届世界运动会，并赴德国、意大利、匈牙利、奥地利、瑞典、丹麦等7国考察体育事业，该书收考察报告7篇。附：《改进北平市体育意见》及《赴欧考察日记》	编著
最新男子篮球规则	美国篮球规则委员会订，中华全国体育协进会审定	勤奋书局	1937年	上海	40页，36开	是中华全国体育协进会公布的最新规则	审定

续表

书名	作者	出版者	时间	地点	页数、开本	内容简介	备注
女子篮球规则	美国女子业余篮球联合会原订，中华全国体育协进会审定	中华全国体育协进会	1937年	上海	(58+34)页	中、英文合刊	审定
男子篮球规则	美国全国篮球委员会原订，中华全国体育协进会审定	审定者刊	1937年	上海	(34+35)页	中英文对照。书前有1936~1937年男子篮球规则更改提要，计18条	审定
第六届全国运动大会报告	全运会筹备委员会	编者刊	1937年	上海	167页，16开	包括各行政组报告、竞赛安排及运动成绩等。书前有王世杰、潘公展等人序	编
摔角比赛规则	上海市摔角协进会		1937年		20页，36开	分两章共6节：选手、锦标、抗议、职员及其职权、其他应遵守事项，以及比赛细则等。卷首书名题：上海市摔角协进会摔角比赛规则	订
私立东南女子体育师范学校章程	私立东南女子师范学校	编者刊	1937年	上海	8页，24开		编
南京市中小学第六届运动大会要览	余超著，南京市中小学第六届运动大会办事处编	编者刊	1937年	南京	74页，28开		编
浙江省第五届全省运动大会秩序册	浙江省第五届全省运动大会	编者刊	1937年	杭州	114页，16开	介绍开幕典礼秩序和各项运动比赛成绩。附：公务人员竞赛细则等	编

续表

书名	作者	出版者	时间	地点	页数、开本	内容简介	备注
浙江全省运动大会小史	植耘		1937年		16页，16开	介绍该省第一、二、三、四届全省运动大会经过及田径赛成绩。该书系图书展望月刊抽印本	编著
全国、世界游泳、田径、举重最高纪录一览	中华全国体育协进会	编者刊	1937年	上海	14页	收入5个纪录，均截至1936年12月	编
最新女子篮球规则	中华全国体育协进会	强行书局	1937年	上海			审定
出席第十一届世界运动会中华代表团报告	中华全国体育协进会编	编者刊	1937年	上海	306页，16开	分中华代表团、世界运动会及体育考察团3编，介绍中国代表团参赛情况及体育考察团赴丹麦、德国、捷克、奥地利、匈牙利、意大利等国考察概况，以及第11届奥运会开幕式、决赛成绩和闭幕式等。有蒋介石、孙科、张居正、于右任等8人题词，有王世杰、王正廷序	编
重编石头拳术秘诀	郭粹亚、金一明	中华书局	1937年	上海	128页	介绍少林派石头拳的源流、拳法以及四路43个动作。有"编辑大意"及"励言"	编
浑元一气功（中华国术少林上乘功夫）	金警钟	中西书局	1937年	上海	170页	分概论及图解两部分。"概论"介绍气之真义、养气、练气、运气、浑元一气功与生理心理之效果；"图解"包括准备功夫、澄心静气式、散气功等。书前有郭寿臣等人的序4篇	演著

续表

书名	作者	出版者	时间	地点	页数、开本	内容简介	备注
练打暗器秘诀	金倜生	武侠社	1937年	上海			编著
醉八仙拳谱	金铁盦	武侠社	1937年	上海	54页	介绍南拳的醉八仙拳。有概说、技艺练习和各种姿态图说（32式）	著
国术体操图说	金一明	百新书店	1937年	上海	30页		编，国术丛编3
阴阳八盘掌法	任致诚	百城书局	1937年	天津	108页	介绍加马、鹰翻、穿掌、自行、地盘、龙行、猴纵、穿林等八式的练法。有图说明。书前有著者小传及王尚同等5人序。附：八盘掌四代姓名表	著
行健斋随笔	唐豪	上海市国术馆	1937年	上海	70页	内收《元清二代禁汉人藏执兵器与服习武艺》《少林白眉棍法》《刀牌与剑盾》《木刀》《长刀》《易筋洗髓经牛李二序之伪》等46篇文章。书前有著者序和刘蔚天的《于"武艺丛书"的感言》	著，武艺丛书第2辑5
国术革命札纪（第1册）	田敬农	健康实验学社	1937年	济南	198页	内收35人的论文55篇。其中有尚维新的《揭穿国术行政之谜》、田镇峰的《国术革命与出路》、志然的《实验派的主张》、王新午的《国术经验与实验之主张》、徐致一的《国术革命之研究》、徐震的《谈经验三得》、王去恶的《愤言国术政丑幕》、张清源的《愿国术与洋体育争光》等	编，国术革命丛书2

续表

书名	作者	出版者	时间	地点	页数、开本	内容简介	备注
太极拳考信录	徐震（哲东）	正中书局	1937年	南京	144页	分上、中、下3卷：上卷"本论"，包括太极拳史实之根据、李亦畲遗著说、杨武两家拳谱异同等10篇；中卷"辅论"，包括太极拳依托张三丰考、十三势说辨疑等9篇；下卷"文征"，包括陈氏拳谱、陈氏拳械谱、佚名氏阴符枪谱序等8篇。	著
太极拳谱理董辨伪合编	徐震（哲东）	正中书局	1937年	南京	61页	其中《太极拳谱理董》分王宗岳原谱、武禹襄著述、李亦畲手写拳谱等五部分；《太极拳谱辨伪》分辨杨本附注、辨杜育万述蒋发受山西师傅歌诀、辨乾隆旧抄本及光绪木版本、辨杨家太极要义本等7节	著
国术讲义	许笑羽	北平市立体育专科学校	1937年	北平	26页		编
少林棍法秘传	朱霞天	中华书局	1937年	上海	122页	内分棍法总说，名棍源流，少林棍式，小夜叉第一、二、五路棍式，大夜叉第一路棍谱，阴手第一路棍谱，俞家棍，尝罚连坐法等11部分。有编者序言	编
毽子游戏教材	鲍叔良	勤奋书局	1937年	上海	58页	主要包括制法、踢法、踢毽子游戏等4章	著，体育丛书
非常时期小学游戏教材	何品豪	勤奋书局	1937年	上海	64页		编，体育丛书

续表

书名	作者	出版者	时间	地点	页数、开本	内容简介	备注
南洋象棋专集	谢宣	中华书局	1937年	上海	328页	共3册，收著者在南洋与华南一带与人对弈的棋局，及有关的回忆、唱和诗词等，内分3卷共9辑。卷1包括《南游印象》《英属马来亚》《荷属东印度》；卷2包括《香港广州》《厦门福州》《残局选粹》；卷3包括《天南弈粹》《舞象百阵》《橘里丛谈》	辑著
幼稚的游戏	邹德惠	商务印书馆	1937年			主要包括孩子需要游戏、怎样选择游戏、怎样指导游戏等	编
教与学	教与学月刊社	正中书局	1937年	南京		涉及教育评论、体育短评、论著、学校体育、国民体育、中国女子体育等方面的内容	
苏联保健事业	王师复	商务印书馆	1937年	上海			译作
妇女的健康美	赵竹光	中华书局	1937年	上海	168页，36开	分21章，介绍妇女保持健康和漂亮的运动方式及饮食。有尉序和译者序。著者系服务于美国好莱坞的美容专家	译作，〔美〕Madame Sylvia 著，卫生丛书
体育行政补编	程登科		1938年				编著
抗战与体育	黄金鳌	中山文化教育馆	1938年	重庆	48页	抗战时期体育实施法、体育理论与实际之检讨、推进国民体育四大要素等4章	著，抗战丛书第34种
体育场	王庚	勤奋书局	1938年	上海	142页		编，社会教育辅导丛书

续表

书名	作者	出版者	时间	地点	页数、开本	内容简介	备注
小球操	陈咏声	商务印书馆	1938年	长沙	175页，36开	分16章，介绍投球姿势、位置、特别技巧、器械适用等各种练习方法。有译者序	译作，奥地利·波尔兹（Edi Polz）著
游泳与跳水术（活动照片）	顾舜华、沈伯参	国际体育新术编译社	1938年	上海	104页	收游泳跳水活动照片66页，有文字介绍动作要领。有褚民谊序。附：1936年柏林奥运会男女跳水之姿势图、出席柏林奥运会我国游泳选手等5种	编译
现代游水	金永光	华人业余水上体育会	1938年	上海			编
全能新游泳术	上海理疗器械行编辑部	著者刊	1938年	上海	106页	分游泳的利益、初学须知、游泳各术、起跳入水、游泳拾零等5章	著
轮鞋滑走术	苏祖圭	亚美股份有限公司	1938年	上海	56页		著
健美速成法	王学政	商务印书馆	1938年	长沙	239页	分29节，介绍器械运动的价值、体重之增减法、举重运动法，以及腹、颈、胸、肩、背、腰、腿等锻炼法。有王云五序	编著
器械运动图解	王毅诚	商务印书馆	1938年	长沙	202页	分10章，介绍器械操中的滚翻运动及各种木马、单双杠、高低杠、吊环和金字塔（叠罗汉）等运动。有美国威廉序和著者序。书名原文：*Gymnastics, Tumbling and Pyramids*	译作，马可乐（H. McCulloch）著

续表

书名	作者	出版者	时间	地点	页数、开本	内容简介	备注
最新哑铃锻炼法	赵竹光	商务印书馆	1938年	长沙	181页	分12课,介绍哑铃的锻炼方法及运动前后的卫生措施等	著
自我教习游泳法	郑竞存	国光印书局	1938年	上海	13页,48开	介绍游泳时学习呼吸、浮游、打水、划水等方法	译作,〔美〕何德博著
北平市国术馆国术教员讲习会会刊	北平市国术馆	编者刊	1938年	北平	80页,24开	沦陷区出版物。包括该会章则、组织、经费、课程、讲演、文件摘要及教职员、学员一览。书前有馆长训词及北京地方维持会顾问武田熙等人序。有附记	编
欧洲体育考察日记	陈咏声	南声出版社	1938年	上海	227页,36开	该书系著者1936年随中华世界运动会代表团赴欧参加在德国举行的第11届世界运动会的日记。分赴欧途中的海上生活、在德参加世界休闲会议、参加第十一届世运会、考察欧洲各著名体育国家概况等五部分	著
男子篮球规则(民国二十七年至二十九年)	国际篮球协会原订,中华全国体育协进会审定	审定者刊	1938年	上海	53页	共13章,中英文合刊	审定
各省体育实施报告	教育部	编者刊	1938年		271页	收8省(甘肃、四川、江西、陕西、贵州、湖北、广西、广东)的学校体育、社会体育、体育人才训练、国术、卫生等方面的实施报告	编

续表

书名	作者	出版者	时间	地点	页数、开本	内容简介	备注
大陆游泳池开幕纪念特刊	上海大陆游泳池	编者刊	1938年	上海	54页,16开	内收钟铭玉的《本游泳场略述》、陆根泉的《孤岛上之伟大建设》、顾舜华的《怎样学习游泳》、徐多霞的《游泳与健康》、郑逸梅的《游泳丛话》、海客的《游泳姿势经验谈》等文章	编
上海跑马总会同人俱乐部十周年纪念刊	上海跑马总会同人俱乐部	编者刊	1938年	上海	166页,16开	介绍俱乐部史略、会务,董事长的事迹等	编
德国式手球规则	吴澄	重庆中大	1938年	重庆	54页		编
通背拳法	武田熙	商务印书馆	1938年	北平			著
大刀术	勇夫	精武出版社	1938年	上海	73页	介绍十路刀术,有图解。书前有概论	编
徒手叠罗汉	陈枫林	耀华学校	1938年		61页		编
田野运动教材纲要（应用体育）	程登科	四川大学暑期体育班	1938年	成都	206页	该书由6篇讲义合订而成：程登科的《田野运动教材纲要》和《发展四川体育的管见》,吴邦伟和蒋湘青的《田径赛裁判法》,蒋湘青的《裁判之修养》,吴徵的《体操理论及实施》,袁宗绎的《露营》	编
捷克民族复兴与体育训练	徐锡龄	中华书局	1938年	广州	98页,48开	分捷克民族生存的挣扎、"索高尔"的由来内容及其精神、体育训练的发展、体育训练的收效等5章。附：捷克统计摘要及"索高尔"分会章程	编,教育小丛书

续表

书名	作者	出版者	时间	地点	页数、开本	内容简介	备注
重庆市学生健康比赛报告	中央社会部	中央社会部	1938年	重庆	86页		编
舞蹈教材	冯柳溪	商务印书馆	1938年	长沙			编著
战时卫生与体育	陈柏青	独立出版社	1939年		125页		编
国民体育	程登科	中央训练团党政训练班	1939年	重庆	24页	著者在中央训练团党政训练班的讲演录。分6章：国民体育的目的、范围及分类，以及行政组织和推进国民体育的实际方法等	著
体育卫生	刘纪元	商务印书馆	1939年	长沙	62页	论述年龄、体力、体质、血型、性别等与运动的关系，运动与食物、空气、健康状态的关系	编著，体育小丛书
女子田径运动	吕乃英	商务印书馆	1939年	长沙	207页	讲述女子田径运动的训练方法。书前有弁利尔·A. 科内尔（英国女子业余体育协会名誉干事）序。书名原文：Girl Athletes in Action Webster	译作，〔英〕韦布斯忒（F. A. Webster）著
室内体操	王应麟	商务印书馆	1939年	长沙	112页	分教授方法、利用课桌操练之部、利用墙壁操练之部等6章。有邵汝幹序	编著，体育小丛书
背部锻炼法	赵竹光、王学政	商务印书馆	1939年	长沙	35页，36开	分10节，介绍背部与健美、背部与腿部的关系、背部运动及举重运动法等	编著，健与力小丛书
腹部锻炼法	赵竹光、王学政	商务印书馆	1939年	长沙	34页，36开	分绪论、消化系统之健全、初步及高级之腹部锻炼法4章	编著，健与力小丛书

续表

书名	作者	出版者	时间	地点	页数、开本	内容简介	备注
新中国体育协会会务报告书	（伪）新中国体育协会	编者刊	1939年		72页，16开	日伪出版物	编
大学杯全沪大学乒乓联赛纪念刊	大学杯竞赛委员会	编者刊	1939年	上海	26页	该书为1939年由上海难民协会同乡组劝募委员会、上海乒乓联合会及大学杯竞赛委员会合办的全沪乒乓慈善赛大会的纪念刊。包括大会评价、比赛经过、比赛结果及会场精华等。有题词、照片及张叔良的"引言"	编
女子篮球规则	教育部国民体育委员会	正中书局/教育部特设体育师资训练所	1939年	重庆	68页，64开/64页	内分12章，附场地图	审定
体育场重要法规	教育部社会教育司	编者刊	1939年		22	体育场规程、体育场工作大纲、体育场辅导各地社会体育办法大纲	编
排球规则	教育部体育委员会	正中书局	1939年	重庆	20页，64开	正文14章，附属规则2条	编辑审定
男子篮球规则	教育部体育组	正中书局	1939年	重庆	43页，64开	分球场、器具、职员及其服务、球员及替补员等12章	审定
足球规则	教育部体育组	正中书局	1939年	重庆	22页，50开	共17章	审定
雪兰莪精武会筹赈祖国难民游艺会纪念特刊	潘义生	雪兰莪精武体育会	1939年	马来西亚	108页，16开	华侨刊物。分论著、杂谈两部分，收载树霖的《为精武特刊而写》、胡昌耀的《论武术救国》、郭后觉的《精武与抗战救国》、谢松山的《体育救国》等文章53篇。有张郁才、陈泰阶序和编者序。有林森等68人题词及20余幅照片	编

续表

书名	作者	出版者	时间	地点	页数、开本	内容简介	备注
国术概论	吴图南	商务印书馆	1939年	长沙	234页	内分总论、身体各部分之名称与功用、国术原理、史略、行政、设备、教学和器械考证等8章。书前有刘亚子序、著者自序。附：太极操讲义、弓矢概论	著
抗战游戏	陈淘子	黄河出版社	1939年	山西	45页	分集体游戏、纪念日游戏、双人游戏及晚会游戏四部分，共70余种。有编者"编言"。附：惩罚办法	编
麻雀经	高崇仁	世纪社	1939年	香港	154页，48开	内分基本技术、初步技巧、一色论、策略及规则等5章	著
游戏	江西省妇女生活改进会	编者刊	1939年	南昌/安徽泰和	52页，24开/70页，27开	介绍游戏40种。该书宗旨系用游戏方法动员并训练妇女起来参加抗战。再版本编者题：江西省妇女指导处	编，妇女组训丛书10
运动年鉴	〔日〕菊池贞二	盛京时报社	1939年	哈尔滨	323页		编
科学与健康	吴廉铭	中华书局	1939年				译作
我五十年来的体育事业	赵竹光	商务印书馆	1939年	长沙	272页	书前冠译者序。共分23章，自述从童年到晚年的经历，记述了著者作为一个体育著作家、运动家和出版家的历程	译作，〔美〕麦佛登著
国术理论讲义	李剑华	北平市立体育专科学校	1939年	北平			编辑

续表

书名	作者	出版者	时间	地点	页数、开本	内容简介	备注
运动生理学	蔡翘	商务印书馆	1940年	长沙	149页，36开	著者于1935年夏应全国体育协会聘请在青岛讲授运动生理。该书根据讲稿整理。分生理学述要及运动生理学两编，介绍人体生理，运动时人体循环、呼吸、代谢等方面的功能变化	著
简易师范学校教科书体育	方万邦	商务印书馆	1940年				编
中学适用体育科战时补充教材	黄金鳌	商务印书馆	1940年	长沙	51页	分基础教材、实验教材、应用教材3章。该书是依照教育部颁布的体育科超标准并加以补充，选择教材全以设备简便易于施行，以适应战时需要。内容主要分基础、实验及应用三部分。基础教材包括竞技类和技巧类；实验教材包括举重、长途竞走、爬山、越野、摔跤、驾车、游泳；应用教材包括基本能力、平装障碍竞赛和武装竞赛。这些内容基本上是由现代体育运动改编而成	编
新技击	查瑞龙	个人刊	1940年	天津	67页	参照中国国术及西欧拳术编成。介绍新技击的基本练习法、器械练习法及实地练习法。书前有龚志开等6人序及编者自序	主编

续表

书名	作者	出版者	时间	地点	页数、开本	内容简介	备注
体育教材大全（上册）	崔玉玢、阎华棠	燕京大学体育学系	1940年	北平	333页	沦陷区出版物。16章，介绍射箭、毛球、垒球、健身术、田径运动、滑冰及游戏等，有黄国安的导言及编者序	编，燕京大学体育学系丛书
中等学校学生运动技能测验法	国立师范学校	国师专	1940年	上海	60页，16开	引言、能力分组、测验前之准备及运动技能测验之项目与方法等8项	编
吊环运动（第1辑）	江西省体育场暨附设高中体育师范科	江西力学书店	1940年	南昌	18页		编，国民体育丛书8
马术教育法	军事委员会军训部骑兵监	编者刊	1940年		116页，64开	有预行演习、水勒教练、大勒教练、野外骑乘、校阅时教方之注意等6章	编
双杆运动	李剑琴	商务印书馆	1940年	长沙	59页，36开	分双杠的种类、双杠之构造及其价值、双杠单式运动、双杠上的叠罗汉及英汉术语对照表等7章。有高锡威序	编，健与美体育丛书
掼角术	刘金声	浙江省战时警察训练所	1940年		100页	分12章，介绍摔跤的有关技巧锻炼。附：螳螂拳、大刀术、刺枪术	编述
赛跑术	莫福贤	香港大地图书公司	1940年	香港	135页		译作，汤姆斯·汉逊著，大地体育小丛书
小学体育科的教材教法	束云遝	商务印书馆	1940年	上海	210页		编，小学教师丛书

续表

书名	作者	出版者	时间	地点	页数、开本	内容简介	备注
拳击家的锻炼	王学政	商务印书馆	1940年	长沙	130页	分22章，讲述人类的身体与运动的关系，拳击训练法、保持健康的方法、锻炼的程序以及室内运动拳击保护法等。有爵·单士（Jack Dempsey）序。书后有结论	译作，〔德〕纳·夫莱瑟（N. Fleischer）著
跳降落伞的理论与实践	王亚梅	铁风出版社	1940年	成都	93页	分7章：降落伞简史、降落伞、初步教练跳伞、跳降落伞、特技飞行跳伞、迟缓张伞及其基本理论、跳伞者卫生及其预防。有序及译者引言。附：跳伞者之备忘录	译作，〔苏〕喀依坦洛夫、巴乌涅依夫著，国民航空教育小丛书第2种（范德烈主编）
木马运动	余永祚	江西力学书店	1940年	南昌	38页		编
双杠运动（第1辑）	余永祚	江西力学书店	1940年	南昌	32页		编，国民体育丛书6
田径训练图解	余永祚	江西教育厅	1940年				
健身术	张镜芝、黄其珍	动力出版社	1940年	天津	88页		译作，查理士·阿德拉斯著
肌肉发达问题解答	赵竹光	商务印书馆	1940年	长沙	99页	分健身书报之介绍、疾病与运动、深呼吸问题、身体锻炼与营养、运动器械问题及国外函授学校等10章。分类解答1000多封读者来信	著
体格锻炼法大全（2册）	赵竹光	商务印书馆	1940年	上海			译作，马克·拜因著

续表

书名	作者	出版者	时间	地点	页数、开本	内容简介	备注
颈部锻炼法	赵竹光、王学政	商务印书馆	1940年	长沙	30页,36开	分4章,介绍颈部之构造及其重要性、颈部锻炼法以及颈部的标准度数等	编著,健与力小丛书
腿部锻炼法	赵竹光、王学政	商务印书馆	1940年	长沙	41页,36开	分5章,介绍腿部构造与其功能、腿部运动各论、腿部锻炼法、腿部的理想尺度等	编著,健与力小丛书
臀部锻炼法	赵竹光、王学政	商务印书馆	1940年	长沙	52页		编著,健与力小丛书
中等学校体育实施成绩考核记录表	教育部颁布	教育部	1940年		30页,16开		编
全国国民体育会议报告	全国国民体育会议	编者刊	1940年	重庆	229页,16开	包括大会宣言、重要规章、大会演词和议案。附:各机关各省市教育厅的体育报告	编
日本体育考察报告	阮蔚村	警声社	1940年	北平	22页	内分赴日本考察经过、日本体育沿革、体育行政机关、体育师资养成机关、研究机关、运动团体及体育设备等8章	著
四川省体育设施	四川省政府教育厅	编者刊	1940年	成都	90页,36开	介绍四川省体育实施纲领、行政概况、学校体育、社会体育、健康教育督导工作等。附:四川省体育法令8种。书前有郭有守序	编
参加东亚运动大会中国代表团报告	徐英	(伪)新中国体育协会	1940年	南京	(28+88)页	日伪出版物。分筹备部分、大会之部、代表团重要谈话及祝词文电汇集、东渡日志(1940.5.26~6.20)、附录5编	编

续表

书名	作者	出版者	时间	地点	页数、开本	内容简介	备注
体育学系课程一览	燕京大学	燕京大学	1940年	北京	10页		编辑
简易竞赛运动	余永祚	江西教育厅	1940年	南昌	44页		主编，国民体育丛书
军事体育竞赛（第1辑）	余永祚	江西力学书店	1940年	南昌	32页		编，国民体育丛书11
笼球规则	中华基督教青年会、远东运动会	大东书局	1940年	上海	25页		订定
先天无极圈	吕子彬		1940年		24页	介绍先天无极拳的原理和姿势等。有图示说明。书前有著者序（写于1940年9月）。附：真西山卫生歌。封面有盛麟怀、蔡丽生题词	著
清代射艺丛书	唐豪	上海市国术协进会	1940年	上海	114页	分甲、乙集：甲集收《顾镐射说》《李塨学射录》等4篇；乙集收《史德威射艺津梁》《徐亦射法》等4篇。书前有唐豪的序言	辑
中国民族体育图籍考	唐豪	上海市国术协进会	1940年	上海	202页，64开	内分球类、跳舞、举重、射击等19类，介绍有关体育的图书资料	著
中国武艺图籍考	唐豪	上海市国术协进会	1940年	上海	188页，64开	内收中国古代（至明清）关于武术的图书数百种，分诸艺、角力、枪、棍等20类编排，并有内容提要	（编）辑
象棋残局新谱（初集）	傅荣年	象棋残局函授研究社	1940年	上海	164页	收象棋谱50局。书口书名题：象棋残局。有施肇基、虞洽卿等人的题词	著

续表

书名	作者	出版者	时间	地点	页数、开本	内容简介	备注
兵棋之统裁	甘沛泽	中央陆军军官学校第七分校教育处	1940年		28页	兵棋起源于19世纪初，由德国冯乃兹·威慈发明，初为娱乐，后经改进逐渐为战术教具。该书简要介绍兵棋的起源、目的、种类及统裁要领等。附：立体兵棋想定范例	著
中国围棋史（前编）	李耀东		1940年		130页，25开	全书共两编，该书为前编，包括围棋之起源、古代弈事考略、古代围棋之工具、古代之棋圣等21章，后编为历代弈谱研究（缺）	著
定约桥牌谱	琴梧楼主人	大东书局	1940年	香港	124页	分3章，介绍桥牌的叫法、打法和规则。每段之后均附"筑桥歌"。有著者序。附：定约桥牌记分表、定约桥牌名词一览表及中文桥牌名词索引。据序称，该书据郭柏森（Culbertson）所著的《定约桥牌全书》（Contract Bridge Complete）编	著
游戏集	全国基督教青年会军人服务部	编者刊	1940年		20页	介绍"争作先锋""占据一城""独立自强"等游戏60种	编，军人消遣丛书1
青年游戏	全国浸会少年编译部	中华浸会书局	1940年	上海	41页，24开	介绍户内游戏80种、户外游戏20种，并有游戏歌20首（中英对照、简谱）。前有引言。系基督教会出版物	编译

续表

书名	作者	出版者	时间	地点	页数、开本	内容简介	备注
叠罗汉教材（第1辑）	余永祚	江西省教育厅	1940年	南昌	67页		编
日光浴与日光操	周尚	商务印书馆	1940年	上海	58页		著
上海体育年鉴（2集）	沈镇潮	体育世界社	1940年	上海	160页、23开/88页	第1集收1939~1940年上海体育运动比赛成绩及体育论文27篇。其中有周家骐的《篮球新战术》、亚却逊的《上海足球技术的弱点》、俞斌祺的《上海游泳界》、徐多的《上海乒乓史》、刘荷生的《中美排球规则之异点》等。有沈嗣良序。附："民念八一九运动比赛全部成绩"和"全国上海男女田径游泳最高纪录"。第2集内收1941年上海体育运动概况及体育论文20篇。其中有钱旭沧《中心球之东来》、李惠堂的《足球经》、陈霖笙的《乒乓技巧》、梁锦堂的《精武体育会一年来体育概况》等。附：《1940~1941年上海运动比赛全部成绩》及《逸园事件的前后》等	编
体态教育	钱云清	世界书局	1941年	上海	213页	分25章，论述体态教育、端正体态之价值、体态判定法、直立体态在力学上的一个考据、现代女性和体态教育及矫正体操等问题。有韦悫、董任监及著者序	著；新世界教育丛书

续表

书名	作者	出版者	时间	地点	页数、开本	内容简介	备注
模型飞机特辑	大众航空社	编者刊	1941年	成都	52页	收周至柔《飞机模型运动献言》、简朴《推行制造模型运动》、李束丝《展开飞机模型运动》等文章14篇	编，大众航空增刊1（李束丝主编）
近代学校体操	苗时雨	北平市立体育专科学校	1941年	北平			编著，体育丛书
跳伞术	杨浩祥	航空委员会军政厅编译处	1941年		98页	译自俄文。共6章：跳伞术之简史、保险伞、跳伞基本原理、跳伞准备、跳伞、跳伞者之卫生及预防。附：《自我检讨问题五十个》《跳伞者之座右铭》2种。书前有引言	译述
体操教范	中央税警学校	编者刊	1941年		244页，64开	分基本体操和应用体操两篇。附：外伤发生之时机及种类、痼癖矫正所行之运动等8篇	编
滑翔与滑翔机	朱惠之	中国滑翔出版社	1941年	重庆	54页	介绍滑翔简史、各国滑翔现况、滑翔机的种类、起飞方法、气流等	编著
中国体协概要	（伪）新中国体育协会全国总会	编者刊	1941年	南京	18页	日伪出版物。介绍该会章程、成立经过及几年工作概述	编
各级学校体育实施方案	教育部	正中书局	1941年	重庆	80页	附：各级学校体育设备暂行最低限度标准	编
田径及全能运动比赛规则	教育部体育委员会	正中书局	1941年	重庆	66页，64开	分比赛职员、比赛规则、田径运动、全能运动等6篇，共60章	审定

续表

书名	作者	出版者	时间	地点	页数、开本	内容简介	备注
太极操教本	顾舜华	三通书局	1941年	上海	132页	包括太极操理论、太极操基本操法、连环操法及变化操法4编	编
国术与健康	沙古山	中华书局	1941年	上海	218页	分国术与人体各器官的健康、国术与外科两编。有著者序	著
少林拳术秘诀考证	唐豪	上海市国术协进会	1941年	上海	197页，50开	考证秘诀与宗法之渊源关系。内分宗法的反清与秘诀的反帝、柔术二字的来历、禅观练胆法的渊源、内外家的所由异说等章。附：少林宗法图说考证	著
王怀琪新编八段锦	王怀琪	不详	1941年	上海	76页	该书是《八段锦增订本》的进阶，操法较前复杂。书前有编者自序及例言。附：新编八段锦互助练习法	编
围棋布局要则	胡检汝（过旭初编校）	建设厅图书馆	1941年	江西	62页，16开	围棋谱。据日本棋院七段濑越宪作所著《围棋读本》节译	译述
麻雀的经验与技巧（打牌必胜术）	刘伊叔	家庭图书馆	1941年	上海	126页，36开	介绍打麻将牌的技巧	编著
围棋与棋话	沈子丞	世界书局	1941年	上海	(506+78)页	围棋入门及棋谱，共4卷。附：围棋丛谈	编著
麻雀研究	游戏人间客	新村出版社	1941年	上海	128页	介绍麻将牌打法	著
象棋与棋话（附留徐簃弈话）	周家森	世界书局	1941年	上海	396页	收整局、残局棋例1000余局及《象棋源流考》等数篇文章。有"后记"（写于1939年2月）	编著

续表

书名	作者	出版者	时间	地点	页数、开本	内容简介	备注
民众体育实施法	冯公智	正中书局	1942年	上海	47页	共6章：民众体育的认识、实施准则、训练与活动、运动场与设备、运动场管理法及实施民众体育的人员与经费	编著，民众教育馆实施小丛书8，教育部社会教育司主编
体育真义之科学的分析	金兆均	国立师范学院体育与健康教育研究所	1942年	湖南蓝田	20页，16开	第一篇释义，第二篇分析体育意义、目的	著
各级学校体育建筑设备图说	李德炎	四川省政府教育厅	1942年	成都	83页，16开	分田径场地之建筑及设备、各种球类场地及设备、各种运动器械设备、游戏器具图说、国术器械图说、游泳池建筑及其设备图说、体育馆建筑概况等8章。卷首有郭有守的体育丛刊序及编者本刊说明	编，体育丛刊第1种
体育心理学	萧忠国、吴文忠	正中书局	1942年	重庆	156页，25开	包括总论、理想的体育、体育运动的发现、运动的分析、运动的影响5编。多译自日本松井三雄的《体育心理学》一书，编者另补述有关资料编译而成	编译，教育丛书
国民体育常识	赵汝功	国民体育季刊社	1942年	重庆	68页	为何要注重体育，儿童、青年、壮年及老年体育，个人实用教材等10章	编著，国民体育丛书1，教育部国民体育委员会编
徒手体操教材教法（上、下册）	俞晋祥、葛衢康	教育部国民体育委员会	1942年	重庆	(138+302)页	有金兆均序及作者自序	编著，体育参考丛书

续表

书名	作者	出版者	时间	地点	页数、开本	内容简介	备注
跳伞训练与跳伞塔	朱洪元	中国滑翔出版社	1942年	重庆	66页	分7节：引言、降落伞的原理和沿革、降落伞的构造分类和保管、跳伞塔和跳伞训练、跳伞的方法，几位跳伞者经历的自述、跳伞和体格	编著
飞机模型运动专辑	朱惠之等	中国滑翔出版社	1942年	重庆	35页		著，中国滑翔出版社增刊1（朱惠之编辑）
风筝比赛大会、商店窗饰比赛纪实（第四次治安强化运动）	（伪）北京特别市公署宣传处	编者刊	1942年	北京	20页	日伪出版物。分风筝比赛大会纪实和商店窗饰比赛纪实两部分。附：比赛照片多幅	编，时局丛书13
乒乓规则	第七届全国乒乓体育协进会	审定者刊	1942年		8页	分单、双打两篇，共7章	审定
排球规则	国际排球协会原订	中华全国体育协进会	1942年	重庆	10页	共14章	
田径赛全能运动规则	国际田径运动协会原订，中华全国体育协进会编译审定	编译审定者刊	1942年		34页	内分60章	编译审定
足球规则	国际足球协会原订，中华全国体育协进会译订	中华全国体育协进会/商务印书馆	1942年	重庆	14页，36开/17页，36开	共17章	译订
各种最新运动规则合订本（2册）	湖南蓝田体育与健康教育研究社	编者刊	1942年	湖南蓝田	218页	收田径赛、游泳、足球、德式手球、男子篮球、排球、女子篮球、网球、垒球、乒乓运动规则	编，体育与健康教育研究社修正

续表

书名	作者	出版者	时间	地点	页数、开本	内容简介	备注
足球裁判法	江良规	体育与健康教育研究社	1942年	湖南蓝田	57页，16开	分17章，介绍足球裁判员应具有的学识、态度、技巧及体力，并对各条规则加以分析。著者为德国足球协会的裁判	译作，〔德〕霍夫施耐德、科普哈尔著
男子篮球规则	美国女子业余篮球联合会原订，中华全国体育协进会审定	审定者刊	1942年	重庆	28页，36开	该规则为国际篮球协会审定应用至1940年，因第12届奥运会停开，故沿用至1944年	审定
国民健身操	吴澄、王子鹤	明生印刷局	1942年	重庆	14页	共9节，适用于初学者肌肉训练	编订，民众体育丛书2
游戏六集	全国基督教青年会军人服务部	编者刊	1942年		16页	介绍"艺术家""绕行竞走""勋"等集体游戏35种	编，军人消遣丛书20
滑翔的故事	冯元桢（王复旦编辑）	中国滑翔出版社	1942年	重庆	52页	包括11个小故事，其中有《曙光的初现》《开来爵士的先驱工作》《罗伯力的险举》《文亨的设计》等	著
德意志体育概况	江良规	体育与健康教育研究社	1942年	湖南蓝田	58页，16开	分体育行政之组织、德国学校体育、社会体育、体育师资及体育奖章运动等7章	著
健行集	郑法	福建南靖师范	1942年				编
我国当前的体育问题	郝更生讲，中央训练团党政高级训练班编	编者刊	1943年	重庆	10页	中央训练团党政高级训练班教材	编

续表

书名	作者	出版者	时间	地点	页数、开本	内容简介	备注
体育之基本原理与实际	王学政	商务印书馆	1943年	重庆	158页	包括原始农业化和今日工业化生活与体育之关系、体育的目标、训练的规律、基本的技能、军事体育述要、体操之价值及其练习、身体普遍的缺点及其矫正法等12章	著
军国民体育常识	吴光杰	中华书局	1943年	重庆	148页，36开	分关于体育之卫生常识、柔软体操、器械体操、田径赛、球戏、游泳等7章。附：各种球戏及比赛之规定。该书译自德文，原书名及著者不详	译作
体育教师手册	吴文忠	中华书局	1943年	上海	368页，36开	各级学校体育的行政设施、体育与他种行政的联系、体育教材的类别及其选配、体育经费及建筑与设备、体育表演及运动比赛的组织与实施等	编
体育释义	郑法	福建南靖师范体育处	1943年				著
小学韵律活动	高梓	教育部石印室	1943年			教育部体训处	编
科学的健美法	何秋英	天下书店	1943年	桂林	133页	分健美总论（身体变化的几个时期）、健康美与姿态美、体重失常的避免、毛发与健美、眼的修饰、最普通的健身法、床上健身法等17章	编著

续表

书名	作者	出版者	时间	地点	页数、开本	内容简介	备注
技巧运动教材	李林	广西省立南武师范学校	1943年	广西南宁	(15+182)页	分器械运动教学法、平均台、垫上运动、木马、跳箱、联合器械运动、双环、双杠、单杠、各种器械图说等10章。编者附言内题：本书第一章"器械运动教学法"为周鹤鸣原著。有蒋炳璠序	著，广西省立南武师范学校丛书3
篮球运动法	厉鼎禹	桂林国立汉民中学体育处	1943年				
力之秘诀	刘载民	商务印书馆	1943年				编著
家庭健身操	麦克乐	教育部石印室	1943年	重庆	48页	分男女红、白、蓝操三种，每种之下按内容深浅分成一、二、三教程，有图式说明。书前有简要说明、原书序等	编译，〔美〕麦克乐著
垒球	宋君复	教育部石印室	1943年	上海	97页（1944年版）/84页（1948年版）	分垒球之发展与价值、场地的选择与布置、设备之构造与装置、垒球游戏方法概说、垒球基本技能之练习、击球队之进攻方法、垒球训练之要点及垒球裁判问题之解答等16章	著
中国国民体操	万籁声	福建省银行	1943年	福建永安	56页，64开	分基本运动、连续运动、自行运动、榻上运动等4个教程。卷首有《军政部代电》（渝仁役训），封面题：军政训部审定	著
课外运动	吴邦伟	正中书局	1943年	重庆	60页		编著，训导丛刊9

续表

书名	作者	出版者	时间	地点	页数、开本	内容简介	备注
田径赛补助运动	吴文忠	教育部石印室	1943年	重庆	117页	内分总论、赛跑必需之补助运动、跳栏必需之补助运动、跳跃必需之补助运动、掷重必需之补助运动等5章。有编译者自序。附：田径赛各项运动要素研究表、田径赛分项准备运动、田径赛姿势训练要领。该书内容大部分选译日本高田通氏著《陆上竞技补助运动》一书	编译，体育丛书
体育训练图解	郑法	漳州古宋印务公司	1943年	福建漳州	72页		编
最新体操图	中国教育器械馆	商务印书馆	1943年	上海	48页		编
模型教育之路	周锦前等	中国滑翔出版社	1943年	重庆	31页	分引言、各国模型热、模型教育之路、几个连带解决的问题4章。有郝更生的前言。附：比赛获胜的方法	著，航空模型丛书第2册（朱惠之主编）
华北体育协会章程	（伪）华北体育协会	编者刊	1943年	北平	7页	日伪出版物，8章27条	编
中华民国参加东亚运动大会报告书	（伪）中华民国参加东亚运动会筹备委员会	编者刊	1943年	南京	144页，16开	日伪出版物，此次运动会在长春举行	编
体育法令汇编	教育部国民体育委员会	教育部特设体育师资训练所	1943年	重庆	227页，16开	分通则、学校体育、社会体育3编。收入修正国民体育法、国民体育实施方针、小学体育实施方案、体育节（9月9日）举行办法要点等52个章则。有各省市教育行政机关体育行政视导要点等5个附则	编

续表

书名	作者	出版者	时间	地点	页数、开本	内容简介	备注
学生体格标准	教育部体育委员会	编者刊	1943年		30页，16开	为5～19岁中小学生制定	编
上海跑马总会中华民国卅二年第七期秋季赛马第一天及第二天参加各赛马各节目表	上海恒产股份有限公司	编者刊	1943年		64页，16开	沦陷区出版物。中英文对照	编
田径赛及全能运动裁判法	徐汝康	体育与健康教育研究社	1943年	湖南蓝田	72页，32开	分会场管理员及总裁判、田赛裁判法、径赛裁判法及全能运动裁判员须知4章。附：武装运动竞赛规则及其设计、各种裁判记录应用表格。书前有金兆均序	编著
板羽球规则	中华全国体育协进会	订者刊	1943年	重庆	10页	包括板羽球小史及规则。另有单打、双打球场图	原订并审定
中华全国体育协进会工作报告	中华全国体育协进会	编者刊	1943年		52页	收中华全国体育协进会1941年2月至1943年9月的工作报告书。分概述、总务组工作、推行组工作、编审宣传组工作及运动裁判会等6类。附：该会组织会系统表、现任职员表等	编
国民体操（中央青年干部学校讲义）	顾舜华	中央青年干部学校	1943年		13页	即太极操。版权页署褚民谊发明。1934年教育部审定列入小学体育课程大纲。共20个动作	编
国术教本	万籁声（军政部军训部审定）	改进出版社	1943年	福建永安	192页	内分队形、拳术、器械、暗器、基功、榻上运动等7章。书前有陈立夫等人序	著

续表

书名	作者	出版者	时间	地点	页数、开本	内容简介	备注
游戏与工作	陈景虞	文风书局	1943年	重庆	38页,36开	分4章,介绍游戏的意义、游戏与工作的区别以及儿童游戏等。有萧同兹序	著,新少年文章第1集,王平陵主编
社交游戏法	胡贻谷	正声书局	1943年	上海	53页	分室内、室外及科学游戏法等4章,收问答猜人、穿针竞速、联句电文、瓶水涌珠等游戏160余种。有弁言	著
古今围棋名局汇选	沈子丞	世界书局	1943年	上海	501页	收《古谱钩沉》《清簟疏帘集》《离垢居谈棋》三种。有编者序	编
海内外象棋新谱	谢宣（侠逊）	天地出版社/正风出版社	1943年	重庆	180页,36开	内分残棋决胜、全盘战局、枰场丛纂三部分。有冯玉祥、孙科、于右任、孔祥熙等人的题词和跋	编著
战时团体游戏	友松	真实书店	1943年	桂林	62页	包括37种游戏,其中有"服从领袖""通缉汪贼""经济动员"等。有序	编,学生各科参考丛书
小学垫上运动与叠罗汉	周鹤鸣、吴澄	教育部石印室	1943年	重庆	94页		编著
战时体育补充教材	程登科	教育部石印室	1944年	重庆	99页,16开	田野运动、障碍运动、球类运动、行军与远足、角力、举重和劈刺等8章,该教材适用于对学生、士兵和公务员进行训练	编,教育部国民体育委员会主编
从体育中培养品格	江良规、吴琅笙	教育部石印室	1944年	重庆	54页	分品格教育的历程、培养观念理想和习惯、活动方式的选择、一个教育上的实验等14节	译作,〔美〕麦克乐著

续表

书名	作者	出版者	时间	地点	页数、开本	内容简介	备注
体育概论	刘德超	商务印书馆	1944年	重庆	246页	体育课程、军事体育、体育史略、体育与人生、运动理论、各国体育概要、各国青年训练与体育、体育行政等9章	著
中等学校体育建筑及设备	宋鸿坦	教育部特设体育师资训练所	1944年	重庆	166页	分4章,介绍球类、田径运动的场地及设备,以及技巧运动的器械等	编著,教育部特设体育师资训练所体育丛书2
西洋体育史	谢似颜		1944年				译作
小学整队与走步	陈韵兰、赵汝功	教育部石印室	1944年	重庆	59页		著
青年体育	方万邦	商务印书馆	1944年	重庆/上海	124页	青年体育的意义和价值、青年身心发育的状态与体育、世界各国青年体育的新趋势等8章	编著,青年体育丛书
青年体操	田汉祥、戴仁声	青年出版社	1944年	重庆	12页	根据欧美各国体操动作选编而成,共10套动作。有程登科序	编著,青年体育丛书
球类运动教材	吴文忠	商务印书馆	1944年	上海	215页	分两编:"总论"分球类运动之意义与价值、教学方针、指导程序及球类运动简史4章;"教材"分排、篮、网、笼、手、橄榄球等46章	著
苏联的跳伞上滑翔运动	钟斌	中国文化馆附设中国印业公司	1944年	广东曲江	59页	分3章,介绍苏联的跳伞与滑翔运动、最近几年的飞行成绩以及民用航空的发展。有李济深序。有白崇禧、蒋光鼎、李汉魂等6人题词	译作,〔苏〕卫·毛希科夫斯基著
最新田径及全能运动比赛规则	(伪)华北体育协会	(伪)华北体育协会	1944年	天津	46页	日伪出版物。分7篇,共67章	审定

续表

书名	作者	出版者	时间	地点	页数、开本	内容简介	备注
各项运动规则	安徽省立徽州师范体育研究社	编者刊	1944年	安徽歙县	156页	收田径赛全能运动、男女篮球、男子足球、男女排球、乒乓球等7项规则。附:《中国与远东及世界田径赛最高纪录比较表》《全国运动大会史》等4篇	编
皖南第一届运动会纪念册	安徽中央日报社	中央日报社	1944年	安徽	82页	介绍该运动会情况,并有国民党各级党部、三青团、国民政府等组织概况和系统表,第二次世界大战各区战事形势地图等。封面题:安徽中央日报皖南运动会纪念册	编
垒球规则	教育部国民体育委员会	教育部特设体育师资训练所	1944年	重庆	48页	分比赛大意、设备、球员用品、队长的职责、掷球规则、击球次序等章	审定
足球规则（修订本）	教育部体育委员会	正中书局	1944年	重庆	26页,64开	共17章。有附录	审定、编辑
田径全能及球类运动规则	陆军步兵学校	陆军步兵学校	1944年		132页	收田径全能、男子篮球、女子篮球、最新男女排球、足球等规则	编
宁夏省三十三年秋季全省运动大会总报告	宁夏省三十三年秋季全省运动大会筹委会	编者刊	1944年		99页,16开	包括大会的缘起及概述、各组工作报告、章则、运动成绩等。有王星丹序	编
赛马节目册（第九期春季赛马）	上海体育会	编者刊	1944年	上海	136页,36开	沦陷区出版物。中、英、日文对照。介绍1944年4月29~30日两天参赛的马和骑手等。附:《第八期赛马成绩表》	编

续表

书名	作者	出版者	时间	地点	页数、开本	内容简介	备注
学校体育设备	朱荣年	湖南大学	1944年	长沙	61页		编著
足球、篮球、排球规则		亚光书局	1944年	上海	92页，64开	附毽球规则	编
劈剑图解	邓德达	教育部特设体育师资训练所	1944年	重庆	41页	内有劈剑要则、剑之制法、比赛规则及各式剑法（30式）	编著
擒拿	邓德达	教育部石印室	1944年	重庆/上海	56页	分擒拿总论要则、教学法、基本练习、实施擒拿对抗法及抓扭要害部位图等5章。有周鹤鸣序	编著
太极要义	黄元秀	文信书局	1944年	重庆	142页	包括太极拳理详解，王宗岳先师拳论，太极拳表解、名称、运动步位图，太极剑名称，太极剑名称歌，太极粘连枪等。书前有蒋中正等人题词、谭梦贤等7人序。附：《武术丛谈》。书内书口题：太极拳要义	编著
武当嫡派太极拳术	李寿笺	业余太极拳社	1944年	南京	84页，36开	介绍太极拳术的打法，有图解说明，并论述太极拳术的意义、源流、十要、真义等。有贺耀祖等人的题词、张之江序及著者自序	著
新撰围棋初步（上、下册）	崔庆德	学生书局	1944年	上海	102页	分棋具、着棋规则、棋步名称、其他名称、战斗、战术、战略等8章。有著者序	著
金鹏决着谱、王著梅花谱合编	谢宣（侠逊）	风云出版社	1944年	重庆	140页，36开	象棋谱	辑选

续表

书名	作者	出版者	时间	地点	页数、开本	内容简介	备注
少年军事游戏	重矛	正中书局	1944年	重庆	83页	分地上游戏、野外游戏、水上游戏、雪地游戏4章，介绍游戏10种	译作，康柏尼兹·且立夫可天著
奥林匹克沧桑录	谢似颜		1944年				
体育教材	陈炯桢	永春力行中学	1945年	福建	128页		编
军警体育	程登科	教育部石印室	1945年	重庆	52页	分7章，介绍世界各国军警体育概况、行政组织、建筑及设备、教材及考核办法，以及我国军警体育之将来	编著
体育原理	江良规	商务印书馆	1945年	重庆	203页	人类发展史，体育之生理学、心理学、社会学、哲学等基础，德美两国体育概况等10章	著
体育与教育	王学政	商务印书馆	1945年	重庆	94页	包括体育之基本原理及其与教育之关系、体育在教育上的地位、体育之目的、体育心理等	著
小学体育教材选辑	黄桂清	教育部特设体育师资训练所	1945年	重庆	115页		编
小学韵律活动补充教材	彭泽芬	教育部石印室	1945年	重庆	46页		编
足篮球世界	沈镇潮	体育世界社	1945年	上海	76页		著
篮球竞赛之理论与实际	谈连峰	立达书店	1945年	福建永安			编著
小学竞技运动教材与教法	王复旦	教育部国民体委会	1945年	重庆	63页		编

续表

书名	作者	出版者	时间	地点	页数、开本	内容简介	备注
小学体育教材选辑	吴邦伟、高梓、范宗光	编者刊	1945年				编
小学徒手操	吴澄、王子鹤	教育部石印室	1945年	重庆/上海	115页	分教法概述、小学初年级模仿操、中年级简易徒手操、徒手操部位及动作名称之解释等6章	编
单双杠教材教法	萧保源	重庆教育部体训所	1945年	重庆	88页		编著
单双杠游戏与比赛	萧保源	教育部特设体育师资训练所	1945年	重庆	66页	分游戏功能、指导原则、游戏教材等4章，介绍支撑、悬垂、腾越、回环、摆动等简易动作。有郝更生序、编者序	编，教育部特设体育师资训练所体育丛书3
摔角术	张文广	教育部石印室	1945年	重庆	34页	分总论、基本动作、摔法3章，介绍摔角意义、史略、基本理论及各种摔法。附：摔角衣带之制法	编著
初中器械运动	周鹤鸣	教育部石印室	1945年	重庆	170页		编
早操	周鹤鸣	教育部特设体育师资训练所	1945年	重庆	98页	分早操二十教程之编制、早操之教学、预备部位图解、实验早操二十教程等4章。为教育部特设体育师资训练所实验教材	编
上海足球	周家骐	业余周报社/勤奋书局	1945年	上海	184页	内收周家骐的《业余运动之旨趣》《裁判员概论》、洛人的《足球鼻祖之南洋约翰年赛》《球王本记》、龙合的《球海风渡记》和必方的《卅年来足球技巧及战术演变》等49篇。书前有沈嗣良序及主编自序	主编

续表

书名	作者	出版者	时间	地点	页数、开本	内容简介	备注
十二年来之国体师专	国体师专校刊编辑委员会	国体师专出版委员会	1945年	南京	50页，16开	有校史、概况、未来展望等	编
男女篮球规范	萧保源	教育部特设体育师资训练所	1945年	重庆	120页	分篮球小史及评价、篮球裁判法、篮球场地之设备与比赛表格、篮球预备游戏及训练法、篮球课外运动等5章。有郝更生序及编者例言	编，教育部特设体育师资训练所体育丛书4
中华全国体育协进会民国33年度工作报告	中华全国体育协进会	编者刊	1945年	重庆	52页	包括1942年10月至1944年12月该会总务组、编审宣传组及运动裁判会的工作报告。书前"概述"介绍该会产生历史，战前、战后工作概况及迁渝情况。附：组织系统表和职员及裁判员一览表	编
短兵术	温敬铭	教育部石印室	1945年	重庆	86页	分6章，介绍中国短兵器的使用技术、攻防原则及其要领，并有图示说明。正中书局出版本附比赛规则	编
太极拳正宗源流	吴志青	致文印刷铸字所	1945年	昆明	138页	该书与《国术论丛》《国术理论体系》《历世纪》合刊	著，尚武楼丛书第2种
唱游	陈韵兰	教育部石印室	1945年				
小学游戏	冯公智	教育部石印室	1945年	重庆	142页		编著
中学舞蹈（上、下）	高梓	教育部石印室	1945年				

续表

书名	作者	出版者	时间	地点	页数、开本	内容简介	备注
室内游戏	黄蔷英	商务印书馆	1945年	重庆	58页	分室内游戏领导法、社交游戏、团体游戏、机敏游戏、纸笔游戏、机巧游戏等7章，介绍130种游戏方法。有编者序。封面、书名页及版权页均题：教育部国民体育委员会主编	编
科学游戏	濮源澄	中华书局	1945年	重庆/上海	78页/54页		著，中华文库小学第1集，高级自然类，舒新城主编
安全教育	赵汝功	重庆教育部国民体育委员会	1945年		29页		编著，民众体育丛书2
小学体育训练图解	郑法	七七出版社	1945年				编
世界体育史纲要	程登科	商务印书馆	1946年	重庆/上海	327页	分各种运动的种类及其演进、体育传播线、古代体育史略、中西各国体育史略和世界各国体育特史5编	著
游泳指导	程登科、萧忠国、田汉祥等	拔提书店	1946年	南京	38页，16开	收载仁声的《青年与游泳》、程登科的《游泳第一课》、程铭盘的《蛙式游泳》、萧忠国的《游泳救生术》和田汉祥的《游泳池之设计》等12篇文章	编
瑞士滑雪技术说明书（雪地及山地作战参考书）	国防部第二厅	编者刊	1946年	南京	48页，64开	介绍瑞士滑雪概况、滑雪器具、动作及注意事项等	编

续表

书名	作者	出版者	时间	地点	页数、开本	内容简介	备注
篮球研究	蒋桐森	商务印书馆	1946年	上海	72页	分篮球史略、投篮、输送球、足部动作、个人防守、团体防守、个人与团体进攻、篮球训练法及关于篮球设备的讨论等9章。有周尚序、吴蕴瑞序	著，体育小丛书
几种球类运动	王庚	商务印书馆	1946年	上海			编著
举重练习法	韦宏岐	说文社出版部	1946年	重庆	106页	分准备运动法、举重之设备、基本举重法及技巧举法4章，附图说明。有著者序。附：举重规则	著
中心国民学校徒手体操理论与教材	俞子箴	省立专师体育科	1946年	安庆	115页		编，省立专师体育科讲义6
网球规则（民国三十五年）	国际草地网球协会原订，中华全国体育协进会译订	商务印书馆	1946年	上海	10页	分2章，讲述网球单打和双打的规则。书前有单打、双打比赛场地图	译订
民国三十五年江西全省运动大会秩序册	江西省运动大会	编者刊	1946年	南昌	108页	内有大会章则、职员名单、开幕仪式、运动日程、参赛单位及运动员名单。附：世界、远东、全国、华中及该省最高成绩一览	编
举重规则	教育部体育委员会	正中书局	1946年	上海	10页		审定
怎样举办运动会	李祖萿	静林出版社	1946年	福州	348页		编著
男子篮球规则	美国篮球协会原订，中华全国体育协进会编译审定	商务印书馆	1946年	重庆	41页	分设备、职员及其职务、队员及替补员、比赛述（术）语、罚球等10章	编译审定

续表

书名	作者	出版者	时间	地点	页数、开本	内容简介	备注
台湾省第一届全省运动大会手册	台湾省第一届全省运动大会宣传组	编者刊	1946年	台北	104页	内有大会组织大纲、参加单位、比赛规则、各项运动抽签秩序表等。书前有会旗、题词。后有大会节目时间分配表及会场图	编
网球规则	吴秉常	教育部国民体育委员会	1946年		15页		著
卅种球戏规则	中国体育社	三民图书公司	1946年	上海	178页		编译
最新注释排球规则	中国体育社	三民图书公司	1946年	上海	68页	分排球概论和排球规则两编。附：排球击法要诀、排球队训练要诀及排球规则专门名词中英文对照表	编译，新时代体育丛书
最新田径国术举重游泳规则	中华全国体育协进会	江西省立体育场暨附设高中体育师范科	1946年	南昌	126页		审定，国民体育丛书17
垒球规则	中华全国体育协进会	商务印书馆	1946年	上海	44页	共31条	审定
排球规则	中华全国体育协进会	商务印书馆	1946年	上海	31页	共14章。附：六人制排球规则（15章）	编译审定
乒乓球板羽球圈网球规则	中华全国体育协进会	商务印书馆	1946年	上海	24页	1946年审定并公布	编订审定
足球规则（民国三十五年）	中华全国体育协进会	商务印书馆	1946年	上海	17页		译订

续表

书名	作者	出版者	时间	地点	页数、开本	内容简介	备注
羽球规则（最新标准）	周家骐，国际羽球协会原订	上海市体育会	1946年	上海	12页，42开	包括规则20条、规则释例、球员须知和裁判员执示职务示要等。由上海特别市体育会羽球委员会采用审定	编译
身心保健术	张国华	群学书店	1946年				著
养心斋象棋谱	何重鸿	川北盐务管理局合作社	1946年	四川三台	106页，16开	该谱为"得先屏风马横车破当头炮全局着法"。全书分全局着法及残局着法两编。有谢侠逊序、著者序	著
金鹏梅花决着棋谱	谢宣（侠逊）	正风出版社	1946年	上海	140页，36开		编著
弈园棋谱（初集）	许弼德	著者刊	1946年		50页	象棋谱，系上海《银钱报》"弈园"栏目第1~22期的汇编本。附：弈棋的漫谈短文多则	著
游戏娱乐	杨荫深	世界书局	1946年	上海			编著
中国游艺研究	杨荫深	世界书局	1946年	上海	104页		著
体育概论	王学政	商务印书馆	1947年	重庆	312页	包括体育与生活、体育之意义及其目的、体育与人类之本性、体育之演进及其制度与背景等11章	著，复兴丛书，新中学文库
体育之话	陈东林	中华书局	1947年	上海	84页	内分体育目的、方法，体育和我们身体的关系，以及女子体育和民众体育等6章	编，中华文库
运动卫生法	丁叔明	中华书局	1947年	上海			著
健康教育	方万邦	商务印书馆	1947年	上海			编著

续表

书名	作者	出版者	时间	地点	页数、开本	内容简介	备注
小学体育	高梓	正中书局	1947年	上海	140页	分3篇，讲述小学体育的基础、目的、意义、补充教材等	著，师范丛书
西洋体育史讲义	黄沧一	广州体育学校	1947年				编著
国民体育训练与实施	刘昌合	商务印书馆	1947年	上海	254页	8章：国民体育之重要性、行政组织、经费、干部培养以及国民体育督促与考成等。附：蒋介石著的9篇训示，体育法令4个，中国国民党三十四年六全大会提倡国民体育的条文	著，国防教育丛书
小学体育教本	沈寿金	正中书局	1947年	上海	162页	书前冠编辑大意，遵照部颁小学课程标准编著。第1册第一学年用，第2册第二学年用，第3册第三学年用	编著
健身新术	〔美〕顾南登原著	新纪元出版社	1947年	上海	127页		编，新纪元学术丛书体育类
足球战术	陈天祥	徐汇中学（新科学书店）	1947年	上海	134页 36开	分个人技术、作战技术、足球队教练法、运动能力的培养、足球运动的教育意义等5章。书前有张伯达序、著者序及导言	著，徐汇中学青年丛书1
篮球指导术	陈新民	福州教育图书出版社	1947年			共11章，详细介绍了篮球游戏的方法、场地器材设备、球队的组织与人选等内容及各种基本技术等内容	著
最新游泳术	华竞武	达文书局	1947年	上海	68页	分练习游泳和先决条件、平体游法、立体游法、潜水法、跳跃法、游泳竞技及急救法等11节	编著

续表

书名	作者	出版者	时间	地点	页数、开本	内容简介	备注
美国体操教材	联合勤务学校教官训练班	译者刊	1947年		92页	分徒手体操、国术运动和擒拿术3篇	译作
篮球夺霸术	桑榆	东南日报社	1947年	上海	119页	分上、下集：上集9章，介绍篮球的基本技术，每章后有译述者的"按语译述"；下集5章，介绍高级战术。书前有译述者"我的话"。附跋。该书译自1942年出版的《篮球夺霸术》，著者为美国纽约市大学体育科副主任兼篮球教练	译述，〔美〕霍尔曼（N. Holman）著，东南日报体育丛书8
网球年报	上海市体育协会网球委员会	编者刊	1947年	上海	100页	内收《网球季管窥》《我国参加台维斯杯赛成绩》《我国网球界的回顾与展望》等14篇文章，还收有上海第一届、第二届网球公开赛和上海草地网球赛历年成绩等。有赵敏恒前言	编
体操和球戏	叶绍钧等	中华书局	1947年	上海	31页	介绍国术、足球、篮球、网球、对球等运动的基本动作和规则。1948年8月再版	编，中华文库小学第1集，高级体育类
复兴体操教范	中央训练团	编者刊	1947年		36页，64开	系国民党中央训练团创制的国民体操的说明。附图示。卷首刊蒋介石题字"力行"	编
国际奥林匹克	董守义	世界书局	1947年	上海	180页	编者出席1947年6月18日至21日在斯德哥尔摩举行的国际奥委会会议后的报告书。介绍此次会议情况、第14届奥运会筹备情况，以及奥林匹克运动会宪章。并	编译，世界集刊，李鸿球主编

续表

书名	作者	出版者	时间	地点	页数、开本	内容简介	备注
						收袁敦礼的《近代奥林匹克理想与组织及其我国体育之关系》，荷兰侠露的《世界的将来与奥林匹克运动》《奥林匹克运动的宣传》等。有王正廷序，附编译者感言	
贵州省第四行政区三十六年度国民体育运动大会特刊	贵州省第四行政区国民体育运动大会筹备委员会宣传组	编者刊	1947年		32页，16开	包括大会致辞、比赛规程、运动成绩及方少仙的《体育与禁烟》等3篇论文。有朱家骅等人题词。附编辑后记	编
国立体育师范专科学校六周年纪念特刊	国立体育师范专科学校（章辑五）	编者刊	1947年	湖北武昌	132页，16开	内收济武的《中国体育的命运》、王衡的《体育师资之条件》、温敬铭的《国术概说》、吴志刚的《一九四七年美国大学篮球锦标赛中八个大学所采用的战略》等23篇论文。有发刊词。附：该校概况、学则、师生名录及统计表	编
上海市第五届全市第十一届小学联合运动会秩序册	上海市教育局	编者刊	1947年	上海	50页		编
上海足篮球手册	沈镇潮	体育世界社	1947年	上海	96页		编
男子篮球规则问答	吴志钢	中华体育用品公司	1947年	天津	26页		编译
田径赛及全能规则问答	吴志钢	中华体育用品公司	1947年	天津	26页		编译
足球规则问答	吴志钢	中华体育用品公司	1947年	重庆	22页		编译

续表

书名	作者	出版者	时间	地点	页数、开本	内容简介	备注
太极拳之研究	葛馨吾	国立西北农学院国术学会	1947年	陕西	105页	分9章，包括太极拳史略、效能、文献、图等。书前有唐得源等人的序3篇	著
太极蕴真	宋史元	敬修书局	1947年	青岛	367页	分3章，前2章为太极拳理论，第3章介绍具体动作，并配图说明。书前有丁惟汾等7人题词，有杨森、陈文惠等10人的序文	著
八段锦（增订本）	王怀琪	国光书店	1947年	上海	53页	该书属八段锦南派，与欧美柔软体操相似。编者将《八段锦（修订本）》的内容重新修订，又增加了"床上八段锦练习法"，图示经重新演绎。书前有"编者写在八段锦增订本前""关于八段锦的几句话"。另有"八段锦木版原版图缩影"、"姿势不求正确的练八段锦"（图示）	编
国术讲话（六年级体育科）	赵竹光	商务印书馆	1947年	上海	28页	介绍国术的一般知识，为普及性小册子	编著，新小学文库第1集（朱经农、沈百英主编）
围棋初步	崔庆德	学生书局	1947年	上海	12页	围棋入门简介	著
唱游教材及教学法	邓铸成	晨光书局	1947年	上海			编
游戏教材教具教法	顾琨、侯铭	上海新中国出版社	1947年	上海	64页		编，国民教育辅导丛书2
现代名家对弈两局、围棋通讯第一至十二号	胡沛泉	个人刊	1947年	上海	100页，16开	前一种为1947年9月出版。后一种共12期，1948年4月至1949年5月陆续出版	编

续表

书名	作者	出版者	时间	地点	页数、开本	内容简介	备注
经用的幼儿游戏材料	董任坚	中华书局	1947年	上海	94页		译作，〔美〕加利孙（Charlot G. Garrison）著，儿童教育丛书
扑克牌游戏六十种	吴伯元	家庭服务社	1947年	南京	64页		编
社交游戏四百种	吴伯元	家庭服务社	1947年	南京	124页	介绍适于家庭、学校、团体的游戏400种	编译
怎样游戏（二）	叶绍钧、吴研因、王志瑞	中华书局	1947年	上海	14页	介绍拔河、赛跑等儿童游戏14种	编，中华文库小学第1集，低级体育类
体育游戏一百则	宗嘉谋	正中书局	1947年	上海	58页	分徒手游戏、用器游戏及个人武术的竞争游戏3类，介绍游戏100种。书前有《体育游戏概论》	编著
纪念网球家许承基	蒋湘青、蒋槐青	体育出版社	1947年	上海			著
我是怎样恢复健康的	舒新城	中华书局	1947年	上海	198页		著
国民学校运动场之设计	吴邦伟	正中书局	1948年	上海	27页	分五部分，阐述运动场的面积与环境、设计与支配、建筑与保管等	编著，国民教育辅导丛书
体育的基本原理	叶琛	大中国图书局	1948年	上海	85页	前有郝更生、杨同芳及著者序，共3篇；主要内容有体育的目的与目标、体育的历史背景、科学基础及程序、运动道德纲目及其训练方法等8章	著

续表

书名	作者	出版者	时间	地点	页数、开本	内容简介	备注
体育概论	俞子箴	编者刊	1948年		74页	分总论、体育之范围、体育之目的、体育之定义、体育之分类、体育之演进、体育之学说、各国体育之比较、体育教材之分类、运动之原理、儿童之身心发展状态与体育之设施、体育之科学基础、体育与教育、体育与德育、体育与群育、体育与美育、体育与卫生、体育与童训、体育与军训、体育与国术、体育与劳动	编著，省立专师体育科讲义之九
体育教学法及教材图解	周学旦	教育图书出版社	1948年	福州	182页		编著
小学体育教材（上、下册）	邹法鲁	新夏图书公司	1948年	上海	31页		编著
课外运动	鲍维湘	中华书局	1948年	上海			编著
家庭健身操	陈韵兰	正中书局	1948年	上海	44页，36开	内容与麦克乐著《家庭健身操》同	编译
篮球——看打法论战术	东南日报	东南日报社	1948年	上海	120页		编
田径经验谈与纪录（五）	东南日报体育版	东南日报社	1948年	上海	131页		编，东南日报体育丛书第1辑
足球——从比赛谈技巧	东南日报体育版	东南出版社	1948年	上海	148页	分从比赛看技巧、世界舞台上、人物志及杂俎4篇，评介在沪比赛的国内外足球队的技巧与战术，并介绍国际足球动态、欧洲足球的技术及各地名将等	编，东南日报体育丛书第1辑6

续表

书名	作者	出版者	时间	地点	页数、开本	内容简介	备注
男女简易健身术	李木	正新出版社	1948年	上海	114页		译作，B. Macfadden 著
课外活动指导	李仲耕	商务印书馆	1948年	上海			
乒乓球	马治奎	康健书局	1948年	上海	32页	分乒乓球的理论、乒乓球的技术、规则等9章。目录页书名题：小学乒乓球。正文前书名题：小学乒乓球教材	著，康健丛书
怎样减轻体重	吴琢之	世界出版协社	1948年	上海			著
竞技运动	叶绍钧、吴研因、王志瑞	中华书局	1948年	上海	28页	分课余健身会、谁跑得顶快、看谁跳得好、看谁掷得远等6节	编，中华文库小学第1集，高级体育类
新国民操	张觉非	中华书局	1948年	上海	84页，42开	包括男子部初、高级教程和女子部初、高级教程	编
小学体育教材教法	邹法鲁	世界书局	1948年	上海	229页		编
体操教练		东北军用图书社	1948年		105页，64开	分徒手体操、持枪体操、器械体操及应用体操，共4章	翻印
第七届全国运动大会手册	大公报	大公报	1948年	上海	16页	列述参赛单位及人数，记录各项比赛成绩等。附：落选赛、表演赛及国际田径对抗赛等项目的名单	编
国术规则	第七届全国运动会筹备委员会	正中书局	1948年	上海	8页，64开	包括拳术规则、器械表演规则及射箭规则	编著
垒球规则	第七届全国运动会筹备委员会	正中书局	1948年	上海	51页，64开	计31条	公布

续表

书名	作者	出版者	时间	地点	页数、开本	内容简介	备注
男子篮球规则	第七届全国运动会筹备委员会	正中书局	1948年	上海	60页，64开	分球场及用具、职员及其职务、球员及替补员等10章	编
女子篮球规则	第七届全国运动会筹备委员会	正中书局	1948年	上海	71页，64开	分设备、球队、职员及其职权等12章	编
排球规则	第七届全国运动会筹备委员会	正中书局	1948年	上海	15页，50开	共14章50余条	编
乒乓规则	第七届全国运动会筹备委员会	正中书局	1948年	上海	9页，64开	包括32条款	编
器械操规则	第七届全国运动会筹备委员会	正中书局	1948年	上海	33页，50开	包括规则22条及单杠规定动作51个。附图解	公布
拳击规则	第七届全国运动会筹备委员会	正中书局	1948年	上海	20页，48开	共15章	公布
田径赛规则	第七届全国运动会筹备委员会	正中书局	1948年	上海	62页，50开	内分比赛职员、比赛规则、跳部运动、掷部运动、竞赛运动、全能运动及运动用品8章	编
小型足球规则	第七届全国运动会筹备委员会	正中书局	1948年	上海	27页，64开	共17章	公布
足球规则	第七届全国运动会筹备委员会	正中书局	1948年	上海	25页，50开	共17章	公布

续表

书名	作者	出版者	时间	地点	页数、开本	内容简介	备注
举重规则	第七届全国运动会筹备委员会	正中书局	1948年	上海	9页		公布
水球规则	第七届全国运动会筹备委员会	正中书局	1948年	上海	19页		编
网球规则	第七届全国运动会筹备委员会	正中书局	1948年	上海	17页		公布
游泳及跳水比赛规则	第七届全国运动会筹备委员会	正中书局	1948年		65页		审定
羽球规则	第七届全国运动会筹备委员会	正中书局	1948年	上海	13页		
伦敦世运前夕	东南日报体育版	东南日报	1948年	上海	109页		编,东南日报体育丛书3
全运会特辑	蒋槐青、沈镇潮	体育生活出版社	1948年	上海	72页,16开	报道1948年在上海举行的第七届全运会情况,并介绍第一届至第六届全运会概况,以及全运会、世运会田径、游泳最高纪录	编
第七届全国运动大会手册	潘公望、沈鼎亨	中华书局	1948年	上海	37页,48开	收男女各项体育运动成绩纪录表及最高纪录对照表等	编
上海足球裁判会手册	上海足球裁判会	上海足球裁判会	1948年	上海	32页	内收该会简章、会员录及小史、足球裁判问答、越位图解等。书前有谭敬的序、乐秀荣的前言及吴邦伟的《我们的任务》一文	编

续表

书名	作者	出版者	时间	地点	页数、开本	内容简介	备注
水利部卅七年秋季运动会特刊	水利部	编者刊	1948年		34页，16开	收薛笃弼的《本部七周年纪念秋季运动会开幕词》、沈百先的《体育运动与国家民族的关系》、马兆骧的《体育与水利事业》等文章，并介绍大会筹备经过和球类、田径、竞技各项运动的竞赛成绩。附：第十四届世运会外记	编
莆田田径访问特辑	宋元模	莆田体育协进会	1948年	福建莆田	103页，16开	记述1947年10月莆田田径队访问团进行访问和比赛的情况，内容有该团团员签名式、献词、日记、访问各地的前前后后等。附：《莆访团与七届全运会》等9篇文章	著
求精商学院院庆求精学校春季运动大会特刊	特刊编辑委员会	编者刊	1948年	重庆	12页，16开	有校史纪略、院庆缀词、商学院概况、中学概况、春季运动大会纪言等	编
第十四届世界运动会中华代表团手册	中华全国体育协进会干事部	中华全国体育协进会干事部	1948年	南京	61页		编
第十届世界运动会中华代表团手册	中华体育协进会干事部	编者刊	1948年	南京	60页，25开	收《中华全国体育协进会简史》《第十四届世界运动会中华代表团筹备经过》《中华代表团组织规程》《中华代表团团员须知》及参赛各队代表名录、比赛规程等	编

续表

书名	作者	出版者	时间	地点	页数、开本	内容简介	备注
第七届全国运动会秩序册			1948年		118页	包括职员、裁判员、运动员一览表，开幕典礼秩序，各项锦标赛日程及分组情况，以及表演时间安排等	编
乒乓规则（修正版）			1948年		15页，50开	包括单打、双打规则，共32条条款	
国术初步（体育教材）	范志宣	大陆书局	1948年	上海	9页	介绍操法6节。专为锻炼全身各部肌肉及骨骼，适于儿童练习。有胡怀天序	编
太极拳术的理论与实际	黄寿宸	永嘉出版社	1948年	上海	139页	分5章，讲述太极拳健身、技击的理论和锻炼方法。太极拳在哲学上的地位和学习太极拳要做到"知行合一"等问题。附：《太极拳论》《中国武术的分类》等7篇	编著
集体游戏	何慧作，东北画报社编	东北画报社	1948年		40页，64开	介绍"跟着总司令前进""猫捉老鼠""捉俘虏"等14个游戏	编，战地俱乐部小丛书1
象棋战略	邵次明	民宫报社	1948年	青岛	226页	象棋谱。内分自出洞来无敌手、象棋战略百局精谱、名手对弈、全局精萃等九部分	编著
小学游戏教材	王毅诚	世界书局	1948年	上海	132页		译作，〔美〕米瑟尼著
体育漫谈	陈掌谔	东南出版社	1948年	上海	52页，32开	收《体育大炮》《华侨体育》《拳术之斗》《民主体育》等17篇论文	编著，论文集，东南日报体育丛书9
中国报告文学选集	东南日报体育馆	东南出版社	1948年	上海	70页，32开	收足球、篮球、网球、垒球等报告文学15篇，其中有《联华联两华争雄》《克莱麦与网球》等	编，论文集，东南日报体育丛书

续表

书名	作者	出版者	时间	地点	页数、开本	内容简介	备注
体育名词	国立编译馆	国立编译馆	1948年	上海	295页		编订
球圃菜根集	李惠堂	前锋体育书报社	1948年	香港	171页	收《论体育建国》《战国古代足球谱》《国脚留名》《内围消息》《足球圈里的礼貌》《位置分类谈》《漫游忆旧录》《球坛射虎》《启蒙课本》《姿势图解》《球圃菜根集》等20余篇	著
桑榆随笔	桑榆	东南出版社	1948年	上海	54页		著，东南日报体育丛书2，第1辑
体育论文集	薛学海	东南出版社	1948年	上海	82页，32开	收《复兴与体育刍议》《世界各国田径实力志》《高栏学理详解》等8篇论文	著，论文集，东南日报体育丛书
十五年来的体育生活	赵竹光	作者书社（上海健身学院）	1948年	上海	188页		著，健力美丛书
体操图解	刘振文		1948年				编
体操教材与教法	周鹤鸣	国立中央大学体育系	1948年	南京	128页		著，国立中央大学体育系小丛书（中小学适用）
体育设备	马瑜	商务印书馆	1949年	上海	204页	分绪论、重器械设备、球类设备、田径设备、儿童游戏设备、其它体育设备等6章。有著者序。附：公分英寸对照表、公分市寸对照表	著
小学体育教师手册	张觉非、俞子箴	中华书局	1949年	上海	232页		编，中华文库小学教师用书1

续表

书名	作者	出版者	时间	地点	页数、开本	内容简介	备注
新民主主义的国民体育	中华全国体育总会筹备委员会秘书处	编者刊	1949年	北京	32页		编
游泳速成新术	俞斌祺	标准运动器具公司	1949年	上海	29页		著
小学团体操教材及教学法	俞海林	中国儿童图书出版公司	1949年	杭州			编
怎样游泳	赵宇光	商务印书馆	1949年	上海	44页	分游泳应注意的几点、游泳技术的训练、跳水的训练及意外的急救等7篇	编，儿童体育丛书
最新排球规则	连长记体育用品号排球研究委员会	连长记体育用品号	1949年	上海	10页	共14章	编
棒垒球指南	梁扶初	熊猫体育会	1949年	上海	156页	介绍棒垒球发展小史、特点、棒球与垒球的差别，以及守备法、攻击法和各种战术。有王之卓等3人序各一篇，有著者序。附：《要做个垒球能手吗?》等2篇	著
最新标准排球规则	三元体育用品有限公司	编者刊	1949年	上海	10页	共14章	编
最新标准男子篮球规则	宣智杰	全国体育用品号	1949年	上海	50页		编译
足球规则	中国体育社	三民图书公司	1949年	上海			编
太极拳刀剑杆散手合编	陈炎林	国光书店	1949年	上海			著
少林寺拳法	释禅	武陵出版社	1949年				著

续表

书名	作者	出版者	时间	地点	页数、开本	内容简介	备注
科学消遣	姜长英	中国科学图书仪器公司	1949年	上海	146页	供消遣娱乐，包括"三数游戏""圆周率""完成等式""一笔画星""移棋换位""九连环""文字游戏"等	编
叠罗汉教材	阮蔚村	勤奋书局	1949年	上海			译作，捷尔兹著
实用户外游戏教材	吴耀麟	商务印书馆	1949年	上海	139页		编
团体游戏四百种	吴耀麟	商务印书馆	1949年				编著
几种乡土游戏	张宝椁	商务印书馆	1949年	上海			编
我们的球戏	赵竹光	商务印书馆	1949年	上海	46页	介绍小排球、投篮比赛等15种球戏	编，儿童体育丛书
活的身体	日新	生活书店	1949年	大连	92页		
南京市中小学体育巡回辅导团教材	高梓	正中书局		南京			编
体育讲义	郭刁萍	广东省教育局第二届暑期体育训练班					编
体育学	秦岱源等						著
体育建设与设备	宋少奇				96页		
健康与妇女运动	吴兴业	商务印书馆		上海			编
体育原理	徐一冰						编著
希腊体育史	徐一冰						编著
徐氏体育学	徐一冰						编著
健康教育	薛德焴	新亚书店		上海			著
中心国民学校体育行政（讲稿）	俞子箴	省立师专					编

续表

书名	作者	出版者	时间	地点	页数、开本	内容简介	备注
运动救急法	赵士清	商务印书馆					编
体育与救国	中国国民党中央执行委员会宣传委员会	编者刊			108页	收孙中山的《〈精武本纪〉序》、朱执信的《精武本纪题词》、蒋介石的《救国救种的唯一要图就在提倡体育》、戴季陶的《由中国历史文化上见到的体育的意义》、邵元冲的《中华民族恢复强健的起点》、蔡元培的《注重运动的原因》等22篇。作者还有陈布雷、褚民谊、何应钦、朱家骅、陈立夫等	编
体育原理	诸克沛	群益出版社		上海			译作,〔日〕高岛平三郎著
江苏师范讲义（体育）		日本并木印刷所					
女子体操教科书	〔日〕白井规矩郎、蔡允氏	文明书局		上海	125页		译作,〔英〕乾姆·爱兰西著
课外简易体操	〔日〕可儿德	中华书局		上海	24页,48开	收儿童课前业后简易体操6种	著
新民体操指导书	（伪）中华民国新民会中央指导部	（伪）中华民国新民会中央指导部		沈阳	5页,50开	日伪出版物。分新民体操的目的、新民体操实施方针、新民体操的体育内容等3章。附：新民体操图表（日汉对照）	编
飞机模型制作法	陈岳生	商务印书馆					编
强健身心法	董伊兰	中华书局		上海			编
陆地竞走	范迪吉	震东学社					译作,〔日〕志岐守二著

续表

书名	作者	出版者	时间	地点	页数、开本	内容简介	备注
球术	范迪吉	震东学社					译作,〔日〕津田素彦著
射击术	范迪吉	震东学社					译作,〔日〕远山熙著
射击学	简直义						著
体育	军事委员会政治部	编者刊			78页,64开	分11章,介绍复形操、排、篮球、武装越野赛跑、爬山比赛等	编,康乐活动指导第1集
健身术	李木						译作,〔美〕麦克·费丹著
柔软体操十二式	李培藻	商务印书馆		上海			编
女学体操	苏慕德、王培基	光学会		上海			编
手球	孙道胜	中国青年会体育部		上海			编
男子强壮法四种	倜庵(金倜庵)						编
健身术	王怀琪	中国健学社		上海			编
瑞典式体操法	王季良等	湖北体育丛书编辑社					著
女子体操	王培基	光学会		上海			编
早操教本	王澂	南京高等师范学校		南京			编
游泳成功术	徐斌祺	勤奋书局		上海			编
二分钟体操	徐傅霖	中国图书公司		上海			译作,〔日〕小出未三氏著
小学体育教材教法	俞子箴	康健书局		上海			编著

续表

书名	作者	出版者	时间	地点	页数、开本	内容简介	备注
新编体操教范草案	张铎				124页，64开	内分柔软体操和器械体操（实缺）两部分。介绍发端姿势及筋肉训练。有弁言。附：《筋肉训练分段练习》《持枪训练》等9篇	编
处女运动术附德国最新发明美容体操					18	分8段，附图说明。侧重锻炼女子胸腹等部位。附：德国最新发明美容体操，介绍果实疗法和颜面按摩等。书前有序	不详
马术教范					(174+198)页，50开	共2部，第1部骑马，有附录；第2部调教。每部又分若干章	
马术口令					6页，50开		
骑马口令					12页，64开		
北平特别市国术分馆国术研究概览	北平特别市国术分馆	编者刊			8页		编
棒球训练法	蔡慧一	勤奋书局		上海			编
海军第一次运动会秩序册	海军第一次运动会筹备委员会	编者刊		上海	22页	包括开幕仪式、大会职员表、领队及运动员须知、各项比赛秩序表	编
河北省立第七师范学校秋季运动会专刊	河北省立第七师范学校	编者刊		河北大名	40页，16开	内收学生关于体育运动的作文35篇，如《体育与民族之关系》《运动会之前》《运动在民族复兴上的意义》《运动会的一幕》等。书前有题词、照片及场地图等	编

续表

书名	作者	出版者	时间	地点	页数、开本	内容简介	备注
体育课程标准	教育部中小学课程标准编订委员会	编者刊			34页	教育部颁行	编
欧洲体育运动考察报告	金兆均等				134页	内收丹麦、瑞典、德国、捷克、奥地利、匈牙利、意大利等7国的体育考察报告（各国的体育行政、学校体育、社会体育及考察建议）。附：编后意见（金兆均等）	编
日本视察体育报告	陆济				14页，24开	著者系江苏省立第一师范学校体操教员，于1912年5月去日本视察。该书为回国后之报告，介绍日本情况	著
学校体育之目的体育实施之计划	麦克乐				22页，28开	介绍学校体育的普通目的与特殊目的，以及各级学校体育实施的计划等	著
上海市立体育专科学校第二届毕业纪念册	上海市立体育专科学校	编者刊		上海	21页，16开	该书为同学录，有校址、场地、教职员及第二届毕业生照片。书前有序言、学校简史。附：师生通讯录及编后语	编
棒球新规	世界运动会	大众书局		上海	56页	共71条	订定
外交部郊球场简章（附会员规则）	外交部	编者刊			12页	中、日、英文对照	编
新订田径赛游泳规则	远东运动会	时报馆		上海	38页	收田径赛运动规则42条，游泳规则6条	编译
上海体育实施法	郑法	商务印书馆					编著

续表

书名	作者	出版者	时间	地点	页数、开本	内容简介	备注
中国体操学校第壹次运动会顺序及说明	中国体操学校	编者刊			10 页		编
国术基本操典草案	中央国术馆			南京			编
中央国术馆师范班招生简章	中央国术馆	编者刊			10 页,21 开		编
中央国术体育研究会简章	中央国术研究会				8 页	分 13 章,共 30 条	编
二十二年全国运动会纪念册		中华书局		上海	96 页,48 开	第五届全运会筹委会组织规程、办事细则等	编
拳剑指南（上册）					114 页	介绍 28 种拳剑练法,其中有飞龙拳、太极拳、长拳、五虎拳、六合拳、张飞枪、太白剑、九节鞭、醉八仙等。书前有林毓聪序（写于 1930 年 1 月）及洞庭散人序。书残	编
上海跑马厅产权调查报告					13 页,25 开	介绍英国人抢占民地作为跑马厅的经过。附：《跑马厅畔话掌故：一页洋人侵略史》（1946 年 9 月 15 日《申报》）	编
上海市体育场游泳池一览					26 页,50 开	包括管理规则、各项办法及注意事项等。书内注明开放日期为 1937 年 6 月	编
最新篮球规则（标准袖珍本）		中华运动用品公司		上海	58 页,64 开	分球场及用具、术语定义、比赛通则、犯规及罚则等 10 章。部分条款后附注释或问题解答	编

续表

书名	作者	出版者	时间	地点	页数、开本	内容简介	备注
（秘本）少林刀法阐宗	（明）程冲斗	武侠社		上海	50页	介绍单刀法，内有单刀说、单刀式说、单刀式、单刀图二十三并注、续总刀图说、总叙单刀一路谱等内容。据墨井书屋藏版出版	著
（秘本）少林棍法阐宗	（明）程冲斗	武侠社		上海	132页	分3卷：上卷包括纪略、总论、名棍源流及小夜叉一、二、五路棍图；中卷包括棍式一图、枪式三图、棍式五十五图和棍式歌诀52首；下卷为40条问答。有陈世埭等人的序3篇	著
（秘本）少林弩法阐宗	（明）程冲斗	武侠社		上海	148页	介绍我国古代兵器弩的构造及其使用。卷首题：蹶张心法。墨井书屋藏版	著
（秘本）少林枪法阐宗	（明）程冲斗	武侠社		上海	19页	分长枪说、六合原论并注、散札拔萃二十六条、长枪式说、长枪式及长枪图十八势并说等六部分。墨井书屋藏版	著
武铎	陈公哲	精武体育会		上海			著
十字战	陈铁生	佛山精武体育会		佛山			编
太极拳之优点	陈益南等	精武社		香港	8页	内收陈益南的《太极拳优点》《说太极拳》、源祀昌的《习拳前后之比较》等文章	著
大战	冯明庵	佛山精武体育会					编
脱战	冯明庵	佛山精武体育会					编

续表

书名	作者	出版者	时间	地点	页数、开本	内容简介	备注
潭腿新挂图	佛山精武体育会						编
少林双刀	郭粹亚	中西书局		上海			编
燕青手	侯毓麟	南洋大学		上海			编
字门正宗	胡遗生			上海			著
冈田式静坐心理	雷通群						译作,〔日〕桥本五作著
技击余闻	林纾	商务印书馆		上海			编
拳术（第1编）	龙起凤	训政人员养成所			116页	分绪论、基本教练、团体教练、跌打穴图及药方、八段锦的练习及功用等5章。属少林派打法。封面题：警卫人员教练所、训政人员养成所讲义	著
实验五分钟呼吸运动法	陆世通	中华书局		上海			编
却病延年图说	吕子彬	大东书局		上海			编
砍刀术操法	青岛市公安局	编者刊			12页,64开	该书为青岛市公安局警士教练所教科书,介绍该操法20个动作,包括棒刀式、片刀式等	编
单练、对打潭腿、六路硬拳图解汇编	王怀琪				166页	该书为《走步体操游戏三段教材三编》的补充教材（国术卷）。包括十二路单练潭腿图解（第6种）、十二路双打潭腿图解（第7种）、六路硬拳图解（第8种）。第1~5种已收入正编	编
十二路单练潭腿全图	王怀琪			上海			编

续表

书名	作者	出版者	时间	地点	页数、开本	内容简介	备注
十二路潭腿对打挂图	王怀琪	大东书局		上海			编
十字战全图	王怀琪	中国健学社		上海			编
易筋经	王怀琪				24页，64开	介绍易筋经拳术三部廿四式的姿态图样（挂图剪贴本）	编
却老方	严鸥客	开明书店					译作
拳乘	朱霞天	益新书社		上海			著
断门枪		大东书局		上海			
合战		佛山精武体育会					编
君子剑		新智书局					编
联竞拳		大东书局		上海			
七真对剑		世界书局		上海			
少林白眉棍法		新智书局					
五虎枪		佛山精武体育会		佛山			编
写真靠打		世界书局		上海			
写真十二行拳		世界书局		上海			
写真五行安身炮		世界书局		上海			
写真杂式连环拳		世界书局		上海			
猿臂棍		大东书局		上海			编
儿童游戏与运动法	蔡雁宾	新中国书局					编
跳绳游戏	陈岳生	商务印书馆					编
游戏精编	董粹会	昌明公司		上海			编

续表

书名	作者	出版者	时间	地点	页数、开本	内容简介	备注
最新学校游戏法	沈若谷、庄次蕃	科学书局		上海			编
游戏教育概论（讲义）	王庚	中华体育师范学校		上海			编
不老健身法	王怀琪						编
双泳叠罗汉	王怀琪	中国健学社		上海			编著
象棋秘诀、让马选粹（新编象棋谱第3、4种）	谢宣	大成书店		上海	69页	封面书名题：新编象棋谱卷二。写序时间为1928年2月	编著
中国游戏	朱士方	体育社					编
新编象棋精华		棋王出版社			50页	介绍象棋弈法要诀、残局着法，并举棋例。有绪言	
游戏讲义（附跳舞二十一则）					254页，24开	收集体游戏130种	编
良友体育用品目录	上海良友用品制造有限公司	编者刊		上海	40页，16开	为该公司产品目录	编
强国强种	中央国术馆			南京			编
妇女保健良箴	朱汪筱谢	商务印书馆		上海			译作

后　记

　　作为2019年国家社科基金后期资助项目的最终研究成果，本书源于笔者撰写博士学位论文时收集的丰富史料，随后曾成为中国博士后基金资助项目的重要内容，直至申报国家社科基金后期资助项目时才初具雏形。本书从发端到出版，历时不短，问题也不少，需要感谢的人很多。

　　我国近代出版的体育图书是推动西式体育中国化和传统体育现代化的重要因素，这一点从附录部分收入的1500余种体育图书的名称中便可得到印证。严格来说，若依据现在的图书标准，近代出版的体育图书数量将大打折扣；但以当时的范畴和认识，近代出版体育图书的数量远不止这些。为了尽可能忠于历史原貌，"附录"的形成是以《民国时期总书目（1911～1949）：教育·体育》为基础，辅以《百年中文体育图书总汇》（刘彩霞主编，2012）和《一九〇三年～一九八四年中文体育书目》（张大为编，1985），同时参阅了大量已出版和发表的工具书、图书、论文和报刊。

　　本书在完成过程中得到了众多师长的指点和朋友的帮助。有博士学习和博士后进站期间恩师们的适时点拨和学友们的慷慨相助，有立项评审和结项鉴定时专家们提出的宝贵建议，还有本书所参阅成果的前辈们提供的大量资料……若缺少其中任何一环，我很难想象能获得该项资助以及顺利完成书稿。

　　本书得以在社会科学文献出版社顺利出版，需要感谢的是历史学分社的李期耀博士和汪延平老师。从修辞到标点、从图表到注释、从正文到附录、从内容到框架，两位都仔细核对，逐一修改和完善。正是他们为之付出的辛劳，纠正并减少了诸多低级错误，使本书的整体质量得以明显提高。

　　研究中国近代体育图书史的意义和价值无须赘言。我曾因有幸成为这片处女地的一个拓荒者而激情满怀，也因发现和积攒了不少罕见史料而信心倍增。然而，在成书过程中，尤其是在需要史论结合和融会贯通处，我才顿觉力所不逮，储备不足；虽终敷衍成书，却捉襟见肘。关于书中的疏漏，敬请学界同人批评指正。我愿以本书为"砖"，激发和引来同人们贡献更多有关中国近代体育图书史的力作。

李凤梅

二〇二二年八月一日于书房

图书在版编目(CIP)数据

中国近代体育图书史 / 李凤梅著. -- 北京：社会科学文献出版社，2022.10
国家社科基金后期资助项目
ISBN 978 - 7 - 5228 - 0735 - 5

Ⅰ.①中… Ⅱ.①李… Ⅲ.①体育-图书史-中国-近代 Ⅳ.①G256.1

中国版本图书馆 CIP 数据核字（2022）第 170025 号

国家社科基金后期资助项目
中国近代体育图书史

著　　者 / 李凤梅
出 版 人 / 王利民
责任编辑 / 李期耀
文稿编辑 / 汪延平
责任印制 / 王京美

出　　版 / 社会科学文献出版社·历史学分社（010）59367256
　　　　　　地址：北京市北三环中路甲29号院华龙大厦　邮编：100029
　　　　　　网址：www.ssap.com.cn
发　　行 / 社会科学文献出版社（010）59367028
印　　装 / 三河市龙林印务有限公司
规　　格 / 开　本：787mm×1092mm　1/16
　　　　　　印　张：28.25　字　数：446千字
版　　次 / 2022年10月第1版　2022年10月第1次印刷
书　　号 / ISBN 978 - 7 - 5228 - 0735 - 5
定　　价 / 118.00元

读者服务电话：4008918866

版权所有 翻印必究